Emil Sander
Gesellschaftliche Struktur und literarischer Ausdruck

Scriptor Verlag

Theorie – Kritik – Geschichte
Band 18

Herausgegeben von
Helmut Kreuzer, Siegen

Emil Sander

Gesellschaftliche Struktur und literarischer Ausdruck

Über „Die letzten Tage der Menschheit" von Karl Kraus

Scriptor
1979

CIP-Kurztitelaufnahme der Deutschen Bibliothek

Sander, Emil:
Gesellschaftliche Struktur und literarischer Ausdruck : über „Die letzten Tage der Menschheit“ von Karl Kraus / Emil Sander. – Königstein/Ts. : Scriptor, 1979.
(Theorie, Kritik, Geschichte ; Bd. 18)
ISBN 3-589-20728-0

Wissenschaftliche Veröffentlichungen
Königstein/Ts.

Reproduktion, Druck und Bindung: Pustet, Regensburg
Printed in Germany
ISBN 3-589-20728-0

Für Ingrid und Annette

Le civilisé des villes immenses
revient à l'état sauvage, c'est-à-dire isolé, parce que le mécanisme social lui permet d'oublier la nécessité de la communauté et de perdre les sentiments de lien entre les individus,... Tout perfectionnement du mécanisme social rend inutiles des actes, des manières de sentir, des aptitudes à la vie commune.

Paul Valéry

L'homme n'est l'homme qu'à sa surface.
Lève la peau, dissèque: ici commencent les machines. Puis, tu te perds dans une substance..., étrangère à tout ce que tu sais et qui est pourtant l'essentielle.
C'est de même pour ton désir, pour ton sentiment et ta pensée. La familiarité et l'apparence humaine de ces choses s'évanouissent à l'examen. Et si, levant le langage, on veut voir sous cette peau, ce qui paraît m'égare.

Paul Valéry

Das Bekannte überhaupt ist darum, weil es bekannt ist, nicht erkannt.

G.W.F. Hegel

Inhaltsverzeichnis

Drittes Kapitel

Zum Inhalt von "Die letzten Tage der Menschheit"

Viertes Kapitel

Zur Frage der Gattung

KRIEGERDENKMAL

K a r l K r a u s . - Nichts trostloser als seine Adepten, nichts gottverlassener als seine Gegner. Kein Name, der geziemender durch Schweigen geehrt würde. (...) ...keiner, der die Wege des Lebens geht, stieße auf ihn.

Walter Benjamin

Als die Zeit Hand an sich legte, war er diese Hand.

Bertolt Brecht

Gott sei's geklagt ...: ... daß in Zentraleuropa eben jene christlich-nationale Gesittung, die den Weltkrieg zur Erweiterung ihres Machtbereichs beschlossen und bis zum Niederbruch genossen hat, ihre Auferstehung feiert und im Angesicht eines von seinem Sieg aufs Haupt geschlagenen Feindes ihre Fronten in Berlin ... etabliert. (...) Wäre die Untat einer einzigen Minute eines vergessenen Weltkriegs im Bewußtsein der Völker lebendig, so wäre es nicht möglich, daß die Preußen, nachdem die Sache im Westen nicht gemacht ist, nun Deutschland erobern, daß sich die Totenkopfhusaren, an der Somme abgewiesen, in die Französische Straße trauen, um dort die letzten Matrosennester auszuräuchern.

Karl Kraus

Vorbemerkung

Die vorliegende Arbeit stellt einen ersten größeren Versuch des Verfassers dar, ein Kunstwerk als spezifisches Produkt, je spezifische Konkretion, Aufhebung und Lösung der Probleme und Widersprüche der sozio-historischen Totalität einer spezifischen Gesellschaftsformation zu erfassen, also dialektisch begreifbar zu machen, denn die dialektische Methode bietet nach Auffassung des Verfassers allein die Möglichkeit und Bedingung einer rationalen, da historischen, genetischen und logischen Erklärung und Interpretation von Kulturphänomenen; sie besteht wesentlich in einer Rekonstruktion ihrer sozio-historischen, objektiven und subjektiven Vermittlungen, die, durcheinander vermittelte und je spezifisch bedingte Momente einer sozio-historischen Totalität, ihre je spezifische Kristallisation, ihren konkreten und fixierten Ausdruck finden in Form und Inhalt geistiger, speziell künstlerischer Produkte. Dialektische Rekonstruktion begreift, indem sie die Produkte dem bisher noch planlosen "Kontinuum der Geschichte" entreißt, sie hermeneutisch, planvoll und konstruktiv mit jeweiliger "Jetztzeit" füllt, diese Produkte als "bewußtlose Geschichtsschreibung", und interpretiert sie als je spezifische Konzentrate einer je spezifischen sozio-historischen Totalität, die zur jeweiligen "Jetztzeit" ihres je spezifischen Interpreten in einem stets sich ändernden Aktualitätsbezug steht: als Monaden, in denen "Zeit einsteht und zum Stillstand gekommen ist", in denen ein automatischer "Fortschritt", die "Kette von Begebenheiten" "eine(r) homogene(n) und leere(n) Zeit", der sich als "eine einzige Katastrophe" enthüllt, stillgestellt, und damit in ihn Hoffnung eingesprengt ist; so erst vermag sich das Denken voller Schwermut in sie zu versenken und "die Fortschritte der Naturbeherrschung" in der Vorgeschichte als wachsende Herrschaft auch des Menschen über den Menschen, als wachsende Herrschaft des entfalteten Kapitals über seine Produzenten, als wachsende Herrschaft der toten über die lebendige Arbeit, des Todes über das Leben, als einen anthropologischen Rückschritt zu entschlüsseln. (1) "Der Fluch des unaufhaltsamen Fortschritts" (der den Naturzwang aufhebenden wie perpetuierenden inneren und äußeren Naturbeherrschung - E.S.), schreibt hierzu Adorno, "ist die unaufhaltsame Regression." (2) "Rettung" aus dieser "Katastrophe, die unablässig Trümmer auf Trümmer häuft", Rettung, die Kunstwerke mit der "Stillstellung" einer Geschichte von Herrschaft und Leiden intendieren und vorstellen, liegt im "Eingedenken des Leidens", das als je historisches sich in Form und Inhalt "sedimentierte". (3)

Schlägt in Form und Inhalt der Kunstwerke Geschichte sich nieder, so immer als ein Widerstand gegen eine verdrängte, von Leid, Versagung, Unterdrückung und Herrschaft erfüllte und diese Phänomene immer neu setzende - was aber keineswegs als anthropologische Konstante mißverstanden werden sollte - Geschichte der Befreiung der menschlichen Gattung aus Naturzwängen: als eine promesse du bonheur der auch in der modernen Kunst aufgehobenen Utopie. Den Anspruch aber jedes Kunstwerks, der sich aus diesem Versprechen und aus jenem Widerstand erhebt, den Anspruch auf Erlösung und Emanzipation aus Naturgeschichte, der sich aus einer rationalen und wechselseitigen Erkenntnis von Gegenwart und Vergangenheit ergibt, vermag Eingedenken allein nicht einzulösen; seine Verwirklichung ist auf eingreifende, verändernde Praxis verwiesen.

Ist geschichtsphilosophisch der Übergang von einer verdinglichten zu einer offen barbarischen Gesellschaft am wachsenden Hermetismus zeitgenössischer Kunst, die einen verzweifelten Widerstand gegen Verdinglichung und Barbarei dokumentiert, am Absterben der Kunst heute ablesbar, so geht es dem kritischen Hermeneutiker darum, "ein Bild der Vergangenheit festzuhalten, wie es sich im Augenblick der Gefahr dem historischen Subjekt unversehens einstellt. Die Gefahr droht sowohl dem Bestand der Tradition wie ihren Empfängern. Für beide ist sie ein und dieselbe: sich zum Werkzeug der herrschenden Klasse herzugeben. In jeder Epoche muß versucht werden, die Überlieferung von neuem dem Konformismus abzugewinnen". (4)

Sind, wie Adorno behauptet, die Kunstwerke eine idiosyn-

Die ideologische und geistesgeschichtliche Grundlage von "Die letzten Tage der Menschheit"

Der Warenfetisch: Basis des falschen Bewußtseins

Eine allgemeine Kenntnis der Wert- und Mehrwertanalyse hier vorausgesetzt, deren erschöpfende Darstellung den Rahmen dieser Arbeit sprengen würde (1), entfaltet Marx nach der Analyse der Ware, also des Produkts einer Gesellschaft "voneinander unabhängiger Privatarbeiten", das "die abstrakte Form der Allgemeinheit, oder...die Form eines allgemeinen Äquivalents annimmt", die sich "durch ihre Realität als Glied einer Totalität von Arbeiten, als besondere Existenzweise der gesellschaftlichen Arbeit" bestätigt, im Kapitel über den Fetischcharakter der Ware die Grundform einer die gesellschaftlichen Verhältnisse einer Warengesellschaft verdinglicht reflektierenden Bewußtseinsstruktur, damit aber unter den Voraussetzungen der dinglichen Naturhaftigkeit der gesellschaftlichen Verhältnisse die Basis eines Bewußtseins, das sich Freiheit nur in der Sphäre der Moralität denken kann. (2)

Im ideologisch verblendeten, notwendig falschen Bewußtsein erhält die Ware einen "mystischen Charakter", das Arbeitsprodukt verwandelt "sich in ein sinnlich übersinnliches Ding", "ein sehr vertracktes Ding..., voll metaphysischer Spitzfindigkeit und theologischer Mucken." (3) Die Frage, woher "der rätselhafte Charakter des Arbeitsprodukts" entspringe, "sobald es Warenform annimmt", beantwortet Marx mit dem Verweis auf diese " F o r m (gesperrt v. E.S.) selbst". (4) "Die Gleichheit der menschlichen Arbeit erhält die s a c h l i c h e (gesp. v. E.S.) Form der gleichen Wertgegenständlichkeit der Arbeitsprodukte, das Maß der Verausgabung menschlicher Arbeitskraft durch ihre Zeitdauer erhält die Form der Wertgröße der Arbeitsprodukte, endlich die (spezifisch gesellschaftlichen - E.S.) Verhältnisse der Produzenten...erhalten die Form eines gesellschaftlichen Verhältnisses der Arbeitsprodukte. Das Geheimnisvolle der Waren f o r m (gesp. v. E.S.) besteht also...darin, daß sie den Menschen die gesellschaftlichen Charaktere ihrer eigenen Arbeit als gegenständliche Charaktere der Arbeitsprodukte selbst, als gesellschaftliche Natureigenschaft dieser Dinge zurückspiegelt, daher auch das gesellschaftliche Verhältnis zur Gesamtarbeit als ein außer ihnen existierendes gesellschaftliches Verhältnis von Gegenständen. (Herv. v. E.S.) (...) Es ist das bestimmte gesellschaftliche Verhältnis der Menschen selbst, welches hier für sie die phantasmagorische Form eines Verhältnisses von Dingen (Herv. v. E.S.) annimmt." (5)

So besitzt dann für sie "ihre eigene gesellschaftliche Bewegung...die Form einer Bewegung von Sachen, unter deren Kontrolle sie stehen, statt sie zu kontrollieren" (Herv. v. E.S.); zu deren Produktion sich "in den zufälligen und stets schwankenden Austauschverhältnissen ihrer Produkte die...gesellschaftlich notwendige Arbeitszeit als regelndes Naturgesetz gewaltsam durchsetzt, wie etwa das Gesetz der Schwere, wenn einem das Haus über dem Kopf zusammenpurzelt." (6) Mit der Entfaltung des Kapitals greift das in diesen klassisch gewordenen Worten Marx' beschriebene Phänomen der Verdinglichung gesellschaftlicher Verhältnisse und des von den durch die abstrakte, dingliche Unmittelbarkeit der gesellschaftlichen Formen der Vermittlung geblendeten Individuen gebildeten, notwendig falschen Bewußtseins in je spezifischer Form auf alle Teile der Bevölkerung über, die es mit der Produktion und der blinden Reproduktion der kapitalistischen Gesellschaftsstruktur und ihres blendenden Scheins immer wieder produziert und reproduziert.

Die Oberflächenformen des Kapitals: Basis des Alltagsbewußtseins

Die Weite und Vielfalt der ideologischen Bewußtseinsformen darzustellen, erforderte den systematischen Nachvollzug ihrer

Erklärbarkeit gemäß der Marxschen Darstellungsweise der verschiedenen je abstrakten und immer konkreter werdenden Darstellungsebenen; ich muß dies einer Kapitallektüre des Lesers überlassen und beschränke mich auf die Darstellung des für das Alltags- und Normalbewußtsein die Basis bildenden Bewußtseins über die Oberflächenformen des Kapitals, die einander wechselseitig voraussetzen und auseinander resultieren.

Der Grund dieses Resümees ist nicht nachzuliefern, was die von einer kritischen Theorie inspirierten Interpreten Kraus' auszubreiten unterließen, sondern gründet sich auf die Überzeugung, daß es, "um den Zusammenhang zwischen der geistigen Produktion und der materiellen zu betrachten, vor allem nötig (ist), die letztere nicht als allgemeine Kategorie, sondern in b e s t i m m t e r h i s t o r i s c h e r Form zu fassen." (7) So entspricht, wie Marx schreibt, "der kapitalistischen Produktionsweise...eine andere Art der geistigen Produktion als der mittelaltrigen Produktionsweise. Wird die materielle Produktion selbst nicht in ihrer s p e z i f i s c h e n h i s t o r i s c h e n Form gefaßt, so ist es unmöglich, das Bestimmte an der ihr entsprechenden geistigen Produktion und der Wechselwirkung beider aufzufassen. Es bleibt sonst bei Fadaisen. (...) Aus der bestimmten Form der materiellen Produktion ergibt sich eine bestimmte Gliederung der Gesellschaft..., zweitens ein bestimmtes Verhältnis der Menschen zur Natur. Ihr Staatswesen und geistige Anschauung ist durch beides bestimmt. Also auch die Art ihrer geistigen Produktion. (...) ...kapitalistische Produktion ist", wie er weiter hervorhebt, "gewissen geistigen Produktionszweigen, z.B. der Kunst und Poesie, feindlich", (8) und deutet damit an, daß der sich an Oberflächenformen aufreibende Kampf vieler bürgerlicher Künstler gegen unbegriffene Erscheinungsformen des Kapitals, daß somit die allgemeine ästhetische Fassung dieses Gegensatzes von Kunst und Kapital bestimmtes Resultat des Kapitals selbst ist.

Die jeweilige sozio-historische Spezifikation geistiger Produktion und ihre Abhängigkeit von der je bestimmten materiellen führt Marx an anderer Stelle genauer aus, indem er schreibt, daß die "ganze (bürgerliche - E.S.) Klasse" "aus ihren materiellen Grundlagen heraus und aus den entsprechenden gesellschaftlichen Verhältnissen", "auf den verschiedenen Formen des Eigentums, auf den sozialen Existenzbedingungen...eine(n) ganze(n) Überbau verschiedener und e i g e n t ü m l i c h (gesp. v. E.S.) gestalteter Empfindungen, Illusionen, Denkweisen und Lebensanschauungen", "Befürchtungen und Hoffnungen, Vorurteile und Illusionen, Sympathien und Antipathien, Überzeugungen, Glaubensartikel und Prinzipien" gestaltete. (9) Ideologisch befangen kann sich dabei, wie Marx spöttisch weiter schreibt, "das einzelne Individuum, dem sie durch Tradition und Erziehung zufließen,...einbilden, daß sie die eigentlichen Bestimmungsgründe und den Ausgangspunkt seines Handelns bilden", während sie unabhängig von der je spezifischen Produktionsweise des Kapitals überhaupt nicht gebildet, begriffen und verstanden werden können. (10)

Diese Überlegungen könnten als müßig abgetan werden, wenn sie nicht in bestimmter Weise jedem undialektischen Dualismus zwischen Denken und Sein, den in der Abbildtheorie der bürgerliche Positivismus und die Verfechter eines einseitig ausgelegten Leninismus vertreten (11), eine Abfuhr erteilten und Denken wie gesellschaftliche Objektivität als Momente einer gesellschaftlichen Totalität faßten, die nur aus dieser durcheinander vermittelten Einheit heraus verständlich werden; weil sie sich, wenn auch nicht ausdrücklich, gegen eine Literaturtheorie wenden, die, wie viele Interpreten Kraus', literarische Produkte aus ihrer abstrakten Immanenz oder gar nur aus ihrer formalen Struktur heraus, ohne jeden theoretisch geklärten Bezug auf die sie bedingende Gesellschaftsstruktur glaubt, begreifen und verstehen zu können, ohne dabei den Hinweis Lukács' zu reflektieren, daß der jeweilige "literarische...(wie) wissenschaftliche Ausdruck einnes Problems...Ausdruck einer gesellschaftlichen Ganzheit, ...Ausdruck ihrer Möglichkeiten, Grenzen und Probleme" ist (12). Gegen jeden Vulgärmarxismus aber muß hier betont werden, "daß...die materiellen Produktionsverhältnisse der kapitalistischen Epoche das, was sie sind, nur zusammen mit denjenigen Bewußtseinsformen sind, in denen sie sich sowohl im vorwissenschaftlichen, als auch im (bürgerlich) wissenschaftlichen Bewußtsein dieser Epoche widerspiegeln, und ohne diese Bewußtseinsformen in Wirklichkeit nicht bestehen könnten", daß also, faßt man die Aussagen Lukács' und Karl Korschs zusammen, gesellschaftliches Sein und das Bewußtsein darüber als durcheinander vermittelte und je spezifisch durcheinander wechselseitig bedingte aufzufassen sind. (13)

Eine der wichtigsten Mystifikationen des Kapitalverhältnisses besteht darin, daß in der Form des Lohnes der Wert der Ware Arbeitskraft als Preis der Arbeit erscheint: Diese Erscheinungsform macht die Spezifität der Produktion von Mehrwert, damit der Ausbeutung unsichtbar; sie überblendet durch den Anschein, als würde der einzelne Arbeiter für die Funktion seiner Arbeitskraft in der g a n z e n Arbeitszeit, während der er sich verdingte, bezahlt, die Wahrheit, daß die Arbeiterklasse vom Kapital nur ein Äquivalent des Werts der Ware Arbeitskraft selbst erhält; ein Äquivalent, ausreichend, die Arbeitskraft der Arbeiterklasse zu reproduzieren: Dieses Äquivalent aber produziert die Arbeiterklasse in einem Bruchteil der Zeit, die sie fürs Kapital arbeitet, den Rest eignet sich das Kapital unentgeltlich an. In der bürgerlichen Ökonomie wird der falsche Schein begrifflich hypostasiert. "Alle Arbeit erscheint als bezahlte Arbeit. (...)...selbst die Mehrarbeit oder unbezahlte Arbeit (erscheint) als bezahlt. (...) Man begreift daher", folgert Marx treffend aus dieser Analyse, "die entscheidende Wichtigkeit der Verwandlung von Wert und Preis der Arbeitskraft in die Form des Arbeitslohns oder in Wert und Preis der Arbeit selbst. Auf dieser Erscheinungsform, die das wirkliche Verhältnis unsichtbar macht und gerade das Gegenteil zeigt, beruhn alle Rechtsvorstellungen des Arbeiters wie des Kapitalisten, a l l e (gesp. v. E.S.) Mystifikationen der kapitalistischen Produktionsweise, a l l e (gesp. v. E.S.) ihre Freiheitsillusionen, alle apologetischen Flausen der Vulgärökonomie." (14)

Die Freiheitsillusionen selbst sind Produkte des Scheins von persönlicher Freiheit und Gleichheit, wie sie die Zirkulationssphäre verbreitet, wo sich im Austausch formal gleiche Warenbesitzer gleichgültig und frei einander gegenübertreten und ihr Eigentum anbieten. "Freiheit! Denn Käufer und Verkäufer einer Ware, z.B. der Arbeitskraft, sind nur durch ihren freien Willen bestimmt. Sie kontrahieren als freie, rechtlich ebenbürtige Personen. (...) Gleichheit! Denn sie beziehen sich nur als Warenbesitzer aufeinander und tauschen Äquivalent für Äquivalent. Eigentum! Denn jeder verfügt über das Seine. (...) Die einzige Macht, die sie zusammen und in ėin Verhältnis bringt, ist die ihres Eigennutzes, ihres Sondervorteils, ihrer Privatinteressen." (15) Eine weitere Verstärkung erfährt verdinglichtes Bewußtsein in der Erscheinung des Mehrwerts als Profit, der seine wirkliche "Quelle", Mehrarbeit, "vollständig verschüttet." (16) Das verdinglichte Bewußtsein bezieht den Profit auf das "fertige Kapital", "wie es als Ganzes, (als) Einheit von Zirkulationsprozeß und Produktionsprozeß erscheint als Ausdruck des Reproduktionsprozeß - als eine bestimmte Wertsumme, die in einem bestimmten Zeitraum, bestimmten Zirkulationsabschnitt, bestimmten Profit (Mehrwert) produziert -,... Dieser Profit 1. bezogen auf einen bestimmten Zirkulationsabschnitt des Kapitals, der von der Arbeitszeit verschieden ist; 2. der Mehrwert berechnet und bezogen nicht auf den Teil des Kapitals, aus dem er unmittelbar entspringt (das variable Kapital - E.S.), sondern unterschiedslos auf das Gesamtkapital." (17) Nach der Spaltung des Profits in Zins und Unternehmergewinn erreicht "im zinstragenden Kapital...das Kapitalverhältnis seine...fetischartigste Form. (...) Das Kapital erscheint als eine mysteriöse und selbstschöpferische Quelle des Zinses, seiner eigenen Vermehrung. (...)

Im zinstragenden Kapital ist daher dieser a u t o m a t i s c h e F e t i s c h (gesp. v. E.S.) rein herausgearbeitet, der sich selbst verwertende Wert, Geld heckendes Geld, und es trägt in dieser Form keine Narben seiner Entstehung mehr. Das gesellschaftliche Verhältnis ist vollends das Verhältnis eines Dinges, des Geldes, zu sich selbst. (gesp. v. E.S.) (...) Es wird ganz so Eigenschaft des Geldes, Wert zu schaffen, Zins abzuwerfen, wie die eines Birnbaums, Birnen zu tragen. Und als solches zinstragendes Ding verkauft der Geldverleiher sein Geld." (18)

Als letzte der hauptsächlichen Formen der Verschleierung des Kapitalverhältnisses, gleichsam der Schlußstein seiner Verdinglichung und Naturalisierung, ist die Erscheinung zu nennen, als bildeten Arbeit, Kapital und Boden die Quelle der Revenuen von Lohn, Zins und Rente. Diese Erscheinungsform kehrt die wahren Verhältnisse des Kapitals völlig um, wie wenn in der Umkehrung der Naturgesetze der Regen von unten nach oben fiele. (19)

Folge einer in der Unmittelbarkeit steckenbleibenden Auffassung der so gegeneinander verselbständigten Momente des Kapitals, das "kein Ding (ist), sondern ein bestimmtes gesellschaftliches, einer bestimmten historischen Gesellschaftsformation angehöriges Produktionsverhältnis, das sich als Ding darstellt und diesem Ding einen spezifischen gesellschaftlichen Charakter gibt", ist eine völlige Verkehrung von Subjekt und Objekt des kapitalistischen Reproduktionsprozesses im Bewußtsein seiner Agenten, eine "Versubjektivierung der Sachen, die Versachlichung der Subjekte", "eine Versachlichung der Produktionsverhältnisse und ihre(r) Verselbständigung gegenüber den Produktionsagenten"; Produktionsverhältnisse, deren "Zusammenhänge" in der Bewegung der gegeneinander verselbständigten Momente und Erscheinungsweisen der kapitalistischen Oberfläche den Agenten der Produktion "als übermächtige, sie willenlos beherrschende Naturgesetze (Herv. v. E.S.) erscheinen und sich ihnen gegenüber als blinde Notwendigkeit geltend machen", "als Naturverhältnisse, als Verhältnisse, die aus der Natur aller gesellschaftlichen Produktion, aus den Gesetzen der menschlichen Produktion schlechthin entspringen" und die dem falschen Schein erliegenden Denk- und Reflexionsansatz zufolge als Naturverhältnisse nicht aufgehoben werden können, da er ihren "spezifischen historischen und vorübergehenden Charakter" nicht zu begreifen vermag. (20)

Scheint so das Kapital ein Teil der unaufhebbaren Natur, seine Gesetzlichkeit Teil der unbeeinflußbaren Naturgesetzlichkeit zu sein, so scheint besonders gegenüber der nur technisch begriffenen Produktionssphäre des Kapitals die Zirkulationssphäre, der Markt, den Äquivalente Austauschenden, eine Sphäre anerkannter Freiheit und Gleichheit, der wechselseitigen Gleichgültigkeit in des Wortes mehrfacher Bedeutung zu sein - (stehen sich Käufer und Verkäufer doch nur als Personifikationen ökonomischer Verhältnisse einander gegenüber, gezwungen von einer arbeitsteiligen, gesellschaftlichen, somit in ihren Teilen voneinander abhängigen, über den Markt anarchisch aufeinander bezogenen und durcheinander vermittelten Produktion auf privatkapitalistischer Basis sich als rechtlich und formell Gleiche und Freie anzuerkennen, um miteinander als aneinander mit Ausnahme ihres Interesses am Tausch sonst Gleichgültige, staatlich und institutionell gesichert, in Kontakt zu treten, um so ihre wechselseitigen privaten Bedürfnisse über den Markt befriedigen zu können; sich so wechselseitig nur als Mittel dieser Bedürfnisbefriedigung betrachtend) - so erweisen demgegenüber sich der Marxschen Analyse die formelle Freiheit und Gleichheit als scheinbare, die bürgerlich kapitalistische Welt als eine durch die Konkurrenz vermittelte Welt des gesellschaftlichen Zwangs. Die Konkurrenz, der "Zwang, den der Druck ihrer wechselseitigen Interessen auf sie ausübt, wie...im Tierreich das bellum omnium contra omnes", wird zum Exekutor der als quasi Naturgesetzmäßigkeiten mißverstandenen Gesetzmäßigkeiten der kapitalistischen Produktion und Reproduktion; die als "Zwangsgesetze der Konkurrenz (sich) geltend machen und daher als treibende Motive dem individuellen Kapitalisten zum Bewußtsein kommen." (21)

Die aus diesen Zwangsgesetzen resultierende Welt versachlichter Personen und personifizierter Dinge, ihre wachsende Gewalt, türmt sich immer gewaltiger - in wenn auch verschiedener Weise - vor Arbeiterschaft und Bourgeoisie auf: wird der Arbeiter als Teil des Kapitals, als Material in für ihn immer undurchsichtiger werdende Maschinensysteme eingepaßt, Teile des von der Arbeiterschaft produzierten Kapitals, das jenen vermittels der in automatischen Systemen materialisierten Wissenschaft und Technik, vermittels der in Maschinensystemen materialisierten "Akkumulation des Wissens und Geschicks, der allgemeinen Produktivkräfte des gesellschaftlichen Gehirns", anwendet und in möglichst wachsendem Maße auszubeuten sucht, gewinnen so "die objektiven Bedingungen der Arbeit"

der Arbeiterschaft gegenüber "eine immer kolossalere Selbständigkeit", werden sie deshalb "gegen die lebendige Arbeit...,
...(eine immer gewaltigere - E.S.) fremde und (sie) beherrschende Macht", der gegenüber die einzelne Arbeit "auf Hilflosigkeit" reduziert erscheint, so erscheinen die Gesellschaft und ihre Gesetzmäßigkeiten den im falschen Schein der Zirkulation Freien und Gleichen, den einander Gleichgültigen, als ein naturwüchsiger, "objektiver Zusammenhang", dessen einzelne "Momente (zwar) vom bewußten Willen und besondern Zwecken der Individuen ausgehn," der selbst "zwar aus dem Aufeinanderwirken der bewußten Individuen hervorgeht, aber weder in ihrem Bewußtsein liegt, noch als Ganzes unter sie subsumiert ist. Ihr eigenes Aufeinanderstoßen produziert ihnen eine über ihnen stehende, f r e m d e gesellschaftliche Macht; ihre Wechselwirkung als von ihnen unabhängigen Prozeß und Gewalt." (22)

Werfen wir vor diesem Hintergrund einen Blick zurück auf die oben angeschnittene Forderung der Hermeneutik, sich die eigenen Vorurteile bewußt zu machen, damit sie einen nicht beherrschen, sich mit Habermas ein systematisches Vorverständnis der Grundlagen dieser Vorurteile zu erarbeiten, so ist evident, wenn man zugibt, daß die spezifische Struktur dieser Vorurteile durch das Verständnis oder durch das Nichtverständnis der gesellschaftlichen Totalität vermittelt ist, daß nur durch deren Begriff das systematische Vorverständnis vermittelt wird, um das Spezifikum von Inhalt und Form der einzelnen durch die gesellschaftliche Totalität vermittelten Phänomene adäquat zu interpretieren.

Der kontemplative Charakter des bürgerlichen Individuums

Ein Produkt der sich quasi naturwüchsig entfaltenden und reproduzierenden kapitalistischen Gesellschaft ist im Gefolge der sich ständig verschärfenden Trennung und Differenzierung der Formen von geistiger und körperlicher Arbeit der von Georg Lukács so genannte kontemplative Charakter. Dieser Charakter steht einerseits nur reflektierend und fatalistisch der Außenwelt als einer ihn erdrückenden Gewalt wie andererseits in gleicher Kontemplation der eigenen Person und ihren unerklärlichen Strebungen und Wünschen gegenüber. Wachsende Ohnmacht vor und Abhängigkeit von gesellschaftlichen Folgen der dinglich erfahrenen stets gewaltiger werdenden Gewalt der kapitalistischen Gesellschaft schlägt als teilweise nicht einmal konkret ins Bewußtsein getretene Existenzangst, als Angst vor gesellschaftlicher Degradierung in Form von Melancholie und Trauer nach innen und äußert sich beim depotenzierten, höfischen Adel in peinlichster Selbst- und Affektbeherrschung, wohingegen das Bürgertum mit dem strengen Apathiegebot die Folgen des werdenden Kapitals verinnerlichte.(23) Dieser heute, vergleicht man ihn mit dem des Mittelalters, relativ allgemein gewordene selbstbeherrschte Menschentypus trat in der Genese dieser Gesellschaft erstmals in Erscheinung als Höfling, ein im Verlauf der kapitalistischen Entwicklung entmachteter, ehemals selbständiger Adeliger (dessen Standesgenossen von dem sich historisch herausbildenden absoluten Fürstentum mittels der aus der sich entfaltenden Bourgeoisie gewaltsam erpreßten Steuern in Abhängigkeit vom absoluten Herrscher gehalten wurden); eine frühe Sonderform dieses Typus mit allerdings gewaltiger kultureller Wirkung - bei vom Bürgertum undurchschauter gesellschaftlicher Genese der Existenz dieses Adels erscheint diese als zweckfreies, harmonisches Menschsein gegenüber der Existenz des arbeitsteilig vereinseitigten Bürgers. (24)

Im Klima des Hofes entwickelte gezwungenermaßen und ohne Reflexion der spezifisch gesellschaftlichen Qualität der hinter seinem Rücken vorgehenden und seine Lage objektiv bedingenden sozio-ökonomischen Prozesse der depotenzierte und in wachsendem Maße handlungsgehemmte Adel jene Etikette, Delikatesse und auf rationaler Berechnung beruhende Selbstbeherrschung und Menschenkenntnis, kurz Zivilisiertheit, die innerhalb des Hofes neue Mittel einer durchaus tödlichen Auseinandersetzung der relativ isolierten Rivalen um Macht und Gunst des Herrschers wie Mittel der Distanz gegenüber dem immer mächtiger werdenden Dritten Stand waren. (25)

Die Handlungshemmung des Adels, die Hemmung unmittelbar spontaner Handlungen, ist die wenn auch sehr vermittelte Folge einer wachsenden bürgerlich kapitalistischen Vergesellschaftung; Folge der über das Steuermonopol immer mächtiger werdenden Landesherrn, die mit den vom Bürgertum erpreßten Steuermitteln den von der Bourgeoisie depotenzierten Kleinadel von sich abhängig machten und ihm die sich entwickelnde höfische Etikette aufzwangen; Folge der dadurch bedingten Langeweile ist die Melancholie, die in ihrer durch die entfalteten bürgerlichen Verhältnisse gesetzten Form sich in Orte und Verhältnisse hinein- und immer auch zurückträumt, in denen es keine Handlungshemmungen gibt; sie imaginiert und schafft Orte, die das Gegenteil des undurchschauten Zwangs bilden: Möglichkeiten, in denen man noch Herr ist - der zivilisierte, über sich herrschende Dandy oder Gentleman, der sich zugleich der kapitalistischen Arbeitsteilung entzieht -; Orte der Selbstverwirklichung - Kunst -; Orte, die scheinbar noch nicht dem Zwang des Kapitals unterliegen - alle Bereiche schöner oder erhabener Natur. (26)

Wachsende Handlungshemmung ist das Ergebnis der wachsenden Vergesellschaftung des Kapitals, dessen Agenten bei Strafe des Untergangs sich des spontanen Handelns entschlagen müssen, da das Kapital beide, Kapitalist und Arbeiter, dem Zwang seiner Rationalität in der Arbeit unterwirft, die an Stelle von spontanem Handeln Stetigkeit und Beherrschung der Affekte erfordert. Politisch ist Handlungshemmung gesetzt vom Staat, der den gesellschaftlich bedingten Egoismus der kapitalistischen Individuen legalistisch und mit monopolisierter Gewalt so beschränkt, daß das seinen Handlungen vorausgesetzte Gesamtsystem der Profitmaximierung erhalten bleibt und nicht von seinen Widersprüchen zerrissen wird: also von einer den als private gegeneinander konkurrierenden Individuen gegenüberstehenden abstrakten gesellschaftlichen Einheit; eine für den Bestand des naturwüchsigen und antagonistischen kapitalistischen Gesellschaftssystems notwendige Zentralisierung und formelle Verselbständigung der politischen Macht und Gewalt zunächst des absolutistischen, dann des als Ausdruck eines allgemeinen Willens konstituierten bürgerlichen Staates; beide spezifische Resultate der historischen Entfaltung des Kapitals und der mit ihr einhergehenden ökonomischen Emanzipation und politischen Machtentfaltung des Bürgertums, gehalten als Organisation "neben und außer der (bürgerlich-kapitalistischen - E.S.) Gesellschaft" innen- und außenpolitisch den kapitalistischen Reproduktionsprozeß zu sichern und aufrechtzuerhalten, die dem Kapital eigenen systembedingten Schwächen zu kompensieren, unprofitable, aber für den Bestand des Systems notwendige Aufgaben zu übernehmen, kurz: die Allgemeinheit der kapitalistischen Interessen zu vertreten. (27)

Gegenüber dem ihm vorausgesetzten Bewegungsformen und Gesetzmäßigkeiten des als Naturphänomen mißverstandenen Kapitals, gegenüber seinen Erscheinungsformen und "Konsequenzen, welche aus der unsozialen Natur dieses bürgerlichen Lebens, dieses Privateigentums, dieses Handels, dieser Industrie, dieser wechselseitigen Plünderung der verschieden bürgerlichen Kreise entspringen, ...ist O h n m a c h t", die sich als Massenphänomen in Melancholie ausdrückt und äußert, "das N a t u r g e s e t z " des Staates; denn der dem Kapital immanente Widerspruch zwischen den abstrakt "a l l g e m e i n e n I n t e r e s s e n und den S o n d e r i n t e r e s s e n", "diese Zerrissenheit...der bürgerlichen Gesellschaft", an der Kraus litt, aus der seine und alle bürgerliche Satire erwächst, die von den Interpreten Kraus' als der überhistorische Widerspruch zwischen Ideal und Wirklichkeit völlig, da nicht verstanden als spezifisch gesellschaftliches Phänomen, das mit der gesellschaftlichen Totalität aufgehoben wird, mißverstanden wird, "ist das Naturfundament, worauf der m o d e r n e Staat ruht." (28)

Wie das bürgerliche Individuum nimmt dieser Natur gegenüber der Staat fatalistische und voluntaristische Züge an: Der gegenüber dem Kapital reale kontemplative Fatalismus schlägt in kontemplativen Voluntarismus um. "Tätiger, selbstbewußter und offizieller Ausdruck" der unbegriffenen kapitalistischen Gesellschaft glaubt er den sozialen Gebrechen gegenüber - wie auch der moralische Rigorist Kraus - an die Allmacht des Willens, von dem es übrigens nur ein kleiner Schritt zum Willen zur Macht ist. (29) "Das Prinzip der Politik ist der Wille. Je einseitiger, das heißt also, je vollendeter der politische Verstand ist, um so mehr glaubt er an die Allmacht des Willens, um so blinder ist er gegen die natürlichen und geistigen Schranken des Willens, um so unfähiger ist er also, die Quelle sozialer Gebrechen zu entdecken." (30) Fatalismus gegenüber einem scheinbar natürlichen, unveränderlichen Charakter der sich gegenüber dem Einzelnen immer mächtiger auftürmenden kapitalistischen Wirklichkeit und blinder Voluntarismus im politischen und moralischen Überbau "erweisen...sich als einander notwendig zugeordnete Pole, als gedankliche Spiegelungen, in denen der Antagonismus der kapitalistischen Gesellschaftsordnung, die Unlösbarkeit ihrer Probleme auf ihrem eigenen Boden klar zum Ausdruck gelangt." (31)

Beide sind psychische Reaktionen auf eine Welt, "die eine gesellschaftsrelevante Aktion nicht mehr gestattet", so schlägt Handlungshemmung - die Teilung der Arbeit in geistige und körperliche vorausgesetzt - bei den Depotenzierten um in die Formen von in sich kreisender Reflexion, Langeweile und Melancholie. "Bedeutet", so schreibt Lepenies, "Melancholie die Reaktion der Psyche...auf den Entzug relevanter Handlungsmöglichkeiten, so formt die Reflexion mehr die Ersatzhandlung, die erfolgt: die literarische Betätigung." (32)

In der Gestalt des Höflings tritt literarisch, wie Benjamin anmerkt, erstmals im barocken Trauerspiel eine isolierte Frühform moderner, abstrakter, kontemplativer, auf rationaler Berechnung beruhender Reflektiertheit auf, die in "Die letzten Tage der Menschheit" als bürgerlich-aristokratische in der Gestalt des Nörglers den geistigen, ideellen Gegenpol zu den unheilvollen, barbarischen Erscheinungsformen des Kapitals in der Epoche des Imperialismus bildet. (33) Den Höfling faßt Walter Benjamin begrifflich als Intriganten: "Der überlegne Intrigant ist ganz Verstand und Wille." (34) Ihm gelten "die menschlichen Affekte als berechenbares T r i e b w e r k (gesp. v. E.S.) der Kreatur", wobei als Grundlage dieser spezifischen Frühform einer formalen, gleichsam mechanistisch-kontemplativen Rationalität, die von Lukács als spezifisch ideelle Form verdinglichter gesellschaftlicher Verhältnisse bestimmt wird, "die Gleichförmigkeit der Menschennatur (Herv. v. E.S.), die Macht der Animalität und der Affekte, vor allem der Liebe und Furcht" gelten. (35)

Die mechanische Berechenbarkeit gewinnt ihr spezifisches Bild und ihre spezifische Metaphorik in der Uhr, dem Sinnbild der qualitätslosen, verräumlichten Zeit, der somit unhistorischen, weil in ihrer Qualitätslosigkeit quantitativ meßbaren, in ihren Einheiten abstrakt identischen Zeit, in ihren Einheiten sich abstrakt wiederholenden, schlecht unendlichen Zeit, die ein Moment der formalen kontemplativen Rationalität des Kapitals darstellt: Ist die verrinnende Zeit ein uraltes Sinnbild des vom Tode umfangenen Lebens, so die mechanische Sinnbild der mit der Arbeitskraft dem Kapital verkauften Lebenszeit des Arbeiters, Sinnbild der Lohnsklaverei des sich in "personifizierte Arbeitszeit" auflösenden, seine Identität verlierenden. (36)

Zusammen mit der beschreibenden Beobachtung abstrakter Teilphänomene des Kapitals, unmittelbarer, aus ihren je spezifischen Zusammenhängen und Funktionen in der gesellschaftlichen Totalität herausgerissener empirischer Tatsachen - eine andere Form kontemplativ verdinglichter Aneignung von Welt - wird die formallogische, mathematische Rationalität, die durch eine äußere Exaktheit besticht, die andere Form sich eine subjektfremde, entfremdete Umwelt in ihren abstrakten Teilmomenten ideell anzueignen, die als nicht produzierte, natürliche, somit in ihrem Wesen nicht veränderbare, sondern in ihren gegeneinander verselbständigten, abstrakten Erscheinungsformen kontemplativ berechenbare unmenschlich und eigengesetzlich die Individuen so bestimmt, daß sie sich deren Erscheinungen nur passiv anpassen können: "der Mensch der kapitalistischen Gesellschaft steht der - von ihm selbst (als Klasse) - 'gemachten' Wirklichkeit als einer ihm wesensfremden'Natur' gegenüber, er ist ihren 'Gesetzen' widerstandslos ausgeliefert, seine Tätigkeit kann nur darin bestehen, den zwangsläufigen Ablauf einzelner Gesetz für sein (egoistisches) Interesse zu verwerten. Aber auch in dieser 'Tätigkeit' verbleibt er - dem Wesen der Sache nach - Objekt nicht Subjekt des Geschehens. Der Spielraum seiner Aktivität wird damit ganz nach innen getrieben: er ist einerseits das Bewußtsein über die Gesetze, die der Mensch benutzt, andererseits das Bewußtsein über seine inneren Reaktionen auf den

Ablauf der Ereignisse." (37)

Im Barock äußerte sich bei dem zum historischen Untergang verurteilten Adel die wachsende Gewalt des Kapitals sehr vermittelt in der Form des zu persönlicher Machtfülle durch die Steuern der Bürger gelangten absolutistischen Fürsten, der bei Strafe des Untergangs nahezu jeder unmittelbar persönlich emotionalen Handlung der adeligen Vasallen Hemmungen in den Weg legte, sie zwang, unmittelbare Affekte zu unterdrücken, die "Distanz von der Umwelt bis zur Entfremdung vom eigenen Körper zu treiben". (38)

Daß diese Art der Entfremdung in qualitativ höherer Form unter dem entfalteten Kapitalismus zur allgemeinen geworden ist, dürfte relativ einfach einzusehen sein bei der willenlosen Einpassung des Arbeiters in die mechanischen Systeme der toten Arbeit, die den Arbeiter als mechanisierten Teil eines mechanischen Systems anwenden, dem er "mit zunehmender Rationalisierung und Mechanisierung des Arbeitsprozesses" immer einflußloser unterworfen wird, und in deren Folge "die Tätigkeit des Arbeiters immer stärker ihren Tätigkeitscharakter verliert und zu einer k o n t e m p l a t i v e n Haltung...einem mechanisch-gesetzmäßigen Prozeß gegenüber" wird, "der sich unabhängig vom Bewußtsein, unbeeinflußbar von einer menschlichen Tätigkeit abspielt, sich also als ein fertiges geschlossenes System offenbart"; ein Verhalten, das "Raum und Zeit auf einen Nenner" bringt, "die Zeit auf das Niveau des Raumes" nivelliert, die "damit ihren qualitativen, veränderlichen, flußartigen Charakter (verliert): sie erstarrt zu einem genau umgrenzten, quantitativ meßbaren, von quantitativ meßbaren 'Dingen' (...) erfüllten Kontinuum: zu einem Raum." (39) Nach der "Dialektik der Aufklärung" wäre dies die zuende gebrachte Aufklärung: Das gegen die Naturgewalt historisch sich herausbildende Subjekt wird als Objekt in die undurchschaute Verschlungenheit der selbstgeschaffenen zweiten Natur aufgelöst; historische Zeit, die aus dem Raum sich löste, wird in diesen wieder zurückgenommen. Ist die Entfaltung der historischen Zeit vermittelt mit der von Bewußtsein und Selbstbewußtsein der Gattung, so hätte Lukács, Marx folgend, mit der Rücknahme der Zeit in den Raum das Ende bewußter Selbstentfaltung vor der Schranke des Kapitals beschrieben, damit des Menschenbildes im europäischen Sinne überhaupt: den Vorfall in barbarische Posthistoire, die wissenschaftliche Fassung des Alptraums Kraus'.

Bei dieser Quantifizierung wird das Subjekt in abstrakte Momente rationell "zerlegt", wird das spezifische Arbeitsvermögen "der Gesamtpersönlichkeit gegenüber" verobjektiviert, so der Arbeiter "zum einflußlosen Zuschauer dessen..., was mit seinem eigenen Dasein, als isoliertem (Herv. v. E.S.), in ein fremdes System eingefügten Teilchen geschieht." (40) Die sich dem Arbeiter in Gestalt der Maschinerie wie seiner eigenen Person gegenüber objektivierende Gewalt des Kapitals führt zu einer realen, dem Arbeiter zugefügten Negation dessen, was die klassische bürgerliche Kunst und Philosophie und in ihrer Folge der dialektische Materialismus als wahrhaft humane Verhältnisse gegen die kapitalistische Barbarei entfaltet haben: in die szientifische Desintegration des individuellen Subjekts durch das mit Willen und Bewußtsein begabte automatische Subjekt Kapital, die dem visionären Alptraum einer Folterszene in einem Science-Fiction-Roman entnommen sein könnte: die von Adorno und Horkheimer beschworene, in Erfüllung gegangene älteste Angst entpuppt sich als die kapitalistische Alltagswirklichkeit. (41)

Das Kapital in ideeller Form: Praktische Vernunft

Gegen die von ihr produzierten möglichen und notwendigen unmoralischen Handlungsweisen ihrer je individuellen Mitglieder der kapitalistischen Gesellschaft entwickelt die Bourgeoisie vor und verankert sie in den bürgerlichen Individuen das durch die von ökonomischen Zwängen bedingten, barbarischen Erscheinungsformen des Kapitals vermittelte und bedingte, der Ideologie nach aber scheinbar unvermittelte unhistorische Reich des Sollens der bürgerlichen Ethik und des formalen Rechts; eine spezifisch ideelle Form eines in seinen Oberflächenformen unverstandenen gesellschaftlichen Inhalts, der sich im Bewußtsein seiner Mitglieder nun in die abstrakt unvermittelte, dualistische Form von Sollen und Sein auseinanderlegt. Neben die ökonomischen Zwänge der Gesellschaft auf das isolierte Individuum tritt als deren zu ihrem Zusammenhang notwendige Ergänzung die fordernde, ethisch-moralische, scheinbar mit der materiellen Gewalt unvereinbare, verinnerlichte Gewalt des Sollens.

Die einander äußerlich und abstrakt unmittelbar widersprechenden Zwänge und Forderungen sind nur zwei spezifische Erscheinungsweisen eines gesellschaftlichen Inhalts, dessen antagonistische, gegeneinander verselbständigte Form in dieser spezifischen Form krasser Widersprüchlichkeit die scheinbar natürliche Voraussetzung des allgemeinen bürgerlichen Charakters bildet. In dieser im Verlauf der spezifisch durch die Gesamtgesellschaft vermittelten familialen Sozialisation des Kapitals als quasi natürlich eingeschliffenen Form verinnerlichter Moral und der ihr widersprechenden äußeren, quasi natürlichen Realität ökonomischer und physischer Zwänge, denen das Individuum bei Strafe des Untergangs sich nicht entziehen kann, setzt sich die anarchische Zerrissenheit der Gesellschaft als geistige,psychische, innere bis in die Seele, ins Bewußtsein der Individuen hinein fort und zerreißt sie in zwei abstrakt einander unversöhnlich gegenüberstehende Teilbereiche.

"Die Ausschließlichkeit und Feindlichkeit der Einzelinteressen in der Ökonomie setzt sich im totalen Zerfall der Einzelexistenz durch." (42)

Wie gegenüber der materiellen Gewalt undurchschauter ökonomischer Zwänge der Gesellschaft gerät auch vor der verinnerlichten Gewalt der abstrakten ethischen Forderungen das Individuum in eine kontemplative Attitude; sie werden ebenso als natürlich hingenommen wie die kontemplativ-fatalistisch hingenommene, abstrakt unmittelbare, oberflächliche Wirklichkeit der kapitalistischen Wirklichkeit und werden als eine von gesellschaftlichen Zwängen scheinbar unabhängige Sphäre scheinbarer Autonomie und mündiger Entscheidungsfreiheit des Individuums kontemplativ-voluntaristisch der unmittelbar vorgestellten und deshalb undurchschauten kapitalistischen Wirklichkeit kontrastiert. In spezifischer Weise ist "für das ethische Bewußtsein des handelnden Individuums die unüberbrückbare Zweiheit der selbsterzeugten, aber rein nach innen gewendeten Form (der ethischen Maxime Kants) und der verstandes- und sinnesfremden Wirklichkeit, der Gegebenheit, der Empirie in noch schrofferer Weise vorhanden als für das kontemplative Subjekt der Erkenntnis," ist doch die "'intelligible Zufälligkeit' der den Naturgesetzen unterworfenen 'Außenwelt' noch gesteigert worden." (43)

Indem Kant, wie Lukács schreibt, die "ethischen Tatbestände" des "individuellen Bewußtsein(s)" gleichsam in eine "aufgefundene und nicht...als 'erzeugt'denkbare...Faktizität verwandelt", reduziert sich die allein auf der Grundlage undurchschauter, verdinglichter Verhältnisse so denkbare, aus ihren Vermittlungen abstrakt isolierte "Freiheit" des bürgerlichen Individuums, "die Autonomie, die durch die Entdeckung der ethischen Sphäre begründet werden soll,...darauf, daß die Freiheit zu einem *Gesichtspunkt der Beurteilung* von inneren Tatbeständen wird, die in allen ihren Gründen und Folgen, selbst was die sie bildenden psychologischen Momente betrifft, restlos dem *fatalistischen Mechanismus der objektiven Notwendigkeit* (Herv. v. E.S.) unterworfen sind. (...) ...auch das Subjekt wird in Phänomenon und Noumenon gespaltet, und der unaufgelöste, als unlösbar verewigte Zwiespalt von Freiheit und Notwendigkeit ragt in seine innerste Struktur hinein." (44)

Erlaubt nicht nur, sondern erzwingt die bürgerliche Form der Ökonomie den Egoismus privater Gewinnmaximierung - die bürgerliche, verdinglichte Kategorie der Auspressung einer immer höheren Rate entweder absoluten oder relativen Mehrwerts - so setzt gegen die Realität der scheinbar als Freie und Gleiche gegeneinander konkurrierenden Individuen, Gruppen und Klassen die bürgerliche Ethik einen abstrakten Pflichtenkatalog, der der rücksichtslosen Verfolgung privater Interessen steuern helfen, damit so etwas wie ein der Zweckhaftigkeit privater Interessen abstrakt enthobenes, humanes Zusammenleben angesichts der brutalen Antagonismen des Kapitals und ihrer spezifischen Erscheinungsweise an dessen Oberfläche überhaupt erst ermöglichen soll.

Setzt allgemein das bürgerliche Individuum sich in seiner

gesellschaftlich vermittelten und bestimmten privaten Abstraktheit, damit seine privaten Interessen und Bedürfnisse, als den entscheidenden Grund alles seines den gegeneinander verselbständigten Erscheinungsweisen der Oberfläche des Kapitals zweckhaft und in formaler Rationalität angepaßten Handelns voraus, so benutzt es folglich alle anderen zu Mitteln zur Erreichung dieser Zwecke, setzt alle anderen Individuen zu Mitteln seiner Zwecke herab; dies, wie oben angerissen, nicht etwa,wie es der Schein der bürgerlichen Ethik verbreitet, aus freiem,hier unmoralischem, bösem Willen - eine Annahme, die ein voll für sein gesellschaftliches Handeln verantwortliches, Gründe und Folgen seines Handelns in voller Breite, rational reflektierendes Individuum voraussetzt - sondern bei Strafe des Untergangs zu einem solchen Handeln durch die undurchschauten, verdinglichten gesellschaftlichen Verhältnisse gezwungen; individueller, gegen diese Verhältnisse gerichteter, abstrakter Voluntarismus müßte an ihnen als selbstmörderischer Heroismus zerschellen.

So zerschellt auch an dieser harten und undurchschauten Wirklichkeit je und je der die kapitalistischen Verhältnisse notwendig nur ideell transzendierende "praktische Imperativ" Kants, so zu handeln, "daß du die Menschheit, sowohl in deiner Person, als in der Person eines jeden anderen, jederzugleich als Zweck, niemals bloß als Mittel brauchest," deshalb, weil Kant, die Gewalt all' dessen, " was empirisch ist", abstrakt negierend, ebenso abstrakt, damit den undurchschauten Verhältnissen gerade zu Willen, postuliert, daß der "eigentliche und über allen Preis erhabne Wert eines schlechterdings guten Willens eben darin besteht, daß das Prinzip der Handlung von allen Einflüssen zufälliger Gründe, die nur Erfahrung an die Hand geben kann, frei sei"; als Imperativ und abstraktes Prinzip, das an den freien Willen gebunden bleibt, ist die Kantsche Sollensethik, gerade weil sie von der Oberfläche des Kapitals und seinen Zwängen abstrahiert, die ideelle Ergänzung des Kapitals; als spezifische Form des falschen Bewußtseins das Kapital in geistiger Form, in der Form des moralischen Rigorismus, der als Sollen vor der unaufhebbaren Naturnotwendigkeit des Kapitals, der er das aus dem

Kapital selbst qua Negation gewonnene Prinzip des Besseren entgegenhält, zum ohnmächtigen guten Willen resigniert. (45)

Die Fragwürdigkeit der idealistischen Sollensethik gegenüber der materiellen Gewalt der entfesselten, einander widerstreitenden Interessen spürend, ohne die spezifische Vermitteltheit seiner Theorie und ihrer Setzungen mit der Materialität gerade der ethisch perhorreszierten Welt antagonistischer Zwecke auch nur im geringsten sich bewußt machen zu können - ist doch laut Kant "das moralische Gesetz...ein schlechterdings aus allen Datis der Sinnenwelt und dem ganzen Umfang unseres theoretischen Vernunftgebrauchs unerklärliches Faktum (Herv. v. E.S.)", Zeugnis einer von der ersten aparten, unabhängigen, zweiten "übersinnlichen Natur und einer reinen Verstandeswelt", Zeugnis eines "nicht weiter" erklärbaren "Bewußtsein(s)" einer auch nicht weiter rückführbaren, also unerklärlichen Freiheit, die "niemals begriffen oder auch nur eingesehen werden kann", einer autonomen, übersinnlichen Welt - postulierte Kant, daß in der Moral, der Sphäre freier, interesseloser Entscheidungen für Gut oder Böse, der Sphäre der "Kausalität durch Freiheit" im Gegensatz zu einer "nach Gesetzen der Natur", des freien Willen also, jeder sich unter "Lossagung von allem Interesse beim Wollen aus Pflicht" dem Sittengesetz beugen müsse. Hebt im Pflichtbegriff Kant einmal alle, auch die unerklärlich irrationale Freiheit einer übersinnlichen Welt auf, wird somit aus einer Sphäre interesseloser, freier Entscheidung zwischen Gut und Böse eine des einseitigen Vernunftzwangs zugunsten des ersteren, so verfällt er damit andererseits einer allein aus den unbewußten Kapitalverhältnissen erklärbaren, irrationalen Entscheidung zugunsten des Rigorismus der bürgerlichen Moral, denn gegen die in "undurchdringliches Dunkel eingehüllt(en)" Zufälle und Zwänge des Kapitals, die die verdinglichten Agenten des Kapitals in Atem halten, sie zwingen gegeneinander bei Strafe des Untergangs ihren oder den Vorteil ihrer Klasse egoistisch zu suchen und zu sichern, gebietet das interesselose Sittengesetz "jedermann und zwar die pünktlichste Befolgung"; es ist überhistorisch und überterrestrisch, "denn Pflicht soll praktisch-unbedingte (Herv. v. E.S.) Notwendigkeit der Handlung sein; sie muß also für alle vernünftigen Wesen (Herv. v. E.S.)...gelten, und a l l e i n d a r u m auch für den menschlichen Willen ein Gesetz sein." (46) Damit aber unterliegt das kapitalistische Individuum einer doppelten kontemplativen Attitude: einmal einer fatalistischen gegenüber den schicksalshaften Zwängen des Kapitals, dann einer voluntaristisch verschleierten, ebenso fatalistischen gegen die unerklärlichen Pflichten der Ethik, die den Menschen über seine animalischen Neigungen und Bedürfnisse in eine Sphäre freier Vernunftentscheidungen heben sollten.

Ist der Positivismus der offenkundige Vertreter eines wissenschaftlich verklärten Fatalismus gegenüber den verdinglichten und verselbständigten Phänomenen des Kapitals, ist er die wissenschaftliche Form der Erfahrungsweise des gemeinen, verdinglichten Menschenverstandes, so verstärkt sich dieser kontemplative Fatalismus, kaschiert im voluntaristischen Pathos gewollter Pflichten unheilvoll für den Ethiker; gesellt sich doch für die von seinen oberflächlichen Erscheinungen Geblendeten zu den ohnehin schon fatalistisch hingenommenen, unerklärlichen Bewegungen des Kapitals die laut Kant völlige Unerklärlichkeit der überhistorisch, wohl gar interstellar-universal "für alle vernünftigen Wesen" geltenden ethischen Pflichten, der ethischen Gesetze, die Kant als Momente einer gegenüber der materiell sinnlichen Welt der Natur aparten, übersinnlichen Verstandeswelt bestimmt. Deshalb setzen mit dem Kantschen Dualismus sich die Widersprüche der Gesellschaft in spezifischer Weise bis ins Innere der bürgerlichen Individuen hinein fort und bilden in dieser Form den wesentlichen Inhalt der literarischen, philosophischen, literatur- und geisteswissenschaftlichen Produkte. So bildet das bürgerliche Individuum ein strukturelles Analogon zu einer Marxschen Bestimmung des Warenfetischismus: Es wird durch die Kantsche Analyse in ein paradoxes, sinnlich-übersinnliches, zu zwei verschiedenen "Welten gehörig(es)... Wesen", als "Person" zur "Sinnenwelt" und als "Persönlichkeit" zur "intelligiblen Welt" gehörendes Wesen, zerrissen. (47)

Es ist folglich als wissenschaftliche Naivität zu werten, wenn, wie in fast allen Interpretationen des Krausschen Werkes, statt den Widerspruch zwischen dem bürgerlich moralischen Rigorismus Kraus' und der imperialistischen Wirklichkeit als Momente e i n e r funktional durch ihre durcheinander und die gesellschaftliche Totalität vermittelten Momente vermittelten E i n h e i t , der in sich widersprüchlichen kapitalistischen Wirklichkeit, zu deuten, bei diesem Widerspruch phänomenologisch beschreibend verharrt wird und relativ simpel die Moralität Kraus' gegenüber der Schlechtigkeit der von ihm satirisch oder polemisch bekämpften kapitalistischen Gesellschaft Österreich-Ungarns verherrlicht wird. Solche Deutungen verfallen wie die abstrakte Moralität von Kraus selbst den ungelösten und unreflektierten Aporien der kapitalistischen Gesellschaft und ihrer Phänomene, verfallen dem Schein der gegeneinander verselbständigten und so unbegreifbaren Phänomene der kapitalistischen Gesellschaft, ahnen nicht, daß erst durch die Verselbständigung der Moral, die aller satirischen Kunst als eines ihrer wesentlichen Momente zugrunde liegt, gegenüber dem oberflächlichen Schein der sie bedingenden materiellen Basis des Kapitals die Möglichkeit gegeben ist, daß sich unter spezifischen Bedingungen die Verfechter der Moral radikal niemals gegen das sie selbst und ihre Objekte des Abscheus bedingende Wesen des Kapitals, denn das können sie aus oben beschriebenen Gründen nicht begreifen, sondern personal gegen dessen Agenten in Wirtschaft, Staat und Kulturindustrie, Personifikationen und Charaktermasken des Kapitals, die ihnen als autonome und verantwortliche Subjekte erscheinen: gegen Erscheinungsweisen, höchst vermittelte Formen des Kapitals, wenden; das in diesen entfremdeten, verdinglichten, gegeneinander abstrakt verselbständigten, im verdinglichten Denken auch der Verfechter der Moral aus Resultaten des gesamten kapitalistischen Produktions- und Reproduktionsprozesses in dessen überhistorische, voraussetzungslose Voraussetzungen umschlagenden Erscheinungen den gesellschaftlich isolierten, abstrakt vergesellschafteten Individuen, ihren Vorstellungen und dem daraus resultierenden Handeln als Wirklichkeit, unbegriffene, oberflächliche Wirklichkeit des Kapitals, sie so bestimmende Alltagswirklichkeit vorausgesetzt ist, der gegenüber die Individuen sich kontemplativ, reaktiv: fatalistisch oder voluntaristisch-

-ethisch verhalten.

Unter der verdinglichten Voraussetzung der verdinglichten, entfremdeten, nicht zuletzt unmenschlichen, barbarischen Erscheinungsweisen des die Menschen teils physisch, teils psychisch verkrüppelnden Kapitals und seines abstrakten Gegenteils, der von Kant klassisch formulierten Überhistorizität der bürgerlichen Moral wird zwangsläufig in einer so bestimmten, personal gerichteten Kritik der Satiriker - eben, weil er abstrakt gegeneinander verselbständigte Erscheinungsformen des Kapitals gegeneinander ausspielt, nicht den ihm verborgenen Grund, die Ursache beider angreift - zu einem unter vielen Exekutoren kapitalistischer Verschleierung, zu ihrem indirekten, da unbewußten Apologeten; dies: weil er aus oben dargestellten Gründen nicht begreifen kann, daß die Waffe der moralisch inspirierten Satire die mit ihr angegriffenen Personen, Objekte und Verhältnisse, daß Wert und Unwert gegeneinander verselbständigte Erscheinungen der Totalität des Kapitals sind.

So erweist diese Sphäre der Moral sich als ein ideologischer Schein, den Hegel als "erhabene Hohlheit" und "hohle Deklamation", als "Flucht aus der sinnlichen" in "die übersinnliche Welt" bezeichnet, dessen notwendige Vermittlung mit der sinnlichen zu "eine(r) unendlich auseinandergeworfene(n) Mannigfaltigkeit, jede von gleicher Absolutheit", "der Pflichten und Gesetze" führe, zu einander widersprechenden Pflichten gleicher Absolutheit, die notwendig zu Relativismus und Dezisionismus führen müssen, zu einer Zufälligkeit gewählter Pflichten, zu einer "Zufälligkeit des Handelns" aus Pflicht, "was gleich ist dem Bewußtsein der Immoralität". (48) "Was... bleibt, ist die absolute Endlichkeit eines Subjekts und seines Handelns und ihm gegenüber eine zu vernichtende, vernunft-lose Sinnenwelt und dann eine in die Unendlichkeit intellektueller Einzelheiten auseinandergesetzte und der sinnlichen absolut entgegengesetzte übersinnliche Welt" von "Pflichten und Gesetze(n)...gleicher Absolutheit", denen gegenüber"das Individuum" in eine "traurige Unschlüssigkeit und Schwäche verfallen" muß. (49) Ohnmacht und Handlungshemmung, verinnerlichter Zwang, Zerrissenheit werden vor dem Hintergrund des unbegriffenen Kapitals, dessen spezifische Formen sie bilden, zu anthropologischen Kategorien; in Melancholie, die psychische Reaktion des von unverstandenen, da ihm überhistorisch gegebenen Forderungen und Zwängen zerrissenen Individuums, umgeschlagen, bilden sie die anthropologische Basis der literarischen Allegorie.

Der melancholische Charakter

Wie gezeigt, bestimmt Georg Lukács in seiner berühmten Essaysammlung "Geschichte und Klassenbewußtsein" das bürgerliche Individuum gerade in seiner abstrakten Isoliertheit gegenüber der ungeplant und anarchisch wachsenden Gewalt der gesellschaftlich unkontrollierten Agentien als kontemplatives; als eine spezifische Variante dieses kontemplativen Individuums kann das durch die Macht der gesellschaftlichen Agentien je spezifisch handlungsgehemmte, das melancholische angesprochen werden, wie es in seinen verschiedenen sozio-historischen Erscheinungsformen Wolf Lepenies entfaltet. Melancholie ist laut Lepenies die direkte Folge sozial vermittelter Hemmungen spontanen und sozial relevanten Handelns, ist die psychische und individuelle Erscheinungsform dieser Hemmungen. Aus dem obigen Argumentationszusammenhang kann die These aufgestellt werden, daß im gleichen Maße, wie die gesellschaftliche Macht des Spätkapitals und seine entfremdete Gewalt über den Einzelnen die des Frühkapitalismus übersteigt, die Gewalt der gesellschaftlichen und verinnerlichten Handlungshemmungen gestiegen ist, somit auch die Tendenz, auf diese Hemmungen in wachsendem Maße mit Melancholie zu reagieren.

Vor dieser Gewalt "tendiert das individuelle Subjekt der Vernunft dazu, zu einem eingeschrumpften Ich zu werden, dem Gefangenen einer dahinschwindenden Gegenwart, das den Gebrauch der intellektuellen Funktionen vergißt, durch die es einst imstande war, seine Stellung in der Wirklichkeit zu überschreiten. Diese Funktionen werden jetzt durch die großen ökonomischen und gesellschaftlichen Kräfte der Ära übernommen. Die Zukunft des Individuums hängt immer weniger von seiner eigenen Voraussicht ab und immer mehr von den nationalen und internationalen Kämpfen zwischen den Machtkolossen. Die Individualität verliert ihre ökonomische Basis. (...) Indem es (das Individuum - E.S.) das Echo seiner Umgebung ist, sie wiederholt, nachahmt, indem es sich all den mächtigen Gruppen anpaßt, zu denen es letztlich gehört, indem es sich von einem menschlichen Wesen in ein Glied von Organisationen verwandelt, indem es seine Möglichkeiten zugunsten der Bereitwilligkeit, solchen Organisationen zu genügen und in ihnen Einfluß zu erlangen, aufopfert, gelingt es ihm zu überleben. Es ist ein Überleben, das durch das älteste biologische Mittel des Überlebens zustande kommt, nämlich durch Mimikry. (...) Das Individuum hat keine persönliche Geschichte mehr." (50) Sensiblere und bewußtere Individuen reagieren auf diese Tendenz, die alle zu verschlingen droht, mit Melancholie, Trauer über die Ohnmacht gegenüber der als unerträglich empfundenen kapitalistischen Wirklichkeit und der Vielfalt ihrer bedrückenden und bedrängenden Erscheinungsformen. (51) Vor ihnen ziehen sich diese Individuen in von dieser Wirklichkeit scheinbar freie, somit dem Zwang des Kapitals scheinbar diametral entgegengesetzte Räume zurück.

Lepenies beschränkt die Untersuchung der bürgerlichen Form der Melancholie auf die des deutschen Bürgertums, das wie bekannt an politischer Machtausübung lange gehindert wurde. Dieses entfaltet je nach dem Entwicklungsgrad des Kapitals, je nach den auf die Formen seiner Oberfläche reagierenden tradierten sozio-kulturellen Verhältnissen heraus "Ersatzhandlung(en)", die sich teils gegen die hemmende Realität wenden, teils gedanklich, utopisch der hemmenden und die Integrität der Individuen bedrohenden Realität zu entfliehen trachten: Wesentliche "Ersatzhandlung(en)" bildet für das deutsche Bürgertum in seiner gesellschaftlichen Misere die künstlerische, philosophische und wissenschaftliche Produktion, mit denen es sich über seine Ohnmacht hinwegtrösten konnte. (52) Ganz allgemein werden die Fluchtreaktionen der Individuen vor einer scheinbar nicht aufhebbaren gesellschaftlichen Natur und ihren Zwängen nobilitiert.

Der bürgerlichen Form der Melancholie schreibt Lepenies folgende, sie bestimmende Merkmale zu: 1.) "Realitätsflucht", "Kontemplationsneigung und Vorliebe für absolute Geistkonzeptionen", 2.) "Weltflucht" in eine hypertrophierte "Reflexionssphäre und in die Literatur", 3.) "Hang zur Einsamkeit" und deren Nobilitierung, 4.) "aristokratoide Auffassung" und "Rehabilitierung der Melancholie" überhaupt gegenüber dem sonstigen bürgerlichen Melancholieverbot und den verdinglichten, als miserabel verstandenen Erscheinungsweisen des Kapitals, 5.) Ausspielung der "Natur gegen Sozietät und innerlicher Freiheit gegen äußeren Zwang", 6.) Flucht in eine isolierte, aber auf die Gesellschaft bezogene und durch sie bedingte "Exzentrizität" und "Außenseiterposition", 7.) "Flucht in die Natur und Innerlichkeit", 8.) Fortschrittsfeindlichkeit, 9.) romantische Rückwärtsgewandtheit, "Rückwendung auf die Vergangenheit" und "Fehlen" der "Zukunft", 10.) verräumlichtes, kreislaufhaftes Denken, 11.) Auffassung der Geschichte also als einer "stillstehende(n)", 12.) Flucht vor ihr in "Phantasie als anti-resignativer Kraft" und in die "Utopie". (53) Als konstitutiv für die Melancholie und deren je spezifische Formung begreift Lepenies "das Syndrom von Handlungshemmung und Reflexion". (54) Ihre Nobilitierung faßt Kant in den Satz: "Schwermütige Entfernung von dem Geräusche der Welt ist e d e l . (...) Er (der Mensch von melancholischer Gemütsverfassung - E.S.) hat ein hohes Gefühl von der Würde der menschlichen Natur. Er schätzet sich selbst und hält einen Menschen vor ein Geschöpf, das da Achtung verdienet. Er erduldet keine verworfene Untertänigkeit...Alle Ketten, von denen vergoldeten an...bis zu dem schweren Eisen des Galeerensklaven sind ihm abscheulich. Er ist ein strenger Richter seiner selbst und anderer, und nicht selten seiner so wohl als der Welt überdrüssig. (...) Beleidigung und Ungerechtigkeit zünden in ihm die Rachbegierde an." (55)

Wie Lukács in "Geschichte und Klassenbewußtsein" schreibt, bedeutet die gegen die Gesellschaft ausgespielte "Natur...hier echtes Menschsein, das wahrhafte, von den falschen, mechanisierten Formen der Gesellschaft frei gewordene Wesen des Menschen: den Menschen als in sich vollendete Totalität, der die Zerrissenheit in Theorie und Praxis, in Vernunft und Sinnlichkeit (Herv. v. E.S.), in Form und Stoff innerlich überwunden hat oder überwindet; für den die Tendenz, sich Form zu geben, nicht eine abstrakte, den konkreten Inhalt beiseite lassende Rationalität bedeutet; für den Freiheit und Notwendigkeit zusammenfallen (Herv. v. E.S.)," während Spiel, Kunst und Philosophie die von der Natur des Kapitals auf die ideelle Sphäre beschränkte Funktion zukommt, ein aus allen Gesellschaftsbezügen, seinen Zwecken und Interessen abstrahiertes Modell entweder zu liefern oder zu konstruieren, wie der "gesellschaftlich vernichtete, zerstückelte, zwischen Teilsystemen verteilte Mensch gedanklich wiederhergestellt werden soll." (56)

Österreich-Ungarn als ein Zentrum melancholischer Kultur

Als ein Zentrum melancholischer Kultur und Atmosphäre gilt allgemein Österreich-Ungarn, ein Staats- und Gesellschaftsgebilde mit einer hoch ausgebildeten, sehr verfeinerten bürgerlich-aristokratischen Kultur mit einer barocken Tradition, in dem der Zusammenstoß der auf Grund der genannten Tradition ohnehin zur Melancholie neigenden, durch politische, bürokratische und hierarchische Fesseln lange von relevanten Entscheidungen in Staat und Gesellschaft ferngehaltenen, dann mit beginnender Industrialisierung von der wachsenden Macht der Arbeiterklasse und ihren Organisationen sowie von den immer stärker werdenden Nationalitätenkämpfen bedrohten und sich bedroht fühlenden, einem gegen die Auflösungstendenzen des Reiches gerichteten bürokratisch-aristokratischen Ethos, den Lukács als eine verinnerlichte "Steigerung der verdinglichten Bewußtseinsstruktur" bezeichnet, verpflichteten Gebildeten mit den Zwängen und Erscheinungen des Kapitals, seinen die alte Gesellschaftsstruktur und ihre traditionelle Kultur auflösenden Folgen diese Neigung zur melancholischen Resignation, Müdigkeit und Weltflucht noch und zwar kontinuierlich verstärken mußte. (57)

Da die Aufgaben dieses Staatsgebildes gegenüber den oben genannten des normalen, bürgerlich demokratischen Staates des Kapitals bei den durch die wachsende Kapitalisierung hervorgerufenen, wachsenden Klassenantagonismen und Nationalitätenkämpfen der Doppelmonarchie unvergleichlich komplizierter waren, suchte ihnen dieses mit Erstarrung und "Statik", mit Reglosigkeit als "Verteidigungstaktik" zu begegnen. (58) Der "politische Immobilismus" fand seine personale Entsprechung in einer "bürokratischen Mentalität" der Herrschenden, die ihre ganze "Gefühls- und Gewohnheitssphäre" durchdrang. (59) "Die...Gestalt des Bürokraten faßt das ganze Wesen der Monarchie zusammen, ihre Regierungsmethoden und unbeweglichen Werte, die panazäische Politik gegenüber dem dynamischen Drängen der Zeit und den zentrifugalen Gärstoffen. Sinn für Ordnung und Hierarchie,..., Verzicht auf jede aktive Umgestaltung der Dinge werden in der Gestalt des Bürokraten sublimiert". (60) "Die Unerträglichkeit der engen Lebensbegrenzung", "Selbstbewahrung, Entsagung, Treue, Beharren,..., Entpersönlichung, Selbstentfremdung", "der starren Unbeweglichkeit", "Aufopferung jeglichen dynamischen Individualismus" führt zu den bereits bei Lepenies sozial erklärten und ausgeführten Fluchttendenzen in die Natur oder "eine idyllische, heitere Gegend", in die "idealisierte Welt der Provinz und des Landes", die Innerlichkeit, den "Bereich der Phantasie und...der musikalischen Sphäre seiner (des habsburger Untertanen - E.S.) Seele", die Reflexion und eine melancholische Literatur, wie es Magris in seiner Studie "Der habsburgische Mythos in der österreichischen Literatur" mehrfach betont; als Dauermotive begleiten den Leser die Begriffe "Entsagung und Melancholie", des aristokratischen Rückzugs vor dem Ansturm des Kapitals auf die tradierten Verhältnisse und auf den Menschen, in die Natur, umgrenzte Refugien wie den Garten oder den Park, bestanden mit reifen, überreifen oder vergehenden Gewächsen, in die Innerlichkeit, sowie in literarische "Fragmente und Beschreibungen", die wie ausgeführt spezifische Merkmale verdinglichter Weltauffassung sind, wie das Fragment nach Walter Benjamin eines melancholischer, allegorischer Kunst ist. (61) Ohne direkt darauf Bezug zu nehmen, faßt Magris in folgenden, spezifische Merkmale der österreichischen Literatur hervorhebenden Worten die Quintessenz der nur ideologisch die verdinglichte überschreitenden, künstlerischen Auffassung der kapitalistischen Wirklichkeit zusammen: "Das Maß eines derartigen literarischen Genres kann nur die

Seite, das Fragment, sein. Es ist dies eine richtige Flucht ins Fragment und in die Einzelheit, eine Abwendung von den Problemen und eine Hinwendung zur Unbeschwertheit einer Stunde, einer Geste oder eines Lächelns. Die Wirklichkeit wird sozusagen zersplittert, und was bleibt, sind...aus dem Zusammenhang herausgerissene Stücke und zarte, wie Seifenblasen jäh entschwindende Bilder", "ein impressionistische(s) Zerfallen, in dem der Mensch sich verliert". (62) "Für die Bürgerlichen war die Dichtung zum Fluchtweg und zur Zufluchtstätte vor der politischen Wirklichkeit geworden; die liberale und rationalistische Menschensicht war...(der) Introvertiertheit gewichen." (63) Eine "barocke Weltsicht" bricht "alles Menschliche in hundert Spektren" und die von dieser Weltanschauung getroffenen Menschen "leben nicht, handeln nicht", "sondern betrachten, reflektieren" und führen vereinsamt und vereinzelt ihre keinen mehr erreichenden Monologe. (64)

In dem von Magris hervorgehobenen barocken, fragmenthaften Denken und Gestalten gewinnt die bürgerliche Weltanschauung ästhetische Qualität und als solche eine spezifische Bedeutung. Bietet hier einmal das Fragment die Möglichkeit zur Flucht vor der die Integrität der Individuen bedrohenden und verselbständigten kapitalistischen Totalität, wird gegen die laut Adorno "total vergesellschaftete Gesellschaft" das aus seinem Zusammenhang gerissene Fragment zum Versprechen eines scheinbar außergesellschaftlichen und äußerst vergänglichen Glücks - ein Zug, den die Orte des Rückzugs vor der kapitalistischen Realität mit den fragmentarischen Überresten einer als glücklicher angesehenen historischen Vergangenheit (Antike, Mittelalter etc.) teilen - so wird unter der Gewalt barocker Tradition, die in Österreich, besonders in Wien, am Hof und am Theater überlebt hatte, das Fragment zum Zeichen der Vergänglichkeit alles Irdischen, besonders aber der vom Kapital bedrohten alten Kultur. In dem Maße aber wie sich unter dem Druck des Kapitals und seinen Folgeerscheinungen die alte höfisch-aristokratische Kultur zu zersetzen drohte, in dem Maße, wie unter den Schlagworten von Freiheit und Gleichheit an den feudalen Privilegien gerüttelt wurde, wie unter den gleichen Schlagworten die politisch unterprivilegierten Völker die Bevorrechtung eines oder zwei aus ihrer Zahl ihnen gegenüber nicht länger hinzunehmen geneigt waren, in dem Maße also, wie mit Nationalitäten- und beginnenden Klassenkämpfen die alte Gesellschaftsstruktur und staatliche Organisation in Frage gestellt wurden, belebten sich geisterhaft die barocken, Tod und Vergänglichkeit alles Irdischen betonenden Züge der österreichischen Kultur, wofür u.a. das Oevre Hugo von Hofmannsthals nur eins unter vielen Beispielen ist. Gerade aber die fragmentarische Zersplitterung der Gestaltung, Zeichen von Tod und Vergängnis, vergangener und vergänglicher Harmonie, Schönheit ist, wie wir von Walter Benjamin wissen, eines der hervorstechendsten Merkmale einer nicht nur barocken allegorischen Gestaltungsweise; diese der ästhetische Ausdruck schwerer, die Individuen mit Ohnmacht und Handlungshemmung schlagender gesellschaftlicher Umbruch- und kultureller Krisenzeiten. (65)

Karl Kraus, ein melancholischer Charakter

Unterliegt auch Karl Kraus nach Magris gerade als sein Kritiker der Faszination des Habsburger Mythos, so subsumiert ihn Magris doch nicht unter die melancholische Weltauffassung; einen Versuch von psychoanalytischer Seite her dazu unternommen zu haben ist das Verdienst Margarete Mitscherlich-Nielsens. (66)

Nachdem sie sich gegen den Versuch von unkritischen Verwaltern und Interpreten des Krausschen Werkes abgegrenzt hat, die jeden Versuch einer psychoanalytischen Interpretation der Persönlichkeit Kraus' und seines Werkes als ein Sakrileg an dem der Psychoanalyse mit zwanghafter Abwehr gegenüberstehenden Kraus ablehnen, vermag sie zu erklären, daß diese Interpreten dem charakterlichen Schein Kraus' der gegen die Melancholie von ihm entfalteten Abwehrtechnik aufgesessen sind, vermag also zu erklären, wieso relativ lange in der Krausforschung übersehen werden konnte, daß auch Kraus dem "objektzerstörende(n)" Typus des Melancholikers zuzurechnen ist: Die Forschung erlag einerseits wohl einer bis heute zu beobachtenden Tendenz, psychoanalytische Theorien zwanghaft abzuwehren, dann auch bei Kraus dem äußerlichen Schein einer satirisch-sadistischen, nach außen gewendeten moralisch-satirischen Aggression in literarischer Form,einer Aggression, die sich bei einer normalen Form der Melancholie "aufgrund eines unausweichlichen inneren Zwanges selbstzerfleischend gegen" den Melancholiker "selbst wenden muß"; Kraus hingegen gelingt es, durch Identifikation mit dem "Ich-Ideal" - die beim Melancholiker "selbstherrlich geworden(e)", die verinnerlichten Normen und Ideale des Zusammenlebens repräsentierende Gewissensinstanz - manisch seine Melancholie abzuwehren und den "unerhörten Sadismus" des melancholischen Über-Ich, zu moralischen Prinzipien und ästhetischen Idealen sublimiert, gegen die ihnen widersprechenden, somit schlecht und immer schuldig erscheinenden Personifikationen und Erscheinungen des Kapitals zu richten. Dies vermag Kraus allerdings nur auf Grund der vom Kapital selbst gelieferten Bedingungen, auf Grund also der gegeneinander verselbständigten materiellen und ideellen Erscheinungsform des Kapitals, seiner ihm immanenten Widersprüchlichkeit. (67) Von daher ist Kraus als eine spezifische Verwirklichung der immanenten Möglichkeiten des Kapitalverhältnisses zu begreifen, eine Personifikation der bürgerlichen Humanität, ihrer moralischen Prinzipien und ästhetischen Ideale, dies allerdings in sozio-historischer Spezifikation.

Die ihn prägende, familiar vermittelte und individuell spezifizierte gesellschaftliche Melancholie, (68) die, um kommunikabel zu sein, in die Denk- und Gefühlsstruktur, in die tradierte Bilder- und Metaphernwelt der gesellschaftlich produzierten aufgehoben werden muß, und die allgemeine Form der Melancholie weisen "homologe Strukturen" auf, die, wie Lepenies mit Herbert Marcuse annimmt, auf einen verkappten "soziologischen Charakter der psychoanalytischen Begriffe" hinweisen. (69) Ein wesentliches Moment innerhalb der homologen Strukturen, das die Forschung immer wieder hervorhebt, ist eine manifeste Störung des Zeitbewußtseins, eine Enthistorisierung, Entzeitlichung der Welt im melancholischen Denken, die dem Entzug relevanter Praxisfelder, der Handlungshemmung oder Hemmung der bewußten und freien Selbstentfaltung der Individuen einhergehen; Momente, wie sie Lukács etwa als wesentliche des verdinglichten Denkens aufgewiesen hat: Das von der Übermacht gesellschaftlicher Agentien oder von der, vom Kind aus gesehen, Übermacht der die Gesellschaft familiar vertretenden Eltern mit Handlungshemmung konfrontierte, kontemplativ auf sich zurückgeworfene Bewußtsein resigniert davor, die Welt praktisch ändern zu können, oder nimmt eine solche Möglichkeit nicht einmal wahr, wird von der zeitlos und sinnlos in sich kreisenden, übermächtigen Welt auf sein Inneres als einen unhistorischen Raum zurückgeworfen; jedoch ist der Rückzug "aus der Gesellschaft, in welcher gehandelt werden muß,...kein grader", er kann "ins endlich fensterlose Intérieur..., ebenso...zur Natur, in welcher Innerlichkeit sich frei fühlen kann, oder in die Beliebigkeit...der ästhetischen Aktion" führen, die eine der vielen Ersatzhandlungen für ein nicht länger mögliches gesellschaftlich relevantes Handeln darstellt. (70)

Ästhetische Produktion als ein spezifischer Ausdruck melancholischer Innerlichkeit

Hiermit sind die wesentlichen Bedingungen gesetzt, die der Kunst eine nicht zu übersehende zentrale Stellung im bürgerlichen Denken und Fühlen verleihen: Gegen die das Individuum zur Kontemplation zwingende, handlungshemmende Gesellschaft werden Natur und Kunst zu Orten einer geistigen Utopie, die, wie bereits oben angeführt, "das Prinzip aufzeigt: wie der gesellschaftlich vernichtete, zerstückelte, zwischen Teilsysteme verteilte Mensch gedanklich wiederhergestellt werden soll"; damit aber wird die Kunst zum sinnlich-übersinnlichen Beispiel des "Grundproblem(s) der klassischen Philosophie". (71)

In aller Schärfe formulierte Kant die genannte Problematik in der "Kritik der Urteilskraft", die sich erkenntnistheoretisch der Überwindung der von Kant formulierten dritten Antinomie zwischen der vom Menschen unbeeinflußten "Kausalität nach Gesetzen der Natur", der auch das Handeln der Menschen bestimmenden naturgesetzlichen Notwendigkeit, und der vom Menschen selbst gesetzten "Kausalität durch Freiheit" mit Hilfe der Ästhetik widmet; Kant postuliert in der "Kritik der Urteilskraft", daß, "ob nun zwar eine unübersehbare Kluft zwischen dem Gebiete des Naturbegriffs, als dem Sinnlichen (dessen Gesetze empirisch und systematisch vom Verstand von der Natur erfragt und in naturwissenschaftliche Theorien und Gesetzmäßigkeiten gefaßt werden - E.S.), und dem Gebiete des Freiheitsbegriffes, als dem Übersinnlichen (dessen Gesetzmäßigkeit von der praktischen Vernunft, vom autonomen freien Willen als Sittengesetz formuliert wird - E.S.), befestigt ist, so daß von dem ersten zum anderen (also vermittels des theoretischen Gebrauchs der Vernunft) kein Übergang möglich ist, gleich als ob es so viel verschiedene Welten wären, deren erste auf die zweite keinen Einfluß haben kann:...doch diese auf jene einen Einfluß haben (soll - E.S.), nämlich der Freiheitsbegriff...den durch seine Gesetze aufgegebenen Zweck in der Sinnenwelt wirklich machen (soll - E.S.) (Herv. v. E.S.); und die Natur folglich auch so gedacht werden können (müsse - E.S.), daß die Gesetzmäßigkeiten ihrer Form wenigstens zur Möglichkeit der in ihr zu bewirkenden Zwecke nach Freiheitsgesetzen zusammenstimme." (72)

Der Bereich einer wenn auch nur symbolisch repräsentierten Aufhebung der als Zerrissenheit von theoretischer und praktischer Vernunft seine philosophische Form findenden, nicht überhistorischen, sondern Folge der Entfaltung des Kapitals und seiner sich ausdifferenzierenden Erscheinungsformen, der bürgerlichen Gesellschaftsverhältnisse, seienden Aufspaltung der vor Kant religiös abgesicherten Einheit der Welt und Aufhebung damit auch der wissenschaftlichen Fassung dieser Aufspaltung als Gegensatz von Sinnlichkeit und Vernunft, Theorie und Praxis, Notwendigkeit und Freiheit wurde für Kant die Sphäre der schönen Künste, die ästhetische Sphäre, ihre Produkte, ihre Produktionsweise und ihr Produzent. Als Vermögen, sich von der zurückersehnten und philosophisch geforderten substantiellen Einheit von Natur und Vernunft, "die gar kein Erkenntnisstück werden kann", eine Vorstellung zu machen, sie ästhetisch zu symbolisieren, bestimmt er als "Mittelglied zwischen Verstand und Vernunft" die allein auf das Subjekt bezogene, mit "Lust und Unlust" verbundene "Urteilskraft". (73)

Erweitert Kant somit die beiden "Seelenvermögen" Verstand und Vernunft um die Urteilskraft, erweitert er somit einmal die Spaltung des bürgerlichen Individuums, so grenzt er andererseits die Kunst und die "mit ihr verbundene Lust oder Unlust" als "bloß subjektiv(e)" "Vorstellung(en)", als "bloß ästhetische Vorstellung(en) der Zweckmäßigkeit", als bloß "subjektive formale Zweckmäßigkeit des Objekts", als einen bloß subjektiven Bereich des interesselosen Wohlgefallens wie aus der Welt der bürgerlichen Zwecksetzung, so aus der ihr subsumierten wissenschaftlichen Aneignung der Natur aus, macht sie zum Ort der Utopie innerhalb der bürgerlichen Welt, zum Ort des interesselosen und begriffslosen "freien Spiels der Erkenntnisvermögen" "ohne allen weder objektiven noch subjektiven Zweck." (74)

Mit dieser Bestimmung, die eine freie, gewaltlose Vermittlung der Erkenntnisvermögen, "die Lust an der Harmonie der Erkenntnisvermögen", die an "einer Übereinstimmung der Erkenntniskräfte untereinander" in der aus allen Zwecksetzungen bürgerlichen Art abstrahierten Kunst repräsentiert sah, wurde die Kunst in der klassischen Philosophie zu einem aus allen sonstigen Erscheinungen der bürgerlichen Gesellschaft herausfallenden faszinierendem Phänomen für die Protagonisten der klassisch bürgerlichen Philosophie, da in ihr symbolisch repräsentiert vorlag, dessen Unüberbrückbarkeit und Unvermittelbarkeit dem bürgerlichen Denken unbefragbar feststeht, so zum Ort der Sehnsucht, der Hoffnung und des Trostes. (75)

Daß Kant unbewußt die Kunst als Phänomen betrachtete, das den Oberflächenerscheinungen der kapitalistischen Gesellschaft inhaltlich und begrifflich entgegengesetzt ist, ist nicht nur darin zu sehen, daß er in der Kunst, paradox für bürgerliche Ohren, eine "Zweckmäßigkeit ohne Zweck" sich in Kunstwerken vergegenständlichen sah, sie ausdrücklich und ideologisch gegen die "Lohnkunst" absetzte, sondern auch darin, daß er sie über ihren Produzenten, das Genie, nicht etwa als ein spezifisches Produkt der Gesellschaft faßt, sondern als eines der Natur, die über die "angeborne Gemütslage" des Genies "der Kunst die Regel gibt". (76) Mit diesen Bestimmungen repräsentiert das Kunstwerk die anschaubare, theoretisch jedoch unerkennbare Einheit von Natur- und Vernunftkausalität, das Genie deren subjektive Potenz: beides nicht reproduzierbare Ausnahmen in einer Gesellschaftsform, deren Einheit und Bestand an die grundsätzliche Wiederholbarkeit von Warentausch und -produktion gebunden ist.

Sind die Produkte der Lohnkunst an die Erlernbarkeit wiederholbarer technischer Prozesse gebunden, an erlernbare "Regeln", so fallen die Kunstprodukte aus dem Bereich des Gewöhnlichen heraus, sind außergewöhnliche Ausnahmen, "exemplarisch", an"keine bestimmte Regel" gebunden. (77) Kunstwerke sind so gefaßt anarchische, herrschaftsfreie Produkte, Produkte einer von den Fesseln identifizierender Naturbeherrschung freier, spontaner, selbsttätiger, gleichwohl nicht regelloser Natur; damit aber transzendiert die Natur die ihr von Kant gesetzten Grenzen unfreier Naturkausalität; die im Genie mit Geist und autonomer Spontaneität begabte Natur schließt sich im Kunstwerk, im zweckhaft-zwecklosen Spiel, in einer Produktivität, die sich selbst als Zweck setzt, mit ihrem anderen, der Freiheit, in Harmonie zusammen; eine vergeistigte Natur bestimmt und vergegenständlicht sich im Kunstwerk in freier und autonomer Setzung selbst; vergeistigte Natur bestimmt sich als freie, damit aber heben im Kunstwerk sich Notwendigkeit und Freiheit in einer höheren Einheit auf. Schöne Kunst wird zum sinnlichen "Symbol der Sittlichkeit". (78)

Mit folgenden Worten faßt Kant seinen gegen die Zerrissenheit der kapitalistischen Oberfläche entwickelten Kunstbegriff zusammen, der in dieser Form von den Nachfolgern Kants kritisch übernommen und ausgebaut wurde: "Die Verbindung und Harmonie beider Erkenntnisvermögen, der Sinnlichkeit und des Verstandes, die einander zwar nicht entbehren, aber doch auch ohne Zwang und wechselseitigen Abbruch *sich* nicht wohl vereinigen lassen, muß unabsichtlich sein, und sich von selbst so zu fügen scheinen; sonst ist es nicht *schöne* Kunst. Daher alles Gesuchte und Peinliche darin vermieden werden muß; denn schöne Kunst muß in doppelter Bedeutung freie Kunst (Herv. v. E.S.) sein: sowohl daß sie nicht als Lohngeschäft, eine Arbeit sei, deren Größe sich nach einem bestimmten Maßstabe beurteilen, erzwingen oder bezahlen läßt, sondern auch, daß das Gemüt sich zwar beschäftigt, aber dabei doch, ohne auf einen anderen Zweck hinauszusehen (unabhängig vom Lohn), befriedigt und erweckt fühlt." (79) Kunst ist so, mit Herbert Marcuse zu sprechen, eine Sphäre des "freie(n) (Herv. v. E.S.) Spiel(s) menschlicher Möglichkeiten außerhalb der entfremdeten Arbeitsbereiche". (80) Sie ist jene Sphäre, in der sich Sinnlichkeit durch die Spontaneität der freien, selbsttätigen Natur des Genies, durch seine nicht repressive, nicht entfremdete Arbeit im Kunstwerk zur Kultur sublimiert, denn "in aller schönen Kunst besteht das Wesentliche in der Form, welche für die Beobachtung und Beurteilung zweckmäßig ist, wo die Lust zugleich Kultur ist (Herv. v. E.S.) und den Geist zu Ideen stimmt." (81) Als Produkt der Freiheit gegen Entfremdung wirkt das im Kunstwerk freigesetzte Objekt einer freien Vermittlung von Mensch und Natur, Subjekt und Objekt auf den Betrachter zurück, dabei wird "sich das Gemüt zugleich einer gewissen Veredlung und Erhebung über die bloße Empfänglichkeit einer Lust durch Sinneseindrücke bewußt"; zugleich wird der Betrachter geistig frei gesetzt, die Urteilskraft "sieht sich...nicht, wie sonst in empirischer Beurteilung, einer Heteronomie der Erfahrungsgesetze unterworfen: sie gibt in Ansehung der Gegenstände eines so reinen Wohlgefallens ihr selbst das Gesetz (Herv. v. E.S.), so wie es die Vernunft...tut". (82)

Die Entfaltung des Widerspruchs zwischen Kunst und gesellschaftlicher Wirklichkeit in der nachkantischen Ästhetik

Nach Kant reproduziert sich der nur unter den Bedingungen des sich entfaltenden Kapitals gesetzte Widerspruch zwischen Notwendigkeit und Freiheit auf einer höheren Stufe der Reflexion als der von geleisteter Versöhntheit dieses Widerspruchs in den Kunstprodukten und seiner bestehenden Unversöhntheit im gesellschaftlichen Leben: kurz, als Widerspruch zwischen einer emphatischen Wahrheit: Schönheit, Harmonie, unentfremdeter, zweckfrei-zweckvoller Vermittlung von Individuum und Natur im Kunstwerk, und Unwahrheit: Häßlichkeit, disharmonische Zerrissenheit, entfremdeter Vermittlung von Mensch und Natur im gesellschaftlichen Leben. (83)

Die ihm wenn auch nur in den Folgen der sich quasi naturwüchsig entfaltenden Arbeitsteilung als vereinseitigende und verdinglichend erkannte kapitalistische Gesellschaftsform, (84) der Widerspruch zwischen den bürgerlichen Humanitätsidealen und der kapitalistischen Wirklichkeit zwingt Schiller zu einer Radikalisierung der Ergebnisse der Kantschen Ästhetik, zu einer praktischen Wendung dieser Ergebnisse, zu ihrer Politisierung; in dieser Wendung glaubt er ein Mittel gegen die Zerstückelung des Menschen unter der Herrschaft des Kapitals gefunden zu haben. Gerade weil er realistisch zugeben muß, daß "die Kunst" als "eine Tochter der Freiheit" gegen den "Nutzen" und "sein tyrannisches Joch "kein Gewicht" besitzt, behauptet er kantisch, daß "das Werk <u>blinder Kräfte</u> (Herv. v. E.S.)...keine Autorität" besitze, "vor welcher die Freiheit sich zu beugen" brauche. (85) Der nicht ausgetragene Widerspruch zwischen Freiheit und Notwendigkeit aber macht das ästhetische Remedium der bürgerlichen Zustände zu einem höchst problematischen und paradoxen; ihn vermag Schiller unter Berufung auf den Kantischen freien Willen, in den "keine physische Nötigung greifen" könne und dürfe, nur dogmatisch und dezisionistisch zu schlichten. (86)

Gut bürgerlich spielt Schiller so die "<u>allegorische, moralische Person</u>" gegen den "egoistische(n) Mensch(en)", den "abstrahierte(n), künstliche(n) Mensch(en)", gegen den scheinbar "natürliche(n) Mensch(en)" aus und vermag so die "Pointe" der bürgerlich kapitalistischen Gesellschaft nicht zu begreifen, daß das von ihm als natürlich angesehene "Privatinteresse...ein <u>gesellschaftlich bestimmtes</u> (Herv. v. E.S.) Interesse ist und nur innerhalb der von der Gesellschaft gesetzten Bedingungen und mit den von ihr gegebenen Mitteln erreicht werden kann; also an die Reproduktion dieser Bedingungen und Mittel gebunden ist. Es ist das Interesse der Privaten; aber dessen Inhalt, wie Form und Mittel der Verwirklichung, durch von allen unabhängige gesellschaftliche Bedingungen gegeben." (87)

Gerade aber die Unkenntnis der Spezifität der kapitalistischen Gesellschaft ermöglicht erst den paradoxen wie verwegenen Versuch Schillers, das Problem der im 5. und 6. Brief beschriebenen, aber falsch bestimmten Zerrissenheit von Individuum und Gesellschaft wie die Überführung bürgerlich-egoistischer und feudaler, von Schiller als natürliche mißverstandener Verhältnisse in sittliche mit Hilfe des Spieltriebs und der Ästhetik lösen zu wollen; denn um dieses Problem zu lösen, müsse man laut Schiller anders als die radikalen bürgerlichen Revolutionäre des französischen Volkes, die Jakobiner, "durch das ästhetische den Weg nehmen..., weil es die Schönheit ist, durch welche man zur Freiheit wandert." (88)

Ästhetik allein macht so gegen die egoistischen, asozialen, die Individuen trennenden, quasi natürlichen Interessen, Neigungen und Triebe, gegen die die Allgemeinheit der Gattung repräsentierenden wissenschaftlichen Erkenntnisse und ethischen Pflichten, die jedes Individuum nach Auffassung Kants und seiner unkritischen Nachfolger in ein Sinnenwesen, ein Verstandes- und Vernunftwesen spalten, "ein Ganzes aus" den Individuen, "weil (sie ihre - E.S.) beiden (sinnlich natürliche und übersinnlich verständig szientifische und vernünftig moralische - E. S.) Naturen" vereinigen hilft, und aus der zerrissenen Gesellschaft, deren Gebrechen sie qua gewaltloser Kommunikation als "schöne Mitteilung" heilt. (89)

"Kein Vorzug, keine Allherrschaft wird geduldet, soweit der Geschmack regiert und das Reich des schönen Scheins sich verbreitet. (...) Die ungesellige Begierde muß ihrer Selbstsucht entsagen und das Angenehme, welches sonst nur die Sinne lockt, das Netz der Anmut auch über die Geister auswerfen. Der Notwendigkeit strenge Stimme, die Pflicht, muß ihre vorwerfende Formel verändern, die nur der Widerstand rechtfertigt, und die willige Natur durch ein edleres Zutrauen ehren. Aus den Mysterien der Wissenschaft führt der Geschmack die Erkenntnis unter den offenen Himmel des Gemeinsinns heraus und verwandelt das Eigentum der Schulen in ein Gemeingut der ganzen menschlichen Gesellschaft. (...) Hier..., in dem Reich des ästhetischen Scheins, wird das Ideal der Gleichheit erfüllt, welches", und hier wendet sich Schiller gegen die radikalen Verfechter der französischen Revolution, "der Schwärmer so gern auch dem Wesen nach realisiert sehen möchte". (90)

Zynisch meinte Schiller eine "gütige Schickung" darin "erkennen" zu können, daß der Mensch "oft nur deswegen in der Wirklichkeit" eingeschränkt werde, "um ihn in eine idealistische Welt zu treiben." (91) Indem Schiller weiter diese "idealistische Welt" und den "Staat des schönen Scheins" nur als ein "Bedürfnis...jeder feingestimmten Seele" bezeichnet und ausdrücklich darauf hinweist, daß man beide nur "in einigen wenigen auserlesenen Zirkeln finden (könne - E.S.), wo nicht die geistlose Nachahmung fremder Sitten, sondern die eigne schöne Natur das Betragen lenkt, wo der Mensch durch die verwickeltsten Verhältnisse mit kühner Einfalt und ruhiger Unschuld geht", bestimmt er affirmativ den Ort einer Ästhetisierung als den einer elitären Ausnahme innerhalb der von ihm beschriebenen miserablen gesellschaftlichen Regel, der ohne sie nicht einmal denkbar ist; wie er mit der Erhöhung der Idealität gegen die Realität von Freiheit und Gleichheit das Konzept einer "affirmativen Kultur" entwirft; das affirmative Konzept eines ontologischen Gegensatzes zwischen geistiger Gleichheit, Freiheit und Harmonie und sogar positiv anerkannter Misere. (92)

In dieser Form bildet die bürgerliche Ästhetik ein Amalgam von Kulturkritik und reeller Affirmation der idiosynkratisch degoutierten Verhältnisse. "Auf die Not des isolierten Individuums" schreibt Herbert Marcuse, "antwortet sie mit der allgemeinen Menschlichkeit, auf das leibliche Elend mit der Schönheit der Seele, auf die äußere Knechtschaft mit der inneren Freiheit, auf den brutalen Egoismus mit dem Tugendreich der Pflicht. (...) Die Kultur meint nicht so sehr eine bessere wie eine edlere Welt: eine Welt, die nicht durch einen Umsturz der materiellen Lebensordnung, sondern durch ein Geschehen in der Seele des Individuums herbeigeführt werden soll. Humanität wird zu einem inneren Zustand;... (...) Ihr

Reich ist wesentlich ein Reich der S e e l e . (...) Die Seele wird als der einzige noch nicht in den gesellschaftlichen Arbeitsprozeß hineingezogene Lebensbereich behütet. (...) Die Seele verklärt die (melancholische - E.S.) Resignation" der bürgerlichen Kultur vor der verdinglichenden, barbarischen kapitalistischen Alltagswirklichkeit. (93) Gleichermaßen aber bleibt im "kulturelle(n) Ideal...die Sehnsucht nach einem glücklicheren Leben" als rebellischer Stachel aufgehoben: "nach Menschlichkeit, Güte, Freude, Wahrheit, Solidarität." (94) Als Ideal erstarren sie jedoch "zu einem" vor der Oberfläche des Kapitals gegen vereinzelte barbarische Erscheinungen des Kapitals gerichteten "abstrakten Konstrast", dessen "gesellschaftliche Grundlagen" dem verdinglichten Denken "immer unsichtbarer werden". (95)

Glaubte der vom horror revolutionis gepeinigte Schiller, mittels der Ästhetik gewaltlos die Repräsentation des "reinen idealischen Menschen", den bürgerlichen Rechtsstaat, und einen ihn tragenden "veredelt(en)" Menschen heranbilden zu können, so wird die Ästhetik dem jungen Hegel gerade zum Ansporn, die Gesellschaft umzuwälzen und, in der Jugend noch anarchisch, den Staat abzuschaffen. (96) Hegel, der mit dem jungen Schelling den Begriff der Ästhetik weit über die Kantische Einschränkung hinaustrieb, bestimmt den ästhetischen als den "höchste(n) Akt der Vernunft", der "alle Fragen" umfasse, da "Wahrheit und Güte nur in der Schönheit verschwistert" seien. (97) Indem Hegel nur das als "Idee" begriffen wissen möchte, "was Gegenstand der Freiheit ist", wird, da er den Staat als eine "Maschine" bestimmt, "etwas Mechanisches", dem der Begriff von Freiheit und damit der Idee nicht zukomme, Ästhetik zum absoluten Gegensatz zur bürgerlichen Gesellschaft, wird sie revolutionär. (98) "Wir müssen...über den Staat hinaus! - Denn jeder Staat muß freie Menschen als mechanisches Räderwerk behandeln; und das soll er nicht, also soll er aufhören." (99) Wendet sich hier die ästhetische Kritik noch gegen ein unverstandenes, da abstrakt verselbständigtes Phänomen der Gesellschaft, so wird sie, hier offen melancholisch-allegorisch, die kapitalistische Gesellschaft und ihre Folgen als Zustand des Todes betrachtend, später radikaler noch dadurch, daß sie den Rückzug aus der Gesellschaft in die seelische Innerlichkeit in ihre Kritik der Gesellschaft einbezieht: "Der Stand des Menschen, den die Zeit in eine innere Welt vertrieben hat, kann entweder, wenn er sich in dieser erhalten will, nur ein immerwährender Tod (Herv. v. E. S.) oder, wenn die Natur ihn zum Leben treibt, nur ein Bestreben sein, das Negative der bestehenden Welt abzuschaffen, um sich in ihr zu finden und genießen, um leben zu können." (100)

Dieser Verweis auf eine Umwälzung der Gesellschaft schneidet einen unreflektierten Rückzug auf die reine Ästhetik für den späten Hegel ab. Kunst dient dem späten, die gesellschaftliche Realität anerkennenden Hegel nur noch als eine unvollkommene Form der Aufhebung der Zerrissenheit der modernen Welt in eine dialektische Einheit. Die Kunst findet nach Hegel ihre Wahrheit in der Philosophie, die sich nicht so sehr "gegen die Entgegensetzung und Beschränkung überhaupt" setzt, "denn die notwendige Entzweiung ist e i n Faktor des Lebens, das ewig entgegensetzend sich bildet", "sondern...gegen das absolute Fixieren der Entzweiung durch den Verstand" (101). "Wenn", so schreibt Hegel in folgenden berühmt gewordenen Worten, "die Macht der Vereinigung aus dem Leben der Menschen verschwindet und die Gegensätze ihre lebendige Beziehung und Wechselwirkung verloren haben und Selbständigkeit gewinnen, entsteht das Bedürfnis der Philosophie. Es ist insofern eine Zufälligkeit, aber unter der gegebenen Entzweiung der notwendige Versuch, die Entgegensetzung der festgewordenen Subjektivität und Objektivität aufzuheben und das Gewordensein der intellektuellen und reellen Welt als ein Werden, ihr Sein als Produkte, als ein Produzieren zu begreifen", nicht also deren Aufhebung im Kunstwerk nur begriffslos anzuschauen. (102) "Diese Einheit...(nämlich - E.S.) des Allgemeinen und Besonderen, der Freiheit und Notwendigkeit, der Geistigkeit und des Natürlichen, welche Schiller als Prinzip und Wesen der Kunst wissenschaftlich erfaßte...ist... als Idee selbst zum Prinzip der Erkenntnis und des Daseins gemacht und die Idee als das allein Wahrhafte und Wirkliche erkannt worden." (103) Gegen Schelling gewendet schreibt Hegel deshalb auch, daß "die Kunst..., weit entfernt...die höchste Form des Geistes zu sein, ...in...Wissenschaft" aufgehoben werden müsse. (104) "Die eigentümliche Art der Kunstproduktion und ihrer Werke füllt unser höchstes Bedürfnis nicht mehr aus; wir sind darüber hinaus". (105) Der spekulative Gedanke ist folglich das Medium, mit dem der Mensch die Misere der ihm entfremdeten und verdinglichten Phänomene laut Hegel zu transzendieren vermöchte, und in der die gegeneinander verselbständigten Momente des Kapitals ihre gedankliche Aufhebung in "einer höheren, substantielleren Wahrheit" finden, "in welcher alle Gegensätze und Widersprüche des Endlichen ihre letzte Lösung und die Freiheit ihre volle Befriedigung finden können." (106)

Auf der logischen Ebene der Idee, der absoluten und emphatischen Wahrheit wird der in den bürgerlichen Lebensverhältnissen, der Wirklichkeit gegeneinander verselbständigter Phänomene des Kapitals, deren abstrakteste Fassung er ist, begründete"Gegensatz von Freiheit und Notwendigkeit, von Geist und Natur, von Wissen und Gegenstand, Gesetz und Trieb, der Gegensatz und Widerspruch überhaupt, welche Form er auch annehmen möge,"aufgehoben, da gegen "das gewöhnliche (verdinglichte - E.S.) Bewußtsein" die Philosophie "die sich widersprechenden Bestimmungen...ihrem Begriff nach, d.h. als in ihrer Einseitigkeit nicht absolut, sondern sich auflösend" erkannt hat, und sie in die "Harmonie und Einheit, welche die Wahrheit ist", gesetzt hat; der freie Wille "die endliche Existenz" dem Begriff gemäß umgestaltet hat, zur Idee erhoben hat, die nichts anderes ist "als der Begriff, die Realität des Begriffes und die Einheit beider", denn "nur der in der Realität gegenwärtige und mit derselben in Einheit gesetzte Begriff ist die Idee," die somit "die sich ewig vollbringende und vollbrachte Übereinstimmung und vermittelte Einheit" "des subjektiven und objektiven Begriffs (ist). Nur so ist die Idee Wahrheit und alle Wahrheit." (107)

Indem nun Hegel in der philosophischen Ästhetik die Schönheit der Idee identisch setzt, werden für ihn "Schönheit und Wahrheit...<u>dasselbe</u>". (108) Indem weiter aber diese Form der Idee nicht "die <u>allgemeine Idee</u> für das Denken" ist, "der

Begriff unmittelbar in Einheit bleibt mit seiner äußeren Erscheinung, ist die Idee nicht nur wahr, sondern schön. Das Schöne bestimmt sich dadurch als das sinnliche Scheinen der Idee." (109) Sind in der kapitalistischen Wirklichkeit, sind in Theorie und Praxis Subjekt und Objekt gegeneinander u n f r e i , womit beim Subjekt Melancholie gesetzt ist, so ist "die Betrachtung...und das Dasein der Objekte als schöner...die Vereinigung beider Gesichtspunkte (Theorie und Praxis - E.S.), indem sie die Einseitigkeit beider in betreff des Subjekts wie seines Gegenstandes und dadurch die...Unfreiheit aufhebt." (110) Das Subjekt "wird sich selbst in diesem Objekt konkret, indem es die Einheit des Begriffs und der Realität, die Vereinigung der bisher in Ich und Gegenstand getrennten und deshalb abstrakten Seiten in ihrer Konkretion selber für sich macht...," (...) und im Kunstwerk "den vollendet realisierten Begriff und Zweck vor sich hat." (111) Gleichermaßen aber "zeigt""der schöne Gegenstand""an ihm selbst die subjektive Einheit und Lebendigkeit", hat er "die Abhängigkeit von anderem getilgt und für die Betrachtung seine unfreie Endlichkeit zu freier Unendlichkeit verwandelt", sich somit in der Vermittlung von Endlichkeit und Unendlichkeit, im Setzen des Unendlichen durchs Endliche selbst, idealisiert, zum "Selbstzweck" erhoben. (112) Heben sich somit im Kunstwerk die in der endlichen Welt der "endlichen Bedürfnisse und Absichten", der Welt des Kapitals, der Welt des individuellen "Besitzenwollen(s) und Benutzen(s)" der Objekte gesetzten Gegensätze von Theorie und Praxis, Freiheit und Notwendigkeit, Subjekt und Objekt in "vollendete(r) Durchdringung" auf, so spezifizieren sich gegen diese "das Gebiet des Schönen", "die schöne Objektivität und deren subjektive Betrachtung" als eine Sphäre, die "der Relativität endlicher Verhältnisse entrissen" und in die "Freiheit und Unendlichkeit" des "absolute(n) Reich(es) der Idee und ihrer Wahrheit emporgetragen" ist. (113) Kunst und kapitalistische Alltagswirklichkeit stehen sich damit nach Hegel überhistorisch als Freiheit und Unfreiheit, Endlichkeit und Unendlichkeit, Harmonie und Disharmonie, Einheit und Zerrissenheit, Versöhntheit und Unversöhntheit, Wahrheit und Unwahrheit, Leben und Tod gegenüber: Kunst ist damit als Kritik gesetzt.

Moderne Kunst und Ästhetik

Die Entfaltung der bürgerlich-kapitalistischen Gesellschaft, ihre Tendenz, immer größere Bevölkerungsschichten ihren verdinglichten Zwängen zu unterwerfen, zur Ware zu verdinglichen, somit zu enthumanisieren, verschärft den Widerspruch zwischen Kunst und kapitalistischer Wirklichkeit. Der Konflikt findet seinen spezifisch inner-künstlerischen Ausdruck in der künstlerischen "Auseinandersetzung mit der Tradition, die im Stil sich niederschlägt", in der Auseinandersetzung mit dem Stil der in die affirmierende Kulturindustrie integrierten und sich integrierenden Kunst, in der Auseinandersetzung mit der Kulturindustrie und ihren affirmierenden Produkten. (114) Diese Auseinandersetzung schlägt bei Kraus sich in einem Kampf gegen die Zeitungssprache, vor allem den Feuilletonismus, gegen Teile der traditionellen und zeitgenössischen Kunst nieder.

In der Auseinandersetzung mit der Tradition, in ihrer bestimmten Negation wird bürgerliche Kunst, bestimmt vom unerkannten Zwang des als polare, ideologische Struktur, deren einen Pol Kunst bildet, erscheinenden Systems, das ihr aus dem strukturellen Gegensatz zur gesellschaftlichen Wirklichkeit erwachsene kritische Potential zu bewahren, immer hermetischer, in der Negation aller Derivate der perhorreszierten Gesellschaft, in der Aussparung alles ihr Heteronomen und in der verzweifelten Verteidigung ihrer Autonomie immer inhaltsleerer oder aber sie schlägt, wie etwa Kraus' Werk, in den direkten Angriff auf ihr anderes um.

Die Geschlossenheit der klassischen Kunst wird gebrochen. Als reine Form sagt die Kunst inhaltlich von der Wirklichkeit sich los, durch die doch all ihr Sinn vermittelt ist, als Dissonanz wird sie zum künstlerischen Ausdruck gesellschaftlichen Leidens an der Gesellschaft, das im Kunstwerk objektive Gestalt gewinnt. "Das zerrüttete Kunstwerk (...) ...nimmt den Widerspruch, in dem...(es - E.S.) zur Realität steht, ins eigene Bewußtsein und in die eigene Gestalt auf.

In solchem Verhalten schärft...(es - E.S.) sich zur Erkenntnis. (...) Im Akt der Erkenntnis, den (traditionelle - E.S.) Kunst vollzieht," schreibt Adorno, "vollzieht ihre Form Kritik am Widerspruch dadurch, daß sie auf die Möglichkeit der Versöhnung weist und damit auf das Kontingente, Überwindbare, Nichtabsolute am Widerspruch. (...) Die neue Kunst läßt den Widerspruch stehen und legt das kahle Urgestein ihrer Urteilskategorien - der Form - frei. Sie wirft die Würde des Richters zurück und tritt in den Stand der Klage zurück, die einzig von der Wirklichkeit versöhnt werden kann (Herv. v. E.S.). Erst im fragmentarischen, seiner selbst entäußerten Werk wird der kritische Gehalt frei, (...) (und) durchschlägt als unbeirrbarer Mikrokosmos der antagonistischen Verfassung ...jene Mauern von innen her, welche die ästhetische Autonomie so sorglich geschichtet hatte" (115). Neue Kunst versperrt sich dem "Trug der Harmonie" und legt damit gegen Harmonie- und Partnerschaftsschwindel der spätkapitalistischen Gesellschaft, gegen den Trug, "daß es im Wesen keine Klassen gäbe", Protest ein (116). Durch satirische Reproduktion und Gestaltung sucht sie "um der Menschlichkeit willen" "die Unmenschlichkeit" der Welt des Kapitals zu überbieten, um das "Unglück" dieser Welt erkennbar zu machen. (117) "Dem Schein des Schönen" sich versagend hebt sie dessen Widerspruch gegen die Hölle des Kapitals in sich auf, in der sich entgegen der im Kantischen Imperativ aufgehobenen bürgerlichen Humanität "der einzelne Mensch, um sich in seiner Einzelheit zu erhalten, ...vielfach zum Mittel für andere machen, ihren beschränkten Zwecken dienen (muß - E.S.), und...die anderen, um seine eigenen engen Interessen zu befriedigen, ebenfalls zu bloßen Mitteln" herabsetzt, in der "der einzelne Mensch... in Abhängigkeit von äußeren Einwirkungen, Gesetzen, Staatseinrichtungen, bürgerlichen (kapitalistischen - E.S.) Verhältnissen (steht - E.S.), welche er vorfindet und (denen er - E.S.) sich..., mag er sie als sein eigenes Interesse haben oder nicht, beugen muß." (118)

Kunst hebt die Dauerqual der Verdinglichung, die Ohnmacht vor deren Gewalt in sich als "Zerrüttung" auf; in ihrer kritischen Gestaltung aber wird "das Schneidende..., dynamisch geschärft, in sich und vom Einerlei des Affirmativen unterschieden, zum Reiz; und dieser Reiz kaum weniger als der Ekel vorm positiven Schwachsinn geleitet die neue Kunst in ein Niemandsland, stellvertretend für die bewohnbare Erde." (119) Ausdruck aber der unter der sich dynamisch entfaltenden Gewalt zerfallenden gesellschaftlichen Individuen, zerrüttet, ruiniert und fragmentarisiert wie der laut Kraus geradezu industriell genormte Restbestand des schönen, harmonischen Menschenideals des früheren Bürgertums reflektiert die neue Kunst das unbewohnbar zu werden drohende Jedermannsland als Scheinlebewelt und wird so allegorisch: die Werke melancholische Sinnbilder vergangener Schönheit, vergangener Harmonie, vergangenen Lebens. Wird somit die Welt des Kapitals unter dem mehr als nur barocken Aspekt des nicht nur äußeren und drohenden, sondern innerweltlichen Todes betrachtet, dessen zentrales Emblem nicht länger der dauerhaft harte Totenkopf, sondern die sinnlich-unsinnliche Härte des auf "Zinsfuß und Prothese" gehenden kapitalistischen Fortschritts ist, der seine Agenten zu lebenden Toten herabsetzt, so sucht Kunst, die in der kapitalistischen Gesellschaftsform institutionalisierte Vertreterin von Freiheit, Wahrheit, Natur, Leben, Schönheit und Harmonie, magisch gleichsam diesen Tod mit seinem Bild zu bannen, ist ihr Zerfall Mimikry zur Rettung und Konservierung der bedrohten menschlichen Grundwerte. Alle Formen der Kunst sind, wie Adorno schreibt, ein "Protest gegen einen" falschen "gesellschaftlichen Zustand, den jeder Einzelne als feindlich, fremd, kalt, bedrückend erfährt, und negativ prägt der Zustand dem Gebilde sich ein: je schwerer er lastet, desto unnachgiebiger widersteht ihm das Gebilde,... Sein Abstand vom bloßen Dasein wird zum Maß von dessen Falschen und Schlechten." (120) Als negativer Niederschlag eines immer unmenschlicher werdenden gesellschaftlichen Inhalts ist ihr Protest der Traum von einem unsagbaren anderen Zustand. So überdauert mortifiziert "in ihnen", "was sonst vergessen ist und unmittelbar nicht mehr zu reden vermag. (...) Die Formen der Kunst verzeichnen die Geschichte der Menschheit gerechter als die Dokumente. Keine Verhärtung der Form, die nicht als Negation des schlechten Lebens sich lesen ließe." (121)

Ästhetisch wird Kraus der geschichtsphilosophischen Erkenntnis insofern gerecht, als er außer in seiner Lyrik keine in sich geschlossenen Kunstwerke geschrieben hat; immer verweist die Satire auf die Realität, von der sie sich in ätzender Form distanziert. (122) Was Wagenknecht positivistisch und verharmlosend bei Kraus als Wortspiel auffaßt, was als verdichtende Rekonstruktion des kapitalistischen Ungeistes mit Hilfe von aus ihrem ursprünglichen Zusammenhang herausgebrochenen, dissoziierten und neu zusammengefügten Wort- und Satzfragmenten der bürgerlichen Presse, der ideellen Erscheinungsform der scheinbar auswegslosen Geschlossenheit des totalitären Kapitals, besser mit den Begriffen Wortmontage oder -collage zu bestimmen wäre, durchbricht gerade in der Erfüllung des konstruktiven Elements der Krausschen Prosa die Konstruktion, wird Ausdruck eines äußerst verdichteten Zusammenpralls von einem sich ausweglos bedroht fühlenden Individuum mit der bedrohlichen kapitalistischen Realität, Ausdruck des Entsetzens vor der von Satire zu Satire sich wie ein Phantombild immer deutlicher als Physiognomie der Hölle auf Erden abzeichnenden Physiognomie des nach Kraus allen Geist auf Erden bedrohenden kapitalistischen Ungeistes.

Nur kunstferne Unsensibilität gegenüber den in der Problematik moderner Kunst aufgehobenen Leiden der Individuen an den brutalen Erscheinungsformen des Kapitals, gegenüber der in der Kunst aufgehobenen Problematik von Individuum und Gesellschaft, vermag als Spiel noch zu bezeichnen, was keines mehr ist, Spiel da noch zu sehen, wo Spiel nicht länger möglich ist, Spiel zu nennen, was sich als kristallisierter Ausdruck eines individuellen Kampfes mit der idiosynkratisch verabscheuten, oberflächlichen Wirklichkeit des Kapitals innerhalb der Sprache darstellt. Diese Realität soll in der Sprache gebrochen, gebannt werden, ihres falschen Scheins beraubt, zu ihrem oberflächlich richtigen Ausdruck gebracht, in Geist aufgehoben werden. In den "Wortspielen" sind Dissoziation und Konstruktion, Ausdruck und Konstruktion dialektisch vermittelt. Die Brüche der Konstruktion sind als die Schrift von Wahrheit übers Ungeheuerliche zu lesen.

Als individuell vergeistigte rebelliert die ins Werk hineinragende Realität gegen sich selbst, werden ihre immanenten Widersprüche, wenn auch nur in ihrer verkehrten Form auf der Oberfläche des Kapitals, deutlich und deutbar. Die Gesellschaft klagt, in die Sphäre eines ihrer verselbständigten Momente gezogen, sich an und spricht sich innerhalb der bürgerlichen Kunst das Urteil. Keines vernichtender als das Schweigen; es gewinnt bei Kraus die Ausdruckskraft einer sprachlos vorm Grauen gewordenen Absage an dieses. Schweigen verzeichnet eine Etappe der "Zerstörung der (bürgerlichen) Vernunft" im ersten Weltkrieg, es ist um ein Diktum Adornos über Anton Webern zu gebrauchen, der Rest seiner Meisterschaft. Künstlerisches Schweigen ist ein überempfindlicher Seismograph, es verzeichnet bei Kraus in den "Letzten Tagen der Menschheit" den "Untergang des Abendlandes", ist das mit Sprachlosigkeit geschlagene Entsetzen über die Untaten der Menschheit während ihrer letzten Tage. Indem heute die Kunst allgemein im Schweigen zu enden scheint, meldet sie das Aufkommen bzw. das Dasein der Barbarei, das als geschichtsphilosophische Alternative zum Sozialismus der Marxismus gefaßt hat.

Zur Satire

In der Forschung gilt Karl Kraus als einer der herausragenden Vertreter der satirischen Kunstform, ohne daß jedoch, wie es scheint, von ihr das Wesen der Krausschen Satire angemessen reflektiert worden ist. Ohne auf ihre sozio-kulturellen Voraussetzungen zu reflektieren, wird die Schillersche Definition der sentimentalischen, somit der nach Schiller moderner Kunst angehörigen Satire aller Reflexion der Krausschen Satire vorausgesetzt.

Die Tradition der idealistischen Ästhetik, eine anscheinend in der Antike vorhandene Einheit von Sittlichkeit und Natur zu rekonstruieren, wirkungsgeschichtlich fortbildend, begreift Schiller die Satire als eine der spezifischen Kunstformen der gegenüber der Antike als zerrissen begriffenen Moderne, als Kunstform also, die aus der mit der kapitalistischen Warengesellschaft gesetzten Unmöglichkeit erwächst, Sittlichkeit ohne Zwang in die scheinbar der Naturkausalität unterworfene kapitalistische Wirklichkeit einbilden zu können. (123) "Satirisch ist der Dichter, wenn er die Entfernung von der Natur und den Widerspruch der Wirklichkeit mit dem Ideale...zu seinem Gegenstande macht. (...) In der Satire wird", schreibt Schiller überhistorisch, "die Wirklichkeit als Mangel dem Ideal als der höchsten Realität gegenübergestellt." (124) Sind Reflexion der und Trauer über die gesellschaftlichen Verhältnisse notwendig mit dem vom Kapital gesetzten Standpunkt der Vereinzelung gesetzt, ist Reflexion, laut Lukács die höchste Form der Melancholie und Trauer in der Literatur, stellt also Reflexion ein Spezifikum der Prosa des Kapitals in der modernen Poesie dar, so ist "die sentimentalische Stimmung...das Resultat des (zum Scheitern verurteilten - E.S.) Bestrebens, auch unter der Bedingung der Reflexion die naive Empfindung, dem Inhalt nach, wiederherzustellen." (125) Gelänge dies, so wäre dies "das erfüllte Ideal", "in welchem die Kunst der Natur wieder begegnet". (126) Es wäre die im bürgerlichen Sinne vollendete Naturalisierung des Menschen "auf dem Wege der Vernunft und der Freiheit". (127) So gesehen ist das Fortschreiten zum Ideal das Rückschreiten zur Natur, Rekonstruktion auf höherer Ebene der unwiderruflich verlorengegangenen Einheit des Menschen in und mit der Natur als Ideal, Einheit von Vernunft und Natur, mit Hilfe der Kunst. Da dieser Zustand im Kapital nicht zu erreichen ist, wird im verdinglichten Denken der Gegensatz von emphatischer Natur und kapitalistischer Wirklichkeit, Ideal und kapitalistischer Wirklichkeit gleichsam ontologisch überhöht, wird in einem solchen Denken die kapitalistische "Wirklichkeit" ein dauerndes und "notwendiges Objekt der Abneigung" (128)

Von diesem Gegensatz naiv ausgehend sind die meisten Interpretationen Kraus' schon in ihrem Ansatz den Aporien des Kapitals verfallen. Statt das Werk und seine Formen zu erklären, verfallen notwendig solche Arbeiten einerseits einer platten Beschreibung der kapitalistischen Gesellschaft in ihrer österreichisch-ungarischen Erscheinungsform - dies in Krausscher Sichtweise - und einer paraphrasierenden Darstellung der Krausschen Reaktion auf die genannten Erscheinungen.

Der Versuch solcher Arbeiten, Werk und "Persönlichkeit des Autors", einem partikularischen Wissenschaftsbegriff verpflichtet, möglichst nur literaturwissenschaftlich immanent und unhistorisch von Kraus' "eigenen Voraussetzungen her zu begreifen", seinem "ethischen Antrieb", seiner "gefühlsmäßige(n) Reaktion ethischer oder ästhetischer Art", die wegen des unsystematischen und irrationalistischen Denkens Kraus' nur beschrieben, nicht aber systematisiert oder gar kritisiert werden könnten - was allererst noch zu beweisen wäre - endet in Resignation vor der Schwierigkeit, das Kapital und seine Phänomene, zu denen auch Kraus' Werk gehört, systematisch zu erklären, endet extrem zugespitzt bei Hartl in der unkritischen Verklärung eines resignativen, inhumanen Dogmatismus, für den es nichts mehr zu erklären gibt, sondern es nur noch stur " nicht mehr und nicht weniger" zu glauben gilt, als "daß er (Kraus) vollkommen recht hatte." (129)

In Unkenntnis des funktionellen und strukturellen Zusammenhangs der kapitalistischen Gesellschaft, von Oberfläche des Kapitals und der durch sie bedingten Formen der Ideologie, des n o t w e n d i g falschen Bewußtseins der vereinzelten Agenten des Kapitals wie auch seiner bürgerlichen Gegner, bleibt die Masse der Interpreten des Krausschen Werkes in einem kruden und unvermittelten Dualismus von unbegriffenen Erscheinungsformen des Kapitals und überhistorisch gegebener, also nicht gesellschaftlich produzierter Ethik und Moral, seltener Kunst und kapitalistischer Wirklichkeit stecken; dieser ist dann gesetzt mit dem Gegensatz zwischen satirischer Kunstform und kapitalistischer Wirklichkeit, die von den bürgerlichen Interpreten Kraus' mit deren Wesen flugs identisch gesetzt wird. (130)

Die Grundhaltung der Satire gegenüber der sie bedingenden Gesellschaft wird dann allgemein richtig als "Feindseligkeit" und Angriff gegen die Gesellschaft beschrieben, nicht erklärt. (131) Stephan erkennt richtig, daß der Satire im Spätkapitalismus für ein bürgerliches Bewußtsein ein zwanghaftes Moment zukommt, anstatt aber, wie es richtig wäre, dieses Moment aus den sich verschärfenden Widersprüchen des Spätkapitalismus abzuleiten, leitet er es aus der "Natur" (!) des "wahre(n) Satiriker(s)" ab; während er die Schillersche "Wahlmöglichkeit" zwischen satirischer und nichtsatirischer Dichtung krud darauf zurückführt, daß Schiller seinem unsatirischen Ordnungsprinzip zufolge den "unausweichliche(n) Zwang", den "absolute(n) Wille(n) (des "wahre(n) Satiriker(s)" - E.S.) zur Vernichtung" (des gesellschaftlichen Übels - E.S.) nicht voll habe erfassen können. (132) Auf die Dialektik von Zwang und Freiheit in der praktischen Sphäre des Willens, wie ich sie oben entfaltet habe, geht dabei Stephan nicht ein, da sich seiner Konstruktion zufolge Zwang (Notwendigkeit) und Freiheit wechselseitig ausschließen.

Stephan begreift, er ist hier als ein Beispiel für viele gefaßt, auch nicht, daß die scheinbare Wahlmöglichkeit Schillers erklärbar ist aus dem heroischen Glauben des frühen Bürgertums heraus, daß innerhalb der bürgerlichen Gesellschaft letztendlich doch, trotz aller Widerstände, die Schiller nicht übersehen konnte, wahre Humanität verwirklicht werden könnte; nur so ist die Wahlmöglichkeit zwischen einer satirischen, elegischen und idyllischen "E m p f i n d u n g s w e i s e", die alle den Widerspruch zwischen Idee und Wirklichkeit austragen und über deren jedweilige Vermittlung in den einzelnen Kunstwerken sich Schiller keiner Täuschung hingab, überhaupt erklärbar: Ihnen allen kommt die Funktion zu, diesen Widerspruch ins Bewußtsein durch die jeweilige sentimentalische Gestaltungsart zu heben. (133)

Genau dieser Glaube wurde durch die Entfaltung der bürgerlich-kapitalistischen Gesellschaft zerstört. Erst vor dem Hintergrund dieser Entfaltung und vor dem der zerstörten Illusionen der Gebildeten k a n n für den je Einzelnen der Widerspruch zwischen der Barbarei der kapitalistischen Oberfläche und dem bürgerlichen Humanitätsideal zu einem unausweichlichen Zwang werden, sich für das letzte zu entscheiden und zu kämpfen: Doch ist eines die Kenntnis des Widerspruchs von Ideal und Wirklichkeit, wie er allem bürgerlichen Denken zugrunde liegt, ein anderes aber die Erkenntnis ihrer gesellschaftlichen Vermitteltheit, des dem Widerspruch zugrunde liegenden Wesens, das ihn und die sich aus ihm bildende oberflächliche Einsicht in einen scheinbar unaufhebbaren natürlichen Dualismus bestimmt. Nur einem falschen Bewußtsein gleicht das "Auftreten" des Satirikers einem "Naturereignis", wie dem verdinglichten Bewußtsein analog die kapitalistische Krise erscheint, unterliegt der Bezug von "Ereignis und Satire" "einem geheimen Gesetz", bleibt er " immer dem Zufall überlassen". (134)

Ohne es zu wissen, beschreibt Stephan in diesen Worten Formen der verdinglichten Reflexion der kapitalistischen Wirklichkeit, die sie nicht begreift, und der sie sich deshalb fatalistisch anpassen muß, während sie sich voluntaristisch gegen sie empört: "das kontemplative Verhalten einem..." von undurchschauten Gesetzen regierten "Prozeß gegenüber, der sich unabhängig vom Bewußtsein, unbeeinflußbar von einer menschlichen Tätigkeit abspielt" und demzufolge erst "der Anruf" des Satirikers "an jeden E i n z e l n e n (gesp. v. E.S.), die abverlangte und...rettende E n t s c h e i d u n g (gesp. v. E.S.) auf sich zu nehmen", als einziger Ausweg aus dem widerspruchsvollen Dilemma von Ideal und Wirklichkeit erscheint; als einziger Ausweg also die voluntaristische Dezision für das moralisch Gute erscheint. (135) Da sich aber dieser Aufruf an einen wendet, der ebenso vereinzelt einer Gesellschaftsform gegenübersteht, deren verdinglichten Erscheinungsformen und undurchschauten Gesetzen er sich deshalb als quasi naturgegebenen fatalistisch anzupassen hat, denn alles andere wäre tödlicher Wahnsinn, so muß notwendig mit der Zerstörung der frühbürgerlichen Illusionen, mit der Verschärfung der Widersprüche der kapitalistischen Gesellschaft und ihren barbarischen Folgen, das in moralischem Rigorismus sich versteifende Bewußtsein in ausweglose Verzeiflung über die durch Vernunftkausalität nicht zu beeinflussende Naturkausalität des Kapitals enden.

Wie Stephan bleibt die Masse der Interpreten in einem undialektischen Dualismus von Sollen und Sein, Ideal und Wirklichkeit stecken. Das führt meines Erachtens zu einer falschen Bestimmung der Satire selbst als einer Vereinigung von Ethik und Ästhetik. Ethik wird als etwas betrachtet, was von außen zu der Ästhetik hinzukommt, nicht aber, wie es nach den obigen Ausführungen richtig ist, als Zersetzung der Ästhetik, der institutionellen Versöhnerin von Naturkausalität und

Freiheitskausalität; Zerfall der ästhetischen Versöhnung unter dem Druck des sich in der Gesellschaft verschärfenden Widerspruchs zwischen Sollen und Sein. Als ein solches Verfallsprodukt schon bestimmt sich die spätbürgerliche Satire als eine allegorische Kunstform: ein die Gesellschaft der Zerstörung von Schönheit, Harmonie, Versöhnung und Wahrheit anklagendes Fragment, Bruchstück der zweckfreien ästhetischen Autonomie, die durch den Widerspruch von Kunstideal und Wirklichkeit zerrissen und durch den sich zum Sprengstoff umformenden Widerspruch zwischen Sollen und Sein förmlich zersprengt wurde. Nicht länger versöhnbare Kritik gewinnt ihr praktisches Moment zurück und versucht verblendet die Versöhnung von Natur und Freiheit nun ins bürgerliche Alltagsleben selbst einzuschreiben, den in der rastlosen Tätigkeit des Ausbeutens und Gewinnens Befangenen Verantwortung gegen Mensch, Natur, Sprache und Geist einzuhämmern.

Damit aber ist Kunst nicht länger eine Sphäre interesselosen Wohlgefallens, sondern wird parteiisch, zweckgerichtet auf die Aufhebung der sie bedingenden Momente, der sie bedingenden und unmittelbar prägenden Erscheinungen der kapitalistischen Gesellschaft; parteiischer Teil eines undurchschauten antagonistischen Verhältnisses. Bürgerlicher Ideologie und Verdinglichung verfallen, spart bürgerlich satirische Kunst in ihrer sich einem unreflektierten Dualismus verdankenden Kritik ein Moment, die satirische Kritik vorantreibende bürgerliche Moral und Humanität, die sie überhistorisch überhöht, aus ihrer Kritik aus. "Der strafende Satiriker" setzt vielmehr, wie Christian Johannes Wagenknecht hierzu durchaus richtig schreibt, "die 'Idee' als s e l b s t v e r s t ä n d l i c h e s (gesp. v. E.S.) Richtmaß voraus, sie ist ihm ohne Einschränkung verbindlich, sie gilt. Ja, sie muß gelten, muß als verbindlich auch von der Gesellschaft, zu der der Satiriker spricht, anerkannt sein, wenn anders er nicht darauf sich einlassen will, ihre Gültigkeit erst zu begründen. Was er darzustellen hat, ist der Widerspruch zwischen dem Seienden und dem, was sein sollte, oder was es zu sein behauptet... - die Gesamtheit dieser Züge prädestinieren gerade solche Schriftsteller zu satirischer Meisterschaft, die das A l t e für das W a h r e und die T r a d i - t i o n für h e i l i g (gesp. v. E.S.) erachten." (136) Wie Wagenknecht ist auch Obergottsberger der Meinung, daß die Satire "ein Bekennen des (ethischen - E.S.) Wertes überhaupt" sei, während Theodor W.Adorno genauer die Spezifität der Krausschen Moral benennt, die nicht eine überhistorische Moral schlechthin, unabhängig von jeder sozialen Spezifizierung sei, sondern bloß die der bürgerlich-kapitalistischen Gesellschaft "eigene". (137)

Welch ein Abgrund satirische Kunst, also das Praktischwerden der Kunst, von klassischen oder der Klassik nahestehenden Bestimmungen dessen, was Kunst sei, trennt, welche ungeheure Entwicklung die kapitalistische Gesellschaft und ihre Ideologie durchgemacht haben, ist daran zu sehen, daß Hegel es verurteilt, "daß die Kunst als Mittel für moralische Zwecke und den moralischen Endzweck der Welt überhaupt durch Belehrung zu dienen und somit ihren substantiellen Zweck nicht in sich, sondern in einem anderen habe"; daß "das Kunstwerk... ein nützliches Werkzeug zur Realisation" eines "außerhalb des Kunstbereichs selbständig für sich geltenden Zwecks" sei, denn im bürgerlichen Selbstverständnis der Kunst gehen auch nach der Kantschen Definition des Kunstwerks als "Zweckmäßigkeit ohne Zweck" "andere Zwecke, wie Belehrung, Reinigung, Besserung, Gelderwerb, Streben nach Ruhm und Ehre,... das Kunstwerk als solches nichts an und bestimmen nicht den Begriff desselben." (138)

Im gleichen Sinne wendet sich Adorno gegen ein moralisches oder politisches Engagement der Kunstwerke. "Kunst", so schreibt Adorno, "heißt nicht: Alternativen pointieren, sondern, durch nichts anderes als ihre Gestalt, dem Weltlauf widerstehen, der den Menschen immerzu die Pistole auf die Brust setzt. Sobald...die engagierten Kunstwerke Entscheidungen veranstalten und zu ihrem Maß erheben, geraten diese auswechselbar. (...) (Unter einem solchen Aspekt - E.S.)... wird das Kunstwerk zum Aufruf von Subjekten, weil es nichts ist, als Kundgabe des Subjekts, seiner Entscheidung oder Nichtentscheidung." (139)

Gegen ein engagiertes stellt Adorno eines, das einer vermeintlich nicht länger politisch aufhebbaren Verdinglichung der Individuen unter der immer dichter werdenden, entfremdeten Herrschaft des Kapitals sich durch die asoziale Geschlossenheit einer Monade entgegensetzt, die sich bei den modernen Kunstwerken zu einer "Durchartikulation bis zur Weltlosigkeit", zur fensterlosen Monade also, gesteigert habe, damit unter Kündigung "jedes Engagements für die Welt...der Idee eines engagierten Kunstwerkes" noch genügt werden könne. (140) Moderne Kunstwerke "sind", pointiert Adorno seine These, "Erkenntnis als begriffsloser Gegenstand", der jede Weltfreundlichkeit, jedes "heimliche Einverständnis mit dem Angeredeten" "im Gestus des Anredens", das Adorno der engagierten unterstellt, aufkündigt. (141) Im Abbruch jeder Kommunikation, in völliger Abstraktheit, die jene des bürgerlichen Individuum bei weitem überbietet, wird in seiner autonomen Abgeriegeltheit das neue Kunstwerk zum Rätsel, zu einer Allegorie der Rätselhaftigkeit der das kapitalistische Individuum bis ins Innerste bestimmenden, beherrschenden und verdinglichenden Gesellschaft; andererseits wird es in der rückhaltlosen Überantwortung an die autonome, je eigene Gesetzlichkeit zum bilderlosen "Gleichnis eines Anderen", zu der zur geisterhaften Abstraktion verdünnten Allegorie der Utopie, dem "Es soll anders sein", dem "Wollen" eines der leidenden Subjekte, "dessen Intention" das neue Kunstwerk "trägt und festhält", so erst als geformte Antithese zur Gesellschaft wie durch seine Vermitteltheit durch ein Individuum, das sich in der künstlerischen Form verallgemeinert, zu einem Gesellschaftlichen. (142)

In dieser Gestalt werden die neuen Kunstwerke zum bilder- und scheinlosen Spiegel einer Welt, die keine Zukunft mehr kennt, da sie sich kreishaft geschlossen in der steten Reproduktion des Immergleichen erschöpft; "nähern sie sich selber der Sinnlosigkeit", der laut Adorno "geschichtlich fällige(n) Wahrheit". (143) In der bestimmten Negation eines vermeintlichen Sinnes "der Welt, welche den Menschen Dinge und Menschen zu bloßen Dingen werden ließ", in der bestimmten Negation eines "blind naturwüchsigen" gesellschaftlichen

Verhältnisses, in der bestimmten Negation "naturbeherrschender Rationalität", "der schlechten Positivität des Sinnlosen als eines beflissenen Weitermachens um seiner selbst willen" wird Kunst gerade "in ihrer reinen und kompromißlosen Gestalt nicht von der allgemeinen Verdinglichung ausgenommen", sondern bringt "gerade im Bestreben, ihre Integrität zu verteidigen, aus sich heraus Charaktere des gleichen Wesens" hervor, "dem sie widerstrebt." (144)

Unter diesen Umständen strebt Kunst in einer Gesellschaft, in der selbst "der Laut der Verzweiflung...seinen Zoll an die verruchte Affirmation" entrichtet, Kunst selber aufzuheben, "durch Kunstfeindschaft...sich der Erkenntnis" zu nähern, die in der eines "unverklärte(n) Leid(s) des Menschen" Adorno zufolge beschlossen liegt. (145) Vor diesem aber endet sie in "Schweigen", fällt und faßt sie sich tendenziell in eine bodenlose, leere und kristalline Punktualität eines sich aller heteronomen Momente entschlagenden Widerstandspotentials zusammen - eine Leere, in der durch Abbruch aller Kommunikation, durch Abstraktion aller Momente der versteinerten Wirklichkeit diese geisterhaft aufgehoben sind und rückwirkend das Kunstwerk selbst versteinern. (146) Gerade aber "vermöge dieser negativen Bestimmung, der Absage an alles Übergreifende, der es als seinem Gesetz unterliegt", geht "das ästhetische Objekt" "über das reine Diesda hinaus. Die absolute Befreiung des Besonderen von der Allgemeinheit macht es durch die polemische und prinzipielle Beziehung auf diese selber zu einem Allgemeinen. Das Bestimmte ist kraft der eigenen Prägung mehr denn die bloße Vereinzelung, zu welcher es geprägt ist." (147)

Vor die durch die Entfaltung des Kapitals unausweichliche Entscheidung zwischen engagierter oder asozial reiner Kunst gestellt, wie ich sie oben mit Adorno problematisiert habe, entschied sich Kraus - wie bekannt - für die Satire, für die engagierte Kunst, damit für Verteidigung der "absoluten Prämissen" der bürgerlichen, "ins Ewige projizierte(n), übergeschichtliche(n) Vorstellungen von Menschlichkeit". (148) Gerade aber durch diese Entscheidung wird Kraus mit der verzweifelten Stellung der Kunst in der spätkapitalistischen Gesellschaft konfrontiert, ist doch Satire einem ahnungsvollen Diktum Kraus' zufolge "die Kunst, die vor allen anderen Künsten sich überlebt, aber auch die tote Zeit. (...) Der satirische Künstler steht am Ende einer Entwicklung, die sich der Kunst versagt. Er ist ihr Produkt und ihr hoffnungsloses Gegenteil." (149)

Schlägt allegorisch Kraus damit die Thematik eines Endes der Kunst wie der metaphorisch als tote Zeit gefaßten kapitalistischen Verdinglichung an, so konkretisiert er an anderer Stelle, wieso Kunst und Satire gegen die Übergewalt einer verdinglichten Technik und der materiellen Gewalt der Oberflächenerscheinungen des Kapitals nichts mehr auszurichten vermögen. Satirische Phantasie wird von der Entfaltung der realen Tendenzen des Kapitals überboten. Unter dem Druck des sich anarchisch entfaltenden Kapitals auf die Individuen ähneln sich diesen dessen undurchschaute Erscheinungen dem gesetzlosen Chaos mythischer Vorzeit an. Dies umso mehr, da Technik und Kulturindustrie, da die mechanischen Erzeugnisse der Presse, da sich die Nachricht an die Stelle von Nachdenken und reflektierender Phantasie, Vorstellungskraft, setzen. Die Wirklichkeit ist, wie Kraus zur Ohnmacht des Einzelnen vor der Macht der Gewalt vergesellschafteter geistiger und körperlicher Arbeit bemerkt, "besser als ich." (150)

Noch stärker aber als die Realität selbst erscheint Kraus eines ihrer in verdinglichter Reflexion verselbständigten Momente, eine ihrer geistigen Erscheinungen, erscheint ihm der Bericht der Presse über die Realität. Die Meinung der Presse tritt an die Stelle der Realität, das sprachliche, kulturindustriell vermittelte Produkt an die Stelle realer Einzelereignisse. Waren anfangs ihm "die Verzerrung der Realität im Bericht" der Presse, ihre Sprachvergewaltigung "der wahrheitsgetreue Bericht über die Realität", ein Textgewebe, aus dem ihm die barbarische Physiognomie des Kapitals, "die Menschlichkeit...zur Bürgerfratze" "entstellt", entgegengrinste, so wird ihm bald die "große Presse...nicht mehr nur ein Abdruck der Weltfratze", sondern "die Satire dazu und macht(e) diese darum zuschanden." (151)

Alle nach Kraus natürlichen Verhältnisse kehren sich damit

um, ein aller allegorischen Weltauffassung untrügliches Zeichen des drohenden Weltuntergangs: "...jetzt jagt das Leben hinter der Satire einher. Die Wahrheit folgt der Erfindung auf dem Fuß. Gibt es ein untrüglicheres Zeichen dafür, daß es mit diesem Planeten zu Ende geht? Wie der Knockabout lebt er von der Verkehrung der Kausalität", beschreibt Kraus die verkehrte Welt des Kapitals, "er läßt dem Echo das Geräusch folgen, der Satire den Bericht." (152)

Damit beginnt der Kampf Kraus' um die Trennung von Kunst- und Lebenssphäre verzweifelt zu werden: Die von bürgerlicher Ideologie gesetzten Grenzen zwischen Kunst und Leben werden von seiten eines Produktes "des Kommerzgeistes" aufgehoben: Literatur wird "Lohnkunst". (153) Er wird logisch hoffnungs- und sinnlos, als sich Kraus eingestehen muß, daß im Pressebericht vollendet daliegt, um dessen Wiedererlangung sich seit der klassischen Philosophie und Kunst alle ihre Nachfolger vergeblich bemüht haben: spontan geschaffene Realität. Die Presse, der nach Kraus teuflische Geist des Kapitals, setzt mit ihren fiktionalen Produkten - womit das Kapital unterm allegorischen Blick schöpferisch im klassischen Sinne wird - mit Geist begabte Realität und wird damit zum intelligiblen Urheber einer sich an die Stelle der von Gott geschaffenen ersten Natur setzenden zweiten: Die Presse wird gottgleich, wenn auch im urbösen Sinne. Der Pressebericht wird zur neuen Realität: "es gibt keine außer der seinen, es gibt nur noch die, die er erschafft. (...) Der Bericht ist die Realität, und darum muß die Satire vom Bericht beschämt werden. Sie hat nichts mehr zu tun, als...den Bericht übersichtlich zu machen. Ihre *höchste Stilleistung ist die graphische Anordnung*. Die erfindende Satire hat hienieden nichts mehr zu suchen." (154) Das bürgerliche Humanitätsideal, wie es sich in der Kunst niedergeschlagen hat, wird durch diesen Sachverhalt förmlich umgekehrt: Nicht versöhnt sich Vernunft mit Natur, sondern die zweite Natur des Kapitals *unterwirft* sich das Ideal. Vor dieser Ungeheuerlichkeit resigniert die Satire Kraus' und wird, was nach Adorno generelles Zeichen moderner Kunst ist, "Trägerin des protokollarischen Ausdruckscharakters"; eine Kunstform also, die die verdinglichte Gesellschaft fragmentarisch zu

Protokoll nimmt und dieses Protokoll klagend anklagend der kunstfeindlichen Welt entgegenhält. In der sie bestimmenden Zerrissenheit ähneln die modernen Kunstwerke damit aber "zugleich der Wesensstruktur dessen sich an, wogegen sie stehen, und treten in Gegensatz gegen ihr eigenes Anliegen." (155) Was vermöchte auch das gemäß der Bestimmung der klassischen Philosophie Symbol eines intelligiblen Urhebers der Natur gegen dessen böse, Unversöhnung setzende Realisation anders ausrichten? Satire resigniert zur Kontemplation des Unheils.

In dieser Form erweist sich das Verhalten des bürgerlichen Satirikers als eine Variante des bürgerlichen Subjektverhaltens. Steht doch, wie Lukács schreibt, das bürgerliche "Individuum...der objektiven Wirklichkeit notwendig als einem Komplex von starren Dingen gegenüber, die es fertig und unveränderbar vorfindet, denen gegenüber es nur zum subjektiven Urteile der Anerkennung oder der Ablehnung gelangen kann. (...) Jeder Versuch, sich von hier aus zur 'Freiheit' durchzuschlagen, muß scheitern, denn die rein 'innere Freiheit' setzt die Unwandelbarkeit der äußeren Welt voraus." (156) Deshalb muß, und das gilt generell für jede bürgerliche Gegnerschaft der Barbarei des Kapitals, das bürgerliche Individuum diese abbildhaft als unaufhebbar anerkennen, muß dessen "- in Einzelheiten eventuell noch so zutreffende -" Beschreibung des "Widermenschliche(n)", des "alles Menschliche vergewaltigende(n) und vertilgende(n) Wesen(s) des Kapitalismus" "dem Dilemma von Empirismus und Utopismus, von Voluntarismus und Fatalismus usw. verfallen. Sie bleibt bestenfalls einerseits in einer kruden Faktizität stecken, andererseits stellt sie der geschichtlichen Entwicklung, ihrem immanenten Gang fremde und darum bloß subjektive und willkürliche Forderungen gegenüber." (157)

Diesem Dilemma kann spätbürgerliche Satire nicht ausweichen, sie vollstreckt das Urteil, das das Kapital übers bürgerliche Individuum und seine Produkte gefällt hat, in der resignierenden Erkenntnis, daß beide, in der mit verdinglichter und mit szientifischer Rationalität voll durchrationalisierten Gesellschaft auf den raumlosen Punkt bloßen Widerstandes zusammengeschrumpft, zur affirmierenden Ideologie verkommen. Vor der

Übergewalt der an den Fesseln überkommener Produktionsverhältnisse zerrenden Produktivkräfte verflüchtigen sich das einer überholten Epoche angehörige Ich und seine Phantasie, auf die beide doch nicht verzichtet werden kann, will Geschichte nicht in Barbarei zurückfallen, zu einer quantité negligeable. "Es gibt nichts zu erfinden. Was noch nicht da ist, kommt morgen. Abwarten! Wenn die Satire sich übernimmt, wenn sie ungeduldig wird und glaubt, in dieser übervollen Wirklichkeit noch etwas ausfüllen zu müssen, so geschieht ihr recht, wenn die Wirklichkeit ihr über den Kopf wächst und mit jenem satanischen Ausdruck dessen die Satire nie fähig wäre, ihr ins Ohr lacht: Guck guck! Bin schon da!" (158) Gibt damit Satire ihre Ohnmacht vor der Wirklichkeit zu, so erblickt sie andererseits im Neuesten das Älteste, den Mythos, den der Anklang ans Grimmsche Märchen assoziativ herbeiruft. Auf dessen Grunde aber schlummert der Tod.

Die erfindende Satire resigniert zur Zitatcollage, zur verfremdend verzerrenden Darstellung der geistigen Physiognomie des Kapitals - und bleibt damit allein, denn sie findet keine Rezipienten: Diese sind nämlich unter dem Bombardement der Presse mit Nachrichten und Berichten zu scheinlebenden Monstren mutiert, "sportgelenk, aber mit verpichten Ohren und mit verklebten Augen", "leibesgegenwärtig und geisteswiderwärtig": "Kinder, die der Sport mit der Maschine gezeugt hat und die Zeitung genährt", eine "Jugend, die...im gottlosen Glanz...(der) Gegenwart lebt und glaubt, daß sie lebe", die geblendet ist vom "Schwindel einer mechanistischen Glückstheorie". (159) "Alle sehen", so faßt melancholisch Kraus das Bild dieser kulturindustriellen Produkte zusammen, "wie jeder aus." (160) Das bürgerliche Individuum ist ausgestorben.

Kraus ist wie der letzte Mensch in Ionescos "Die Nashörner" allein in einem vom geistigen ins physische umgeschlagenen Tierreich, als das schon der junge Marx das Kapital faßte. Als solcher Rest wird er selbst zur Allegorie, Sinnbild einer gewesenen Menschheitsepoche, personifizierte Allegorie, die "aus den Zeichen einer gefundenen Häßlichkeit auf eine verlorene Schönheit schließt und kleine Sinnbilder für den Begriff der Welt setzt." (161)

Allegorische Person auch im Marxschen Sinne dieses Begriffs, arbeitet wie Schiller der Citoyen kantisch daran, über Kunstsprache in die kapitalistische Natur Geist einzuschreiben, Allegoriker im Benjaminschen Sinne diesen Geist als Sprache zu konservieren. Sein Kampf um moralische Verantwortung für das über den unmittelbaren Nutzen des Einzelnen hinausgehende Ganze, für eine "Sphäre, die jenseits des greifbar Nutzhaften ergiebig ist", für die Überwindung der vom Kapital je und je produzierten und reproduzierten Gleichgültigkeit der abstrakt Vereinzelten gegenüber dem, was über ihre unmittelbaren Interessen hinausgeht, stellt Kraus' Bemühen in eine klassische Tradition, macht sein Werk zu einem der letzten großen Symbole von Sittlichkeit und Moral und zu ihrem Abgesang zugleich. (162)

Die "Gewähr", schreibt fast kantisch Kraus, eines "jenseits des greifbar Nutzhaften" "moralischen Gewinns liegt in der geistigen Disziplin, die gegenüber dem einzigen, was ungestraft verletzt werden kann, der Sprache, das höchste Maß an Verantwortung festsetzt und wie keine andere geeignet ist, den Respekt vor jeglichem Lebensgut zu lehren. Wäre denn eine stärkere Sicherung im Moralischen vorstellbar als der sprachliche Zweifel?", fragt Kraus und stellt sich als Zweifler und Kritiker in eine Epoche machende Tradition, die als geistiger Ausdruck des mit der Entwicklung des Kapitals verbundenen wissenschaftlichen, technischen und philosophischen Fortschritts half, die Menschheit aus persönlicher Abhängigkeit und aus dumpfen Aberglauben zumindest potentiell zu befreien: Aufklärung, die Kraus auf ihre Form im Dienst des Kapitals und die Erscheinungsformen ihrer materiellen Basis kritisch und zweifelnd zurückbeugt, um die positiv gewordene als affirmativ und destruktiv zu entlarven, als ein Moment eines in Barbarei und Vertierung endenden Fortschritts. (163) "Der Zweifel als die große moralische Gabe, die der Mensch der Sprache verdanken könnte und bis heute verschmäht hat, wäre die rettende Hemmung eines Fortschritts, der mit vollkommener Sicherheit zu dem Ende der Zivilisation führt, der er zu dienen wähnt. (...) Abgründe dort sehen zu lernen, wo Gemeinplätze sind - das wäre...Erlösung der Lebensgüter aus den Banden des Journalismus und aus den Fängen der Politik." (164)

Die Betrachtung der Welt als eine, die zur Barbarei regredierend den Rahmen bürgerlicher Moral und Sittlichkeit hohnlachend zerbricht, in ihren realen Äußerungen die satirische Phantasie, die vorgestellte Möglichkeit des Grauens qualitativ und quantitativ überbietet, reflektiert vor diesem Hintergrund die Hoffnungslosigkeit und Wirkungslosigkeit einer Kunstart, deren vorgestellte Wirkung auf dem karikierenden Kontrast der Darstellung zum Angegriffenen beruht, die Hoffnungslosigkeit der Sprachsatire.

Ist vor der Maßlosigkeit des gesellschaftlichen Übels, das das Maß der bürgerlichen Sittlichkeit sprengt, die Darstellung eines Kontrastes logisch nicht länger möglich, muß bürgerliche Kunst als aparte Sphäre des absoluten Geistes abdanken und zum Protokoll der Agonie und Dekomposition einer Gestalt des Weltgeistes resignieren. Auch die graphische Verdeutlichung des Unheils und der Katastrophe verliert bei einer solchen Tendenz an Wirkung, wenn die Wirklichkeit, die der Satiriker bekämpft, nicht länger als Unwert begriffen wird, da die verschärfende und verfremdende Darstellung des Übels nicht länger lesbar und begreifbar wäre. Damit aber hätte der Satiriker seine letzte Hoffnung verloren und wäre, wenn er auch spräche und schriebe, zum Schweigen im Unverständnis verurteilt. Ein solcher Zustand, den Kraus in der Gestalt des Nörglers und seiner Umwelt in den "Letzten Tagen der Menschheit" gestaltet, wäre das Ende aller bürgerlichen Hoffnungen und Illusionen über ihre Gesellschaft und deren mögliche Harmonisierung, er müßte für den Satiriker in fatalistischer Verzweiflung enden.

Dies genau ist die Situation, in die Kraus sich versetzt sieht. "Was vermag...ein Satirenschreiber vor einem Getriebe, dem...in jeder Stunde ein Hohngelächter der Hölle antwortet? Er vermag es zu hören, dieweil die anderen taub sind. Aber wenn er nicht gehört wird? Und wenn ihm selbst bange wird? Er versinkt im Heute und hat von einem Morgen nichts zu erwarten, weil es kein Morgen mehr gibt, und am wenigsten für die Werke des Geistes. Wer heute noch eine Welt hat, mit dem muß sie untergehen. Umso sicherer, je länger die äußere Welt standhält. Der wahre Weltuntergang ist die Vernichtung des

Geistes, der andere hängt von dem gleichgiltigen Versuch ab, ob nach der Vernichtung des Geistes noch eine Welt bestehen kann." (165)

Obergottsberger faßt diesen Tatbestand als die Wende Kraus' vom Sozialreformator zum Apokalyptiker, vermag aber diese Wende aus Zitaten des Krausschen Werkes nur ihnen folgend zu beschreiben, nicht aber zu erklären und abzuleiten. (166) Damit aber bewegt sich Obergottsberger auf der Oberfläche dessen, was es allererst zu erklären und in seiner Wahrheit zu bestimmen gilt, vermag somit nicht einzulösen, wozu das Krausche Werk verpflichtet: einen Weg aus dem Dilemma, das Kraus gefangen hielt, wenn auch nur in der erklärenden Interpretation seines Werkes aus seiner sozialen Genese aufzuweisen: die Einlösung seiner hoffnungslosen Hoffnung.

Helmut Arntzen ist einer der wenigen Kenner des Krausschen Werkes, der der Problematik der bürgerlichen Satire in etwa gerecht wurde. Auch er geht in erster Bestimmung der Satire davon aus, daß sie die "Darstellung dessen" sei, "das, wie es ist, nicht sein sollte", aber er bleibt bei diesem bloßen und unvermittelten Dualismus von gesellschaftlichem Sein und moralischem Sollen nicht stehen, sondern geht in der Bestimmung weiter, indem er den Gegensatz von Ideal und Wirklichkeit als einen faßt, der nach Ansicht der Kritik der Wirklichkeit, die sich in der "deutsche(n) Satire" "seit dem Naturalismus" niederschlägt, "auch nicht zu sein brauchte", ohne daß allerdings Satire wie deren Interpret aufzeigen könnten, wie und worin sich dieser Widerspruch realiter aufheben könnte. (167)

Die mögliche Aufhebung wird bei Arntzen idealistisch,nicht materialistisch gefaßt, denn das "Ganze", das laut Arntzen im bagatellhaften Einzelnen die Satire darstelle, faßt Arntzen in der Nachfolge Schiller und Hegels als "Ideal, das die höchste Realität ist", als absoluten Geist, wie er sich nach seiner onto-logischen Explikation in der Logik, nach seiner Entäußerung in der Natur und nach seiner Erinnerung daraus in der durch Notwendigkeit vermittelten Freiheit von Kunst, Religion und Philosophie, in Anschauung, Vorstellung und Begriff, in der geistigen Verdoppelung der erscheinenden Welt im Erkennen und in dessen Realisation im Vernunftstaat realisiert; als Sprache bei Kraus, die wie Arntzen behauptet, ohne diese Behauptung näher auszuführen, "in ihrer kleinsten Deformation die des gesamten Zustands der Welt erkennen" lasse. (168) Allerdings weiß Arntzen nicht anzugeben, was er im Einzelnen als Deformation faßt und mit welchem theoretischen Instrumentarium ein jeweiliger Leser befähigt ist, aus der spezifischen Deformation auf die ganze schließen zu können.

Auf Grund wohl mangelnder kategorialer Klärung seiner Begrifflichkeit behauptet denn auch Arntzen, indem er unabgeleitet vom idealistischen Standpunkt der Vereinzelung argumentiert, daß der zur Ware, zum "Objekt" verdinglichte Mensch"sich zum Objekt machen" lasse, ja selbst mache, rechnet somit den undurchschauten gesellschaftlichen Prozessen unterliegenden Indiviuen als Schuld an, was ihnen durch die entfremdete kapitalistische Prozessualität angetan wird, begreift die Gehandelten als für ihre Handlungen verantwortlich zu machende, mündige und autonome Individuen, die im Kantschen Sinne für ihre Unmündigkeit und die ihnen angetane Verdinglichung selbst verantwortlich seien, die nur deshalb verdinglicht seien, "weil es...(ihnen) so am bequemsten" sei, oder schlimmer noch weil "wir uns...willentlich...verrannt haben". (169) Arntzen fällt hier mit seiner Argumentation hinter Hegel zurück, dem es wenn auch in idealistischer Verkehrung der wahren Verhältnisse nicht unbekannt war, daß sich durch das zweckmäßige Handeln der abstrakt Vereinzelten ein von ihnen nicht gewollter Zweck durchsetzt, dem sie unwillentlich als Mittel dienen; er verwechselt eine der moralischen Entscheidungsfähigkeit des Einzelnen noch zugängliche Handlungsebene mit einer, die aus den gesamtgesellschaftlichen Folgen der durcheinander begründeten, so auseinander resultierenden und anarchisch aufeinander bezogenen Handlungen von gesellschaftlich Vereinzelten in einer arbeitsteiligen Gesellschaft resultiert, deren schlechte Unendlichkeit wie deren innere Gesetzmäßigkeit die gesellschaftliche Monade nicht zu überschauen und zu erkennen vermag. Seiner Meinung nach besteht deshalb die Aufgabe der Satire darin, "uns die Ausflüchte" zu nehmen. (170)

Unkenntnis des verschleierten Wesens der kapitalistischen

Gesellschaft erlaubt, ja erzwingt die Hypostasierung des Willens; damit aber bewegt sich Arntzen wie die von ihm analysierte bürgerliche Satire im Banne dessen, gegen dessen Erscheinungen die Satire verblendet und sisyphoshaft anrennt, um an der harten Wirklichkeit des Kapitals zu zerstäuben.

Im Sinne der klassischen Ästhetik, die die Versöhnungsleistung der Kunst als Vorbild einer in der Gesellschaft zu leistenden begreift, also der Überführung der formal geleisteten Versöhnung der Kunst ins Leben, schreibt er der Satire eine praktische, "auf die Aufhebung ihrer selbst" gerichtete Intention zu. Satire sei "nicht gegen dies und das, sondern dagegen, daß das, was ist, als das Richtige oder...als das Unveränderliche ausgegeben wird." (171) Indem Satire die fixen Tatsachen und Überzeugungen in historischen Fluß zu bringen versucht, bekommt sie einen dialektischen Charakter, sie ist gegen die fixen Tatsachen negativ, sucht sie geistig zu destruieren. "Nicht damit", was dialektische Negation auszeichnet, "nichts mehr sei, sondern das Bessere sich herstellen könne. Der satirische Text", schreibt Arntzen, "ist dafür selbst der Beleg. Seine Intention ist die Destruktion, aber er selbst als Text, als Kunstleistung ist die Konstruktion, und zwar nicht als isoliertes Spiel, sondern insofern er in seiner Darstellungsweise davon kündet, was sein sollte" und sein könnte.(172) Als negative Tätigkeit, Destruktion, ist "Satire...die positive Konstruktion" und erweist sich somit als deren dialektische Einheit. (173)

Doch vermag Arntzen die angeschnittene Dialektik von Konstruktion und Destruktion, Position und Negation nicht voll zu entfalten: Da er die Position einseitig der in sich sinnvollen Totalität des satirischen Kunstwerks zuweist, die Negation ihrer satirisch destruktiven Tendenz, vermag er den Übergang der einen Kategorie in ihr anderes nicht zu entfalten; er vermeidet es, weiter darauf zu reflektieren, daß es gerade der undurchschaute Gegensatz von Ideal und Wirklichkeit ist, den als realiter unaufhebbaren Satire wie alle bürgerliche Kunst zur unveränderlichen Voraussetzung ihres eigenen Daseins, ihrer Existenz macht und durch ihn sich in die Aporien des Kapitals und seine scheinbar unaufhebbare Natürlichkeit verwickelt, daß sie in ihrem Kampf gegen Erscheinungen des scheinbar nicht aufhebbaren, wie oben gezeigt, das unvermittelte Ideal als ein unveränderliches Jenseits aus ihrer Kritik ausnimmt; indem sie so ganze Momente des von Arntzen angesprochenen Ganzen als nicht kritikmöglich oder nicht kritik-notwendig der Kritik entzieht, vermag sie in der Kritik des Einzelnen das Ganze eben nicht zum Tanzen zu bringen, da es nicht seine Musik ist, die sie ihm vorspielt.

Damit erweist sich die von Arntzen angesprochene Intention der Satire, die versteinerten und verdinglichten Verhältnisse als veränderliche und zu verändernde aufzuzeigen, in ihrem eigenen verdinglichten Ansatz, der eine Verdopplung der kritisierten Verhältnisse ist, deren gedanklicher und künstlerischer Reflex, als schon vereitelt: Satire will eben nicht die Veränderung des Ganzen, der gesellschaftlichen Totalität als eines Funktionszusammenhangs aller ihrer Momente, sondern glaubt sich mit dessen schlechten Seiten begnügen zu können; sie wird so notwendig halbherzig: will paradox eine Veränderung ohne Veränderung, ihre Aufhebung ohne die ihrer gesamten positiven wie negativen Voraussetzungen.

Was aber Satire vermag, im steinernen Festhalten der bürgerlichen Werte, ist ihrem anderen die Maske von Harmonie, Freiheit, Gleichheit und Brüderlichkeit abzureißen und die blinde Notwendigkeit als die tödliche der zweiten Natur kenntlich zu machen. Der melancholischen Kunstform erweist als einer späten Gestalt des bürgerlichen Geistes "die Weltgeschichte" nicht sich als "Fortschritt im Bewußtsein der Freiheit", die es erlaubte, daß der Mensch in seiner Welt als seinem anderen bei sich selbst ist, sondern als der verblendete, der im Tod endet, als ein allegorisches "Schauspiel...(blinder - E.S.) Leidenschaften", der "Gewalttätigkeit, des Unverstandes", als eine "verworrene Trümmermasse", eine "Schlachtbank, auf welcher das Glück der Völker, die Weisheit der Staaten und die Tugend der Individuen zum Opfer gebracht werden", ein allegorisches Trauerspiel also. (174) Auf dieses "Werk (nicht - E.S.) der Natur, sondern des Willens der Menschen" reagiert Satire "mit einer moralischen Betrübnis, mit einer Empörung des guten Geistes", die sich in der Gestaltung des "furchtbarsten

Gemälde(s)" menschlicher Unvernunft, wie es die "Letzten Tage der Menschheit" darstellen, zusammenballen. (175) Von hier aus ist zu verstehen, daß die von Arntzen im Kunstwerk genannten Momente von Konstruktion und Destruktion, Position und Negation, beides in einem sind: Als satirische Negation oberflächlich erkannter Erscheinungen der Gesellschaft, der schlechten Allgemeinheit der sich in die Unendlichkeit einer schlechten Mannigfaltigkeit auseinanderlegenden gesellschaftlichen Natur, begreift sich Satire als Position des absolut gesetzten ästhetischen Ideals, einer abstrakten besseren Allgemeinheit, eines abstrakten Moments der von der Satire undurchschauten kapitalistischen Totalität, das als ihr Moment sie doch, wenn auch nur an sich, ideell und utopisch transzendiert; als positive Kunstleistung begreift sich satirische Kunst wie alle Kunst unterm Kapital immer auch als Negation der gesellschaftlichen Anarchie, deren einzelne Glieder nicht sinnvoll aufeinander bezogen sind, und zwar so, daß die moderne Kunst gerade als gestaltete Sinnlosigkeit, so immer noch gegen die ungeplante Anarchie des Kapitals sinnvoll konstruierte Einheit ihrer sinnvoll aufeinander bezogenen Momente die direkte und bestimmte Negation der anarchischen sozio-historischen Totalität ist, gegen deren unverstandene Erscheinungen Satire sich wendet, deren sinnvolle, da geistige Verdoppelung und unbewußte Erkenntnis sie ist.

Wie das sie treibende, im abstrakten Gegensatz gegen die barbarische Wirklichkeit konzipierte Ideal will Satire "die Utopie", in der sie, nicht länger abstrakter Gegensatz, ihre aufhebende Versöhnung fände, die sie im Verschweigen rettet. (176) "Indirekter spricht keine Dichtung von der Utopie als die Satire, denn sie spricht nur von der verkehrten Zeit. Aber auch keine eindringlicher. Denn sie spricht gegen diese Zeit, damit sie richtig gestellt werde. Satire ist Utopia ex negativo." (177)

Wie aber Adorno richtig hervorhebt, vermag "so wenig wie Theorie...Kunst Utopie zu konkretisieren; nicht einmal negativ. Das Neue" und die Sehnsucht nach dem unaussprechbaren, bildlosen Ganz-Anderen, die vollendete Harmonie und Versöhnung erscheinen als "Kryptogramm" im "Bild des Untergangs; nur durch dessen absolute Negativität spricht Kunst das Unaussprechliche aus, die Utopie. Zu jenem Bild versammeln sich all die Stigmata des Abstoßenden und Abscheulichen in der neuen Kunst. Durch unversöhnliche Absage an den Schein von Versöhnung hält sie diese fest inmitten des Unversöhnten, richtiges Bewußtsein in einer Epoche, darin die reale Möglichkeit der Utopie - daß die Erde", die gesellschaftliche Entfaltung des Kapitals, "nach dem Stand der (gesellschaftlichen - E.S.) Produktivkräfte, jetzt, hier, unmittelbar das...sein könnte", was frühere Zeiten als Paradies erträumten "- auf einer äußersten Spitze mit der Möglichkeit der totalen Katastrophe sich vereint. In deren Bild - keinem Abbild", betont Adorno ausdrücklich, "sondern den Chiffren ihres Potentials - tritt der magische Zug der fernsten Vorzeit von Kunst unterm totalen Bann wieder hervor", da in der Reflexion des gesellschaftlich Vereinzelten die von den durch die entfremdete Gewalt des Kapitals, durch die verdinglichten gesellschaftlichen Beziehungen vergesellschafteten Einzelnen produzierten und reproduzierten gesellschaftlichen Verhältnisse infolge ihrer Gewalt, die sie auf die abstrakt Vereinzelten ausüben, auf ihrer Oberfläche die mythischen, fetizistischen und undurchsichtigen Züge totaler Entfremdung und Verdinglichung annehmen; vor diesen Verhältnissen und ihren Zügen, die im Neuesten das Älteste zeigen und reproduzieren, fällt Kunst selbst auf einen durch den Prozeß der Zivilisation längst überwundenen Stand magischer Beschwörung der undurchschauten Gewalten zurück; nur noch die drohende Katastrophe vor Augen agiert sie, "als wollte sie die Katastrophe durch ihr Bild beschwörend verhindern." (178)

Zum allegorischen Charakter der modernen Satire

Ohne genauer darauf einzugehen, schreibt Arntzen, daß "die Satire...das alte Motiv 'lebendig tot'", das im Bewußtsein des gesellschaftlichen Atoms die den Einzelnen enthumanisierende, verdinglichende Gewalt blinder Produktionskräfte und entfremdeter Produktionsverhältnisse reflektiert, die seinem Dasein den Ausdruck von Sinnlosigkeit und unlebendiger Verdinglichung verleihen, "mit ungeheurer Intensität" wieder aufnehme. (179)

"Leben, welches den Tod bedeutet", ist eines der zentralen Motive des Benjaminschen Allegoriebegriffs, der bisher nur in einer der mir bekannten Arbeiten über das Kraussche Werk auf dieses angewandt worden ist. (180) Benjamin entfaltet geschichtsphilosophisch im Sinne einer Philosophie der Heilsgeschichte seinen Allegoriebegriff gegen den des klassischen Symbols; offenbart sich laut Benjamin "im Symbol...das transfigurierte Antlitz der Natur im Lichte der Erlösung", so liegt ganz im Gegensatz zu dieser naturverklärenden Intention des Symbols, in der Einzelnes und Allgemeines, Mensch und Natur versöhnt erscheinen, "in der Allgorie die facies hippocratica der Geschichte als erstarrte Urlandschaft dem Betrachter (Herv. v. E.S.) vor Augen. Die Geschichte in allem was sie Unzeitiges, Leidvolles, Verfehltes von Beginn an hat, prägt sich... in einem Totenkopf aus (Herv. v. E.S.)." (181)

Gegen die scheinbar rätsellose Freiheit der Klassik, in der individuell Geist und Natur, Einzelnes und Allgemeines in versöhnter Durchdringung erscheinen, Natur zum wesenlosen Schein der Idee herabgesetzt ist, fixiert sich im Gegenüber von Betrachter und unversöhnter Naturgeschichte ein Weltbild, demzufolge alles, grundsätzlich alles, dem natürlichen Verfall preisgegeben sei, Menschengeschichte und ihre Produkte somit Teil der Naturgeschichte seien, ein Weltbild, das Hegel in die Worte zusammenfaßt: "die Stunde ihrer (der endlichen Dinge - E.S.) Geburt ist die Stunde ihres Todes." (182) Von diesem Gesichtspunkt aus betrachtet der Allegoriker lebende Wesen als lebende Leichen, sieht er Schönheit immer als im Verfall begriffen.

"Kern der allegorischen Betrachtung" ist nach Walter Benjamin "die Exposition der Geschichte als Leidensgeschichte der Welt". (183) Dies bindet diese Form der allegorischen Betrachtung an Krisen- und vermeintliche Endzeiten, an Zeiten gesellschaftlichen Umbruchs, denn nur diese geben die Möglichkeit einer solchen Exposition, geben also die Bedeutung frei, daß alles von Menschen Geschaffene, alle Schönheit natürlichem Verfall oder der Zerstörung anheimfallen: Zeiten individueller Ohnmacht in Kriegsgreueln oder gegenüber der unbegreiflichen Gewalt gesellschaftlicher Verhältnisse und ihren das Einzelindividuum vernichtend treffenden Veränderungen; Verhältnisse, wie sie etwa im Kapital und seiner Entfaltung, den dadurch bedingten Kriegen und Krisen vorliegen. Unterm Blick also des aufs drohende oder daseiende Unheil in völliger Ohmacht starrenden gesellschaftlichen Individuums erst erscheint menschliche Geschichte im Vergleich zum Paradies (Barock) oder dem bürgerlichen Kunstideal, die beide, Produkte der traurigen Weltverfassung, diese in das System der Welterklärung einspannen, deren Momente sie sind, und somit bestimmbar machen, als Teil einer gottverlassenen oder unbeeinflußbaren Naturgeschichte, menschliches Handeln als bestialisch. Die genannte Bedeutung, die Bedeutungsspezifikation ihrer Bedeutungsträger sind also gebunden an den Krisenausdruck spezifischer Gesellschaftsformen, ihres Entwicklungsstandes und der ihm entsprechenden Ideologie.

Nur in Krisenzeiten verwandelt also Geschichte in "Naturgeschichte" sich, in die "Urgeschichte" der Bedeutung sinnlos ewigen Entstehens und Vergehens, eines bewegten und erinnerungslosen Stillstands, der sich in versteinerten Relikten, Petrefakten, fragmentarische und rätselhafte Zeugen einer immer gleich gnadenlosen Vorzeit, die sich scheinbar in alle Zukunft prolongiert, sedimentiert. Von daher ist es verständlich, daß es "der Tod" ist, der "am tiefsten" "die zackige Demarkationslinie zwischen" einer an sich bedeutungslosen "Physis" und der "Bedeutung" ihrer unausweichlichen Todesverfallenheit eingräbt: Er beglaubigt die Bedeutung, dokumentiert sie in dekomposierenden Fragmenten. (184) "Ist" daher, wie Benjamin schreibt, "die Natur von jeher todverfallen, so ist sie auch allegorisch von jeher." (185)

Allegorisches Denken ist verdinglichtes Denken. Wie alle verdinglichten Denkformen stellt Allegorie, indem sie Geschichte enthistorisiert und sie als "unbegnadete Natur" betrachtet, sie zum "Schauplatz (Herv. v. E.S.) säkularisiert", verräumlicht, verdinglicht und versteinert, gedanklich Geschichte still: "der zeitliche Bewegungsvorgang (wird) in einem Raumbild eingefangen"; "Geschichte wandert in den Schauplatz hinein", den Benjamin als "geschichtlich geprägt(e)" "Natur" faßt. (186) Sie und ihr Verfall erscheinen und sedimentieren sich grundsätzlich in allen Relikten, Dokumenten, Fragmenten, Bruchstücken vergangenen historischen Lebens, wie etwa Ruinen und Büchern, historischen Dokumenten, in der "zertrümmerte(n)" Sprache, nicht mehr leserlichen Sprachdokumenten; im Sprachzerfall lebender Menschen. Ihre moderne Erscheinung ist: die Menge als Allegorie des Rückfalls der Individuen in die Identitätslosigkeit; die Technik, die lebende Wesen in ihre anorganischen Systeme einpaßt und sie dem Anorganischen anähnelt; die Maschine, deren scheinbar sinnlose Wiederholung der der Natur gleicht; die Presse laut Kraus, da sie den Menschen auf Geistlosigkeit, also auf den Stand des Tieres hinabbringt. (187) Kurz: Alles, was am sozio-historischen Sein an Verfall oder als Rückfall in Natur gemahnt, ist im Sinne des Benjaminschen Allegoriebegriffs allegorisch. Somit siegt in der allegorischen Weltbetrachtung über die lebendige Menschengeschichte "das starre Antlitz der (unaufhebbaren und immerwährenden Verfall und Tod - E.S.) bedeutenden Natur", eine Kategorie, in die alles bürgerliche Denken Geschichte verkehrt. (188)

Aus den zu Schriftbildern mortifizierten und zu einem "Gegenstand des Wissens" gewordenen Fragmenten und Bruchstücken "der allegorischen Intention" geht der "falsche Schein der Totalität...aus, denn das Eidos verlischt, das Gleichnis geht ein,...In den dürren rebus, die bleiben, liegt Einsicht" in die unaufhebbare "Unfreiheit, Unvollendung und Gebrochenheit der sinnlichen, der schönen Physis." (189) Und genau das "trägt die Allegorie...mit...Betonung vor." (189)

Die Entfaltung des Kapitals, die mit ihr verbundene und durch sie bedingte Entfaltung von Wissenschaft und Technik, die mit ihr einhergehende Aufklärung und Emanzipation des Individuums führte zu einer allmählichen Auflösung und Ablösung einer durch die christliche Theologie geprägten Weltanschauung, zur Ablösung eines nach H. Blumenberg "theologischen Absolutismus", innerhalb welcher sich die mittelalterliche, aber auch barocke Allegorese den traurigen Zustand von Mensch und Welt als Teil des göttlichen Heilsplans erklären konnte; (191) wenngleich nach der durch die Entfaltung des frühbürgerlichen Kapitalismus und seinen gesellschaftlichen und ideologischen Folgen bedingten Erschütterung des christlich-mittelalterlichen Weltbildes, die die mittelalterliche Allegorese objektiv verunmöglichte: also eine theologisch garantierte, allegorische Auslegung tradierter Literatur, des alten Testaments und gegenwärtiger Geschichte als Momente des göttlichen Heilsplans, eine absolut eindeutige spirituelle Auslegung der dinglichen, kreatürlichen Welt als materieller Schrift Gottes (192) sowie eine Personifikation von Normen und Werten allein im Dienste der Theologie abschnitt - daher die von Benjamin hervorgehobene, allerdings durch die Todesthematik radikal reduzierte Bedeutungswillkür des barocken Allegorikers - nicht mehr ungebrochen, sondern gebrochen durch den Widerspruch zwischen einem weiterhin bestehenden Anspruch der Theologie auf absolut eindeutiger Auslegung der dinglichen Welt und einer Welt, die sich diesem Anspruch durch das Anwachsen von Erkenntnissen, die dem theologischen Anspruch widersprachen, zunehmend entzog, somit im theologischen Sinne bedeutungsleer, heillos wurde, förmlich der durch Willkür gekennzeichneten neuen, <u>subjektiven</u> Bedeutungen des barocken Allegorikers harrte, der sie damit in den christlichen Kosmos zu reintegrieren gedachte - barocke Allegorese ist somit eine gegenüber der mittelalterlichen problematische, ist der bewußtlose literarische Versuch, den Widerspruch durch Radikalisierung des theologischen Anspruchs einerseits, dann durch Aufhebung der ihr vorausgehenden allegorischen Tradition in eine hypertrophierte lateinische Rhetorik und eine moralisch aufgeladene aristotelische Poetik, also ästhetisch zu bewältigen; Aufklärung erst ersetzte dieses zwischen theologischer Tradition und sich selbst unbewußter subjektiver Emanzipation, wie sie in der theologisch ungarantierten Bedeutungswillkür des barocken Allegorikers und seiner ästhetischen Umfunktionierung der Tradition erscheint, schwankende Weltverständnis durch ein den theologischen Absolutismus vollends auflösendes, radikal innerweltliches und durch ein neues es repräsentierendes Kategoriensystem. (193) Dies verunmöglichte der allegorischen Weltanschauung nach der durch die Kantsche Erkenntniskritik gesetzten Grenze zwischen Wissenmöglichem und -unmöglichem den Rückzug auf das alte Erklärungsmodell der durch die Schuld der Erbsünde gesetzten Leiden des Menschen. Die moderne Allegorie erwächst erstens und findet ihre Funktion und

Stellung in dem durch Kant gesetzten und durch seine Nachfolger entfalteten Paradigma; erwächst aus der Erschütterung und ist Moment der ästhetischen Weltanschauung, die aus den durchs Kapital gesetzen Bedingungen entsteht und sich entfaltet. Das durch das Kapital gesetzte Leid der Menschen findet also für die moderne Form der Allegorie seine Erklärung aus dem Gegensatz von Natur- und Freiheitskausalität einerseits und durch die Einsicht in die Undurchführbarkeit des durch die philosophische Ästhetik gesetzten Programms einer Überführung von Kunst in Leben. Wie die barocke Allegorie erwächst zweitens die moderne aus einer gesellschaftlichen Krise: diesmal allerdings einer durch die Monopolisierung gesetzten Krise der bürgerlichen Welt und der sie begleitenden Erschütterung des bürgerlichen Weltbildes durch die allmähliche Aufhebung der Kausalität durch Freiheit, mehr noch des Kunstideals in die Naturkausalität des Kapitals; und wie der barocke Allegoriker die seine,versucht der moderne diese Erfahrung mit Hilfe des alten Weltbilds deutbar und mit Hilfe der Umfunktionierung der tradierten Mittel darstellbar zu machen.

Ideologische Erscheinungsweise eines entfalteteren Kapitals als die barocke Form der Allegorie vermag die neue Form der Allegorie, die naturhafte Erscheinungsweise des Kapitals, den Egoismus seiner durch es geprägten Individuen nach dem durch Kant begründeten Modell innerweltlich interpretierend, sich mit ihr nicht abzufinden,wie es klagend die alte tat; immunisiert durch die oben genannte Einsicht gegen den trügerischen Glanz des Kapitals wird die moderne Form der Allegorie kritisch. Sie widersetzt sich, wie Benjamin schreibt, der "Reklame", "der trügerischen Verklärung der Warenwelt", schlägt voller Ingrimm in allegorischer, also fragmentarisch zerrissener Gestaltung die verlogene Harmonie der kapitalistischen Oberfläche "in Trümmer"; sich dem Schein der poetischen Versöhnung versperrend hält sie doch an den durch ihn gesetzen "Träumen fest". (194) Damit geht sie ein in den Kosmos moderner satirischer Kunst.

Ihre "stereotype(n) Bilder" "in den Dienst des Gedankens" stellend ist sie der traurige Versuch einer Entzauberung der Welt, "welche den Menschen Dinge und Menschen zu bloßen Dingen werden ließ, verleiht dem Unverständlichen zweite Bedeutung. (...) Durch die vollendete Entfremdung hindurch enthüllt sich das gesellschaftliche Verhältnis als blind naturwüchsiges", enthüllt sich die "Naturverfallenheit der Geschichte", der Geschichte des Kapitals, enthüllt sich dieses "als Katastrophe in Permanenz", enthüllt sich schließlich der bürgerlich-kapitalistische "Begriff des Fortschritts" als ein Reversbild "der Katastrophe" dessen, "daß es 'so weiter' geht", als ein Reversbild der "Hölle", die nichts ist, "was uns bevorstünde - sondern dieses Leben hier". (195) "...im Primat des Dinghaften vor dem Personalen, des Bruchstücks vor dem Totalen" hat die Allegorie den schönen Schein klassischer Kunst aufgehoben, deren auratischen Kultwert in Ausdruckslosigkeit verkehrt; denn nur verschweigend kann sie die Idee von Harmonie und Schönheit retten, hält sie am "Bild des Schönen" fest. (196)

Ohne seinen Allegoriebegriff zu definieren, geschichtsphilosophisch zu begründen oder gar sozio-historisch abzuleiten, deutet Walter Muschg an, daß beginnend mit dem Ende des dritten Akts von "Die letzten Tage der Menschheit" "man plötzlich unverhüllt den allegorisierenden Stil vor sich" habe, der sich im fünften "ins Mirakelhafte" steigere. (197) Da Muschg "überhaupt einen starken Zug zur verallgemeinernden Typisierung" zu bemerken glaubt, steht zu vermuten, daß er wohl den bis heute in der Germanistik fortwesenden klassischen Begriff der Allegorie vor Augen hat, der die Allegorie gegenüber dem Symbol herabsetzt, wohingegen der Benjaminsche "dem Symbol polar aber ebendarum gleich machtvoll gegenübertritt." (198)

Goethe, auf den die Überhöhung des Symbols gegenüber der Allegorie, dem die Germanistik bis heute relativ ungebrochen, unkritisch und unhistorisch folgt, zurückgeht, zufolge liegt die eigentliche "Natur der Poesie" in der "Symbolik"; "sie spricht ein Besonderes aus, ohne ans Allgemeine zu denken oder darauf hinzuweisen"; da sie im "lebendig(en)" Erfassen des "Besondere(n)" "das Allgemeine" immer schon erfaßt habe, "ohne es gewahr zu werden"; wohingegen in der Allegorie "das Besondere nur als Beispiel, als Exempel des Allgemeinen gilt." (199)

Goethe perhorresziert und beargwöhnt an der Allegorie etwas heteronom Zweckhaftes, was der klassischen Kunstideologie und ihrem Autonomiebegriff von Kunst, der sie gegen außerkünstlerische, politische, wissenschaftliche und publizistische Diskursmodelle abgrenzen sollte, diametral entgegensteht. Er perhorresziert das an Anstrengung gemahnende der Allegorie, das Unspielerische, Zwanghafte, das auf die von der Autonomie ausgeschlossene Gesellschaft verweist, deren Vertreterin in der Kunst Allegorie ist; deutlich wird das in Goethes Ausspielen von Schauen gegen Suchen, also freie Muße gegen Zwanghaftigkeit; "Begriff" gegen "Idee", also subsumierender, verstandeshafter Theorie gegen versöhnende Kunst. (200)

Damit aber kategorisiert Goethe, unhistorischem, bürgerlichem Denken verfallen, die Dichter schematisch in zwei unterschiedlich bewertete Klassen, ohne auf die je spezifische sozio-historische Vermitteltheit poetischer Formen zu reflektieren, die sie allererst verständlich und erklärlich macht. Nach dieser Definition wäre Kraus, den ich, zumindest was "Die letzten Tage der Menschheit" betrifft, wenn auch aus anderen Gründen als Muschg allegorischer Dichtung zurechne, ein Dichter zweiten Ranges; die Definition unterliegt einer Abwertung von rationaler Begrifflichkeit zugunsten begriffloser, nach Goethe lebendiger Anschauung. Vor der Benjaminschen Bestimmung der Allegorie greift den "Letzten Tagen der Menschheit" gegenüber die Muschgsche Bestimmung des Krausschen Werkes als eines eminent allegorischen zu kurz; wenngleich Muschg die Todesthematik und Fragmentarisierung des Werkes nicht entgangen ist, vermochte er diese nicht mit seinem Allegoriebegriff zu vermitteln, sondern stellte diese Erkenntnisse neben die der Allegorie.

Auch Harald Kaufmann versuchte, er allerdings mehr dem Benjaminschen Allegoriebegriff verpflichtet, das Werk Kraus' als allegorisches zu interpretieren, vermag aber ebenfalls dem Begriff der Allegorie Benjamins nicht gerecht zu werden, da er ihn, hier der Blochschen Verkürzung dieses Begriffs folgend, auf den Gegensatz von "Unitas" des Symbols und "Alteritas (eines) zusammengezwungenen Sinnes" der Allegorie zusammenzieht. (201) "Das Symbol" sei, so schreibt Kaufmann, "das Sinnbild einer heilen Welt", während "die Allegorie im Kürzel die zerbrochene, erstarrte Welt" fixiere. (202)

Hilft einmal der überhistorisch gefaßte Gegensatz bei dem sozio-historischen Versuch einer Interpretation literarischer Formen, somit der literaturwissenschaftlichen Begriffsbildung nicht weiter, so werden die Bestimmungen Kaufmanns über den Zusammenhang von Satire und Allegorie grundfalsch, wenn er schreibt, daß "die Satire als ganzes...als literarische Ausformung der allegorischen Methode" verstanden werden müsse. (203) Hier rächt sich bei Kaufmann eine mangelnde sozio-historische Reflexion der literarischen Formen, also ein fehlendes systematisches Vorverständnis, das ihm ihre Bestimmung hermeneutisch hätte erleichtern können.

Muß einmal, was die scherzende Satire beweist, Satire nicht immer allegorisch sein, so umgekehrt Allegorie, wie die barocke Allegorie oder die moderne Baudelaires beweisen, nicht immer satirisch. Schon in diesem Bezug von Allegorie und Satire liegt also Kaufmann falsch; weiter aber vermag er ihren Bezug nicht zu bestimmen, also nicht zu begreifen, daß moderne Satire und moderne Allegorie die abgrundtief wieder auseinandergetretenen Bruchstücke des alten klassischen Versöhnungsmodells von Kunst sind: unversöhnte Natur und objektlose Freiheit, wodurch im Rückverweis auf gewesene Schönheit, Harmonie, Versöhnung und Wahrheit alle moderne Kunst einen allegorischen Charakter bekommt; worauf ein oben zitierter Satz Kraus' hindeutet. (204) Es sind die literarischen Erscheinungsweisen von "Naturkausalität" und "Kausalität durch Freiheit", der bürgerlich-verdinglichten Reflexion des Kapitalverhältnisses; literarische Erscheinungsweise also der gegeneinander verselbständigten Erscheinungsweise des Kapitals, deren psychischer Reflex Fatalismus und Voluntarismus sind.

Das allegorisch zum Bedeutungsträger Herabgesetzte liegt als die verdinglichte Realität des Kapitals auch symbolischer Kunst voraus, wie oben ausgeführt. Sie tut es nicht minder satirisch-allegorischer Kunst. Das Zusammentreten von Allegorie und Satire in der Krausschen Dichtung kann als ein letzter Versuch des bürgerlichen Geistes gedeutet werden, "Natur" in "Freiheit" aufzuheben. Dies dadurch, daß sich Satire das Darstellungsmittel der Allegorie, ihre Darstellungsweise und Sichtweise der kapitalistischen "Natur" einverleibt, Allegorie zum Mittel ihrer Intention herabsetzt; so erst zu einer nicht erfindenden Satire sich konstituieren kann: so erst das kritisch gewendete Bild der zerrissenen Welt des Kapitals. Treffendes Bild einer zerrissenen Welt, die Kraus aus bürgerlicher Sicht richtig als einen "gemeinen Bruch" bezeichnet hat: das Bild eines unversöhnten Gegensatzes von unversöhnter kapitalistischer Natur, wie sie Allegorie klagend abschildert, und moralischer Freiheit. (205)

Indem aber Satire in der allegorischen Darstellung von Welt diese zum Darstellungsmittel ihrer Intention herabsetzen kann, genießt sie, wenn auch nur symbolisch, den traurigen Triumph des handlungsgehemmten melancholischen Individuums, des Satikers, der Allmacht der Gedanken; zieht der Satiriker aus der allegorischen Willkürherrschaft über die geistig in Trümmer gelegte Welt, über der Melancholie traurig brütet, aus der tödlichen Montage fragmentarisierter Szenen, Sätze und Worte, aus denen er den höllisch-tierischen Geist des Kapitals, seine geistige Physiognomie gestaltet, Glück; das triste Glück der Erkenntnis des Unheils dessen, was die anderen als Glück ansehen, und das seiner Gestaltung: die traurigste Einheit von Theorie und Praxis. Unkenntlich, unnennbar, aber unauslöschlich glimmt aber in dem von ihm gezeichneten traurigen Bild der Welt die Hoffnung auf Befreiung, auf Versöhnung von Mensch und Natur, die in der vom Tod durchwirkten Bildlichkeit der Allegorie schwermütig und verschwiegen aufgehoben ist. Dies Glück selbst ist von Trauer durchwirkt, ist es doch kein freies, sondern ein Derivat realer Zwanghaftigkeit, eines, das auf dem Boden realer Unfreiheit stattfindet, insofern ist es mit Galle und Bitternis getränkt, ungenießbar in einer Zeit, in der die menschlichen Beziehungen auf wechselseitiger Fremdheit und Gleichgültigkeit beruhen, in der die menschlichen Beziehungen verdinglicht sind; das Bild der Zeit des allegorischen Satirikers: eine ruinenhafte Totalität aus Trümmern und Restbeständen menschlichen Daseins. Wie "die dialektischen Bilder des Surrealismus" sind die der "Letzten Tage der Menschheit" "solche einer Dialektik der subjektiven Freiheit im

Stande objektiver Unfreiheit", im Stande totaler Verdinglichung und Kontemplation, "Zeugnis des Rückschlags der abstrakten Freiheit in die Vormacht der Dinge und damit in bloße Natur." (206) Doppelt lehnt sich dagegen das verdinglichte Individuum auf: gegen Erstarrung und Verdinglichung empört sich seine innere Natur, gegen seine Auflösung das verdinglichte Ich, der verdinglichte Geist; nur ihre Versöhnung verspräche Rettung.

Kraus' Kampf gegen die Presse

Mitglied einer vom Untergang bedrohten Staats- und Gesellschaftsstruktur, deren Individuen sich in ihrer melancholischen Grundhaltung ähnelten, faßte sich für Kraus in der modernen bürgerlichen, aber auch sozialistischen Presse der Geist all dessen zusammen, was jeden Ort der Humanität und der Flucht vor den Folgen der kapitalistischen Verdinglichung zu zerstören drohte: der Geist des Liberalismus, also die Ideologie des kapitalistischen Bürgertums, des mit Willen und Bewußtsein begabten Kapitals, die mit einem naiven Fortschrittsoptimismus verbunden war. (207) Die Presse, deren Agenten, die Journalisten, laut Lukács d e n "Gipfelpunkt der kapitalistischen Verdinglichung" darstellen, zielte nach der Meinung Kraus' geradezu auf die entscheidenden Widerstandszentren objektloser, melancholischer Innerlichkeit: Natur, Phantasie, Kunst und Literatur und schließlich auf das Individuum selbst: Die Presse ist die Ursache aller Verwüstung der Moderne. (208)

Stellvertretend für die allgemeine Verwüstung der äußeren Natur durchs Kapital zehrt die Presse gleichsam vampirhaft die Wälder auf. "Wo einst ragende Wälder", schreibt kulturkritisch Kraus, "den Dank der Erde zum Himmel hoben, türmen sich Sonntagsauflagen. Hat man nicht ausgerechnet, daß eine große Zeitung für eine einzige Ausgabe eine Papiermasse braucht, zu deren Herstellung zehntausend Bäume von zwanzig Meter Höhe gefällt werden mußten? Es ist schneller nachgedruckt als nachgeforstet. Wehe, wenn die Bäume bloß täglich zweimal, aber sonst keine Blätter tragen!" (209)

Die Phantasie der Individuen wird dadurch untergraben, daß

sich in der Presse das Kapital des Geistes und damit der Vorstellungskraft bemächtigt, damit vermischt, was nach der bürgerlichen Ästhetik strengstens getrennt zu halten ist; die Aufhebung der Trennung zielt ins Herz der bürgerlichen Kultur und Ästhetik: Kunst und Phantasie werden Momente des Kapitals. Gegen diese Vermischung kämpfte Kraus ganz im Sinne verblendeter bürgerlicher Partikularisierung; er vermochte in der bürgerlichen Vergesellschaftung der Kunst nur den Verfall, nicht aber die progressive Tendenz einer praktisch gewendeten Kunst zu erkennen, wie sie Brecht, der späte Benjamin und die sowjetischen Ästhetiker Tretjakow und Arvatow vertraten. (210)

Ist für Tretjakow, was für Kraus den Untergang der Menschheit bedeutete, gerade die Zeitung "das...Epos des revolutionären Alltags", des Aufbaus des Sozialismus und der Selbstgestaltung eines neuen Menschen, und ist "'die gesamte namenlose Masse der Zeitungsleute, vom Arbeiterkorrespondenten bis zum Hauptleitartikler'...(ein - E.S.) kollektiver Tolstoj", jeder seiner Individuen potentiell praktischer Schöpfer, literarischer Verfasser und kritischer Leser seines Lebens, so wollte Kraus nichts "anderes, als die Reinigung des Nachrichtendienstes vom Geist". (211)

Er kämpfte dafür, "daß ein meldender Bote uns nichts vorschmusen soll", daß er "uns nicht mit Stimmungen behellige und nicht der Literatur unendlichen Schaden zufüge, die wir mit einem Bericht verwechseln, seit der Bericht Literatur wurde". (212) "In dieser ruchlosen Vermischung" sah er "den Ruin der geistigen und den Ruin einer sozialen Notwendigkeit". (213) Ganz im Sinne der bürgerlichen Abstraktion wollte Kraus den Journalisten "den schamlosen Wahn" abgewöhnen, "daß sie dem Volk außer der Mitteilung, wo's gebrannt hat, auch zu schildern haben, w i e ' s (gesp. v. E.S.) gebrannt hat, und wer dabei war, daß sie außer Tachles auch Schmonzes zu bringen haben, außer dem Ding das Ornament, außer der Tatsache die P h a n t a s i e (gesp. v. E.S.)". (214) "Die Zeitung ruiniert", wie Kraus diesen Tatbestand zusammenfaßt, "alle Vorstellungskraft: unmittelbar, da sie, die Tatsache mit Phantasie servierend, dem Empfänger die eigene Leistung erspart; mittelbar, indem sie ihn unempfänglich für die Kunst macht und diese reizlos für ihn, weil sie deren Oberflächenwerte abgenommen hat." (215)

Gegen diesen Zustand verteidigt Kraus verbissen und verzweifelt die bürgerliche Trennung von Geist und Geschäft. "Denn wenn der Apparat des geistigen Lebens dem sozialen Z w e c k (gesp. v. E.S.) für Geld zur Verfügung steht, ist die Welt zu Ende. (...) Eine Gesellschaft ist dann auf dem Krepierstandpunkt, wenn sie zum Schmuck des Tatsachenlebens Einbrüche in kulturelles Gebiet begeht und duldet." (216) Indem in der Presse genau die Vereinnahmung der Kultur in die kapitalistische Kulturindustrie geschieht, wird sie für Kraus zur existentiellen Gefahr.

Von daher wird verständlich, daß Kraus die Presse für den Ausbruch des ersten Weltkriegs verantwortlich machte, da sie die Menschheit lähmte, sich vorzustellen, was der Krieg wirklich bedeutet; daß er als Thema der "Letzten Tage der Menschheit" "die Tragik der von der Vorstellungsarmut in den Tod gepeitschten Menschheit" (217) begriff. "Hätte man", so führt die Gestalt des Nörglers die Gedanken Karl Kraus' aus, "statt der Zeitung Phantasie, so wäre Technik nicht das Mittel zur Erschwerung des Lebens und Wissenschaft ginge nicht auf dessen Vernichtung aus. (...) 40 000 russische Leichen, die am Drahtverhau verzuckt sind, waren nur eine Extraausgabe,... Die sich selbst verschlingende Q u a n t i t ä t (gesp. v. E.S.) läßt nur noch Gefühl für das, was einem selbst und etwa dem räumlich nächsten zustößt, was man unmittelbar sehen, begreifen, betasten kann. (...) Die Realität hat nur das Ausmaß des Berichts, der mit keuchender Deutlichkeit sie zu erreichen strebt. Der meldende Bote, der mit der Tat auch gleich die Phantasie bringt, hat sich vor die Tat gestellt und sie unvorstellbar gemacht. (...) Das gedruckte Wort hat ein ausgehöhltes Menschentum vermocht, Greuel zu verüben, die es sich nicht mehr vorstellen kann, und der furchtbare Fluch der Vervielfältigung gibt sie wieder an das Wort ab, das fortzeugend Böses muß gebären." (218)

Hart verteidigt er seine Sichtweise des Kapitals gegen als Klassenkämpfer mißverstandene österreichische Sozialdemokraten: "Meine Arbeit war es, die Presse als die ereignisschaffende, todbringende Organisation der moralischen und geistigen Unverantwortlichkeit erkennen zu lassen, als jenes größte Übel der menschlichen Gesellschaft, welches durch die Faszination, die vom gedruckten Wort ausgeht, von der Gefahr abzulenken weiß, die es bedeutet; als die selbstmörderische Waffe, von welcher sämtliche Kulturgüter dahingerafft werden, die sie zu hüten vorgibt. Auf die Flachheit des klassenkämpferischen Einwands, daß ich nur eine der Folgeerscheinungen oder Ausdrucksformen der kapitalistischem Welt bekämpft habe, lasse ich mich nicht ein, weil ich tief überzeugt bin, daß die journalistische Form auch die sozialistische Welt zu korrumpieren imstande ist! Weil ich meinen Preßkampf, der an der kleinsten Notiz das Gesicht der herrschenden Klasse zeigt, für revolutionärer halte als alles Entwicklungsgerede auf bürgerlicher Geistesbahn, das die Revolution zu einem prolongierten Wechsel mit gegenseitiger Bewilligung macht. Jawohl, ich halte die Folgeerscheinungen für die Ursache; der Spiegel macht das Gesicht." (219)

Kraus betrachtet somit ein Moment der allgemeinen verselbständigten Zwänge des Kapitals, die den Menschen deformieren und verdinglichen, als eine überhistorische, dem Einfluß des Menschen entzogene, selbsttätige Kraft, geeignet, Kultur und Menschheit auszuhöhlen und einem verdinglichten, selbsttätigen Fortschritt, der sich unterm Krausschen Blick als Rückschritt entlarvt, zu subsumieren; dieser Fortschritt enthüllt sich unter dem melancholischen Blick Kraus' als einer, "dessen Unaufhaltsamkeit mit dem Tode gleichen Schritt hält." (220) "Der Fortschritt", so faßt Kraus allegorisch die Verdinglichung des Menschen unterm Kapital, "unter dessen Füßen das Gras trauert und der Wald zu Papier wird, aus dem die Blätter wachsen, er hat den Lebenszweck den Lebensmitteln subordiniert und uns zu Hilfsschrauben unserer Werkzeuge gemacht." (221)

Die Presse wird Kraus zum Exekutor eines Natur und Menschen verheerenden Fortschritts, bringt die Menschen "unter das Rad des Fortschritts", setzte die "Maschinen des Todes in Bewegung"; "ihre Kriegsschuld" ist, "daß sie unser Herz ausgehöhlt hat, uns nicht mehr vorstellen zu können, wie" die Auswirkungen eines in Bewegung gesetzten "System(s) von Mord und...Ökonomie" wären. (222)

Vor der dargestellten und sozio-historisch erklärten und verständlich gemachten Sicht- und Darstellungsweise Kraus' bezeichnet Kraus die satirisch-allegorischen "Letzten Tage der

Menschheit" als ein "großes Zitat", "ein Schriftwerk, das so unmittelbar einem s i t t l i c h e n Z w e c k (gesp. v. E.S.) unterstellt scheint, daß diesem durch die Hervorhebung literarischer Qualitäten fast Eintrag geschähe", es ist die allegorische "Photographie der Menschheitsfratze". (223)

Kraus' Denken faßt sich in der großartigen Allegorie vom Zeitenende zusammen, dessen Embleme: Reporter und Photograph: "Vor dem Totenbett der Zeit stehe ich und zu seinen Seiten der Reporter und der Photograph. Ihre letzten Worte weiß jener und dieser bewahrt ihr letztes Gesicht. (...) Mein Amt war nur ein Abklatsch des Abklatsches. Ich habe Geräusche übernommen und sagte sie jenen, die nicht mehr hörten. Ich habe Gesichte empfangen und zeigte sie jenen, die nicht mehr sahen. Mein Amt war, die Zeit in Anführungsstriche zu setzen, in Druck und Klammern sich verzerren zu lassen, wissend, daß ihr Unsägliches nur von ihr selbst gesagt werden konnte. Nicht auszusprechen, nachzusprechen, was ist. Nachzumachen, was scheint. Zu zitieren und zu photographieren. Und Phrase und Klischee als die Grundlagen eines Jahrhunderts zu erkennen." (224)

Zur Entstehung von "Die letzten Tage der Menschheit"

Wie Karl Kraus in der ersten Buchausgabe des Stückes schreibt, sei "der erste Entwurf der meisten Szenen...in den Sommern 1915 bis 1917, das Vorspiel Ende Juli 1915, der Epilog im Juli 1917 verfaßt worden. Viele Zusätze und Änderungen sind im Jahre 1919 entstanden, in das auch der Druck der Akt-Ausgabe fällt." (1) Diese erste Gesamtausgabe, die sich von späteren Fassungen nicht unbeträchtlich unterscheidet, erschien gedruckt erstmals in den Jahren 1918 und 1919 in vier Sonderheften der "Fackel".

Nach "durchgehende(r) Umarbeitung und Bereicherung jener vorläufigen Ausgabe" erfolgte eine neue Drucklegung des Gesamtwerkes in den Jahren 1920 und 1921. (2) Deren "Erscheinen wurde", wie Kraus in der ersten Buchausgabe schreibt, "durch die ungeheure, immer wieder unterbrochene Arbeit der Ergänzungen und Korrekturen wie auch durch die materiellen Hindernisse der Nachkriegszeit verzögert." (3) Sie erschien im Mai 1922, ihr folgte im Dezember des gleichen Jahres eine von Druckfehlern gereinigte Neuauflage. In einer dritten Auflage wurde im Jahre 1926 eine endgültige Fassung veröffentlicht. Dieser Ausgabe folgen die von Heinrich Fischer herausgegebenen Ausgaben des Kösel-Verlages und die in der Sonderreihe dtv erschienene zweibändige Taschenbuchausgabe des Verlages "Deutscher Taschenbuch Verlag", eine Lizenzausgabe des Kösel-Verlages.

Zur Form von "Die letzten Tage der Menschheit"

Variabilität von Ort, Zeit, Handlung und Personen

Mary Snell nennt lapidar das 726 Seiten lange, sich in 219 Szenen eines Vorspiel und fünf von einem 45seitigen Epilog gefolgte Akte gliedernde Stück, auf dem, wie sie schreibt, "Karl Kraus's reputation among the general public rests today", "monumental". (1) "The vastness of the material, the incredible possibilities for discussions", schreibt sie weiter, "which the drama offers would require a comment of several volumes to do anything like justice to it." (2) Allein die Aufführung der in dem Drama auftretenden Personen umfaßt in der Kösel-Ausgabe 29 Seiten.

Konfrontiert mit dem bleckenden Zerrspiegel des Kapitals flüchten sich wie vor diesem selbst die Interpreten in variationenreiche Paraphrasen im hilflosen Versuch, den Zerfall der Einheit der Tragödie in eine ungeheure Variabilität des satirisch-allegorischen Trauerspiels von Orten, Zeiten, Personen und Sprachformen, in die Tod und Verderben, Auflösung des einheitlichen bürgerlich-humanistischen Geistes bedeutenden Bruchstücke der kapitalistischen Totalität begrifflich zu fassen. Gegen die Einheit der Tragödie ist Kraus' Stück schon ein allegorisches Trauerspiel.

Das Trauerspiel spielt, um nur einige der förmlich von einem Kaleidoskop wechselnder Orte und Personen, von der schillernden Oberfläche der Erscheinungsweisen und -formen des Kapitals geblendeten und verwirrten, in der labyrinthischen Verschlungenheit von offen oder verkappt wiederkehrenden Orten, Personen und Sprachwendungen verlorenen Interpreten anzuführen, "in den Straßen Wiens und Berlins, in Kanzleien und Kasernen, Kirchen und Kaffeehäusern, Vergnügungslokalen und Militärspitälern, Wohnungen und Redaktionen; auf dem Frachtenbahnhof Debreczin und in der Weimarer Frauenklinik, in der Etappe und an der Front, in einer Artilleriestellung hoch in den Dolomiten und auf einem Unterseeboot. (...) Unter" den auftretenden Personen "sind hunderte...der Zeitgeschichte - der

Literatur, der Finanz, des Theaters -, und erfundene Figuren - Gesellschafts-, Berufs- und Straßentypen. Die zwei letzten österreichischen Kaiser und der deutsche treten auf, Hindenburg und Ludendorff, österreichische Armeekommandanten und Erzherzoge, deutsche Professoren und Politiker, Ganghofer und Dehmel, Minister und Restaurateure, Prostituierte und Pastoren, Polizisten und Geschäftsreisende, Wiener Lokalgrößen und, immer wieder, Journalisten. ...Kinder und ein Kriegsblinder erscheinen, 'Larven und Lemuren'... Der Optimist diskutiert die Ereignisse des Krieges mit dem 'Nörgler' - Karl Kraus selbst." (3)

"Its heroes are troglodytes living in the skyskrapers of history, barbarians having on their disposal all the amenities and high explosives of technical progress, fishmongers acting the role of Nelsons, ammunition salesman crossing Rubicon, and hired scribblers, tapping out on their machines the heroic phrases of the barde." (4) Erich Heller, der hier als ein Thema der "Letzten Tage der Menschheit" das Fortleben von Momenten menschlicher Vorzeit in der Moderne begreift, vermag dieses doch nicht angemessen zu entfalten, da er beide begrifflich auseinanderreißt, da er die "monstrous dimensions of our external reality" nicht als Resultat einer laut Adorno notwendig falsch verlaufenen Aufklärung begreift. (5)

Da er die Moderne nicht wie melancholisch Adorno als unversöhnt fortwesende Natur entziffert, vermag er zu schreiben: "In besseren Zeiten wären es wilde Tiere mit wilden Kräften und Gehirnen gewesen", "denen ein Unheil wie das europäische zugeschrieben worden wäre"; "the disaster of the world which we seem to have caused, and the still greater destruction which we face, would have been the doing of mythological creatures, and sinister magicians who have robbed Olympus of its secrets and with them threaten to extinguish the life. In our uncanny and more enlightened epoch all this is merely the result of a conspiracy of sobriety, scientific planning, mediocrity and human insignificance." (6) Heller vermag nicht zu begreifen, daß es genau die von ihm angesprochene Aufklärung im szientifischen Sinne ist, die, während sie unter vorgeschichtlichen Bedingungen Mittel bereitstellt, entfremdeten, vergegenständlichten Geist bereitstellt, der die Menschen von schwerer körperlicher, unsinniger und entfremdeter Arbeit, von irrationaler Herrschaft befreien könnte, diese Befreiung hintertreibt; eine Aufklärung, die als Ausdruck einer besinnungslosen Flucht vor den Schrecken einer das einzelne Individuum verschlingenden, unerfaßten, nicht in quantitative Gesetze gefaßten oder mythologisch erklärten Natur genau das leistet, wovor Aufklärung flieht: die Auflösung des Individuums.

Die physische Liquidation in Arbeit und Krieg, die Selbstunterdrückung der Individuen, die theoretische und praktische Unterwerfung der äußeren Natur sind nach Horkheimer/Adorno nur spezifischer Ausdruck einer vor dem Naturzwang fliehenden, aufgeklärten Naturbeherrschung, die in neuer Form den geflohenen Zwang in der Form von Herrschaft immer wieder reproduziert. Die von Heller genannten mythologischen Gestalten sind nur ein erster Ausdruck des Versuchs, die Natur durch scheinbare geistige Wesenheit zu beeinflussen, geistig zu beherrschen; die Zauberer ein weiterer Ausdruck der über die scheinbare Gabe der Naturbeeinflussung des Magiers, der über seinen Umgang mit den die Naturzwänge bedeutenden Mächten und Göttern erlangten Macht und Herrschaft über Menschen: Herrschaftswissen, das sich im Tatsachensinn von Empirismus und Positivismus fortsetzt. Die der Aufklärung vorangegangenen Zeiten hatten, wie Heller meint, vor der Epoche der Aufklärung nichts voraus; sie waren nur deren irrationaler Anfang. "...die Mythen, die der Aufklärung zum Opfer fallen, waren", wie Horkheimer und Adorno schreiben, "selbst schon deren eigenes Produkt", das Produkt eines Denkens, das Natur beeinflussen wollte, "berichten, nennen, den Ursprung sagen: damit darstellen, festhalten, erklären" wollte; mit der Verdinglichung des Denkens unterm Kapital, d.h. "je mehr die Denkmaschinerie das Seiende sich unterwirft," sich dabei immer "blinder...bei dessen Reproduktion" "bescheidet", "schlägt Aufklärung in die Mythologie zurück, der sie nie zu entrinnen wußte. (...) In der aufgeklärten Welt ist Mythologie in die Profanität eingegangen." (7) Der Prozeß entmythologisierender Aufklärung endet in dem, dem Aufklärung in der immer lückenloseren Beherrschung und Tabuisierung von Natur und deren ideellen Abkömmlingen zu entkommen hoffte: in der Verdinglichung und Auflösung des Ich in Natur: in die zweite Natur. Denn mit der Verdinglichung des Denkens, der "Verweisung des Denkens aus der Logik" "greift das Tabu (vor einem Rückfall in bloße Natur, vor der Auflösung des Menschen in Natur, als deren Emanation die radikal gewordene Aufklärung das Denken selbst noch erkennt - E.S.) auf die tabuisierende Macht über, die Aufklärung auf den Geist, der sie selbst ist. Damit aber wird Natur... durch den Prozeß losgelassen, der sie auszutreiben versprach, im Individuum nicht anders als im kollektiven Schicksal von Krise und Krieg...die Praxis (verfällt) dem rückhaltlosen Betrieb der Weltgeschichte... Das von der Zivilisation vollends erfaßte Selbst", entfalten Horkheimer/Adorno eine wissenschaftliche Fassung des Weltbild Kraus', "löst sich auf in ein Element jener Unmenschlichkeit, der die Zivilisation von Anbeginn zu entrinnen trachtete. Die älteste Angst geht in Erfüllung, ..." (8)

Nicht der Schrecken des Krieges, sondern das Grauen vor der wortgewordenen Barbarei einer in bestialische Natur versinkenden Zivilisation, deren Untergang Kraus als die Verdinglichung von Geist, Phantasie und Kunst faßte, das Grauen vor der apathischen Mörderfratze, als die sich ihm die geistige Physiognomie des Kapitals enthüllte, der unübersehbare Umschlag der zweiten Natur in Verdinglichung und Barbarei bildet das eigentliche Thema von "Die letzten Tage der Menschheit", nicht aber, wie Heller meint, "die Ungemäßheit" zwischen Aufklärung, "einer Verschwörung von Nüchternheit, wissenschaftlicher Planung, Mediokrität,...menschlicher Unträchtlichkeit" und einem daraus resultierenden "Unheil".(9) Für Kraus war eine blinde, verblendete, szientifische Aufklärung der Grund des kriegerischen Schrecken selbst, dieser nur die deutlichste Ausdrucksform eines naturwüchsigen Fortschritts und einer selbstgenügsamen, verselbständigten Bildung, wie er sie sowohl vor wie nach dem Kriege geißelte.

Der "den Weltuntergang...von der Eröffnung der Luftschiffahrt" datierte, faßte eine unbewußt affirmative, pragmatische Intelligenz, eine verdinglichte Intelligenz als "intelligente Dummheit"; "kompliziert genug, die Maschine zu bauen, ...

zu primitv, (sich - E.S.) von ihr bedienen zu lassen", treibe sie, so erschien Kraus der Widerspruch des Kapitals zwischen sich ungeheuerlich, zwanghaft und entfremdet entfaltenden Produktivkräften und relativ stabilen Produktions- oder Eigentumsverhältnissen sowie die diesen Widerspruch reflektierende Geisteshaltung des gewöhnlichen kapitalistischen Individuums, "einen Weltverkehr auf schmalspurigen Gehirnbahnen." (10) Waren für Kraus ein verdinglichter Fortschritt und eine verdinglichte Aufklärung der Grund allen Übels, so waren sie ihm auf Grund allein der Tatsache, daß das mittelbar den Weltkrieg auslösende Attentat auf den österreichischen Thronfolger von einem bombenwerfenden Drucker und einem Mittelschüler, der auf Franz Ferdinand und dessen Gemahlin die tödlichen Schüsse abgab, verübt wurde, mittelbar auch Grund und Ursache des Krieges. "Keine kleineren Mächte als Fortschritt und Bildung", schrieb Kraus in "Franz Ferdinand und die Talente", "stehen hinter dieser Tat, losgebunden von Gott und sprungbereit gegen die Persönlichkeit, die mit ihrer Fülle den Irrweg der Entwicklung sperrt." (11)

Die oben angeführten, sich an historische, geographische oder individuelle Äußerlichkeiten, an den oberflächlichen Ausdruck des Dramas sich klammernden Zitate sind eine recht gute Illustration der Hilflosigkeit des kontemplativen Individuums von einer, da es sie nicht als Ausdruck, spezifische Kristallisation einer von spezifischen Gesetzen gegliederten *einheitlichen* Totalität begreift, nur tabellarisch, empirisch, additiv, nicht aber dialektisch erfaßten Mannigfaltigkeit von gegeneinander verselbständigten Momenten der sozio-historischen Totalität, die dem tabellarischen Verstand zu einem fragmentarisierten Scherbenhaufen zerfällt. Den wiederum weiß es nicht als ein Formelement der Allegorie literaturwissenschaftlich zu deuten, das in der Aufhäufung von Fragmenten, die das Ganze des Weltübels bedeuten, Synekdochen, eine der wichtigsten rhetorischen Tropen allegorischer Kunst, also, und wegen ihrer unsinnlichen Ähnlichkeit durcheinander substituierbar sind, besteht. Die Variabilität der Orte, Zeiten und Personen gibt dem Stück den Charakter eines Spiegelmosaiks, dessen Scherben in immer neuen Variationen dem Leser das Bild *seiner* abgestorbenen Vor- und toten

Jetztzeit, das Bild des geistigen Tierreichs zurückspiegeln: sua res agitur. Häufung und Variabilität suggerieren unwiderlegbare Evidenz, es gibt keinen Rückzug mehr vor der Barbarei: Sie ist international. Die Ringstraße, Wien, Österreich-Ungarn stehen für eine bestialische Welt.

Die Unausweichlichkeit der sich verselbständigt entfaltenden und allegorisch in immer neuer Verwandlung sich offenbarenden Barbarei war es wohl, weshalb Kraus von Melancholie überwältigt den ersten veröffentlichten Teil seines Werkes den Monolog des Nörglers vor der Pestsäule, die Schlußszene des dritten Aktes, als Teil eines Stückes publizierte, dem er den Titel "Die letzten Tage der Menschheit. Ein Angsttraum" zu geben gedachte. Er gab mit diesem Titel der fatalistisch--kontemplativen, in Hoffnungslosigkeit und Verzweiflung vor dem selbsttätig und unbeeinflußbar sich abspielenden Trauerspiel kapitalistischer Untaten umgeschlagenen Haltung des voluntaristisch-fatalistischen Kritikers der Vorkriegszeit seinen subjektiv prägnanten Ausdruck: fatalistische Hoffnungslosigkeit, die der Nörgler, die Personifikation Kraus' in dem Trauerspiel, der unmenschlichen Welt des sich kriegerisch äußernden Kapitals gegenüber empfindet: "...sie verläuft... wie mein Angsttraum, und wenn ich sterbe, ist alles vorbei." (12) Nicht Traum, sondern Wirklichkeit ist die Welt des Kapitals, die der letzte Mensch zu Protokoll nimmt, und mit dessen Tod sie nicht mehr am Kunstideal gemessen werden kann, mit dem die Menschheit also untergeht, die in Erfüllung gegangene älteste Angst des Zivilisierten: vor der Auflösung der Menschheit in identitätslose Natur.

Die Aktaufteilung

Um die Mannigfaltigkeit der es bedrängenden Phänomene überhaupt ordnen zu können, ist das kontemplative Individuum gezwungen, teilweise für die dargestellten Phänomene relativ äußerliche Kriterien zu Hilfe zu nehmen. So erfolgt eine erste grobe Zuordnung der Szenen zum Vorspiel und zu den einzelnen Akten, eine erste grobe Gliederung des Stückes in Vorspiel und Akte, nach relativ auffallenden und bekannten historischen Daten. Das Vorspiel ist, wir können hier der Untersuchung Stempfers folgen, "esentiellement consacré à l'attentat de Sarajevo, du 28 Juin 1914 et à ses conséquences immédiates." (13) "A l'acte un, les premiers combats sur le front serbe et en Russie servent d'arrière plan." (14) Der zweite Akt setzt ein mit dem Eintritt Italiens in den Krieg und behandelt Ereignisse bis zum Kriegseintritt Rumäniens (Mai 1915 - August 1916). Im dritten Akt "le Roumanie aura rejoint le camp des alliés et nous serons en août 1916." (15) Er "s'étend de la date de déclaration de guerre de la Roumanie aux puissances centrales, donc du 27 août 1916, à la publication de note américaine de Wilson, le février 1917." (16) Mit dem Eintritt der Vereinigten Staaten in den Krieg auf Seiten der Ententemächte am 6. April 1917 ist der Krieg für die Mittelmächte faktisch verloren; von diesem Ereignis ausgehend umfaßt der vierte Akt im wesentlichen Ereignisse des Jahres 1917 und die des Jahres 1918 bis etwa August. Der fünfte Akt umfaßt etwa die drei letzten Monate des Krieges und endet somit mit der Zerschlagung der Mittelmächte, im vermeintlichen Chaos der Auflösung Österreich-Ungarns vor dem Waffenstillstand vom 3. November 1918. Der Epilog ist formal vom übrigen Drama abgesetzt; ganz in Versen geschrieben endet er mit der völligen Vernichtung der Menschheit durch außerirdische Wesen.

Die Einteilung, die dem Wesen des imperialistischen Krieges so äußerlich ist wie Kraus' Stück, könnte den Eindruck entstehen lassen, als handele es sich bei dem Krausschen Drama um ein historisierendes Anti-Kriegs-Stück, um wie Stempfer schreibt, "une vaste fresque historique", "l'histoire de la décadence de l'humanité durant les années de la Grande-Guerre"; eine Ansicht, die ihn weiter schreiben läßt, daß um eines guten Verständnisses zahlreicher historischer Anspielungen "une connaissance de l'arrière-plan historique indispensable" sei, dies umso mehr, da Kraus' Reaktionen auf den Krieg aus der Sicht eines Österreichers geschrieben sei. Zwar sei, wie Stempfer einschränkend schreibt, "l'histoire...pour lui" (Kraus) nur "un prétexte, non un but", da Kraus "aboutit à un découpage des faits, qui lui est personnel et qu'il convient de reprendre dans cette étude", was Stempfer nicht hindert, einen

13seitigen Abriß eines durch Karten illustrierten Verlaufs des Krieges und der politischen Ereignisse zu liefern, so ein ziemliches Mißverständnis der Krausschen Intention, dem der Krieg nur quantitative Vermehrung der tödlichen Übel bedeutete, die er in der Vorkriegszeit schon satirisch und polemisch protokolliert hatte, und deren Fortsetzung er in der Nachkriegszeit nicht aufhörte zu protokollieren. (17) Demzufolge ist der These Melzers zuzustimmen, daß das Krausssche "Drama ...nicht als ein Antikriegsdrama, sondern als Drama gegen die Antikultur verstanden werden" will. "Das Dargestellte soll auch typisch für die vor und nach dem Waffengang liegende Zeit sein." (18) Die kultur- und gesellschaftskritische Intention aber macht weniger die Kriegschronik, als vielmehr die innere ideologische Struktur der Kritik, die Kenntnis der die Kritik strukturierenden und motivierenden Ideologeme wichtig, da diese entscheidend das Dargestellte strukturieren, ihre Kenntnis somit das Dargestellte erst deutbar macht. Die aber den Krieg übersteigende Struktur, die entscheidend die Krausssche Kritik prägt, ist fürs bürgerliche Denken der epochale Widerspruch des Kapitals zwischen den Postulaten der praktischen Vernunft und erzwungenem, apathisch egoistischem Handeln, einem ums Ganze verantwortungslosen Handeln, mehr noch der zwischen dem ästhetischen Versöhnungsideal und der von Widersprüchen zerrissenen, unversöhnten kapitalistischen Wirklichkeit, die sich dem ästhetisch motivierten Blick als geistiges Tierreich und, wenn man der Geschichtsphilosophie Horkheimer/Adornos folgt, derzufolge die chaotische und amorphe Natur dem sich der Natur entringenden Individuum die eigentliche, die Urhölle ist, spätere Höllenbilder nur deren Schrecken aufbewahrende Derivate, als die unversöhnte Hölle, die die kapitalistische Wirklichkeit unter einer scheinharmonischen Oberfläche ist. (19) Der Krieg erleichtert nur die Demaskerade des Kapitals.

So zwar ist die These Stempfers der Wichtigkeit unmittelbarer zeitlicher Ereignisse falsch, dies umso mehr als sich Kraus in der Szenenfolge nicht immer an die zeitliche Einordnung der Szenen hielt - so etwa versetzte Kraus die 19. Szene des fünften Aktes der ersten Auflage seines Dramas entgegen der Chronologie als 7. in den vierten - gleichwohl ist der These Melzers, daß der konkrete Zeitbezug für das Drama unerheblich sei, insofern zu widersprechen, als mit seiner völligen Elimination der Verweisungscharakter der Satire aufgehoben wäre, was schlechterdings den Gesetzen dieser literarischen Gattung widerspräche.

Der Zeitbezug Kraus' ist aber über den konkret österreichisch-ungarischen hinaus ein die ganze Epoche des Kapitals, ein die Weltgeschichte umspannender; wird doch erst vor der Bibel, vor den Schriften Shakespeares und Goethes, Schopenhauers, Bismarcks u.a.m. ihm der ganze Verfall seiner Zeit sichtbar, ihr Verfall erst darstellbar wie ihre Charakterisierung als Endzeit erst möglich.

Vor diesem Vergleich zwischen einer verklärten Klassik und einer perhorreszierten gegenwärtigen Verfalls-, ja Todeszeit wird der relative Verzicht auf konkrete Zeit- und Ortsumstände, Personen verständlich: Sie sind ersetzbares Beweismaterial, lebende Zeugen des Verfalls, Rekonkretisierung und Personifikation des der Versöhnung kontrastierenden Unheils, nicht mehr. Darüber hinaus aber markiert der Verzicht einer unversetzbaren Einbettung der Szenen in einen festen Punkt des Geschichtsstroms im Krausschen Drama die in Wesen und Erscheinung des Kapitals zum Ausdruck kommende scheinbare Geschichtslosigkeit dieser Epoche der Menschheit, eine die Qualitäten übersteigende unhistorische Entqualifizierung, das Paradoxon eines Zeitverlaufs, der stagniert, stillsteht. Zeit und chronologische Geschichte spielen sich an, nicht in der relativ stagnierenden Gesellschaft des sich nur reproduzierenden Kapitals ab, berühren sie nur peripher; Geschichte wird verräumlicht: Dies vor allen bedeutet die oben angesprochene Versetzung von Szenen im Drama, denn nur im logischen Raum läßt sich entqualifiziert das zeitlich Einmalige willkürlich versetzen und verschieben; Qualität stiftende Zeit gibt es in der im Krausschen Drama kritisierten Welt nicht mehr. Logische Verräumlichung spricht in der Form über das Dargestellte das vernichtende Urteil der identitätslosen Quantifizierbarkeit, die eine Folge der Verräumlichung ist. (20) Indem Kraus das zeitliche Kontinuum der Ereignisse wie die geschlossene

Sprachkette der Zeitungstexte sprengt, die im Zusammenprall mit dem Kunstideal zur Bedeutung des Wertverfalls allegorisch aufgeladenen Ereignisse und Textstellen mosaikartig zusammenmontiert, folgt er den Möglichkeiten, die ihm das in seinen Oberflächenformen gegeneinander verselbständigte und nur durch die sinnlich-unsinnliche Warenform der Arbeitsprodukte gesellschaftlich vermittelte Kapital logisch bietet; reproduziert er literarisch den Warenfetischismus, den Schein, als hätten die von ihm aus der Totalität herausgeschlagenen Bruchstücke der Totalität von sich aus die ihnen vom Allegoriker im Verweis aufs zertrümmerte Kunstideal verliehene Bedeutung, durch die sie metaphorisch einander substituieren können; und in dieser Substituierbarkeit eine Welt charakterisieren wie sinnfällig darstellen, in der es aufs Einzelne und auf den Einzelnen außer in der mechanisch reproduzierten Phrase, es käme nur darauf an, nicht mehr ankommt.

Weiter aber versinnbildlicht die formale Verräumlichung des Dramas das Ende der Zeit, den absoluten Tod, das absolute Ende, vollkommene Petrifizierung. Was da im Drama automatenhaft und bewußtlos seine Phrasen in grauenhafter Wiederholung repetiert, hat sein Ende nur noch nicht begriffen und kann es, geistlos geworden, auch nicht mehr begreifen. Zeit wird nicht in die Zeitlosigkeit ewiger, paradiesischer Seligkeit aufgehoben, ist also nicht Erlösung aus dem trostlosen Verlauf der Geschichte, sondern zeitloses Gebanntsein in der Hölle des Raumes.

Variation und Repetition der Szenen und ihres Inhalts

Quer durch die Tragödie gliedern, strukturieren und vereinheitlichen einzelne Szenen, Szenenanfänge und -teile die ungeheure, amorphe Stoffmasse poetisch und formal durch Repetition und Variation , indem sie durch die Akte, das Vorspiel und den Epilog hindurch Beziehungen stiften und so das Ganze zu einem teppichhaft verknüpften Ganzen, einem Funktions- und Sinnzusammenhang machen. "Malgré la diversité des procédés employés", schreibt hierzu Stempfer, "le lecteur des 'Derniers jours de l'humanité' n'a jamais l'impression de se perdre dans cette oeuvre immense. Un fil d'Ariane le conduit de la première scène jusqu'á la fin de la pièce; c'est le leitmotiv, consistant en une répétition à intervalles plus ou moins réguliers de phrases exactement sembables ou ne présentant que d'infimes variantes." (21) Richtig ergänzt Mautner die Aussage Stempfers, indem er betont: "Die wiederkehrenden Phrasen, Motive, Episoden sind nur e i n Mittel, die durch keine Handlung verknüpften und keiner strikten Zeitfolge unterworfenen Szenen zusammenzuhalten und aufeinander zu beziehen."(22) Mary Snell erblickt hierin, neben anderem, den wesentlich ästhetischen Wert des Stückes: "In any case the basic construction of the work lies in the re-echoing of the cycle represented by each act; this does not mean exact repetition, ... but regeneration similar to the a n n u a l c y c l e o f N a t u r e ...." (23) So beginnen Vorspiel und die fünf Akte jeweils mit Massenszenen, die in ihrer amorphen, mit "Unpersonen" bevölkerten Erscheinung an sich schon auf relative Ununterscheidbarkeit, Ersetzbarkeit des Einzelnen, Quantifizierung hinweisen; innerhalb derer selbst wiederum relative Invarianten, Wiederholungen des Immergleichen, dieses noch unterstreichen; so die Rufe der "Zeitungsausrufer" und die mechanisch repetierten Dialoge von vier von den Zeitumständen völlig unberührten Offizieren.

"Ein Vierter (tritt lachend hinzu): Grüß dich Nowotny, grüß dich Pokorny, grüß dich Powolny, also du - du bist ja politisch gebildet, also was sagst?
Der Zweite: Weißt, diese Bagasch hat Umtriebe gemacht ganz einfach.
Der Dritte: Weißt - also natürlich.
Der Vierte: Ganz meine Ansicht - gestern hab ich mulattiert -! habts Bild vom Schönpflug gesehen, Klassikaner!" (24)

Vorspiel: "Extraausgabee -! Ermordung des Thronfolgers! Da Täta vahaftet!" (25)
1. Akt: "Extraausgabee -! Beidee Berichtee! (...) Kroßer Sick bei Schaabaaz!" (26)
2. Akt: "Extraausgabee -! Kroza Sick der Deitschen in Galizieen!" (27)
3. Akt: "Extraausgabee -! Venedig bombardiert! Schwere Niederlage der Italiena! (...) 100.000 Italiena bittee -!" (28)
4. Akt: "Extraausgabee -! Varnichtete Niedalage der Italiena!" (29)
5. Akt: "Der Aabend, Aachtuhrblaad! (...) Friedensversuche der Eenteentee!" (30)

Nahezu exakte Gleichheit besteht, wie auch Mary Snell erkannt hat, zwischen Teilen der zehnten Szene des Vorspiels und der 52. Szene des fünften Aktes. Allein die Lokalitäten haben sich geringfügig verändert; einmal findet die Szene am Südbahnhof, das andere Mal am Nordbahnhof statt, einmal wird die äußerliche, scheinbare, zum Anlaß genommene Ursache des Krieges, der mit seiner Gemahlin einem Attentat zum Opfer gefallene Erzherzog Franz Ferdinand, das andere Mal werden die Opfer, Folgen des Krieges, Austauschinvalide, von einem Gefolge von "Marionetten", gleichsam hirnlose, anorganische Wesen, die von außen mechanisch gesteuert, entwicklungslos sich repetieren, Sinnbilder des Todes und der Erstarrung, Allegorien des Todes, die einem zeit- und geschichtslosen Wiederholungszwang unterliegen, empfangen; mit der Bezeichnung "Marionetten" bezeichnet Kraus präzis die kontemplative, von den Zeitereignissen unberührt bleibende, verdinglichte, gleichgültige Haltung dieser Menschen, erfaßt er präzis die dem Schicksal ihrer Mitmenschen gleichgültig gegenüberstehende Haltung der kapitalistischen Charaktermasken und ihrer Agenten. (31) Vom Produktionsprozeß getrennt nehmen sie nur noch reaktiv, passiv am Weltgeschehen teil; Repräsentanten einer untergehenden Welt, die vor ihrem Untergang schon gestorben sind und mechanisch ein Scheinleben unterhalten. Ihre "Gespräche sind die von Schatten". (32) "Zwei Funktionäre" treten zu einer Gruppe von Journalisten "heran und stellen sich gegenseitig... vor"; den Jargon der Journalisten vorwegnehmend sind sie die Inkarnation des Jargons, fleischgewordene Ornamente, Eindrükke, Stimmungen und Details, hinter denen die eigentliche Begebenheit und die Nachricht von ihr verschwindet, und die sich, wie oben gezeigt, an die Stelle der Vorstellung setzen. (33)

"Zawadil: Spielvogel.
Spielvogel: Zawadil.
Beide (zugleich sprechend): Ein trüber Morgen. Schon um 6 Uhr waren wir zur Stelle, um die Anordnungen zu treffen.
Angelo Eisner v.Eisenhof (tritt hinzu und spricht angelegentlich mit einem der zehn (Journalisten, die mit ihrem Auftreten buchstäblich die Sarkophage des Thronfolgerpaares und die Bahren der Austauschinvaliden unsichtbar werden lassen - E.S.(34)), die zu schreiben beginnen. Er deutet auf verschiedene Gestalten, die alle die Hälse recken und den Versuch machen aus dem Spalier zu treten. Er beruhigt durch Winken jeden einzelnen, indem er, gleichzeitig auf die zehn Männer weisend, die Pantomime des Schreibens macht, so als ob

er ihm bedeuten wollte, daß bereits von ihm N o t i z (gesp. v. E.S.) genommen sei. (...)" (35)

In beiden Szenen bemerken der Hofrat Schwarz-Gelber und dessen Gemahlin, nachdem es ihnen "gelungen" ist, "in unmittelbaren Kontakt mit den Schreibenden zu kommen und einem von diesen auf die Schulter zu tippen":

"Wir haben es uns nicht nehmen lassen wollen, persönlich zu erscheinen." (36)

Und beide Male gibt, wenn jeweils"eine Dame in tiefster Trauer" eintritt, die Hofrätin Schwarz-Gelber "wie vom Blitz getroffen...ihrem Gatten einen Stoß und spricht":

"Was hab ich dir gesagt! Die is überall, wo sie nicht hineingehört. Ob man nicht einmal unter sich sein könnte!" (37)

Diese Menschen sind nur noch Material, verdinglichte, eigentlich unlebendige Teile eines Arrangements, dem sie sich selbst zuordnen, Staffage eines Artikels, fleischgewordene Artikelfragmente, die, um von "zehn Herren in Gehröcken" als Material der Kulturindustrie im Verwertungsprozeß des Preß-Kapitals in einer "Notiz" Verwendung zu finden, "die Hälse recken und den Versuch machen, aus dem Spalier zu treten"; sie sind so Variationen jener unsäglichen Physiognomien, wie sie Kraus in der Eingangsphotographie zu seinem Drama vorführt, in der ebenfalls österreichisch-ungarische Offiziere und Zivilpersonen in ein Bild sich drängen, das den hingerichteten Trientiner Politiker Cesare Battisti und seine grinsenden Henker zeigt - ein Photo, wie es heute in ähnlicher Art nicht selten in unseren illustrierten Blättern zu finden ist, das bei Kraus noch einen Schock auszulösen imstande war, während die Masse der heutigen, die ähnliche Ungeheuerlichkeiten zeigen, nur zum wohligen Kitzel der meisten Betrachter taugen, was die heutige ungeheure Verrohung offenlegt; die Kraus noch schockende Barbarei ist heute zur öden, barbarischen Gewohnheit geworden. (38)

Einseitig ist die Interpretation, mit der Hans Heinz Hahnl das Wesen dieser Personen zu bestimmen sucht, wenn er schreibt: "Sie (die kollektiv unmenschlichen Figuren des Krausschen Dramas - E.S.) handeln nicht, sie werden gehandelt. Sie sind niemals Subjekt, sondern immer Objekt. Sie sind entpersönlicht." (39) Diese Interpretation verwickelt sich selbst in

Widersprüche, wenn Hahnl weiter schreibt: "Sie wirken entmenschlicht, weil sie sich selbst entmenschlicht haben." (40) Das Letzte bleibt eine unbewiesene Behauptung und steht in einem ungelösten Widerspruch.

Hahnl begreift mit Kraus die Entmenschlichung der Marionetten als ein moralisches Problem, er begreift dieses Problem nicht als die Erscheinungsform von gesellschaftlichen Verhältnissen, eines gesetzmäßig und funktional in sich geschlossenen sozio-historischen Systems, einer sozio-historischen Totalität aus quasi naturgesetzmäßig durcheinander bedingten und vermittelten Momenten und Erscheinungsweisen: des Kapitals, als dessen Personifikationen (mit Willen und Bewußtsein begabte Teile des Kapitals, eines automatischen Subjekts), als dessen - (infolge seiner notwendig undurchschauten Gesetzmäßigkeiten, infolge deshalb naturwüchsiger gesamtgesellschaftlicher Arbeitsteilung, infolge deshalb auch einer unbarmherzigen Konkurrenz der dem System Unterworfenen um einen größtmöglichen Anteil am abstrakten gesellschaftlichen Reichtum) - bewußtlose Glieder und Funktionsträger die gesellschaftlichen Individuen bei Strafe des Untergangs gerade das System dauernd zu reproduzieren gezwungen sind, von dem die verdinglichten marionettenhaft abhängig sind: Sie handeln, indem sie es bewußtlos tun und von der Kulturindustrie noch bewußtloser gemacht werden, als sie durch das dinglich erscheinende gesellschaftliche Verhältnis eh schon sind, werden sie gehandelt; sie schaffen bewußtlos die Bedingungen, innerhalb derer sie verdinglicht werden; sie entmenschlichen sich so, um den Begriff Hahnls zu übernehmen, aber ohne Bewußtsein, sie sind Marionetten selbstgeschaffener Verhältnisse. Sie sind dabei durchaus nicht, wie Hahnl meint, entpersönlicht, im Gegenteil ist gerade der Begriff der Person direkter Ausdruck dieser Verhältnisse; "die Person ist...das Abstrakte, ...das nicht Besonderte", das unterschiedlos Gleiche, sie ist gleichermaßen "das Höchste des Menschen" wie "etwas Verächtliches", sie ist das abstrakt vereinzelte und abstrakt gleiche kapitalistische Individuum, das Willen, aber kein seiner sozio-historischen Lage entsprechendes Bewußtsein über die ihn bestimmende sozio-historische Totalität hat und so sich im bewußtlosen Verfolgen seines aparten, scheinbar freien Willens willentlich wie gleichzeitig wider seinen Willen zur Marionette macht; von diesem komplizierten Prozeß sehen Kraus und die meisten seiner Interpreten nur das Produkt, das sie beklagen und anklagen, sie begreifen nicht, wie es dazu hat kommen können; wie die Individuen Verhältnisse schufen, die sie verdinglichen, Verhältnisse, in denen einige aus dieser Entmenschlichung sogar persönliche Vorteile ziehen, so daß sie sich in ihr wohl fühlen, weil sie "die Entfremdung als i h r e e i g n e M a c h t " wissen und in ihr "den S c h e i n einer menschlichen Existenz" besitzen. (41) Diesen Menschen ist die Presse, "le journalisme", wie Stempfer schreibt, "objet de culte". (42)

Das entfremdete und mit eigenem Leben begabte Kultobjekt kümmert sich nicht weiter weder um seine Verehrer, die es zum Material seines Zwecks herabsetzt, noch um die Opfer. Sie und das "Was" ihrer Existenz und ihres Gewordenseins werden nebensächlich im "Wie", das sozio-historische Momente auf bloße Gegebenheiten reduziert und nur noch an der Form ihres Ablaufs Interesse zeigt. Durch diesen Abstraktionsvorgang werden die Menschen als Teile eines Arrangements völlig entwirklicht, werden sie zu dem, als was Kraus sie bezeichnet: Schemen,die austauschbar für anderes sind. Wie die Welt und die zu ihr gehörigen Menschen zu Rohprodukten werden, zum Material, zum Mittel für fremde Zwecke, so ähneln sich die Journalisten der ins Groteske verzerrten Haltung positivistischer Wissenschaftler an. Tritt an die Stelle der Frage nach dem "Was", nach dem Wesen einer Tatsache, die nach dem "Wie", so gewinnt einerseits die Sache ein unbefragtes Eigenleben, gerinnt sie zur unbefragten Natur, deren "An-Sich" laut Kant ja nicht erkannt werden kann, wie komplementär zu dieser Weltansicht der nur das "Wie" einer Sache beschreibende Positivist eine gegenüber dem "Was" unverantwortliche Haltung einnimmt.

Unter diesem unverantwortlichen Blick, der Produkt der Entfaltung des Kapitals selbst ist, eines seiner Momente, werden die Menschen noch einmal, was sie durch die ungeplante, quasi naturwüchsige Entfaltung des Kapitals sowieso schon sind: gleichgültige Tatsachen, deren Verhalten es scheinbar

angemessen zu protokollieren gilt, ohne sich je um das, was geschieht, wenn man von der technischen Manipulation abstrahiert, auch nur die geringsten Gedanken machen zu müssen. Die um Gründe und Folgen unverantwortliche Beobachtung und Beschreibung abstrakter Unmittelbarkeit von Material tritt an die Stelle der Frage nach seinem Sinn, über den allein ein von Verantwortung getragenes Urteil gefällt werden könnte, während die alleinige Beobachtung und Beschreibung des "Wie" mit dem wertenden Urteil die Verantwortung kassiert. Es ist jene Haltung, die in einer um Gründe und Folgen, um das Netz der Vermittlungen reflexionslosen Haltung faschistischer Bürokraten des Todes, wie etwa Eichmann einer war, kulminierte, denn der verantwortungslosen Haltung komplementär ist die verantwortungslose Handlung, die eine produziert und bedingt die andere. Ganz im Sinne dieser Verantwortungslosigkeit und objektivistischen Wertfreiheit tönt in die Stille der betenden und trauernden Hinterbliebenen, Verwandten und Freunde herrisch die Stimme des zum geistigen Ausdruck der herrschenden Geistesrichtung gewordenen Redakteurs:
"S c h r e i b e n S i e , w i e s i e b e t e n ! " (43)
"Schreiben Sie, wie sie lauschen!" (44)

Die abstrakte Bedeutungsgleichheit der Szenen

Ein Mittel der Pointierung des von Kraus konstatierten Wertzerfalls und des Hinweises auf die relative Allgemeinheit auch dieses Spezialfalles erreicht Kraus durch die unmittelbare Aufeinanderfolge von Szenen gleichen Inhalts, wie sie die Predigten protestantischer Pfarrer, des Superintendenten Falke, des Konsistorialrats Rabe und des Pastors Geier wie die barbarische Umfunktionierung unbrauchbaren Kriegsmaterials in Gegenstände religiöser Verehrung in einer Wallfahrtskirche bilden. (45) Die Pointierung wird verstärkt durch die unmittelbar folgende Kontrastierung dieser Barbarei, dieses Abfalls vom christlichen Glauben, mit der nach Kraus echten Religiosität eines muslimischen Imans, dessen Gotteshaus durch Zuchtlosigkeit Berliner Handelsangestellter entweiht wird.

Der Hinweis Mary Snells auf die wenngleich organisch mißverstandende und daher als gesellschaftliche wesentlich unbegriffene Naturzirkelhaftigkeit des Stückes, der Stempfers auf die musikalische Technik des Leitmotivs sind als ein erster Schritt der Formanalyse sicher richtig, sind aber in zwiefacher Hinsicht nicht weit genug getrieben; einmal unterlassen es die genannten Interpreten, darauf zu reflektieren, was die von ihnen genannten Formelemente bedeuten könnten, wie sie zu interpretieren sind. Naturzirkelhaftigkeit und Leitmotiv, die paradigmatische Folge von Ähnlichkeits- und Kontrastbeziehungen, die in schlechte Unendlichkeit münden, heben Geschichte auf, verwandeln die Zeit in einen Raum, unterliegen somit der von Lukács beschriebenen Tendenz des bürgerlichen kontemplativ-verdinglichten Denkens, das konstitutiv auch für die melancholische Weltauffassung ist, räumliches an die Stelle eines zeitlichen Denkens zu setzen. Von hier beschwört Kraus in der Naturzirkelhaftigkeit die moderne Gesellschaft als eine archaische, vorgeschichtliche, hebt er das Mythische der Moderne hervor, begreift er allegorisch die Moderne als einen Zusammenfall von Natur und Geschichte, der wie oben angedeutet, das spezifische Moment des allegorischen Schauplatzes ausmacht: Dieser allegorische Schauplatz ist wie die Welt des Kapitals selbst, so die "objektlose Innerlichkeit", die im Kunstwerk Welt reflektorisch gestaltet und den reklamehaft sich repetierenden Leitmotiven Bedeutungen ablockt, die sie zu Allegorien prägen. (46) Alle Wiederholungen "ordnen sich", so schreibt Adorno zur Leitmotivtechnik, "gleichsam im Raum, einem ungeschichtlich-chronometrischen System, und fallen aus dem zeitlichen Kontinuum heraus." (47) Sie sind, so zumindest sind alle Hinweise der Verwandlung von Zeit in Raum zu interpretieren, Ausdruck völliger Ohnmacht des Menschen vor der sich in Wiederholungen durchsetzenden Gesetzmäßigkeit gesellschaftlicher, scheinbar natürlicher Abläufe, wie die Klage darüber, daß vor der Übergewalt des kapitalistischen Systems die Individuen wieder in das dissoziierte Chaos eines fragmentarisierten Raumes, das "unwiderrufliche Schema aller mythischen Zeit", zurückfallen, in die zwanghafte Wiederholung des Immergleichen, aus der sich in archaischer Vorzeit, beispielhaft vorgestellt in der Reise des Odysseus, Adorno/Horkheimer zufolge historische Zeit "mühselig und w i d e r -

r u f l i c h" (gesp. v. E.S.) gelöst hatte. (48) Damit aber bekennt, von der Form der Tragödie deutlich gemacht, Satire die Übermacht einer verdinglicht reflektierten, entfremdeten Welt ein, muß sich ihr beugen; doch die formale Spiegelung mythischer Strukturen des Kapitals, die Adorno/Horkheimer bestimmen als "Kreislauf, Schicksal, Herrschaft der Welt", "sich wiederholende Natur", "blinde(r) Naturzusammenhang", "das leere Getriebe o h n e (gesp. v. E.S.) Selbstbestimmung...das Immergleiche...der absolute Raum...die Hölle", aber auch als "den Naturzusammenhang und seine Verblendung, die im subjektiven Zwang der logischen Regeln sich fortsetzt", steht ihnen, indem sie sie gestaltet, geistig reproduziert und ins Bewußtsein hebt, auch entgegen. (49)

Denn die ästhetische Wiedergabe hat den Sinn, den unheilvollen Progreß in Gedanken zu heben, ihn ästhetisch stillzustellen, damit Einsicht und Reflexion dazwischen kommen können, damit durch Aufhebung des Entfremdeten ins Denken Hoffnung vor einer sonst unausweichlichen Katastrophe gezogen werden könnte, die allein in der rücksichtslosen Offenlegung aller Zeichen eines drohenden Untergangs der Menschheit begründet liegt.

Die Aufnahme der Leitmotivtechnik und der Naturzirkelhaftigkeit, die im satirischen Kunstwerk allegorisch "Jetztzeit" als gegenwärtige naturhafte Vorwelt versinnbildlichen, ist also nicht einfach als deren Affirmation zu deuten, sondern als kritische Reflexion des Unheils im Kunstwerk, das wie der Mythos die der ersten die Übergewalt einer neuen zweiten Natur bannen soll durch das Eingeständnis von Ohnmacht und Schwäche, durch Einbekenntnis"des Geistes als mit sich entzweiter Natur"; der "aus dem Banne der Natur" herausträte, wenn "er als deren eigenes Erzittern vor ihr selbst sich bekennt", und erkennt, daß "der identitätssetzende Geist identisch ist mit dem Bann der blinden Natur"; nur so könnte er aus dem unheilvollen Zirkel von Macht und Ohnmacht, von Naturzwang und Naturbeherrschung heraustreten: Denn "vom Mythos befreit einzig, was ihm das Seine gibt", was "der unterdrückten Natur zur (versöhnenden - E.S.) Rückunft" zu verhelfen sucht, indem es der Verdinglichung kritisch, klagend und anklagend gegenübertritt. (50)

Die varianten-reiche Protokollierung des immer gleichen Grauens, von dem die oben angeführten Beispiele nur Momente sind, sind ein sich selbst kommentierender Bericht dessen, was sich unwissend die Menschen als Produkte eines laut Horkheimer/Adorno vom Ursprung an blinden Geschichtsverlaufs angetan haben und antun, nicht nur, daß sie verdinglicht aus Geschichte und Zeit herauszufallen drohen, zurückzufallen auf bloße, unversöhnte, barbarische und bestialische Natur, sondern mehr noch, daß sie unter der Übergewalt der entfremdeten Gesellschaft und ihrer Geschichte verdinglicht bis ins Anorganische oder Halborganische auf das Scheinleben von Marionetten regredieren, die sich in immer wiederholten Gesten oder in deren grauenhaften Variationen ein längst aus ihnen in die gesellschaftlichen Strukturen, deren Funktionselemente sie sind, abgeflossenes Leben vorspielen, das keines mehr ist. Im "Strudel kreisender Wiederholung", in der offenbarten "Sinnlosigkeit" des toten Lebens reflektiert Kraus schon in der Form die "Ontologie der Hölle", die sein Drama spiegelt. (51)

In der es satirisch verfremdenden Reflexion dessen, was im Alltagsleben durch Gewöhnung als natürlich unbefragt untergeht, sucht Kraus ein Entkommen aus dem vorgeschichtlichen Bann der Natur dadurch, daß er die im ewigen Kreislauf beruhende Kraft des Gegners in der sich selbst kommentierenden Wiederholung, die somit einen interpretierbaren Sinn gewinnt, in Geist aufgehoben wird, dem Kunstwerk einverleibt, um den Bann der Natur durch dessen Reflexion selbst zu bannen. Wiederholung ist hier nämlich nicht bloß affirmative Resignation vor einer scheinbar unaufhebbaren Naturzirkelhaftigkeit des Kapitals und seiner Erscheinungen, sondern der Versuch, die nicht mehr nötige ins Bewußtsein zu heben, damit sie abgeschafft werde, damit die blinde Notwendigkeit in sinnvolle aufgehoben werde, damit die in schlechte Unendlichkeit mündende und über das Drama hinausweisende Wiederholung des abstrakt immer gleichen Grauens, der immer gleichen Verdinglichung, Vertierung und Barbarisierung, damit die geschichtslose Wiederholung als Geste der Ohnmacht des Individuums vor jener maßlosen und toten Unendlichkeit nicht länger nötig sei.

Wie sie den Sinn der von ihnen angesprochenen Technik nicht zu deuten vermochten, so lassen sich die oben genannten Interpreten von der vordergründigen, Mannigfaltigkeit und Verschiedenheit vorstellenden, über ihr wahres Wesen die Interpreten täuschenden Inhaltlichkeit der verschiedenen Szenen bluffen, da sie, wie es Marx von den ökonomischen Klassikern Smith und Ricardo behauptete, die Formanalyse, die vorerst notwendige Abstraktion vom Inhalt, die gleichwohl nicht inhaltslos ist, nicht weit genug treiben. Die Kraussche Methode beruht eben nicht nur auf allegorischer "Nachahmung, Gegensatz, Überhöhung und Anordnung", nicht nur darauf, "die wiederkehrenden Phrasen, Motive, Episoden" als ein Mittel zu benutzen, "die durch keine Handlung verknüpften und keiner strikten Zeitfolge unterworfenen Szenen zusammenzuhalten und aufeinander zu beziehen," sie geht viel weiter und macht sie vielmehr abstrakt a l l e einander gleich, hebt unter dem abstrakten Zwang der Gegensätze von Moral und gesellschaftlicher Oberfläche die Inhalte der montagehaft aufeinander bezogenen, fragmentarisierten Szenen in die eine Bedeutung wechselseitiger Unmenschlichkeit, des Unheils, der Katastrophe, des allgegenwärtigen Todes auf. (52) Die Gestaltung ist, ohne daß Kraus es selber ahnte, Denkgesetzen unterworfen, die das Denken aller unterm Kapital lebenden Menschen, da als natürlich angesehen, nahezu diktatorisch bestimmen.

Joachim Stephan ahnte etwas von dieser Problematik, wenngleich er sie nicht auf ihre Gründe zurückzuführen vermochte, wenn er schreibt: "Der äußeren Vielheit dieses Werkes, der Fülle von kleinen und kleinsten Glossen und disparaten Anlässen, in die es zu z e r f a l l e n (gesp. v. E.S.) scheint entspricht <u>eine zentrale Einheit, ein einziges Problem</u> (Herv. v. E.S.), das hier alles bewegt und alles auslöst und das in vielerlei Formulierungen erscheint: der Naturverrat (daß es keiner ist, habe ich oben gezeigt - E.S.) der Menschheit, der Weltuntergang, der Untergang des Geistes (die für Kraus eine Einheit bilden - E.S.), die Unverantwortlichkeit, die Phrase. Es ist in der Tat so allgemein, daß es alle Gelegenheiten umfaßt, und die 'kleinen Themen', ...nichts sind als die Kehrseite dieses einzigen Generalthemas." (53) Von dieser These ausgehend und von der, daß die Thematik von "Die letzten Tage der Menschheit" über sich hinausweist und in Nachkriegsartikeln der "Fackel" ihre Fortsetzung findet, bezeichnet Melzer die "Letzten Tage der Menschheit" als "eine dramatisierte 'Fackel'". (54) René Stempfer begreift die von Stephan angesprochene Thematik als die allgemeine Dekadenz während des Krieges, ohne dabei zu beachten, daß diese nur die im Krieg quantitativ stärker zum Ausdruck kommende ist, die Kraus schon der Vorkriegszeit satirisch geißelte, Obergottsberger als das "Weltgericht". (55)

Hans Heinz Hahnl kommt in seiner Arbeit der Wahrheit am nächsten, als er einerseits, ohne wohl den Benjaminschen Allegoriebegriff gekannt zu haben, doch wesentliche seiner Momente in der Krausschen Dramatik betont, indem er das Kraussche Stück als "Marionettenpanorama" bestimmt, die allegorische Zerstückelung und Fragmenthaftigkeit im Begriff des "Mosaik" als "Anhäufung von Details" hervorhebt, so ohne es genauer auszuführen oder anzusprechen, die Dissoziation als bestimmendes Konstruktionsmerkmal ausspricht, und im Begriff des "Monsterbildes" das Stück als Allegorie der zur einheitlichen Bestialität und Verdinglichung regredierten kapitalistischen Gesellschaftsform erklärt, die es als Schrift zu deuten gilt.(56)

Geschichte enthüllt sich unter dieser Deutung des Dramas, die Hahnl aber nicht ausführt, innerdramatisch als Vorgeschichte, gegenwärtige Vorzeit, die von Larven und Lemuren, Scheinlebenden und Halblebenden - Allegorien der scheinlebenden Individuen des Kapitals - bevölkert ist, denen der letzte Rest an Subjektivität und Spontaneität ausgerieben ist, die nur als Charaktermasken gesellschaftlicher und ökonomischer Verhältnisse scheinselbsttätig fungieren, als eine maßlose Quantität, deren Ausbreitung und Wucherung innerhalb des Stückes dem Drama die spezifische Bildhaftigkeit und den spezifischen Ausdruck, die spezifische Physiognomie geben als einer schlecht unendlichen, parataktischen Bilderreihe von immer neuen, unmittelbar gefaßten Scheußlichkeiten. Ein subjektiv verinnerlichtes, satirisch protokolliertes, mit Bedeutung aufgeladenes und als fortwesende Naturgeschichte enthülltes Kapital ist der von Marionetten, Larven und Lemuren bevölkerte Schauplatz des Dramas. "Seine Fülle", schreibt Hahnl, "ist e i n e repetierende Variante"; womit er im Begriff der Wiederholung die Zeitlosigkeit, Raumhaftigkeit nebeneinandergesetzter Szenen anspricht, die bei aller Bedeutungsgleichheit doch auch als einzelne gedeutet werden wollen; Monaden, wie die einander entfremdeten und gleichgültigen Menschen des Stückes, Sinnbilder der Atomisierung und Vereinzelung des Kapitals. (57)

Die von Stephan und Hahnl angesprochene, aber von den Interpreten nicht begriffene Einheit unterliegt gesellschaftlichen Zwängen und Bedingungen: Diese, der Zwang zur Kontemplation gegenüber der Ethik, eine der Oberflächenformen des Kapitals, und der ihr entgegengesetzten anderen Oberflächenformen, die Austragung ihres Gegensatzes in der Kunst sind oben ausreichend behandelt worden und brauchen hier nicht wiederholt zu werden, wohl aber muß die sich in der Form-Inhalt-Dialektik niederschlagende Denkstruktur behandelt werden.

Die"geheime Identität von Warenform und Denkform" aus der Marxschen Warenanalyse und der einfachen Warenzirkulation entwickelt zu haben, ist das große Verdienst Sohn-Rethels; sie sei "konstitutiv in der ganzen bürgerlichen Weltstruktur versteckt." (58) Diese Form des Denkens beruht wesentlich auf zwei Abstraktionsschritten, im ersten wird das jeweilige Objekt aus seinem totalen und realen Vermittlungszusammenhang herausgerissen, abstrakt isoliert, im zweiten seiner qualitativen Besonderheit, entkleidet, abstrakt gleichgemacht, quantifiziert und somit auf abstrakter Ebene die Einheit von Welt und Gesellschaft quantitativ und formallogisch vermittelt und reflektiert. (59) Durch diese doppelte Abstraktion "werden Zeit und Raum...abstrakt. Sie verlieren...jedwede Spur einer bestimmten Örtlichkeit im Unterschied zu einer anderen, jede Unterschiedlichkeit eines Zeitpunkts gegenüber einem anderen. Sie werden zu unhistorischen, als historisch zeitlosen Bestimmungen von abstrakter Zeit überhaupt und abstraktem Raum überhaupt." (60) Auf der materiellen Form dieser Abstraktion beruht wesentlich die formale Möglichkeit des Warentauschs, wobei den Warenbesitzern die Substanz, die wirklich den Tausch ermöglicht, abstrakte, in gesellschaftlich notwendigen Zeitquanten gemessene, unter durchschnittlichen Bedingungen und mit durchschnittlichem Geschick und Intensität geleistete Arbeit, unbekannt ist; die geistige Form dieser Abstraktion ist die formale Logik. Diese bestimmt Sohn-Rethel als die "Logik des gesonderten (Herv. v. E.S.) Intellekts, ...in einer Form, der von ihrem bedingenden Hintergrund nichts mehr anzusehen ist. Der Geistesarbeiter leistet seine gesellschaftliche Gesamtarbeit in seiner persönlichen und individuellen (gesp. v. E.S.) Denktätigkeit. Die logische Einheitlichkeit und Vollständigkeit, die sein Denken vermöge der gesellschaftlichen Genesis (Herv. v. E.S.) besitzt, manifestiert sich für ihn in seiner persönlichen Denkautonomie. Sie manifestiert sich also in Gestalt des genauen Gegenteils von dem, was sie ist. (...) Das Resultat ist die totale Selbstentfremdung, die Selbstverzauberung der intellektuellen Person. Sie findet ihren physischen raumzeitlichen Leib von einem zeitlosen Denkvermögen bewohnt, das sich mit nichts Körperlichem verträgt." (61) "In dieser Abgetrenntheit von seiner Genesis findet der bloße Intellekt sich in seiner philosophischen Reflexion in die unversöhnlichen Dichotomien...zwischen der Idealität des Denkens und der Realität der Gegenstände, worauf es sich bezieht, zwischen der Freiheit des Denkens und der Notwendigkeit des Gedachten, zwischen dem normativen Wesen der Begriffe und der faktischen Natur des Begriffenen, zwischen dem Individualcharakter des Denkaktes und der Universalität der Denkform (verstrickt). Was immer dieses zeitlose Denken anrührt, wird von dem Mehltau solcher Dichotomien befallen." (62)

Die allegorische Form der Szenen und ihre Bedeutung

Die genannte bürgerliche Denkform schlägt mit Gewalt im Krausschen Stück durch: 1. im Zerfall der Tragödie in abstrakte, oberflächlich unvermittelte Einzelszenen, von denen jede für sich in ihrer Einzigartikeit Beachtung wünscht, in ihrer Einzigartigkeit auf die in eine abstrakte Identität der Szenen nicht aufgehende Einzigartigkeit des individuellen Leids und der individuellen Barbarei verweist (1. Abstraktionsschritt); 2. in der Umfunktionierung dieser abstrakt isolierten Szenen zu Bedeutungsträgern von Werten und Unwerten der übersinnlichen Welt der bürgerlichen Moral und Kunst, in ihrer Entqualifizierung,Quantifizierung, Enthistorisierung; Momente eines materiellen Weltzusammenhangs werden zu abstrakten Bedeutungsträgern, Momenten eines übersinnlichen, überhistorischen Wertzusammenhangs; sie werden so zu lesbaren und deutbaren Dingbildern, zu Allegorien (2. Abstraktionsschritt). Bild und Zeichen, die im Prozeß der Zivilisation auseinandertraten, fallen in diesem spezifizierten Abstraktionsprozeß wieder zusammen; das unterscheidet wesentlich die künstlerische Form der bürgerlichen Abstraktion von der positivistischen.

Weiter aber dadurch, daß sie nicht wie der Positivismus sich wertfrei der Gegebenheit des Kapitals und seiner Momente widmet, sondern dadurch, daß sie gewaltsam die blendende geistige Physiognomie des Kapitals zerschlägt, deren Bruchstücke "isoliert und zugleich analysierbar" macht, was "vordem unbemerkt im breiten Strom des Wahrgenommenen" mitschwamm (63), um in der Versenkung ins Detail dem Ganzen das Geständnis seiner grauenhaften Unvollendung, seiner fürchterlichen Regression, die gerade in einem blinden Fortschritt begründet liegt, das Geständnis einer höllischen Unversöhntheit von Mensch und Natur zu entlocken.

"Erkenntnis" werdend schlägt sie um in die "Denunziation des Wahns", dessen Gewalt gegenüber alle nur reine Erkenntnis mit Ohnmacht geschlagen ist. (64) Ohnmacht, wie sie sich in Kraus' Drama niederschlägt, vor der quasi schlecht unendlichen Parataxis nebeneinander gestellter sinnbildhafter Szenen, die zu denken sind als solche, daß sie selbst nur ein Bruchteil von denen sind, wie sie sich bis in unsere Tage hinein in grauenhafter Repetition aus der Wirklichkeit der Welt schlagen lassen, die Flucht nebeneinandergestellter, fragmentarischer, in unendlichen Variationen immer das Gleiche bedeutender Bilder ad infinitum, Reflex der schlechten Unendlichkeit und Maßlosikeit des Kapitals.

Ist laut Benjamin "die ewige Wiederkunft...ein Versuch, die beiden antinomischen Prinzipien des Glücks miteinander zu verbinden: nämlich das der Ewigkeit und das des: noch einmal", so wird sie hier zur starrenden Faszination des Engels der Geschichte dem sich stets in neuen Variationen erneuernden Grauen gegenüber, als das sich in immer neuen Erscheinungen die schlechte Unendlichkeit der kapitalistischen Welt entlarvt. (65) Wie die Dichtung Baudelaires bringt die Krausssche Satire "das Neue im Immerwiedergleichen und das Immerwiedergleiche am Neuen in Erscheinung". (66) Fortschritt wird zum Exekutor des Mythos. Die Identität von Identität und Nichtidentität der Krausschen Szenen bietet ein Vexierbild des Glückversprechens der in ihrer sinnlichen Verschiedenheit unsinnlich immer gleichen Waren; deren negativer Reflex, Reflex der Warenwelt, kehrt die Allegorie die blutige Innenseite, das farb- und scheinlose Unwesen dieser Formel ans Licht: Das ewig Neue des Kapitals ist die Tarnkappe von Verknöcherung, Verdinglichung, marionettenhafter Erstarrung, Zerfall und Tod. Das Versprechen von Glück und "Unsterblichkeit", das wir, wie Adorno bemerkt, "an den Waren und nicht für die Menschen" haben, ist, wie er richtig erkannt hat, das des Todes. (67) Variiert jede Szene inhaltlich das Grauen vor den Oberflächenerscheinungen des Kapitals, so kann der parataktischen Form, der literarischen Erscheinungsform des zur Ohnmacht verurteilten spätkapitalistischen Individuums, eine weitere Bedeutung entlockt werden. In der erzwungenen Aufgabe einer subordinierenden Darstellung des Grauens schlägt in der Darstellungsform Ohnmacht um in den verschüchterten und verstörten, seiner selbst unbewußten Vorschein von Herrschaftslosigkeit, die allerdings immer wieder mit der abstrakten und identifizierenden, durch die Erscheinungsform des Kapitals zum Identifizieren gezwungenen Moral in Konflikt gerät. Ohnmacht - die schlechteste Form von Herrschaftslosigkeit - flüchtet sich unkenntlich in die Darstellungsform, nicht die Bedeutung der Szenen, flüchtet sich ins Fragment.

Das Fragment wird zum Zeichen nicht nur der ewigen Vergängnis, sondern zur strengen Forderung,den geschichtlichen Bruch zu heilen, zum Appell, die bestehende Realität praktisch zu transzendieren, der Bloch zufolge allen Kunstwerken eigen ist.

Zerrüttet und fragmenthaft wird alle Kunst vor der Forderung nach realer, fesselloser Erfüllung und absoluter Vollendung, nach der herrschaftsfreien Versöhnung von Subjekt und Objekt, Mensch und Natur, Individuum und Gesellschaft "dergestalt, daß nichts Ausgeführtes dieser Adäquation genüge leisten könnte, ja die Vollendung selber...Fragment wird. (...) Von daher schließlich das legitim, nämlich das sachlich Fragmentarische an allen Werken dieser ultimativen Art, ...wo das Nichtendenkönnen im Enden groß macht. Und sucht man den ideologisch durchaus fortwirkenden Grund für solch inneren Bildersturm in der groß vollendeten Kunst..., so liegt er im Weg- und Prozeßpathos, im eschatologischen Gewissen, das durch die Bibel in die Welt kam. Die Totalität ist der Religion des Exodus und Reichs einzig eine total verwandelnde und s p r e n g e n d e (gesp. v. E.S.), eine utopische; und vor dieser Totalität erscheint dann...das gesamte bisherige Gewordensein, worauf unser Gewissen sich bezieht, als Stückwerk. (...) Das 'Siehe ich mache alles neu', im Sinn der apokalyptischen Sprengung, steht darüber und influenziert alle große Kunst mit dem Geist, ...: dieses Utopische ist das Paradox in der ästhetischen Immanenz, das ihr selber am gründlichsten immanente. Ohne solche Potenz zum Fragment hätte die ästhetische Phantasie zwar Anschauung in der Welt genug, ..., aber sie hätte kein Korrelat. Denn die Welt..., wie sie im argen liegt, so liegt sie in Unfertigkeit und im Experimentier-Prozeß aus dem Argen heraus (Herv. v. E.S.). (...) ...Utopie als Objektbestimmtheit setzt konkretes Fragment als Objektbestimmtheit voraus und involviert es...als ein letzthin aufhebbares. Und deshalb ist jeder künstlerische...Vor-Schein nur aus dem Grund und in dem Maße konkret, als ihm das Fragmentarische in der Welt...das Material dazu stellt, sich als Vor-Schein zu konstituieren." (68) "Ob allerdings", schreibt Bloch einschränkend, "der Ruf nach Vollendung - man kann ihn das gottlose Gebet der Poesie nennen - auch...praktisch...wird..., darüber wird nicht in der Poesie entschieden, sondern in der Gesellschaft. Erst beherrschte Geschichte, mit eingreifendem Gegenzug gegen Hemmungen, ..., verhilft dazu, daß Wesenhaftes...Erscheinung im Umgang des Lebens werde." (69)

Nicht strahlend ist der Vorschein allegorischer Kunst, sondern von ausdrucksloser und scheinloser Schwärze. Denn vom toten Blick des Allegorikers, vom "Blick ... des Entfremdeten" getroffen, zerfällt der schöne Schein des Organischen und der lebendigen Gegenwart. (70) Es wird scheinlos und hat nur noch einem zu dienen, Wahrheit zu künden: das Ende. "Das von der allegorischen Intention Betroffene wird aus den Zusammenhängen des Lebens ausgesondert und konserviert zugleich. Die Allegorie...bietet das Bild der erstarrten Unruhe." (71) Diese aber ist "die Formel für...(ein) Lebensbild, das keine Entwicklung mehr kennt", die im unverhofften Sinn beim Wort genommene Formel für Geschichtslosigkeit, die Formel für das apologetische Selbstverständnis der kapitalistischen Gesellschaft, denn fürs bürgerliche, fürs verdinglichte Denken "hat es eine Geschichte gegeben, aber es gibt keine mehr." (72)

Wie alle "ideologischen Reflexe und Echos" des gesellschaftlichen "Lebensprozesses", des Gesamtprozesses einer spezifischen je sozio-historischen Produktions- und Reproduktionsweise ist auch die allegorische Kunstform, ihr Bedeutungscharakter und -inhalt "notwendige(s) Sublimat ihres materiellen, empirisch konstatierbaren und an materielle Voraussetzungen geknüpften Lebensprozesses". (73) Als ästhetisch niedergeschlagene, zu einer besonderen Form kristallisierte sozio-historische Totalität und der ihr "entsprechenden Bewußtseinsformen" hat wie jedes Produkt des Überbaus, somit wie jedes Kunstwerk, auch das satirisch-allegorische "nicht länger den Schein der Selbständigkeit", wie auch "keine Geschichte", "keine Entwicklung"; in ihnen ist somit für immer ein ehemaliger Prozeß, Geschichte, historisches Handeln wie die spezifische Konstellation, unter der es sich abspielte, in der Konstellation seines Materials stillgestellt. (74) Das macht den Bildcharakter der allegorischen Kunst aus, begründet die Formel der bildhaften Allegorie als "erstarrte Unruhe". (75) Kunstwerke sind "Bilder (Herv. v. E.S.) dadurch", wie Adorno schreibt, "daß die in ihnen zur Objektivität geronnenen Prozesse (Herv. v. E.S.) selber reden"; sie dialektisch als Schrift zu lesen, sie also "zu analysieren heißt soviel wie der in ihnen aufgespeicherten immanenten Geschichte innewerden." (76)

In der Formel der "erstarrten Unruhe" erweist sich das allegorische als das negativ gewendete Weltbild einer zum historischen Untergang verurteilten Klasse; in dieser Form ist es das Weltbild Kraus'. Klagend registriert er die Erstarrung und den historischen Stillstand im kapitalistischen, im verdinglichten Fortschritt: "Der (von den Apologeten des Kapitals gepriesene, nur technisch-wissenschaftliche - E.S.) Fortschritt ist ein Standpunkt und sieht wie eine Bewegung aus." (77) "...dank ihm", wird Kraus der Fortschritt zum Sinnbild des Todes, "bedeutet das Leben nicht mehr eine Kerkerhaft, sondern Hinrichtung mit Elektrizität." (78) Gegenüber dem tödlichen, erstarrten, auf "Zinsfuß und Prothese" gehenden Fortschritt wird allegorisch-satirische Kunst dialektisch: Will sie einerseits den Fortschritt in die durch ihn, eine spezifische Form des Kapitals, bedingte Katastrophe wie einen Basilisken durch Spiegelung bannen, den losgelassenen seiner selbst inne werden zu lassen, die Bewußtlosigkeit über ihn in der geistigen, satirischen Verdoppelung aufheben, so möchte sie andererseits das Tote, vom Fortschritt und der Verdinglichung gebannte, lebende Tote, wieder "zum Tanz zwingen", zum Leben zwingen; indem sie in der Verdoppelung nicht nur den Fortschritt anprangert und zu bannen hofft, sondern damit auch dessen Urhebern, den Menschen selbst und ihren "versteinerten Verhältnissen" die "eigne Melodie vorsingt". (79) "Man könnte", wie Adorno schreibt, "...alle moderne Kunst als den Versuch betrachten, die Dynamik der Geschichte beschwörend am Leben zu erhalten oder das Grauen über die Erstarrung zum Schock zu steigern, zur Katastrophe, in der das Geschichtslose jäh den Ausdruck des lang Gewesenen annimmt." (80)

Versteinerte Reflexe des Grauens werden die fragmentarisierten Szenen des satirisch-allegorischen Kunstwerks als spezifische Niederschläge, Kristallisationen und Konstellationen einer sozio-historischen Konstellation zu einem dialektischen Bild und in ihrer Konstellation im Raum ganz im allegorischen Sinne zur Schrift. "Dialektik offenbart jedes Bild als Schrift. Sie lehrt aus seinen Zügen das Eingeständnis seiner Falschheit lesen, das ihm seine Macht entreißt und sie der Wahrheit zueignet." (81) Sie tut dies, indem sie im Bild innehält und "im historisch jüngsten den Mythos als das Längstvergangene (zitiert - E.S.)" (82) Als doppelte Negation der antagonistischen Einheit von Stillstand und Bewegung, die die Quintessenz der bürgerlichen Geschichtsauffassung ausmacht, wird in der "Dialektik im Stillstand", in seiner umschlagenden Reflexion das "dialektische Bild" zum "Traumbild", zur"Utopie", da mit dem falschen Fortschritt, wenn auch nur bildlich in einer negativen Utopie, die Katastrophe stillgestellt ist, der Weltlauf unterbrochen ist, der Prozeß, der zur Katastrophe führt, der Reflexion zugänglich ist." (83)

Montagetechnik

Ist, wie oben angerissen, barocke Allegorie Willkür, Versklavung der Dinge unter die s u b j e k t i v e I n t e n t i o n des barocken Allegorikers, in der sich die durch die Entfaltung des Kapitals gesetzte Emanzipation des Individuums kundtat, so ist von ihrer Intention her die Kraussche Allegorie nichts weniger. Dies durch den oben angedeuteten Versuch einer erzwungenen, nicht erfindenden Satire, die Dinge aus sich selbst heraus reden zu lassen. Dieser Versuch aber ist einer, wie er sich am deutlichsten in der Montagetechnik offenbart.

Mit dieser Technik will, wie mit der parataktischen Reihung, Kunst "ihre Ohnmacht gegenüber der spätkapitalistischen Totalität" eingestehen "und in ästhetische Wirkung" umfunktionieren dadurch, daß "das Werk buchstäbliche, scheinlose Trümmer der Empirie in sich einläßt." (84) Montage sei, wie Adorno diesen Gedanken ausführt, "die innerästhetische Kapitulation vor dem ihr Heterogenen. Negation der Synthesis wird zum Gestaltungsprinzip." (85) Alle Montage, spitzt Adorno seinen Gedanken zu, "schaltet mit Elementen der Wirklichkeit des unangefochten gesunden Menschenverständnisses, um ihnen eine veränderte Tendenz abzuzwingen,...Kraftlos...ist sie insofern, als sie die Elemente selbst nicht aufsprengt", sie also in ihrer kruden, naturwüchsigen und gegebenen Zufälligkeit bestehen lassen muß. (86)

Dies die eine Seite der wie alle Phänomene des Kapitals mit Doppeldeutigkeit geschlagenen Montage, der man also auch,und dies im Rückgriff auf Benjamin, eine andere Bedeutung entlokken kann. Montage kann auch gedeutet werden, als der Versuch, und dies von Kraus gerade gegenüber einem Material, das für ihn den Gipfelpunkt der Unterjochung der Realität und ihrer Verstellung durch willkürliche und verantwortungslose Bedeutungssetzung darstellt, gegenüber der Berichterstattung der Presse, genau diese Versklavung der Realität durch die subjektive Intention zurückzunehmen durch: eine durch Kraus vermittelte Selbstauslegung des Materials selbst, durch eine intentionslose, aber subjektiv vermittelte "Konfiguration, objektive...Anordnung" der Kraus aus der Presse entgegenstarrenden repräsentativen "Extreme" und "Elemente" der geistigen Physiognomie einer zur Hölle gewordenen Welt, die Kraus zu deren verkürztem "Bild", zur fensterlosen "Monade", zur "Idee" dieser Welt verdichtet: durch eine "objektive Interpretation" also der dauernd Allegorien produzierenden Presse, "Schauplatz", und damit das genaue Gegenteil von Kraus, "der hemmungslosen Erniedrigung des Wortes". (87) Sich wahllos Fakten assimilierend, diese ihrer subjektiven Intention unterwerfend ruiniert die Presse, ein hemmungslos gewordener Allegoriker, Erfahrung und Phantasie der Individuen. "Die Grundsätze journalistischer Information (Neuigkeit, Kürze...und vor allem Zusammenhanglosigkeit der einzelnen Nachrichten untereinander) tragen...(dazu) genau so bei wie der Umbruch und wie die Sprachgebarung." (88)

Annihiliert die Presse Natur und Menschheit, indem sie alles nur einer einzigen, hinter der Vielfalt verborgenen Intention unterwirft: dem Profitinteresse, so kann gegen diesen bösen Allegoriker, der bei Unterdrückung der Todesklage die Bedeutungswillkür des barocken Allegorikers radikalisiert, die Krausssche Allegorie als Gegen-Allegorie, Aufhebung der Beherrschung, als ein Versuch gedeutet werden, "die Bedeutung einzig durch die schockhafte Montage des Materials hervortreten zu lassen" (89). Es wird also ganz im Sinne der klassischen Ästhetik wieder freigesetzt, freigesetzt aber sprengt es die Kunstautonomie durch Sprengung des organischen Kunstwerks. Sie ist eine letzte Allegorie, eine umschlagende, indem sie das angehäufte, aus dem Zusammenhang der Presse subjektiv herausgebrochene und im Werk objektiv angeordnete, z i t i e r t e Material, frei reden lassend, zum Eingeständnis der bürgerlichen Welt als heilloser Zerrissenheit und Immoralität im Sinne des bürgerlichen Kunstideals und zum Eingeständnis als Hölle im christlichen Sinne, damit der Wahrheit bringt; ist "das Experiment des Zerfallens" gegen "den Zustand des Zerfalls." (90) Wahrheit erstens in dem Sinne, daß dem Kapital der Spiegel vorgehalten wird: so bist du, dann die ideelle Wahrheit im emphatischen Sinne, die einmal in der Organisation des Materials formal die Utopie einer Resurrektion der Natur wie die einer nicht länger versklavten, sich selbst organisierenden, herrschaftsfreien, anarchischen menschlichen Gesellschaft repräsentiert.

Montage ist der Versuch, mit den Mitteln der Allegorie E r f a h r u n g und zwar durch "Restitution des Epischen" vor der Ruinierung durch die allegorische Information der Presse zu bewahren. (91) Wie den Roman sprengt die Montage die geschlossene dramatische Form, sprengt sie "im Aufbau wie auch stilistisch, und eröffnet neue, sehr epische Möglichkeiten." (92) Denn "echte Montage beruht auf dem Dokument." (93) Sie hat dessen verweisende Authentizität. Gegen den verdummenden ästhetisierenden Kult des Feuilletonismus, appelliert die Zitatmontage ans eingreifende, den Weltlauf durch Praxis sprengende Denken, war als Waffe gedacht der Befreiung. "Doch gegen die umgebende Zeitgenossenschaft", behält Adorno Recht im Unrecht, "war es keine Waffe mehr. Seit sie mit Giftgasen ihren Mann gestellt hat, geriet die Vorstellung, die solches Beginnen als ein Ende und diese Epoche als ihre letzten Tage sah, ins Hintertreffen vor dem Objekt. Die Zeit, wo es der Satire nicht mehr bedurfte, weil die Wirklichkeit "durch sich selbst sprach" - wenngleich niemals für das Ohr ihrer Akteure -, die Zeit war vorbei. Selbst ihre satirischen Abschriften herzustellen, war unmöglich, und nichts blieb übrig als der künstlerische Ausdruck dieser Unmöglichkeit, der immer neu vom Wort her gebildet, immer nur das Ausweglose wies." (94)

Das ist das Ende, die Erkenntnis einer völlig verdinglichten Menschheit, die Erkenntnis, daß auch jener durch völlige Entfremdung hindurchgehende Versuch, ohnmächtig dem Kapital und seinen Agenten ihr Bild und durch Aufgabe der logischen Synthesis und Subordination, des logischen Prinzips der Naturbeherrschung, wie sie Adorno in der parataktischen Struktur der späten Lyrik Hölderlins konstatierte, auch das Bild der Versöhnung vorzuhalten, gescheitert ist: "die Erkenntnis, daß das Blutopfer der Menschheit bloß den Entschluß gereift hat: lieber zu sterben als nicht Sklave zu sein! Opfer des ewigen Betrugs der vorgestreckten Ideale, hinter denen die täglich zunehmende Verödung und Verblödung als die sichere Kapitalsanlage erkannt wird, die den Parasiten der öffentlichen Meinung und Führung Zinsen trägt. Des Volksbetrugs, der mit der Verflachung des Umsturzes begonnen hat, um die Brosamen vom Tisch der bürgerlichen Welt als revolutionäre Errungenschaften auszugeben." (95) Nach dem durch die Sozialdemokratie in Österreich bürgerlich und parlamentarisch gewendeten Zerfall Österreich-Ungarns lauscht Kraus, der die Sprache nicht beherrschen wollte, der vollends der Kulturindustrie subordinierten Vergeblichkeit ab.

Der allegorische Gehalt der Figuren

Durch einen Kunstgriff schließt sich das Trauerspiel von jeder noch bestehenden gesellschaftlichen Realität ab. Der Abgrund des symbolischen Todes am Ende des satirisch-allegorischen Dramas konstituiert einen autonomen Immanenzzusammenhang; durch Negation der gesellschaftlichen Zerrissenheit und Heterogenität gesellschaftlich vermittelt, schließt der Tod das Stück gegen das fortwuchernde Wesen der Gesellschaft zur fensterlosen Monade zusammen, zur absoluten Gegenposition einer abgeschlossenen Menschengeschichte gegen eventuell sich noch moluskenhaft reproduzierendes Leben.

Jedem Leser und Interpreten erteilt somit das Drama einen äußersten Schock: Indem es von ihm verlangt, sich als Produkt einer abscheulichen Kopulation von "Lemuren" oder "Leichen" verstehen zu müssen, Bewohner eines Totenreiches, das sich reproduziert. Er wird damit gezwungen, das sich vor ihm abrollende bruchstückhafte Geschehen mit den Augen und Sinnen eines Toten oder mit den außerirdischen Augen und Sinnen von "Theatergänger(n) eines Marstheater(s)", also mit den entfremdeten Augen eines Allegorikers zu lesen und zu deuten. (96) Einfühlendes Verstehen wird damit für die Interpretation des Krausschen Dramas zum verbotenen Haus. Das abrupt fragmentarisierte Bruchstück eines vorgängigen oder fremden Lebens will enträtselt werden und kann es infolge seiner von ihm selbst inszenierten Fremdheit doch nicht ohne Rest, will es nicht seinen Rätselcharakter und damit seinen Kunstcharakter verlieren. Reflex doch auch, wie sich der Interpret gestehen muß, seiner

Gesellschaftsform, verdorrt unter dem Brennstrahl dieses düsteren Brennspiegels das artifizielle Leben des Kapitals zur bunten Leere.

Hatte oben Kraus die Menschen schon als die sich dem Anorganischen anähnelnden Verschmelzungsprodukte von Sport und Maschine bezeichnet, Mißzeugungen, die gedankenleer, doch windhundschnell mit Kruppstahlgliedern zweimal die Welt mit Krieg überzogen, so tritt dem Leser in den "Letzten Tagen der Menschheit" eine allegorisierte, eine schon vor ihrem sinnbildhaften Ende tote Welt von "Schatten", "Marionetten", "Phrasen...auf zwei Beinen" und "lebende(n) Namen" entgegen: entpersonifiziert personifiziertes historisches Unheil, ausgebreitet in einer Fülle geisterhaft und identitätslos ineinanderübergehender Gestalten, die zu Bedeutungsträgern herabgesetzt, scheinlebende, mit Menschenfleisch bespannte Sprachrohre des Kraus sprachlich vermittelten und von ihm verdichteten Unheils sind:

"Das Dokument ist Figur; Berichte erstehen als Gestalten, Gestalten verenden als Leitartikel; das Feuilleton bekam einen Mund, der es monologisch von sich gibt; Phrasen stehen auf zwei Beinen - Menschen behielten nur eines. Tonfälle rasen und rasseln durch die Zeit und schwellen zum Choral der unheiligen Handlung. Leute, die unter der Menschheit gelebt und sie überlebt haben, sind als Täter und Sprecher einer Gegenwart, die nicht Fleisch, doch Blut, nicht Blut, doch Tinte hat, zu Schatten und Marionetten abgezogen und auf die Formel ihrer tätigen Wesenlosigkeit gebracht. Larven und Lemuren, Masken des tragischen Karnevals, haben lebende Namen, weil dies so sein muß und weil in dieser vom Zufall bedingten Zeitlichkeit nichts zufällig ist." (97)

Schatten sind ein uraltes Sinnbild des Todes, sind, wenn wir an die in Stein eingebrannten von Hiroshima denken, die Erinnerungsspur, die auf das einem vergangenen Wesen zur Hölle gewordene Leben zurückverweisen: petrefizierte Schatten, bedeutende Steine, die von der Hölle dieser Welt berichten; Relikte, wie der Name, der an die Toten erinnert. Den hier allein noch "lebenden Namen" ist der Mensch abhanden gekommen. Was da noch lebt: ist sein eigenes Grab, sein eigener Grabstein, dessen auf ihm stehender Name auf vergangenes Leben verweist. Das Leben heute, will uns damit Kraus sagen, lebt nicht mehr.

Einzig den infolge ihrer preßverschuldeten Phantasie- und Gedankenlosigkeit aufs torsohaft Kreatürliche herabgebrachten Menschen billigt Kraus noch diese Bezeichnung zu; sie vegetieren in der toten Welt als die Realisierung der ältesten Angst Adornos, sind, wie der "spleen" trauernd konstatiert, zu fleischlichen Torsos, lebenden Relikten einer gegenwärtigen Antike verstümmelt. Menschsein verkriecht sich in das Fragment seiner selbst, ins Fragment der menschlichen Kreatur, die sprachlos anklagend die zur Hölle gewordene Gesellschaft der verweigerten Harmonie und Versöhnung anklagt.

In beiden Formen als Bedeutungsträger und als totlebendes Sprachrohr weisen diese Wesen aufs Unheil der gesellschaftlichen Wirklichkeit. Sprache abstrahiert nämlich, wie Hegel in der Dialektik des Sagens und des Meinens der "Phänomenologie des Geistes" ausführt, immer vom einzelnen an Ort und Zeit gebundenen unmittelbaren Sachverhalt und "Ich" auf Allgemeinheit: die böse Totalität, die Kraus mit diesem Pandämonium entschleiert. Jedes dieser Wesen, jede Szene, jede Sprachwendung klagt die Wirklichkeit an, der sich das Kraussche Trauerspiel mimetisch anschmiegt, alle bedeuten synekdochisch das Ganze:

"Für die Satire ist Kleinheit die unerläßliche Voraussetzung, denn eben das macht ihren Wert, den Kleinen zwar zu n e n n e n , aber nicht zu m e i n e n , und sie wächst an dem Mißverhältnis zwischen der Unscheinbarkeit eines Anlasses und der Scheinbarkeit seiner Geltung, um nichts anderes zu meinen als eben dies." (98)

Vermittelt über die Allgemeinheit der Sprache nahm Kraus den Kampf gegen die quälenden Erscheinungsformen des Kapitals auf. "Er behandelte die Übelstände seiner Zeit nicht auf der Ebene der Argumentation und Meinung im landläufigen Sinne des Wortes. Vielmehr erwies sich ihm 'der Geist der Sprache...vermöge seiner Fähigkeit, durch das Wort hindurch...zu treffen, zu entlarven und zu vernichten als die feinste und wirksamste Waffe einer reinen Kulturgerichtsbarkeit'." (99)

Der angedeutete, das Drama bestimmende juristische Zug Kraus' ist von Adorno genauer als ein die Persönlichkeit Kraus' und sein Werk bestimmender gedeutet worden. "Die Moralität von Kraus ist Rechthaberei, gesteigert bis zu dem Punkt, wo sie umschlägt in den Angriff aufs Recht selber; advokatorischer Gestus, der den Advokaten das Wort in der Kehle erstickt. Juristisches Denken nimmt er bis in die Kasuistik hinein so streng, daß das Unrecht des Rechts darüber sichtbar wird; dazu hat sich bei ihm das Erbteil des verfolgten und plädierenden Juden vergeistigt,..." (100) Im Angriff aber auf Recht und Gewalt, die es setzt und erhält, Gestalten von Herrschaft, in denen sich der Mythos fortsetzt, ist in mythischer Verstrikkung der Kraussche Kampf entmythologisierend. (101)

Die Moralität von Kraus ist, wie oben angeführt, ästhetisch vermittelt. Decouvriert er in den zum geisterhaften Leben erwachten Phrasen eine Menschheit als eine, die identitätslos von der Kulturindustrie verschluckt ist, so gewinnt in den Bereich der Kunst gezogen deren fast auf eindeutige Nulldeutigkeit gebrachte, sie beherrschende, tote Nachrichtensprache, mit der sie in kommunikationslose Kommunikation treten, ein zweites Leben, gewinnt unter der sanften, doch unerbittlichen Gewalt der mimetischen Reproduktion des sprachlichen Unheils auf einer höheren Ebene die Vieldeutigkeit poetischer Sprache zurück. Dies dadurch, daß die einzelnen Szenen ineinander übergehend, sich ineinander verwandelnd in eine vielstimmige Korrespondenz treten; untergründig Bezüge herstellen zu historisch vermittelten Texten, die als toter Kulturballast von der Tauschgesellschaft mitgeschleppt geisterhaft ihre kritische Gewalt zurückerlangen: kurz, Kraus' Werk wird ein welthistorischer Kampfplatz von Herrschaft und Versöhnung im Zusammenprall im Werk, im einzelnen Wort von beherrschter Nachrichtensprache und freier Sprache der Dichtung; das große Zitat ein großes in Fragmente gebrochenes vieldeutiges, doch gegen und über das Unheil eindeutiges Schrift-Bild, Laut-Bild, Sinn-Bild, Denkbild, das durch seine Verweise und Assoziationen die Menschengeschichte umschließt, jede Szene wie das Ganze ein Signifikant zweiter, höherer Ordnung, der die toten Wesen uneigentlich sprechen läßt gerade durch das, was sie in apathischer Schuldlosigkeit verkünden, und wie sie es tun.

Das mimetische, Herrschaft aufhebende Darstellungsprinzip Kraus' darf keineswegs verwechselt werden mit jenem Verlust logischen Denkens, dem Bedeutungsverlust der Worte, wie es Kraus in der Rede eines "Wieners" verdeutlicht: Ist dieser zur logischen Subordination der einzelnen Worte in eine syntagmatische Kette nicht mehr fähig, sinkt er also auf den Stand eines Tieres zurück, so ist die Kraussche Absage an logische Subordination, wie sie an seinem synekdochischen Reihungsprinzip der Szenen deutlich wird, an der Mimesis der tötenden Gesellschaft, zwar aus Ohnmacht geboren, aber rational und bewußt gesetzt, somit Versöhnung von Herrschaft und Natur, wie sie etwa gartenarchitektonisch im englischen Garten erscheint. Kraus' Werk "trägt dem Bewußtsein der Nichtidentität Rechnung, ...radikal im Nichtradikalsein, in der Enthaltung von aller Reduktion auf ein Prinzip, im Akzentuieren des Partiellen gegenüber der Totale, im Stückhaften", Fragmentarischen. (102) Fragmentarisch widersetzt er sich der totalen Geschlossenheit und Gewalt des Kapitals, decouvriert dieses in allen seinen Erscheinungen als grausigen Produzenten von Stückwerk, Torsen und Ruinen.

"Ich habe", beschreibt Kraus sein mimetisches Verfahren und vergleicht sich dabei selbst allegorisch mit einem passiv toten Relikt, "den zu Zeitungsdreck erstarrten Unflat aus Jargon und Phrase ausgeschöpft, gesammelt und in seiner ganzen phantastischen Wirklichkeit, in seiner unsäglichen Wörtlichkeit kommenden Tagen überliefert. Ich bin die Muschel, in der das Geräusch fortsingt. Sie werden hören, was sich in dieser Zeit und in dieser Gegend eine neue, freie Weltanschauung genannt und welche Sorte rabiater Wucherer als deren Hüter aufzutreten sich erfrecht hat. In was für Mäulern das Deutschtum, in was für Händen die Freiheit und in was für Füßen der Fortschritt aufgehoben war!" (103) Dem "das Blatt...wie die Welt" sprach, "weil die Welt wie das Blatt" sprach, dessen "Amt war nur ein Abklatsch eines Abklatsches." (104)

In "Herbstzeitlose und Sieger" beschrieb Kraus den in "Die letzten Tage der Menschheit" von "Larven und Lemuren", "Schatten" und "lebenden Namen" unterhaltenen, entfremdeten, nichtdialogischen Dialog mit Hilfe von Zeitungszitaten: "Die Handlung entwickelt..., unter Verzicht auf jede äußere Begebenheit, das ruchlose Weltbild der Personen auf dem rein assoziativen Weg der Redensarten, die sie einander zuwerfen und abfangen, und das dramatische Ereignis ist nichts weiter als das fingierte Leben (gesp. v. E.S.), das sich zwischen diesen Geschöpfen abspielen muß, sobald die Phrase einen Inhalt bekommt. Dieser Inhalt ist...der Sieg des Ungeistes über die Realität,..." (105) Anders bestimmt er das Verfahren in

"Harakiri und Feuilleton": "Die handelnden und leidenden Personen sprechen in einem Dialekt. Aber die Darstellung bezweckt nicht den Eindruck, als ob die realen Personen, die in dem dargestellten Milieu leben, denselben Dialekt oder ihn in derselben Deutlichkeit sprächen. Es mußte dem Darsteller dieses engeren Milieus, da es zugleich das weiteste Milieu der modernen Welt ist (Herv. v. E.S.), darum zu tun sein, die Leute einen Dialekt sprechen zu lassen, den ihre Seele spricht. (...) Es ist der Weltdialekt. (...) Alle honetten Leute, die sich nach der Decke strecken, sprechen diesen Dialekt. Denn auf seinen Lockruf kommt das Geld herbei." (106) Dieser Dialekt wird Kraus zur Physiognomie des Kapitals, zu einem "furchtbaren Gesichtsausdruck", "den die ganze Welt" angenommen hat. (107)

Kraus, das wird aus diesem Zitat deutlich, kam es also nicht auf die wissenschaftliche Erforschung des wahren Wesens der von ihm bekämpften Erscheinungen an, sondern auf die mimetische Selbstentlarvung dieses in der Zitatmontage, in der "graphischen", also schriftbildlichen "Anordnung" zur Kenntlichkeit als "Bürgerfratze" entstellten "Gesichtsausdrucks"; auf seine Selbstauslegung in den seelischen Manifestationen, in dem entäußerten, zum objektiven Ausdruck gebrachten Innern, in Sprache und Handeln seines Gegners, in Sprache und Handeln der fortschrittsgesinnten liberalen Presse, in Sprache und Handeln des für Kraus antichristlichen "Siegers" und seiner Agenten. (108) Kraus, der synekdochisch "von unvermeidlichen Begleiterscheinungen auf das Ganze", "von den kleinen Tatsachen" auf die "großen Erscheinungen der realen Tragödie" schießt, nehme, wie er schreibt, "die bürgerliche Wirklichkeit...bloß bei ihrem Wort", damit, so bestimmt er die Verlebendigung der herrschenden Nachrichtensprache, vergeistige er sie so, "daß sie sich in das ihr angestammte Nichts auflöst. Ich lasse sie in die Schlinge ihrer Redensarten treten, ich lege ihr die eigenen Tonfallstricke; sie fällt herein, aber sie weiß es nicht und will es nicht wissen..." (109) Die Schlinge auszulegen und die bürgerliche Welt bei ihrem Wort zu nehmen, Auswahl und Zusammenstellung der Zitate, die Kraus als "die stärkste stilistische Leistung der Fackel" bezeichnet, bereitete ihm "größte Arbeit". (110) "Ich wende", beschreibt Kraus die subjektiv vermittelte Decouvrierung der bösen bürgerlichen Realität in ihrer Sprache, "an diese Zitate mehr geistige Mühe als die Autoren an die Originale. Das wissen nur wenige zu würdigen und die Betroffenen schon gar nicht." (111) Objektivität legt sich, so kann man diesem Zitat entnehmen, zwar selbst, aber nie ohne subjektive Zutat aus; Selbstkritik ist durch subjektive, mimetische Vernunft vermittelt. Diese Bestimmung bestätigt die Interpretation Adornos des künstlerischen Verfahren Kraus' und schränkt durch den entscheidenden Hinweis auf die Subjekt-Objekt-Vermittlung des Krausschen Werkes sie auch wieder ein: Ohne den "feste(n), scheinbar brutale(n) Zugriff" des "destruktiven Charakters" in die Textur der Zeitungstexte, ohne deren Zerstörung, ohne seine subjektive Zutat, ohne sein Arrangement redet heute nichts mehr. (112) "Als Künstler", verkürzt Adorno das Verfahren der Zitatmontage, "nährte ihn die Goethesche Tradition, daß eine Sache, die selber redet, unvergleichlich mehr Gewalt hat, als hinzugefügte Meinung und Reflexion. (...) Kraus argwöhnt noch in der sublimen ästhetischen Fiktion das schlechte Ornament. Gegenüber dem Schrecken der nackten, ohne Zusatz hingestellten Sache erniedrigt selbst das dichterische Wort sich zur Beschönigung. Für Kraus wird die ungestalte Sache zum Ziel der Gestaltung, Kunst so geschärft, daß sie sich kaum mehr erträgt. (113)

Wie vor und nach dem Krieg konnte auch während des Krieges Kraus"der Versuchung" nicht ausweichen, durch "Zitat und Verzerrung", also durch schockhafte Verfremdung die "verruchte Stimme" der Presse "zu steigern und ihr den Ton zu geben, mit dem sie heute, sich, ihre Schuld und ihren Triumph überschreiend, in Chaos und Brand der Welt ihre furchtbaren Monologe ruft. Was hier (vor dem Krieg - E.S.) dem Mißlaut der Zeit abgehört war, wird umso deutlicher zu dem, was es war: zum schüchternen Vorwort des unendlichen Grauens, aus dem wie aus dem Schalltrichter der Hölle als unverlierbarer Lebenston die Stimme des Herrn, die Stimme des Siegers (i.e. Moritz Benedikt, der Herausgeber der Neuen Freien Presse - E.S.) dringt." (114)

> Was soll das: einer Welt, die in Todesstarre versinkt, von Fortschritt reden.
> Der Begriff des Fortschritts ist in der Idee der Katastrophe zu fundieren. Daß es "so weiter"geht, i s t die Katastrophe. Sie ist nicht das jeweils Gegebene. Strindbergs Gedanke: die Hölle ist nichts, was uns bevorstünde - sondern d i e s e s L e b e n h i e r .
>
> Walter Benjamin

> Man muß den wirklichen Druck noch drückender machen, indem man ihm das Bewußtsein des Drucks hinzufügt, die Schmach noch schmachvoller, indem man sie publiziert. Man muß jede Sphäre der Gesellschaft als die p a r t i e h o n t e u s e der Gesellschaft schildern, man muß diese versteinerten Verhältnisse dadurch zum Tanzen zwingen, daß man ihnen ihre eigne Melodie vorsingt!
> (...)
> Die Waffe der Kritik kann allerdings die Kritik der Waffen nicht ersetzen, die materielle Gewalt muß gestürzt werden durch materielle Gewalt, allein auch die Theorie wird zur materiellen Gewalt, sobald sie die Massen ergreift.
>
> Karl Marx

Zum Inhalt von "Die letzten Tage der Menschheit"

Spiegel und Protokoll der Barbarei des Kapitals

Der Inhalt der in den Szenen von "Die letzten Tage der Menschheit" niedergeschlagenen Barbarei hat an Aktualität bis heute nichts verloren, eher noch gewonnen; der barbarische Inhalt der von Kraus fingierten Dialoge, von dem Kraus einst Verhärteten oder Ungläubigen gegenüber noch beteuern mußte:

"Die Handlung, in hundert Szenen und Höllen führend, ist unmöglich, zerklüftet, heldenlos... (...) Die unwahrscheinlichsten Taten, die hier gemeldet werden, sind wirklich geschehen; ich habe gemalt, was sie nur taten. Die unwahrscheinlichsten Gespräche, die hier geführt werden, sind wörtlich gesprochen worden, die grellsten Erfindungen sind Zitate. Sätze, deren Wahnwitz unverlierbar dem Ohr eingeschrieben ist, wachsen zur Lebensmusik. Das Dokument ist Figur; Berichte erstehen als Gestalten, Gestalten verenden als Leitartikel; das Feuilleton bekam einen Mund, der es monologisch von sich gibt; Phrasen stehen auf zwei Beinen - Menschen behielten nur eines." (1)

mag zu Kraus' Zeiten noch bestürzend gewirkt haben, er ist spätestens seit dem Aufkommen des Faschismus und auch nach dessen zeitweiliger und lokaler Liquidation zur barbarisch abstumpfenden Dauerrealität in den vom Imperialismus bestimmten Teilen der Welt geworden. Der inhumanen Fratze einer zur Hölle gewordenen Welt gegenüber werden der Kunst Schönheit und Harmonie zu nicht länger gestaltbaren, unerträglichen, selbst zu spezifischen, ungewollt affirmativen Momenten des allgemeinen Grauens, dem Kunst sich verschließt, denen sie nur in aufhebender Negation eine hoffnungslose Treue zu bewahren vermag, sich darauf beschränkend, der Welt des Kapitals ihr eigenes reflektiertes, in der Abstraktion verfremdet verdichtetes Zerr- und Schreckbild ihrer barbarischen, von der in der Anschauung des Unmittelbaren verharrenden satirischen Kunst nicht begrifflich erkannten, sondern ästhetisch und moralisch verabscheuten, satirisch gestalteten Erscheinungen entgegenzuhalten; so, gegen das Grauen mit dessen übersteigertem eigenem Ausdruck kämpfend, die Kraft des Gegners gegen ihn selbst wendend, in der Regression auf magische Techniken der real längst liquidierten bürgerlichen Humanität die Treue zu halten.

Die Presse, ihre Agenten und Folgen

Die Presse galt Kraus, und so gestaltet er sie in "Die letzten Tage der Menschheit", als Agent der auf den ersten Weltkrieg zielenden Verwertungsinteressen des internationalen Kapitals, als die Wegbereiterin des Weltkriegs, als die geistige Macht, die jeden geistig moralischen Widerstand gegen den Krieg unterminieren half. Von dieser These aus läßt Kraus einen deutschen Gesandten sagen:"Was Diplomatie und Presse vereinigt mögen, hat uns dieser Weltkrieg gezeigt"; verblendet jedoch sieht der Gesandte nur im Ausland diesen "Bund" als einen an, "der Erfolge aufweisen kann. Erfolge an Lüge und Verblendung - (...) - Wut und Haß, wie sie die Welt nie zuvor gesehen. Ja,", spricht er ahnungsvoll die Meinung Kraus' aus, "es ist ein mächtiger Bund und schreckhaft anzuschauen, und dennoch nur ein künstlich aufgetriebener Koloß, der eines Tages bersten wird. Denn es fehlt ihm der Leben spendende und erhaltende Geist, die Wahrheit." (2) "Pour l'Autrichien que fut Kraus, c'est "Die neue freie Presse", dirigée par Moritz Benedikt, qui a le plus de responsibilités dans le déclanchement des hostilités." (3) Verquickt mit den auf die Vernichtung Serbiens gerichteten Interessen des deutschen und des österreichischen Kapitals ist es nur konsequent, daß Moritz Benedikt, gleichzeitig den eigenen wie den nationalen Kapitalinteressen verpflichtet, seinen Reportern den Auftrag gibt: "...man muß dem Publikum Appetit machen auf den Krieg und auf das Blatt, das geht in einem." (4)

Durch phrasenhafte und direkt verlogene Berichterstattung, also dem dirketen Gegenteil der Krausschen, auf Wahrheit zielenden Intention, folgen die geistigen Lohnarbeiter den Intentionen ihres kapitalistischen Herrn nur zu willig und gut. Ihre Aufgabe ist vorerst eine kriegsbegeisternde, aus Phrasen zusammengestoppelte "Stimmung" und "Genreszenen" zusammenzuschreiben. (5) Was Nachricht und Aufklärung über die Hintergründe des Krieges sein sollte, wird zu einer mechanischen Fiktion, verwischt damit die nach bürgerlichem Kunstverständnis strengen Grenzen von auf die Realität bezogener Nachricht, bei der nur das eindeutige "Was" interessiert, und Literatur, bei der die Form, das "Wie" der Darstellung, interessiert; diese Aufhebung von Grenzen hebt die Ordnung auf und nähert somit die Welt dem Chaos. Die Verlogenheit dieser Berichte entlarvt Kraus, indem er unmittelbar Realität und Bericht in einer Szene zusammenschließt. Er reißt damit den Vorhang vor dem Grund - die Presse - und die Folgen - die phantasie- und erfahrungslose Masse, die von der Presse zertrümmerte Menschheit und Natur - einer heillosen Welt auf; gleichzeitig polarisiert sich unter diesem Kunstgriff die barocke Allegorie: Der Presse verbleibt die Bedeutungswillkür des barocken Allegorikers, die erst zur Zertrümmerung des menschlichen Geistes, dann zur physischen von Mensch und Natur führt, Kraus verbleibt das Wissen des barocken Allegorikers um die Todesverfallenheit der dem Fortschritt verfallenen Welt, die er stereotyp aus dem von der Presse ihm vor die Füße geworfenen Trümmern herausliest. (6) Indem er diese Trümmer konstruktiv zusammenschließt, die von Presse zum Verstummen gebrachten vielstimmig miteinander korrespondieren läßt, die Konstruktion als subjektiv vermittelt von vornherein offenlegt, leitet er den Umschwung der Lüge in Wahrheit ein, die laut Benjamin in einer intentionslosen Konstruktion der Idee aus den begrifflichen Bruchstücken der Realität beruht. (7) Reflexion der Reflexion werden sie Geist und geben ihre eigene Bedeutung, die Wahrheit dieser Welt als Hölle, frei.

Während die Menge von Xenophobie und Spionagefurcht durch die Berichte ergriffen wird, die Läden von in Wien lebenden österreichischen Serben plündert, (8) liest ein Reporter einem anderen einen von der Realität völlig abweichenden, gleichsam fiktionalen, aus unzusammenhängenden, hohlen, phrasenhaften, teilweise pleonastischen Versatzstücken und falschen Bildern bestehenden Text vor:

"DER ERSTE REPORTER (hält ein Notizblatt in der Hand):
Das war kein Strohfeuer trunkener Augenblicksbegeisterung, kein lärmender Ausbruch ungesunder Massenhysterie. Mit echter Männlichkeit nimmt Wien die schicksalsschwere Entscheidung auf. Wissen Sie, wie ich die Stimmung zusammenfassen wer'? Die Stimmung läßt sich in die Worte zusammenfassen: Weit entfernt von Hochmut und von Schwäche. Weit entfernt von Hochmut und von Schwäche, dieses Wort, das wir für die Grundstimmung Wiens geprägt haben, kann man nicht oft genug wiederholen. Weit entfernt von Hochmut und von Schwäche! Also was sagen Sie zu mir?
DER ZWEITE REPORTER: Was soll ich sagen? Glänzend!
DER ERSTE: (...) Die Haltung jedes Einzelnen zeigte, daß er sich des Ernstes der Situation vollauf bewußt ist, aber auch stolz darauf, den Pulsschlag der großen Zeit, die jetzt hereinbricht, an seinem eigenen Leibe zu fühlen.
EINE STIMME AUS DER MENGE: Lekmimoasch!" (9)

Was die Stimmung, nicht die Realität Wiens oder die Stimmung seiner Bevölkerung ausdrücken soll, vermag selbst das nicht, da die oben zitierten, in einem Redaktionsbureau "geprägt(en)" abstrakten Versatzstücke eine solche gar nicht zu fingieren vermöchten, da selbst in übertragenem Sinn körperliche oder geistig-seelische Eigenschaften nun mal nicht Stimmungen sind. Daß die Haltung eines Menschen nicht zeigen kann, was der Reporter faselt, ist evident; die Aussagen des Reporters gemahnen, gelinde gesagt, an das Geschwätz eines Debilen oder eines, der andere Menschen diesem Zustand annähern soll; kein Wort der Aufklärung, kein Wort, das wirklich Aufschluß gäbe über den Ernst der Situation. Was den Pulsschlag der großen Zeit betrifft, so gewinnt die Phrase im Kontext des Krausschen Dramas einen satanischen Sinn: da in der Tat in der Form von Bomben, Granaten, Kugeln, Hunger und Elend der Einzelne diesen Pulsschlag am eigenen Leibe fühlen sollte.

Mit der gegenüber der Realität verselbständigten und sie prägenden Phrase wird die Zeitung nicht nur zum "Schauplatz der hemmungslosen Erniedrigung des Wortes", die jene des barocken Allegorikers bei weitem übertrifft, sondern die Schädelstätte der Sprache und des Geistes, abgestorbener, sich mechanisch reproduzierender Geist, der den lebendigen der Leser, die Phantasie, in seinen Bann schlägt. (10) Die Phrase ist, schreibt Walter Benjamin, "...eine Ausgeburt der Technik. 'Der Zeitungsapparat verlangt wie eine Fabrik Arbeits- und Absatzgebiete. (...)' (...) Die Phrase in dem von Kraus unablässig verfolgten Sinn ist das Warenzeichen, das den Gedanken verkehrsfähig macht,..." (11) Sie ist das Sinnbild einer phantasmagorischen, verselbständigten, verkehrten Welt der Waren, die sich nicht nur in der Zeitung zu Willen und Bewußtsein erhebt und ihrem Verwertungszweck die Massen unterwirft, indem sie sie entmündigt.

Im obigen Beispiel dient die Phrase, eine blinde, über die wahren Gründe des Krieges, über die Verwertungschwierigkeiten und den Machthunger des imperialistischen Kapitals im Dunklen gelassene, emotionale Kriegsbegeisterung zu schaffen, um so den von Moritz Benedikt ausgesprochenen Intentionen dienlich sein zu können. Und genau das ist sie in der Tat, wie Kraus zeigt.

Die kulturindustriellen, Bildung vortäuschenden phrasenhaften Versatzstücke tönen völlig unverstanden - wie könnte es auch anders sein? - als vergröberndes und deshalb die Wirkung einer solchen Sprechweise verdeutlichendes Echo aus dem Munde eines für alle stehenden Wieners zurück und offenbaren sich dort als reine, jeder Bedeutung bare Emotionsträger; im Äther des Krausschen Werkes wird der Text des "Wieners" zum Träger des satirischen, eines gänzlich ungemeinten Sinnes. Die Worte des von der versklavten Sprache Verblödeten, auf die Stufe der Kreatürlichkeit Herabgesunkenen vermögen sich aus den sie versklavenden "Sinnverbindungen" des Zeitungstextes zu lösen, werden zum Träger eines neuen, uneigentlichen Sinnes. Sie, nicht der versklavte Mensch, werden in dieser ungewollten "Rebellion" gegen die Versklavung zum Sinnbild der Freiheit, in ihrer sinnlos-sinnvollen Anarchie zugleich zum Sinnbild des in der Gegenwart herrschenden Chaos, der Auflösung des menschlichen Geistes unter der Gewalt der Presse. (12)

"EIN WIENER (hält von einer Bank eine Ansprache): -- denn wir mußten die Manen des ermordeten Thronfolgers befolgen, da hats keine Spompanadeln geben - darum Mitbürger, sage ich auch - wie ein Mann wollen wir uns mit fliehenden Fahnen an das Vaterland anschließen in dera großen Zeit! Sind wir doch umgerungen von lauter Feinden! Mir führn einen heilinger Verteilungskrieg führn mir! Also bitte - schaun Sie auf unsere Braven, die was dem Feind ihnere Stirn bieten, ungeachtet, schaun'S' wie s' da draußn stehn vor dem Feind, weil sie das Vaterland rufen tut, und dementsprechend trotzen s' der Unbildung jeglicher Witterung - draußen stehn s', da schaun S' Ihner an! Und darum sage ich auch - es ist die Pflicht eines jedermann, der ein Mitbürger sein will, stantape Schulter an Schulter sein Scherflein beizutragen. Dementsprechend! Da heißt es sich ein Beispiel nehmen, jawoohl! Und darum sage ich auch - ein jeder von euch soll zusammenstehn wie ein Mann! Daß sie's nur hören die Feind, es ist ein heilinger Verteilungskrieg, was mir führn! Wiar ein Phönix stehma da, den s' nicht durchbrechen wern, dementsprechend - mir san mir und Österreich wird auferstehn wie ein Phallanx ausm Weltbrand sag ich! Die Sache für die wir ausgezogen wurden, ist eine gerechte, da gibts keine Würschteln, und darum sage ich auch, Serbien muß sterbien!
STIMMEN AUS DER MENGE: Bravo! So ist es! - Serbien muß sterbien! - Ob's da wüll oder nett! - Hoch! - A jeder muß sterbien!" (13)

Es ist leicht einzusehen, daß der Wiener das, was er in der Zeitung aufgeschnappt hat, überhaupt nicht verstanden hat, weil es nicht verständlich war; darauf weisen schon die völlig unsinnig gebrauchten Begriffe des Mythos und der Antike, die als archaische, mumifizierte, ruinierte Rudimente der Vorzeit, Embleme des Todes und mythischer Zweideutigkeit und Gewalt unerkannt in der Moderne fortwesen und den Geist der Moderne als einen in Vorzeit progredierten decouvrieren; Fremdwörter, mit denen der in "archaischer Unmündigkeit" versunkene Mann aus dem Volke nichts anzufangen weiß, was auf die katastrophale, tödliche Unerkanntheit des blind fortwesenden Mythos weist; in dessen bruchstückhaften Rudimenten die spätbügerliche Gesellschaft sich als starr verdinglichte, tote, verwesende und vorzeitliche gerade in dessen manipulativer Aufhebung, sich so die Physiognomie des Neuesten als Maske des unversöhnten Ältesten, die bürgerliche Anarchie als "vorweltliche" im Zerfall von Sprache und Ratio sowie einer sich über Sprache und Ratio vermittelnden menschlichen Gattung, an deren Stelle das von oben zu "ein(em) Mann" individualitätslos zusammengeschlossene Kollektiv tritt, offenbart. (14) Gegen die Utopie ewiger Jugend des Phönix erstarrt Kraus der Geist der Gegenwart zum Bild des Todes, ewiger Vergängnis. Die vom Wiener beschworene Volksgemeinschaft der zum imperialistischen "Verteilungskrieg" blind entschlossen Gemachten erweist sich unter dem allegorischen Blick als eine gründlich zerfallene, als eine von Manipulateuren und manipulierten Cretins, von Herrschenden und Beherrschten, im weiteren Verlauf des Dramas als eine von gegeneinander verselbständigten Monaden. Dies beweist schon das zur unverpflichtenden Phrase verkommene Bildungsgut der Herrschenden, das ruinenhaft und fremd aus dem zerfasernden Sprachtext des Wieners herausstarrt, der dennoch nicht nachläßt, die toten und unverstandenen Schablonen, in denen sich die ihn verstümmelnde Herrschaft und Manipulation offenbart, wie oben auch der Reporter die vorfabrizierte Phrase im Dienste der Herrschenden, als seine eigene Meinung wiederzugeben. Die Entfremdung des Menschen vom Menschen, des Individuums von der Gesellschaft, die Ruinierung der Gattung zeigt sich hier innerhalb der Sprache als ein Zerbrechen der sprachlichen Allgemeinheit, anderswo als Zerfall des rationalen Dialogs zugunsten eines sie in Regie nehmenden, formal dialogischen Monologs der ruinierten Monaden, die sich nicht selten damit begnügen, den technisch verstärkten und verbreiteten Monolog der Herrschenden mechanisch zu repetieren. (15)

Die Identifikation des verdummten Individuums mit der verdummenden Phrase ist eine vollkommene. Zwar offenbaren sich objektiv die Widersprüche und Antagonismen der Gesellschaft, wenn auch als Sprache sublimiert, in der zerrissenen und zerfallenen Rede des Wieners, subjektiv werden sie nicht mehr gespürt. Kraus weist somit sehr früh nach, was heute nach dem Faschismus in seiner Gefährlichkeit einer kritischen Intelligenz bewußt geworden ist: die ungeheure, auf Unbildung beruhende Lenkbarkeit der beherrschten Schichten und der ausgebeuteten Klasse durch die Massenmedien, durch die Kulturindustrie, die sie zu einem willigen Material der Interessen der Herrschenden umformt. Das mit Willen und Bewußtsein begabte Kapital hat aus ökonomischen und politischen Interessen nur eines an einer seine Reproduktion gewährleistenden Bildung der Beherrschten, keines an einer, die diese Reproduktion, das System der sie sichernden Institutionen in Frage stellen könnte. Gefördert wird mechanisch einschnappende Identifikation. "Von der Unreife der Beherrschten lebt die Überreife der Gesellschaft." (16)

Wie Herbert Marcuse notierte, sind es nicht nur die gesellschaftlichen Gesetzmäßigkeiten des Kapitals und ihre verdinglichte Erscheinung, sondern auch die direkte Aktivität der Herrschenden selbst, die zur Unreife der Beherrschten beitragen. "Nicht die durch menschliche Einsicht erarbeitete Wahrheit, sondern der Glaube ist das erhaltende Prinzip in Staat und Gesellschaft: Vorurteil, Aberglaube, Religion, Tradition werden als die wesentlichen gesellschaftlichen Tugenden des Menschen gefeiert. (...) Die wahren Gesetzgeber haben gewusst, warum sie Religion und Politik verflochten haben 'en sorte que les citoyens sont des croyants dont la fidélité est exaltée jusqu'à la foi, et l'obéissance jusqu'à l'enthousiasme et le fanatisme'. Die zweite Form der Massenbeherrschung als fraglose Unterwerfung der raison individuelle unter allgemeine Vorurteile ist der'patriotisme': 'le règne absolu et général des dogmes nationaux, c'est-à-dire des préjuges utiles'. Die Regierung ist eine 'véritable réligion', die ihre Dogmen, Mysterien und Priester hat." (17) Bewußt verstärkte Verblendung macht aus den Massen ein mörderisches Instrument zugunsten der Herrschenden, ein zumindest temporär williges Mittel ihrer partikulären Machtinteressen.

Der allegorische Zerfall der Sprache, der "ihren Bruchstücken" einen "veränderten und gesteigerten Ausdruck" verleiht, deutet auf einen Zerfall des Geistes selbst hin, auf einen oben mit Adorno/Horkheimer theoretisch gefaßten Rückfall in archaische Dissoziation, die der Melancholiker mit Entsetzen zitiert.(18) Die Dissoziation der Sprache des Wieners, der Sprache der Menge überhaupt, die als Masse, wie Benjamin nachweist, in der modernen Dichtung allegorisch mit chaotisch verschlungener Natur und Tod überblendet und zu deren Sinnbild wird, Einheit von technisch vermittelter und erzwungener "Disziplin" und "Wildheit", der identitätslosen Auflösung und der eisigen Isoliertheit des Einzelnen, in der Unterwelt und Schicksal in eine unheilvolle Beziehung treten, (19) wie sie sich etwa an der technisch vermittelten und zerrütteten Sprache des Wieners offenbart; die sprachliche Dissoziation, die ihr Echo in dem kindischen Geplapper schwachsinniger Offiziere und dem stereotypen Gewäsch der Masse der Marionetten findet, (20) wird allegorisch gefaßt als der geistige Tod der Menschen.

Kraus sieht, wie sich in der Masse unversöhnte, bestialisierte Natur zu befreien sucht und sofort in Regie genommen wird, wenn er vom Grauen vor dem Ältesten gepackt zitiert, wie im zurückgebliebenen Dialekt, in dem mangelnde Zivilisiertheit sich kundtut, zwei Mädchen in besonders schockhafter Harmlosigkeit, die hier alles versöhnlichen Schimmers beraubt ist, einander zurufen, daß ihre Freunde ihnen "das Beuschl von an Serben" und die "Nierndln von an Russn" aus dem Feld mitbringen wollen. (21) "Schockiert", wie Adorno betont, "nicht das Ungeheuerliche..., sondern dessen Selbstverständlichkeit", so vergrößert sich der Schock, den der Leser hier mitgeteilt bekommt, und der seinen Reizschutz, seine falsche Distanz bis zur Distanzlosigkeit durchschlägt, noch dadurch, wenn der Leser erkennen muß, daß der angedeutete, anscheinend zustimmend als Genreszene übernommene Abdruck der Aussprüche obiger schuldhaften Unschuld in der "Reichspost", einem christlichen (!) Tageblatt; daß die archaische Haltung der Mädchen, die den lebhaften Beifall der Menge erhält, einen allgemeinen, alle Teile der Gesellschaft umfassenden archaischen und als Folge der bewußtlosen Entfaltung des Kapitals gleichzeitig modernsten Geisteszustand umschreibt. (22) Die moderne Gesellschaft und ihr Geisteszustand enthüllt sich den melancholischen Augen und Ohren als der Schrecken fortwesender, unversöhnter Vorwelt.

Ist mit der zustimmenden Übernahme des archaischen Grauens in die Zeitung angedeutet, daß dieses einen allgemeinen Charakter hat, daß der archaischen Dummheit eine allgemeine archaisch gefühllose Grausamkeit einhergeht, so beweist sich das im Fortgang des Stückes, wohingegen archaische Dummheit und Blindheit, Gefühls- und Gewissenslosigkeit als allgemeine, alle Schichten umfassende schon unmittelbar nach dem Ausdruck unverhülltester seelischer Rohheit, als die sich die bürgerlich verklärte Unschuld enthüllt, sich offenbaren, als, ohne den Ausbruch der Rohheit auch nur zur Kenntnis zu nehmen, ein Intellektueller beifällig die Worte eines Leitartikels zitiert, der im oben genannten Sinne die reale Welt phrasenhaft verdeckt, bedeutungsmäßig vergewaltigt und verfälscht, da seiner Meinung nach ein "Glanz antiker Größe...(die) Zeit" durchleuchtet, während in Wahrheit, durch die Hetze der chauvinistischen Presse bedingt, blinde Xenophobie und Plünderungssucht die Masse ergreift. (23)

Die gleiche archaische Blindheit offenbart sich, wenn die Historiker Friedjung und Brockhausen, die tote Phrase vor die zum Chaos umschlagende Welt schiebend, meinen, "dieser alte deutsche Staat (Österreich - E.S.)...(habe) seit Kriegsbeginn sich die schönsten deutschen Volkstugenden zu eigen gemacht: das zähe Selbstvertrauen und die tiefinnerste Gläubigkeit an den Sieg der guten und gerechten Sache"; die schönsten deutschen Volkstugenden offenbaren sich als Raublust, als Ausbruch eines den imperialistischen präludierenden und begleitenden, inneren Verteilungskrieges, dem die Historiker genau so blind und ungerührt gegenüberstehen wie der Intellektuelle dem Ausbruch archaischer Grausamkeit. (24)

Damit aber weist Kraus auf, daß die akademische Intelligenz, wenn auch auf andere Weise, mit einer ähnlich verdummenden Blindheit geschlagen ist wie die Mitglieder der Unterschicht. Konfrontiert mit der Realität erweist sich dem melancholischen Blick die bürgerliche Wissenschaft als eine Anhäufung lebloser, mumifizierter Phrasen eines abstrakt verselbständigten Geistes, eines gegenüber der losgelassenen Wirklichkeit entfremdeten Geistes, der, im Gestrüpp abgelebter Phrasen gefangen, nicht länger auch nur fähig ist, die unmittelbare Oberfläche der Wirklichkeit angemessen widerzuspiegeln, sondern sich in einer toten übersinnlichen Welt eingehaust hat, deren klischeehafte Rudimente, hohle Formen ohne oder mit zuviel Leben, jeden unvoreingenommenen Blick auf die Wirklichkeit verstellen, ein gleichsam zweites Leben gewinnen, während sie andererseits wie die Welt selbst, so die Sprecher der Klischees, indem sie von Kraus protokolliert werden, in ihrem ganzen Zerfall verdeutlichen. Kraus "desavouiert", wie Adorno schreibt, "die Intelligenz, Verfallsform von Erkenntnis, ihrer Dummheit wegen" und erweist so den aparten Verstand als Komplement der unversöhnten archaischen Natur, die im Zerfall der kapitalistischen Gesellschaft und ihrer Mitglieder eine neue Form gefunden hat. (25)

Die Angehörigen der Intelligenz sind so gefaßt eine Variante der oben genannten, ihre Gesten bis in alle Ewigkeit, zeitlos wiederholenden Marionetten. Sie können betrachtet werden als automatenhafte Personifikationen einer gegenüber der gegenwärtigen Realität verselbständigten geistigen, deren, geistige, versteinerte Rudimente, sprachliche Klischees diese Menschen so sehr in den Griff genommen haben, daß sie, vom vergangenen sprachlich-geistigen Schein geblendet, nicht einmal mehr fähig sind, falschen materiellen auch nur normal ideologisch wiederzugeben, da sie automatenhaft einschnappend die Phrase vor die Realität schieben. Alles ist tot und ruiniert: Die Menschheit ist verblödet und verblendet, verlogen oder vertiert, bald aufs Ding herabgebracht: eine Ruine des Humanitätsideals; die Werte der Vergangenheit sind abgestorben; wie die Ruinen der Antike im Mittelalter künden sie dämonenhaft nur noch vom Tod ehemaliger Schönheit: dies die Bedeutung des Vogels Phönix, der Antike und der beschworenen Tugenden des feudalen Staatswesens. Vor dem, was war, steht das, was ist, vor dem Gericht: In diesem Widerstreit hebt Kraus zitatenhaft den "gesamten Geschichtsverlauf" konstruktiv als Natur- und Verfallsgeschichte in sein Werk auf. (26)

So laufen die verselbständigte kapitalistische Realität, deren bewußtlose Agenten von der Presse, einer Form des Kapitals, in Regie genommen werden zu Gunsten des Kapitals, da sie eine spezifische Form verstellter Realität produziert, und der mumifizierte Verstand bewußtlos nebeneinander her, kreisen monadenhaft in sich selbst; so bricht auf der einen Seite die vom Kapital permanent unterhaltene, produzierte und reproduzierte und willentlich losgelassene, tierische Barbarei, eine spezifische Form der Vertierung, Verrohung und Verdinglichung unterm Kapital, technisch zivilisierter Unterschichten, deren zur Bestialität entfremdete Natur, die älter noch ist als die zivilisatorischen und mythischen Sprachruinen der menschlichen Vorzeit in der Rede des Wieners, in die bürgerliche Zivilisation ein, während auf der anderen Seite durch die ins vorzeitliche Chaos zurücksinkende bürgerliche Zivilisation gespenstisch die dem Anorganischen sich in ihrer toten Sprache anähnelnden Vertreter der Intelligenz gleiten und gedankenlos die gegenüber einer verselbständigten Realität verselbständigten Klischees repetieren. In dem Zusammenprall von Intelligenz und Realität übersteigert Kraus satirisch die Totalität verselbständigter Oberflächenverhältnisse des Kapitals, deren menschliche Personifikationen in ihrer animalischen und verdinglichten Verselbständigung, ihrer gefühllosen Gleichgültigkeit gegeneinander Kraus schockhaft offenbart.

Die Konsequenz dieser wechselseitigen Isolation ist, daß sich einmal die Menschen in einer automatenhaften, unmenschlichen Gleichgültigkeit, Beziehungs-, Gefühls- und Gewissenslosigkeit gegenüberstehen, daß sie andererseits in der Folge sprachlichen Zerfalls Lüge und Wahrheit nicht mehr recht auseinanderzuhalten vermögen, daß beide in dunstiger Indifferenz, in dämonischer Zweideutigkeit, ineinander übergehen; wie auch Recht und Unrecht in dieser in die moralische Indifferenz der Vorzeit zurücksinkenden Welt nicht länger von ihnen auseinanderzuhalten sind. Was, auf die Satire bezogen, bedeutet, daß sie keinen Bezugspunkt, keine Empfänger mehr hat; sie ist in der von Kraus abgebildeten Welt ein gleichgültiges Phänomen unter vielen; in dieser Lage nimmt auch die Satire einen vorweltlichen Charakter an, wird der Satiriker zum Zauberer, zum Schamanen, der gleichsam mittels eines satirisch-allegorischen Bildzaubers die kapitalistisch emporgerufene Vorwelt in ihr unterirdisches Dasein zurückkatapultieren möchte.

Dem zur Tatenlosigkeit verurteilten Melancholiker wird die anarchische Welt des Kapitals, deren bestimmte auf Bewußtlosigkeit beruhende Gesetzmäßigkeit er nicht kennt, zu einer des Wahns, bevölkert mit Verrückten, Wahnsinnigen, Hohlköpfen, verdinglichten Marionetten, Scheinlebenden, zu "einem hundstollen Planeten", zu der schon oben genannten völligen Verkehrung der Natur, zu einer der "tägliche(n) Lüge, aus der Druckerschwärze floß wie Blut, eins das andere nährend, auseinanderströmend zum großen Wasser des Wahnsinns." (27)

Laut Foucault ist der Wahnsinnige dem frühbürgerlichen Denken ein Sinnbild des Todes, Leben, das den Tod bedeutet. "Der Kopf, der zum Schädel werden soll, ist bereits leer. Der Wahnsinn ist die bereits hergestellte Präsenz des Todes. (...) Was der Tod demaskiert, ist nur Maske und nichts anderes." (28) "Das Ansteigen des Wahnsinns", so scheint Foucault die endzeitliche Erwartung Kraus' zu beschreiben, die sich mit Gewalt ältesten Bildguts bemächtigt, "seine...Invasion zeigt, daß die Welt ihrer letzten Katastrophe nahe ist." (29) Ist ein Bild des Wahns, das leere Treiben in sich selbst, so ein anderes, der Neuzeit angehöriges, das bestialischer Animalität, bestialisch freigewordener, nicht länger von Selbstbeherrschung unterdrückter, dafür vom Kapital in Regie genommener innerer Natur. (30)"Wie der Tod der Endpunkt des menschlichen Lebens im Zeitlichen ist, so ist der Wahnsinn auf der Seite der Animalität der Endpunkt des Lebens." (31)

Bedenkt man die Fülle der rasenden, quälenden, sich in Dinge, lebende Fragmente, menschliche Tiere und Tote verwandelnden Menschen in der Krausschen Tragödie, so kann analog zur Form, die den Zerfall der kapitalistischen Welt bedeutet und reflektiert, der Inhalt gleichsam als ein bilderreicher Kommentar der Form betrachtet werden, eine Bildergalerie von Sinnbildern des Todes und des Zerfalls, dessen Akteure lebende Tote sind, die ihren Tod nur nicht zur Kenntnis genommen haben.

Dem Verdinglichten, dem lebenden Toten, Lebenden, der den Tod bedeutet, fehlt jede lebendige, gefühlvolle Beziehung zu seinen Mitmenschen; sie sind für ihn das andere, das Fremde schlechthin, anorganische Materie, die er, Zerrbild der bürgerlichen Apathie, ohne die leiseste Regung des Gewissens, besinnungslos quält und hekatombenweise in den physischen Tod schickt, allegorisch zerstückelt und ruiniert.

Idiosynkratisch decouvriert der Melancholiker die Welt des Kapitals als Hölle, als Leichenfabrik, Fabrikstätte von Larven, Lemuren und Krüppeln, lebenden Fragmenten, die als organische Torsos nur der sinnliche Ausdruck für die in der Tragödie wachsende Zahl der psychischen Schäden ist, die die Welt des Kapitals produziert. Wie Lukács in "Existenzialismus oder Marxismus?" zeigt, liegt, von den fetischistischen Oberflächenerscheinungen her gesehen, die oben ausgeführte Decouvrierung des Kapitals durchaus nahe; werden doch 1. "die Beziehungen des Menschen...infolge der Struktur der kapitalistischen Wirtschaft im menschlichen Bewußtsein unmittelbar als Dinge" reflektiert, werden sie "im unmittelbaren Erlebnis ein Rätsel für ihn"; das aber schlägt sich 2. als "das Unwesentlichwerden des Lebens" nieder. (32) "Der Mensch verliert das Zentrum, das Gewicht, den Zusammenhalt seines eigenen Lebens", er dissoziiert, löst sich auf, regrediert. (33) "Der isolierte (Herv. v. E.S.), der egoistische, der nur für sich lebende Mensch steht in einer verarmten Welt, seine Erlebnisse nähern sich ...der Wesenlosigkeit, dem In-nichts-Zerfließen... (...) Er merkt...nicht, daß der Verlust des öffentlichen Lebens, die Verdinglichung, die Entmenschlichung der Zusammenarbeit infolge der kapitalistischen Arbeitsteilung, das Losreißen der menschlichen Beziehungen von der gesellschaftlichen Tätigkeit sein armes, isoliertes...Leben" zerfällen und zersetzen, bis er dem "Nichts, dem Nichtsein gegenübersteht." (34)

Die Anarchie losgelassener Gewalten, das Schicksal, "das Nichts", sind die Mythen "der niedergehenden, von der Weltgeschichte zum Tode verurteilten kapitalistischen Gesellschaft." (35) Als Wahnsinn und Sinnlosigkeit des Lebens wird sie subjektiv reflektiert. Das sinnlose Leben in der sinnlich bunten Öde des Kapitals und Tod werden literarisch zu Synonyma. Mit der sprachlich offenbarten "Dissoziation der Bewußtseinseinheit", der Regression in mythische Amorphheit, in kapitalbedingte Nichtidentität, verfließt dem Menschen "seine Grenze gegen das Auswendige", was Kraus dadurch verdeutlicht, daß der "Wiener" eine identitätslose Kollektivpersönlichkeit ist. (36) Er steht stellvertretend für eine identitätslose, geschichtslose Menge, deren Mitglieder sich der abstrakten Ununterscheidbarkeit der kapitalistischen Waren anähneln. Alle diese Typen gleichen schon vor ihrer militärischen Uniformierung austauschbaren Teilen der phantasmagorischen Welt der Waren, sind nach Kraus "fleischgewordene Kleider-Annoncen", die "einen permanenten (Herv. v. E.S.) Lebenszustand" unterhalten, in dem "einer wie der andere aussieht und darum das Gedächtnis nicht mit Physiognomien belastet wird", alle die Ununterscheidbarkeit eines "Bataillon(s) Aschingerbrötchen" haben, kurz: "alle sehen wie jeder aus." (37)

Die gesichtslose Anonymität seiner Personen steigert Kraus noch dadurch, daß er den Personen seines Dramas scheinbare Unterscheidungsmerkmale gibt, die sie nur noch mehr in Ununterscheidbarkeit stürzen: "eine Dame mit einem leichten Anflug von Schnurrbart", "eine auffallend gekleidete Dame", "eine Dame, die soeben mit tiefer Stimme Heine zitiert hat", "ein Berliner Exporteur mit einer Importe im Mund", "zwei Frauen mit Ansichtskarten", "der ungenannt sein wollende Herr Oberleutnant, der in Schaumanns Apotheke, Stockerau, zu Gunsten des Roten Kreuzes den Betrag von 1 K erlegt hat", "ein junger Mann mit Gürtelrock und weißen Gamaschen", etc., etc. (38)

Diese von Anfang des Stückes an bestehende Dissoziiertheit und Identitätslosigkeit der Personen schlägt im Verlauf des Stückes in eine physische Fragmentarisierung um, der ebenfalls Massencharakter zukommt, die von Kraus als die direkte Folge des von Presse und Diplomatie lanzierten Krieges vorgeführt wird: "eine Frau, die soeben vor Hunger zusammengebrochen ist", "ein blinder Soldat auf einem Rollwagen", "eine Bettlerin mit einem Holzbein und einem Armstumpf", "zwei Beinstümpfe in einer abgerissenen Uniform": ein Torso, der auf seine imperialistisch verstümmelten Extremitäten sprachlich reduziert und wegen der Uniform, Emblem zivilisatorischer Ununterscheidbarkeit der Moderne, nicht länger als Mensch angesprochen werden kann; die sprachlose Allegorie des Kapitals, die von schlechter Identität verhüllte menschliche Ruine, verstümmelte menschliche Natur, die stellvertretend für die ganze steht, der zum Pauper verelendete Ausschuß der Materialschlachten des ersten Weltkriegs, menschlicher Abfall. "...Verstümmelte, Verkrankte, Witwen etc. Der Pauperismus...bildet eine Existenzbedingung der kapitalistischen Produktion und Entwicklung des Reichtums. Er gehört zu den faux frais der kapitalistischen Produktion..." (39) "Die Akkumulation von Reichtum auf dem einen Pol ist zugleich", wie Marx schreibt und es Kraus am Krieg des Kapitals darstellt, "Akkumulation von Elend, Arbeitsqual, Sklaverei, Unwissenheit, Brutalisierung und moralischer Degradation auf dem Gegenpol, d.h. auf der Seite der Klasse, die ihr eignes Produkt als Kapital produziert." (40)

Die Krausschen Figuren umschreiben allesamt, wenn auch in

verschiedenen Variationen den Zerfall, die Bestialisierung, die Verdinglichung der Individuen in der kapitalistischen Gesellschaft. Die Auflösung geht bis zur Annihilierung der Menschen selbst; so ist in den "Letzten Tagen der Menschheit" die Masse auf körperlose Stimmen reduziert, deren Träger sich nicht mehr ausmachen lassen: "Gesang Einrückender", "das Geschrei", "Rufe", "Stimmen", "mehrere Stimmen", "Stimmen aus der Menge", "Stimmen hastig Eintretender", etc. (41)

Die Angehörigen der Presse, in denen Lukács einen "Gipfelpunkt kapitalistischer Verdinglichung" glaubt erblicken zu können, die am Anfang des Stückes nur die Wahrheit verhehlten oder phrasenhaft verstellten, beginnen bald, sie wie in Szene I, 14 direkt und durch materielle Erpressungen zu unterdrücken. (42) Die Versklavung der "Dinge in der exzentrischen Verschränkung der Bedeutung", die der "Intention...auf Wahrheit" völlig widerstreitet, die "Willkürherrschaft" des barocken Allegorikers "im Bereich der toten Dinge" wird zur Willkürherrschaft des Preßkapitals über die Menschen:
"der sprachliche Ausdruck der Willkür ist" "die Phrase", deren "Herrschaft über die Dinge", deren "Knechtung der Sprache" Kraus "im rettenden und strafenden Zitat" "beim Namen" ruft." (43)

Unterm satirischen Blick wird schonungslos die kapitalistisch-bürgerliche Gesellschaft des Abfalls von den von ihr propagierten moralischen Werten angeklagt. Schonungslos decouvriert der Satiriker als später Erbe der Aufklärung die Infamie der spätkapitalistischen Gesellschaft, schlägt er sie kritisch mit der Waffe der Wahrheit, die geistig dem ökonomisch emanzipierten Bürgertum gegenüber dem Feudalismus mit zur politischen Macht verhalf, indem sie die Legitimationsbasis des Feudalismus untergrub; zur Macht gekommen, wurde das Bürgertum seiner Macht und Herrschaft gegenüber selbst unkritisch, affirmativ und apologetisch. "Die Philosophie, die im achtzehnten Jahrhundert, den Scheiterhaufen für Bücher und Menschen zum Trotz, der Infamie die Todesfurcht einflößte, ging unter Bonaparte schon zu ihr über." (44)

"In der Wohnung der Schauspielerin Elfriede Ritter, die soeben aus Rußland zurückgekehrt ist. (...) Die Reporter Füchsl, Feigl und Halberstam <u>halten ihre Arme und dringen auf sie ein</u> (Herv.

v. E.S.)" (45)

"Kalte, schnellfertige Technik" allegorischer Willkür und willkürliche Schablonen und Phrasen schieben sich vor die Wahrheit. (46) Kritische Reflexion stellt sie wieder her, indem er die Unwahrheit zum Eingeständnis ihrer selbst zwingt.

"ALLE DREI (durcheinander): Haben sie Spuren von Nagaikas? Zeigen Sie her! Wir brauchen Einzelheiten, Details. Wie war das Moskowitertum? Haben Sie Eindrücke? Sie müssen furchtbar zu leiden gehabt haben, hören Sie, Sie m ü s s e n !
(...)
FÜCHSL: Warten Sie, die Einleitung hab ich in der Redaktion geschrieben - Moment - (schreibend) Aus den Qualen der russischen Gefangenschaft erlöst, am Ziele der langwierigen und beschwerlichen Fahrt endlich angelangt, weinte die Künstlerin Freudentränen bei dem Bewußtsein, wieder in ihrer geliebten Wienerstadt zu sein -
(...)
ELFRIEDE RITTER: Es ist nicht wahr, meine Herren!
FÜCHSL (aufblickend): Nicht - wahr! Was heißt nicht wahr, wo ich jedes Wort von Ihnen mitschreib?
HALBERSTAM: Wissen Sie, das is mir n o c h nicht vorgekommen. Das is intressant!
(...)
FEIGL: Machen Sie sich nicht unglücklich!
(...)
HALBERSTAM: Wolf hat sowieso einen Pick auf Sie, seit Sie damals in seinem Stück gespielt haben, das kann ich Ihnen verraten, Wolf is ohnedem sehr gegen Rußland, wenn er jetzt noch hören wird, daß Sie sich über Rußland nicht zu beklagen haben - er verreißt Sie auf der Stelle!
(...)
FÜCHSL: (...) Ich sag Ihnen, es handelt sich um Ihre Existenz!" (47)

Eingeschüchtert weicht die Schauspielerin vor dem Druck zurück und läßt die Verlogenheit triumphieren.

ELFRIEDE RITTER: Ja, meine Herren, das ist die Wahrheit - wissen Sie, ich war noch so unter dem Eindruck - man ist so eingeschüchtert, so -
FÜCHSL: Warten Sie - (schreibend) Noch ganz verschüchtert, wagt sie es nicht davon zu sprechen. Im Lande der Freiheit erliegt sie noch immer zeitweise der Suggestion, in Rußland zu sein, dort, wo sie den Verzicht auf die Rechte der Persönlichkeit, freie Meinung und freie Rede, so schimpflich fühlen mußte (Herv. v. E.S.).(Sich zu ihr wendend)No, ist das jetzt wahr?
ELFRIEDE RITTER: Nee, Doktor, wie Sie die geheimsten Empfindungen -" (48)

Mit den letzten Worten ist die Schauspielerin umfunktioniert und Teil der falschen Welt geworden, deren Agenten und ihre Worte ein böses Licht auf Begriffe wie "Land der Freiheit", "freie Meinung und freie Rede" werfen, die uns heute in ähnlicher Verkehrung nur allzu bekannt sind. Wahrheit ist, wie ersichtlich, von den Reportern nicht gefragt. (49) Ihre Fragen und ihre Forderungen an die Schauspielerin Elfriede Ritter sind Ausdruck bereits schablonenhaft zusammengestückter Vorfabrikate, geisterhafte Rudimente einer wirklichen Erforschung von Wahrheit, die als leeres Ritual in der syntaktischen Fragestellung der Reporter überlebt in Fragen, deren Antworten vor ihrer Beantwortung bereits festliegen. Über die wirkliche, von der Schauspielerin Ritter erlebte unmittelbare Wahrheit legen sich verselbständigte, ruinenhafte Versatzstücke eines von Halbbildung genährten Vorurteils, das Wahrheitsfindung schon im Ansatz verunmöglicht, da es auf isolierte, aus dem Zusammenhang gerissene Reize und Signale einschnappend, mechanisch das Repertoire seiner Klischees abspult, ohne sich im Geringsten auch nur durch den Protest gegen die Verdrehung der Wahrheit irritieren zu lassen. Falls, wie von der Schauspielerin, gegen den Bann des Vorurteils und der Lüge Einspruch erhoben werden sollte, so greift das Vorurteil zur Erpressung, um nur ja nicht in seiner Scheinfestigkeit erschüttert zu werden.

Die vom Vorurteil genährte, gegenüber der Wahrheit der unmittelbaren Realität verselbständigte Phrase, das Klischee, galt Kraus als einer der Hauptgründe, die den Krieg ermöglicht hatten. Er gab, wie er sagte, "der Phrase die Hauptschuld." (50) "Die Suggestion einer von einem abgelebten Ideal zurückgebliebenen Phraseologie" hat ein totes "ausgehöhltes Menschentum" erzeugt, weil sie dieses der Phantasie und des Geistes beraubte, mit deren Hilfe der Mensch sich "selbst die unvorstellbarsten Greuel vorstellen könnte und im Voraus wüßte, wie schnell der Weg von der farbigen Redensart und von allen Fahnen der Begeisterung zu dem feldgrauen Elend zurückgelegt ist", sich die an Torheit gemahnenden Erscheinungen des Kriegsgeschehens vorstellen könnte, um ihnen so praktisch entgegentreten zu können. (51)

Indem sprachliche Relikte der Vorzeit die lebendige Phantasie mechanisch ersetzen, verwandeln sie die Menschen in animalische oder automatenhaft verdinglichte, geschichtslose Wahnsinnige ohne Vergangenheit und ohne Zukunft, ohne rückgreifende Erinnerung und ohne vorgreifende Phantasie, in Wesen, die schon vor ihrem physischen Ende als Menschen nicht mehr existieren, sondern nur noch ein totes, leeres, in Vernichtung umschlagendes Ritual menschlichen Daseins zelebrieren, "Protagonisten...(des - E.S.) Todlebens" einer "Leichenstarre der Lebendigkeit", wie Kraus allegorisch mit dem uralten Topos des Lebens, das den Tod bedeutet, diesen Zustand beschreibt. (52) In der Formel des Todlebens umschreibt Kraus präzis die statische Dynamik des Kapitals, die alles Leben zu ersticken droht und das "Schreckbild einer Menschheit ohne Erinnerung" heraufbeschwört: "...Ahistorizität des Bewußtseins", deren Ausdruck die überhistorische und tote Phrase ist, "ist als Bote eines statischen Zustands der Realität mit Ratio notwendig verknüpft, mit der Fortschrittlichkeit des bürgerlichen Prinzips und seiner eigenen Dynamik". (53) Der Untergang der Welt erscheint vor diesem Hintergrund Kraus als die endlose Agonie einer nicht enden könnenden Katastrophe des permanenten Krieges.

"Die Welt geht unter, und man wird es nicht wissen. Alles was gestern war, wird man vergessen haben; was heute ist, nicht sehen; was morgen kommt, nicht fürchten. Man wird vergessen haben, daß man den Krieg verloren, vergessen haben, daß man ihn begonnen, vergessen, daß man ihn geführt hat. Darum wird er nicht aufhören." (54) "Der Menschheit ist die Kugel bei einem Ohr hinein und beim andern wieder hinausgegangen." (55)

Mit der Phrase schlägt Abgelebtes, Totes, toter, dissoziierter und versteinerter Geist, ein eminent allegorischer Zug im Krausschen Werk, in lebenden Menschen sein Lager auf; die Macht des mechanisch hergerichteten und maschinell verbreiteten toten Geistes unterjocht sie, macht sie gleichsam zu lebenden Revenants, Inkarnationen einer fragmentarisierten geistigen Vorzeit, lebenden Leichnamen, zu Sinnbildern des Todes; phrasenhaft verbreitet, lastet so "die Tradition aller toten Geschlechter...wie ein Alp auf den Gehirnen der Lebenden." (56) Diese Unterjochung gelingt der Phrase, weil gerade ihre schablonenhafte Verwendbarkeit sich hervorragend dazu eignet, im kulturindustriellen Verwertungsprozeß vernutzt zu werden, weil die Wiederholung des Immergleichen gerade an der Schablone das Mittel hat, Texte ohne große geistige Anstrengung als Massenartikel zu produzieren; so gelingt an einem Moment unter vielen des Kapitals, daß sich das Abgelebte, aber in mumifizierter Form Überlebende, das Vorweltliche mit dem Neuesten, dem kapitalistischen Verwertungsprozeß zusammenschließt, so als Zeitungsphrase, Ausdruck der Kulturindustrie, Ausdruck "der Moderne als des Neuen, des...Vergangenen und des Immergleichen in einem...das zentrale dialektische Bild" überhaupt abgibt. (57)

Mit der Phrase wird scheinbar völlig die Dialektik von Theorie und Praxis, die lebendige, geistige Auseinandersetzung des Menschen mit Natur und Gesellschaft stillgestellt, was in der Tat den Tod bedeutete. Gegen die idealistische Meinung Kraus', daß ein isoliertes Moment der kapitalistischen Totalität, die kulturindustrielle Phrase mit der Erstarrung und Versteinerung des Geistes den Untergang der Menschheit begründen könnte, kann aber mit Marx Kritik angemeldet werden. Ihm zufolge sind nur in der idealistischen "Phantasie" "die Verhältnisse der Menschen, ihr ganzes Tun und Treiben, ihre Fesseln und Schranken Produkte ihres Bewußtseins", was aber "die Individuen...sind, das hängt ab von den materiellen Bedingungen ihrer Produktion." (58) Wenn die Idealisten gegen spezifische Erscheinungsformen des verdinglichten Bewußtseins, gegen Phrasen kämpfen, vergessen sie, "daß sie diesen Phrasen selbst nichts als Phrasen entgegensetzen, und daß sie die wirklich bestehende Welt keineswegs bekämpfen, wenn sie nur die Phrasen der Welt bekämpfen"; schlimmer noch führt ein solcher Kampf zu der oben angesprochenen negativen Apologie des Bestehenden, denn die "Forderung, das Bewußtsein zu verändern, läuft auf die Forderung hinaus, das Bestehende anders zu interpretieren, d.h. es vermittelst einer andren Interpretation anzuerkennen." (59) Bei aller Kritik aber, die eine reservatio mentalis gegen die Verführungskraft der Krausschen Gedankenwelt im Hinweis auf deren ideologischen Charakter ermöglichen hilft, erfaßt Kraus richtig das fürchterliche Wechselspiel zwischen verdinglichtem Geist und einer bestialischen Resurrektion der blind unterdrückten Natur des Menschen, die sich in blinder Aggressivität äußert. Da die Geschichte der europäischen Zivilisation in einer blinden Unterdrückung der äußeren und inneren Natur durch den identifizierenden Geist bestand, muß sich mit dessen wachsender Verdinglichung und Dissoziation zwangsläufig diese in Ausbrüchen blinder, schreckenserregender Schuld- und Leidenschaftslosigkeit, Reversbildern der bürgerlichen Apathie, äußern; die blinde erste tritt als Mittel ein in die entfremdeten Zwecke der blinden zweiten: "Leben und Denken ist unter das Interesse der Schwerindustrie gestellt; ...Wir leben unter der Kanone". (60)

Im Verlauf des in der Tragödie reflektierten Krieges gestaltet Kraus die Presse in immer dämonischer werdenden Gestalten. Während sich die Masse der Reporter im Hinterland aufhält, dort, wie oben gezeigt, fingierte und erlogene Artikel über den Krieg verfaßt und an der Front selbst eine jämmerliche, vor Ignoranz strotzende Gestalt abgibt, (61) hört man "die Stimme des diktierenden Benedikt" über Zertrümmerung, Allegorisierung der Welt frohlocken, darüber, daß "die Fische, Hummern und Seespinnen der Adria...lange keine so guten Zeiten gehabt(hätten) wie jetzt. In der südlichen Adria speisten sie fast die ganze Besatzung des 'Leon Gambetta'." (62) Der Umschlag modernster Zivilisation in den naturhaften Kreislauf des Fressens und Gefressen-Werdens wird allegorisch dargestellt und kritisiert im Krausschen Medium: Menschen dienen zur Nahrung der urtümlichen Krustentiere. Schiffe versinnbildlichen Leichen, sind ein allegorisch dargestelltes und kritisiertes "Memento mori". "Bitterer denn je", verhöhnt die Stimme die ins Totenreich der Allegorie eingegangenen Italiener, "muß die Adria sein, deren Grund sich immer mehr und mehr mit den geborstenen Leibern italienischer Schiffe bedeckt und über deren blauen Fluten der Verwesungshauch (Herv. v. E.S.) der gefallenen Befreier vom Karstplateau streicht - -" (63)
Die Szene, in der Kraus durch "die Stimme des diktierenden Benedikt" auf die wachsende Barbarisierung der Presse hinweist, die die ungeheure Beschleunigung der Herstellung von Ruinen, Wracks und Leichen, das Material der Allegorie, feiert, ist in ihrer Bedeutung unmittelbar verschärft dadurch, daß Kraus dieser Stimme die in der vorhergehenden Szene zu hören gewesene "des betenden (Papstes - E.S.) Benedikt" kontrastiert, die darüber zu Gott klagt, daß "die schönsten Gegenden Europas, dieses Gartens der Welt,...mit Leichen und Ruinen besät" seien. (64)

Der Garten, einer der Fluchtorte des Melancholikers, verwandelt sich ob triumphierend oder trauernd betrachtet in eine allegorische Landschaft des Todes und der Vergängnis, verwandelt sich in einen Totenacker, auf dem "der Profit mächtig in die Halme schießt". (65) "Das Geschäft gedeiht auf Trümmern, Städte werden zu Schutthaufen, Länder zu Wüsteneien, Bevölkerungen zu Bettlerhaufen,...", faßt Rosa Luxemburg den von der zweiten Natur mechanisierten und maschinell betriebenen Prozeß eines "unaufhaltsamen Verfalls", als der sich den melancholischen Augen die erste und die ihr subsumierte menschliche Geschichte darbot, zusammen. (66) Wird mit dem Begriff und dem Bild des Gartens wie immer die Vorstellung einer gewaltlosen und harmonischen Versöhnung von Mensch und Natur beschworen, so auch die schicksalslose Seligkeit des Paradiesgartens, so setzt sich der mit Leichen und Ruinen besäte Garten, der Totenacker, Inbegriff des zum zerfallenen Ding gewordenen Menschen, in einen "extreme(n) Gegensatz zum Begriff der verklärten Natur" des klassischen Bürgertums und seiner liberalen Harmonievorstellungen; erblickt der barocke Dichter in der ersten Natur nur noch "Verfall", mit dem "das historische Geschehen (schrumpft)...und...in den Schauplatz" eingeht, so gewinnt der Verfall unter den Augen des spätbürgerlichen Melancholikers die Form blinder, endloser, somit geschichtsloser menschlicher Selbstzerstörung, eines durch den technischen Schein ihn, da gesamtgesellschaftlich produziert, täuschenden Verfalls, der die Basis der strotzenden Lebensfülle des vampirhaften Kapitals bildet, dessen Allegorien die herrschenden Marionetten sind, Agenten des Kapitals, der toten Arbeit, die das Leben der Menschen dem toten Moloch opfern, ihrem Profitinteresse, dessen sinnlich-unsinnlichen Halmen die Toten als Dünger dienen. (67)

In der Kriegsberichterstatterin Alice Schalek erstand Karl Kraus im Krieg ein Frauentyp, der seinen eigenen Vorstellungen von Stellung und Bedeutung der Frau in Natur und Gesellschaft direkt entgegenstand. (68) Obergottsberger identifiziert in seiner Interpretation sich allzusehr mit der Vorstellung Kraus' und nennt die Agentin des Preß- Kapitals ein "Unweib", "eine Mischung von Rohheit und Hysterie", Walter Muschg versteigt sich gar zu den Ausdrücken "Scheusal" und "Hyäne", "elle ignore", so sekundiert ihnen René Stempfer, "tout la misère des combattants et ne sait parler que de festins, de caviar, de champagne. En elle se concentre tout ce que la presse a d'odieux, tout ce que Kraus combattra durant son existence, le triomphe du mensonge sur la vérité, de la froideur sur le sentiment, du matérialisme sur la spiritualité." (70)

Die Gestalt der Schalek ist nicht nur ein krasser Widerspruch gegen alle bürgerlichen Humanitätsbegriffe, sondern in der Tat ein Gegenpol all' dessen, was in der patriarchalischen Gesellschaft Europas und der ihr eigentümlichen psychischen und physischen Arbeitsteilung als der weiblichen Rolle angemessen gilt. Gerade in der Person der Schalek stießen die bürgerliche Ideologie und die verdinglichte Realität des Kapitals in besonders schriller Dissonanz aufeinander, und sie fungiert als solche in der Krausschen Tragödie, wenn sie in der 16.Szene des 5. Aktes genüßlich einem noch unerfahrenen Kameraden ihre Kriegserlebnisse, das Putzen von Gräbern und Wäldern erzählt. Hierbei gereicht dem Leser zum Schock nicht nur die mörderische Tatsache selbst, sondern die Selbstverständlichkeit, mit der die Barbarei vorgetragen wird.

"DIE SCHALEK (zu einem Kameraden): Die 208 Leichenphotographien legitimieren mich wohl zur Genüge vor der Nachwelt; sie wird nicht zweifeln, daß ich mitten drin war im heroischen Erleben.
(...)
DIE SCHALEK: (...) Ist eine besondere Aufgabe im Feindesgebiet zu leisten, so wird sie mit allen Einzelheiten wie ein Theaterstück geprobt. Das Leichteste ist natürlich das gewöhnliche Putzen.
(...)
DIE SCHALEK: Zwei Handgranatenwerfer gehen voran. Ist die Handgranate geworfen, so rennt die Gruppe um die Traverse herum. Die Infanterie, die folgt, besetzt dann die geputzten,...Gräben. Die Sturmtruppen auf der Lysonia unter Führung des Oberleutnants Tanka, ...arbeiten wie in der Schule. Sie glühen vor Eifer und Wichtigkeitsgefühl. Die Exaktheit ihrer Bewegungen, das Ineinandergreifen ihrer Wirkungen ist erstaunlich, erschütternd, gewaltig. Bis zehn Uhr abends wird geputzt.
(...)
DIE SCHALEK: (...) Während der drei Tage, in denen vorne geputzt wird, säubert der Kommandant Oberst Söld von dreihundertundacht mit seinen übrgiggebliebenen Truppen den Wald. (...) So viel Leichen hat er noch nie gesehen, Tag und Nacht arbeitet man, alle zu verscharren.
DER KAMERAD: Ich bin begeistert. Wenn nicht das mit dem Putzen wär - kein Mensch möcht merken, daß es eine Frau geschrieben hat!
DIE SCHALEK: Wie meinen Sie das?
DER KAMERAD: Ich meine, wie Sie das Ausputzen schildern - daß Sie so viel Wert auf Reinlichkeit im Schützengraben - (...)
DIE SCHALEK (ihm einen verächtlichen Blick zuwerfend): Sie blutiger Laie! Putzen heißt massakrieren!

DER KAMERAD (zurücktaumelnd und sie anstarrend): Wissen Sie - !" (71)

Das obengenannte Moment ist nur eines der Bedeutungsvielfalt dieser Szene; denn, was von der Schalek im militärischen Jargon "Putzen" genannt wird, deckt sich nicht mit dem Begriff des Massakrierens, das ein Bewußtsein darüber einschließt, daß ein Blutbad angerichtet wird, geschlachtet wird. "Putzen" hingegen ist der exakte Begriff für eine zur schuljungenhaften Tätigkeit, zum schuljungenhaften Theaterspielen herabgesunkene militärische Arbeit gegenüber ihrer Individualität verlustig gegangenen Menschen, die deshalb von zu Maschinen gewordenen Menschen nur noch als "Material", "Menschenmaterial" betrachtet werden. (72) Die zum Material und zu Maschinenwesen gewordenen Menschen sind Ausdruck einer Gesellschaft, in der ein Zeitungsverkäufer in blinder Ahnungslosigkeit "100.000 Tote Italiena" oder "achttausend Russen für zehn Heller" anbietet, in der deshalb von Ärzten die durchaus berechtigte Frage aufgeworfen wird, "was...das einzelne Menschenleben" denn noch "wert" sei; in dieser Gesellschaft gilt der Mensch durchaus allgemein dem wegzuputzenden Dreck gleich. (73) Bezeichnet doch der französische General "Gloirefaisant" seine Soldaten als "Nettoyeurs", denen leider die Kunst der "Bajonettübung" eines "Roland Campbell" fehle, der "das Blut der Jugend gerinnen" mache "durch seine Beredsamkeit über die Methoden des Angriffs, um die Leber, die Augen und die Nieren des Feindes zu durchstoßen." (74) Von daher ist in einer Welt empfindungsloser Gleichgültigkeit des Menschen dem Menschen gegenüber das Wort "Putzen" mit dem einer anderen Wert- und Bedeutungswelt entnommenen Begriff "Massakrieren" schlecht übersetzt. Kraus reißt in dieser Szene die Wörter und ihre Bedeutungen in Geschichte, um so erst die ungeheuerliche Veränderung der neuen Welt deutlich werden zu lassen gegenüber einer früheren, in der das Wort "Massakrieren" noch in seiner eigentlichen Bedeutung gebraucht wurde, als "Putzen" noch eine zivilisatorische Tätigkeit war, als Menschen noch nicht mit der Exaktheit und der Gefühlslosigkeit von Maschinen ihre Gegner töteten, als man diese Tätigkeit noch nicht "Putzen" nennen konnte. Die Schalek ist Teil einer Welt, deren Menschen ihren Wahnsinn darin kundtun, daß sie bei der Versenkung feindlicher

Schiffe "eine wahnsinnige Freude" haben, eine Welt, in der zuletzt analog zu der oben zitierten Verkehrung der Kausalität der Regen von unten nach oben fällt, in der mit der verdinglichten Herrschaft des Kapitals das "Lebensmittel" zum "Lebenszweck" und dieses zum Mittel, Material für den neuen Lebenszweck geworden ist, in der "die Freiheit des Geistes" der "Diktatur des Geldes"zu erliegen droht. (75)

Alle diese Zeichen sind als Zeichen einer verkehrten Welt Zeichen des unaufhaltsamen Untergangs der Menschen, Zeichen ihres geistigen Todes, Zeichen einer geheimen, nur dem Melancholiker sichtbaren Offenbarung, Apokalypse von Untergang und Tod, stumme "Drohungen der Bestialität und von dem Ende der Welt", die etwa der Wahnsinn laut Foucault emblematisch bedeutet. (76) Sie sind aber auch Zeichen, daß das Wesen des Kapitals, das die Katastrophe verursacht, in der manischen Bilderflucht des Grauens nicht begriffen, sondern nur in den säkularisierten Bildern tradierter Religiosität anschaulich gemacht werden kann und einen Zug ins naturhaft Unaufhaltsame bekommt, gegen das die geistige Erkenntnis nichts ausrichten könnte.

Kraus versucht mit Hilfe eines montierten Schocks, die maschinenhafte Gleichgültigkeit zu durchschlagen, mit dem geschichtlichen Wert der Wörter Vergangenheit wiederzuerwecken, um das Gegenwärtige in eine von Geschichte gesättigte Erinnerung aufzuheben, um so vielleicht die vergessenen Werte selbst zu restituieren und den ungeheuerlichen Maschinenmenschen die Ungeheuerlichkeit ihres Tuns bewußt zu machen, um so in den maschinenhaft "im Takt" röchelnden Wesen einer "ausgestorbene(n) Welt", die die fürchterliche Vision endloser, da mechanischer Agonie beschwören, wieder Leben und Geist einsenken zu können. (77)

Die Bedeutungsänderung der Wörter gründet aber nicht, wie Kraus meinte, in der Unverantwortlichkeit der Presse und ihrer Agenten, sondern ist Ergebnis der Verdinglichung des Kapitals und der kapitalistischen Entfremdung. Von hier ist der Hinweis von M.Borries und anderer marxistischer Interpreten Kraus' richtig, daß indem Kraus "für die gesellschaftlichen und kulturellen Mißstände seiner Zeit vornehmlich die Presse verantwortlich machte", er zeige, "in welch hohem Maß er das Zusammenspiel geschichtlicher Kräfte außer acht ließ. (...) So beeindruckend dieser totale Kampf gegen die in der Tat durch Machtmißbrauch vielfach diskredierte moderne Massenpresse an einzelnen Beispielen auch belegt sein mag, er bleibt dennoch als eine allzu privat im Ethischen gegründete, die konkrete Faktizität ausklammernde Gegnerschaft wirkungslos. Nie versucht Kraus, die geschichtlichen Kräfte der Zeit zu ergründen, die für die Relativierung traditioneller Wertmaßstäbe ursächlich waren."(78) So richtig dieser Vorwurf ist, so greift er doch insofern zu kurz, als er selber moralisch und somit unmarxistisch die nahezu grundsätzliche Unmöglichkeit einer richtigen Erkenntnis des Wesens des Kapitals für die Angehörigen der Bourgeoisie nicht reflektiert, so auch nicht fähig ist, die persönliche Tragik eines romantischen, subjektiv ehrlichen Antikapitalismus angemessen zu erfassen.

Der satirische Kunstgriff Kraus' besteht in dieser Szene in den naiven Zwischenbemerkungen des Kameraden. Diese Methode ist eine spezifische Variante der Konfrontation und Amalgamierung von eigentlich einander ausschließenden Bedeutungen auf möglichst engen Raum, diese - hier auch ein satirisches Spiel mit der friedlichen und kriegerischen Bedeutung des Wortes "Putzen" - verstärken über die oben genannte vielfache, moralisch bestimmte Abstraktion hinaus die satirische Wirkung des Dargestellten. Die ganze Szene ist von einem düsteren und makabren Witz, wobei Kraus es sich nicht versagen kann, im zweitletzten Satz des hier zitierten Zitats noch einen Witz im Witz zu konstruieren: Zweifellos nämlich ist der von der Schalek als blutiger Laie bezeichnete Kamerad ein höchst unblutiger, wohingegen die Schalek eine blutige Kennerin ihres Faches ist.

Worauf es Kraus letztendlich ankommt, ist, daß mit seinem wirklichen Begriff, seinem ihm wirklich zukommenden Begriff bezeichnet wird, was geschieht. "Er ist Kritiker der Ideologie im genauen Sinn: er konfrontiert das Bewußtsein, und die Gestalt seines Ausdrucks, mit der Realität, die es verzerrt. Bis zu den großen Polemiken der reifen Zeit...benutzte er die Prämisse, die Herrschaften sollten treiben, was sie mochten; nur sollten sie es zugeben. Ihn leitete die tiefe, wie immer auch unbewußte Einsicht, daß Böse und Zerstörende höre, sobald es sich nicht mehr rationalisiert, auf, ganz böse zu sein,..." (79)

Moritz Benedikt, der Herausgeber der "Neuen Freien Presse", galt Kraus seit je als die Inkarnation, das Konzentrat all dessen, was er an der Moderne verabscheute. Er gilt ihm in "Die letzten Tage der Menschheit" als die Verkörperung des Bösen, der von Kraus verabscheuten Aufklärung, der höllischen "Helle", des Antichristen, von "Technik" und "Tod", von verdinglichter Zeit, gilt ihm als Leichenfabrikant, der "Blutbilanz" macht, als Vertreter des mit verdinglichter Zeit stillstehenden Fortschritts schlechthin. (80) Als "Schlachtbankier", personifizierte Einheit von Bank und Schlachtbank, ist er der Verantwortliche für all das Übel, das die Menschheit vernichtet. Sein Bild ist eines der vielen Embleme der vertierten Menschheit und des Fortschritts in einem, er ist die Einheit des entäußerten Geistes, des naturvergessenen und naturvernichtenden Geistes und der bestialischen menschenvernichtenden Vertiertheit, er stellt das Bild des satanischen Herren der Hyänen dar, er ist die Inkarnation der "Weltverheerung". (81)

"Schwarzer, graumelierter, wolliger, ganz kurzer Backen- und Kinnbart, der das Gesicht wie ein Fell umgibt und mit ebensolcher Haarhaube verwachsen scheint; energisch gebogene Nase; große gewölbte Augen mit vielem Weiß und kleiner stechender Pupille. Die Gestalt ist gedrungen und hat etwas Tapirartiges. Jackettanzug und Piquéweste. Der rechte Fuß in ausschreitender Haltung. Die linke Hand, zur Faust geballt, ruht an der Hosentasche, die rechte weist mit gestrecktem Zeigefinger, auf dem ein Brillant funkelt, auf die Hyänen." (82)

Diese Szenenanweisung des Herrn der Hyänen ist eine Beschreibung einer in einem Vorkriegsheft der Fackel veröffentlichten Photomontage. (83) Zu dieser Photomontage schrieb Kraus eine allegorische Auslegung, die den "Sieger" der Wahl von 1911 als eine aus den verselbständigten Formen des Kapitals zusammengesetzte Charaktermaske deutet; die Montage zeige, schreibt Kraus,

"weit über jede Absicht des Spottes hinaus, fern aller karikierenden Bosheit,..., wie das aussieht, was den Staat beraubt und was die Welt verpestet; ...das Antlitz der Macht,.., welche die Partei des Geldes gegen den Geist vertritt; ...wie der Fortschritt dasteht, wie die Geldgier die Faust ballt, welchen Blick die Aufklärung hat, welchen Bart der Einfluß und welche Nase der liberale Triumph -" (84)

In dieser Zusammensetzung gemahnt der allegorisch ausgedeutete Benedikt an die zusammengesetzten Figuren des Malers Arcimboldi. Wie dessen Figuren aus der nature morte, so ist Benedikt förmlich eine real entwertete, aus fragmentarischen Bedeutungsträgern zusammengesetzt Figur, die der Melancholiker in Sprache übersetzt. Benedikt ist eine aus zerstückten und mosaikartig zusammengesetzten Formen des Kapitals kombinierte Figur, Personifizierung und Personalunion aller von Kraus bekämpften Übel. Die Willkürlichkeit der Bedeutungsträger entwertet sie wie zugleich die reale Person, bei der es "aufs Detail" nicht länger ankommt. (85) Die Person löst sich in die vom Allegoriker verliehene Abstraktion auf, verliert ihre Identität und zeigt sich als eine aus mehreren zusammengesetzte Charaktermaske, personifiziertes Rätsel des Kapitals, das hinter seinen gegeneinander verselbständigten Momenten zu fragen scheint, bin ich das oder bin ich das oder nicht etwa noch ein anderes. Dieses zerfallende ist ein "letztes Gesicht" der sterbenden Zeit es die sich auflösende Maske des Todes, des "Herr(n)...unseres Lebens", der die Form des Fortschritts und aller Formen des Kapitals angenommen hat, dessen nach Kraus "todbringende Kräfte" sich in Benedikt verkörpern. (86)

Die tapirartige, tierartige Figur Moritz Benedikts ist so gleichzeitig die Personifikation der Vertierung, der Verdinglichung, des kapitalistischen Todes, des kapitalistischen Fortschritts, der verdinglichten, in Mythologie umschlagenden Aufklärung.

Personifikation des Preßkapitals schließlich, wird Moritz Benedikt, "der Herr der Hyänen", "ein anderer Papst", zur Allegorie des Bösen, des materialistischen Antichristen schlechthin, des Produzenten einer ruinierten Welt, eines Leben und Leichen ausbeutenden Ungeheuers; dessen "Macht" der abstrakte "Wert" des Kapitals ist:

"DER HERR DER HYÄNEN (...): (...) Geht auch die Welt auf Krükken,/ der Fortschritt mußte glücken,/ ging aufs Geschäft er aus./ Was Gott nicht will, gelingt doch,/ der Teufel selber hinkt doch/ und macht sich nichts daraus.//
Mit invalider Ferse/ geht er dennoch zur Börse/ und treibt den Preis hinaus./ (...) Das Leben abzutasten/ mit unbeirrtem Hasten,/ seid, Brüder mir bereit. / Versteht der Zukunft Zeichen,

/ tastet noch ab die Leichen,/ <u>in Ziffern spricht die Zeit!</u> (Herv. v. E.S.) (...) Ich bin gottlob verwandt nicht (mit dem Papst Benedikt - E.S.)/ die andere Welt sie ahnt nicht,/ daß ich ein andrer Papst./ Denn alle an mich glauben,/ die wuchern und die rauben und die im Krieg gegrapst.// (...) Ging' es nicht über Leichen,/ die dicken schweren Reichen/ das Reich erreichten nie./ Steht auch die Welt in Flammen,/ wir finden uns zusammen/ durch schwärzliche Magie!// (...) Ich traf mit Druckerschwärze/ den Erzfeind in das Herze!/ Und weil es ihm geschah,/ sollt ihr den nächsten hassen,/ um Judaslohn verlassen - / der Antichrist ist da!" (87)

Der gereimte Monolog Benedikts wirkt wie eine barocke Bilderklärung, eine Selbstentlarvung des Kapitals als eine weltliche Form der Religion, in der alle anderen vorkapitalistischen Religionen aufgegangen sind, und deren Kultstätte, die Kultstätte des verdinglichten Kapitalfetischs, die Börse ist. Beiden Formen des Kapitals, seiner materiellen wie ideellen Gewalt, den sich aus dem Interesse nach Profitmaximierung und aus dem Zwang der Konkurrenz sinkenden Warenpreisen und der in Positivismus umgeschlagenen Aufklärung des Bürgertums, vermögen vorkapitalistische Gesellschaftsformen keinen Widerstand zu bieten; an die Stelle der religiösen Entfremdung tritt die die Identität der gesellschaftlichen Individuen auflösende des Kapitals und des die Sinne blendenden Kapitalfetischs.

Hinter dem Zerfall aber der kapitalistischen Charaktermaske, des "mit Willen und Bewußtsein begabten Kapital(s)" enthüllt uns Kraus die für ihn eigentliche Gestalt des kapitalistischen Fortschritts, "ein automatisches Subjekt", das sich der Menschen, sie psychisch und physisch unterjochend, bemächtigt: Seine Embleme sind die "Uhr", Sinnbild der verräumlichten und verdinglichten Zeit; der "Apparat", die Maschine, Sinnbild der Herrschaft der toten über die lebendige Arbeit, der mechanischen Wiederholung des Immergleichen; der "Zinsfuß", Sinnbild des Kapitalfetischs überhaupt; die "Prothese", Sinnbild der physischen Denaturierung und Fragmentarisierung der Individuen unterm Kapital und dessen Kriegen, die ihren Gipfel in der Verdinglichung der Menschen in "Gasmasken" findet, die kein Gesicht mehr haben; die "Glorie", Sinnbild eines verdinglichten und gegenüber den gesellschaftlichen Individuen verselbständigten Wertsystems, das sich ihrer sosehr bemächtigt, daß sie darüber in Gleichgültigkeit, acedia, Trägheit des Herzens, gegenüber ihren Mitmenschen verfallen, einer gleichsam maschinenhaften Gleichgültigkeit:

"Dies ist", kommentiert Kraus lyrisch eine chronometrisch gemessene Versenkung eines "vollbesetzten feindlichen Truppentransportdampfer(s)" durch ein österreichisch-ungarisches Unterseeboot, "das Aug in Aug der Technik mit dem Tod./ (...)/ Hier läuft die Uhr ab, a l l e r (gesp. v. E.S.) Tag wird Nacht./ (...)// (...)/ Hier stand mit stolzer Siegesmiene/ ein stolzer Apparat, dem du die Seele nahmst.// (...) ...seht her", formuliert Kraus die Verdinglichung und Verräumlichung der Zeit, "die Uhr die Zeit zum Stehen bringen kann!// (...) Der Fortschritt", faßt er die für ihn zentrale Allegorie aller Übel des Kapitals zusammen, "geht auf Zinsfuß und Prothese,/ das Uhrwerk in der Hand, die Glorie im Herzen (Herv.v. E.S.)" (88)

An die Stelle des Totenkopfes, der zentralen Allegorie des Barocks für die Todesverfallenheit alles Menschlichen, seiner Verfallenheit an die erste Natur, tritt bei Kraus der sinnlich-unsinnliche Fortschritt, die zentrale Allegorie einer geschichtlich bestimmten Todesverfallenheit des Menschen, seiner Verfallenheit an die zweite Natur, das Kapital; dieser Fortschritt ist bei Kraus ein sinnlich-unsinnliches Monstrum, das auf einem Abstraktum, dem Zinsfuß, und einem Naturersatzgebilde, der Prothese, Tod und Unheil verbreitend voranschreitet; ein Fortschritt, von dem Kraus an anderer Stelle sagt, "dessen Unaufhaltsamkeit mit dem Tode gleichen Schritt" halte. (89) Mit diesem Bild des Fortschritts nimmt Kraus bildlich das oben genannte Diktum Adornos von der Dialektik von Fortschritt und Regression vorweg, die mit wachsender technischer Entfaltung des Kapitals in der Vertierung des Menschen endet, wie sie Kraus schwermütig gestaltete. Gleichermaßen aber ist das Kraussche Bild des Fortschritts das eines ideologischen Bewußtseins. Es ist der direkte Ausdruck einer verdinglichten Auffassung des Kapitalverhältnisses. Der Fortschritt in der Sicht Kraus' ist eine Zusammenstückung von gegeneinander verselbständigten Erscheinungsweisen der kapitalistischen Totalität, eine sinnlich-unsinnliche, allegorische Zusammenfassung fragmenthafter Momente einer Totalität. Es ist die bildhafte Zusammenfassung des Entsetzens über das fetischhaft verselbständigte Kapitalverhältnis, die Verdinglichung des Menschen unter der Herrschaft des Kapitals -(die sich in der einer meßbaren, toten, verräumlichten Zeit ausdrückt, der gegenüber der Mensch nichts ist, und in der sich die abstrakte Rationalität des Kapitals zusammenfaßt, eine quantitative Zeitform, die bei

Kraus zum Stillstand der Zeit überhaupt sich verdichtet, ein Zustand, der dem des Todes, der Zentralfigur allegorischer Naturverfallenheit, entspricht)- über die verselbständigte Ruhmsucht, die Zerstörung der Natur, an deren Stelle Ersatzstoffe, Prothesen treten. Kraus zeichnet die Nachtseite des Kapitals, in der sich das Grauen des bürgerlichen Individuums vor der nicht zu übersehenden Verdinglichung, der Selbstzerstörung der Menschheit verdichtet, zu der sich der Krausche "Angsttraum" verdichtet; Ausdruck der Hilflosigkeit vor dem von Kraus gestalteten monströsen Alpdruck. (90)

Der Fortschritt erscheint in seinen Folgen in zweierlei Gestalt, einmal als die allmählich entweder zu Bestien oder gar zu toten Marionetten regradierenden Individuen, die wie oben gezeigt,beide Allegorien des allgegenwärtigen Todes sind, dann als das genannte Monstrum, dessen Momente wie den Ersatz unmittelbarer lebendiger Beziehungen der Menschen durch den fetischartigsten Ausdruck ihrer gesellschaftlichen Beziehungen im Zins symbolisieren, so den Ersatz alles Natürlichen durch die Produkte der entfremdeten Arbeit, die sich als Produkte der zweiten Natur an die Stelle derer der ersten setzen. (91)

Der Fortschritt im Krausschen Sinn setzt so auch an die Stelle des natürlichen Todes, des natürlichen Verfalls und der natürlichen Vergängnis den vom Kapital produzierten, industriellen, die menschlich produzierte Dissoziation und Fragmentarisierung des Menschen, die allmähliche Ersetzbarkeit des Menschen selbst durch ein Kunstwesen aus Ersatzgliedern, durch einen Maschinenmenschen. Geschichtlich geprägte Natur findet ihr Sinnbild nicht mehr einfach in Totenkopf und Ruine, sondern in gesellschaftlichen Produkten des Kapitals wie dem vertierten Menschen, eine Ruine seiner selbst, und den Ersatzstoffen, die das Ruinöse des Kapitals kaschieren helfen und das Leben dem Anorganischen anähneln. An die Stelle natürlicher, naturgeschichtlicher Todesverfallenheit tritt die den Menschen vereinseitigende und auflösende, bewußtlose Verfallenheit an das Kapitalverhältnis, dessen Allegorie der gegenüber den Menschen sich verselbständigende und bewußtlose Fortschritt ist, dessen geistige Agentin, die Presse, "die Maschinen des Todes in Bewegung setzte", dessen entfremdetes Produkt, "die Gegenwartsbestie...gemütlich zur todbringenden Waffe greift" wie "auch zum Vers, um sie zu glorifizieren." (92) Dies in einem Krieg, der "von der Negation menschlicher Qualitäten" lebt, in dem sich also nur mittelbar Menschen bekämpfen, sondern sich ganz in der quantifizierenden und entqualifizierenden Tendenz des Kapitals "Quantitäten...sich gegenseitig gleichmäßig vermindern", "bis der größeren Quantität ein Vorsprung bleibt." (93)

Unter allen Produzenten der Dissoziierung nimmt, so kann festgehalten werden, für Kraus die Presse die erste Stelle ein, da sie für Kraus, der den Menschen mit menschlichem Geist und Sprache identisch setzt, mit der Sprache auch den menschlichen Geist und mit dessen Erlöschen den Menschen destruiert und somit tötet; die Presse ist so die Allegorie des als Fortschritt gefaßten Todes und des Verfalls schlechthin. Deutlich ist das nochmals an den oben analysierten Aktanfängen, wo die "Zeitungsausrufer" erst mit der Leiche des österreichisch-ungarischen Thronfolgers, dann mit wahren Hekatomben von Leichen Geschäfte zu machen suchen, Leichen werden wie Waren angeboten. Damit wird satirisch als galoppierende Entwertung des menschlichen Lebens gefaßt, als auf Touren kommende Todesindustrie, was den schon vor ihrem Tod im Krieg Verdinglichten, Entmenschten immer schon geschah: zur Ware verdinglicht auf den anarchischen Markt, auf Käufer angewiesen zu sein. Um vom Kapital verwertet und allegorisch bedeutet zu werden, ist das Leben, ist der Tod des Menschen da. Er wird wertlos.

"ZWEITER ZEITUNGSVERKÄUFER: Extraausgabee -! 100.000 tote Italiena bittee -!" (94)

In der 53. Szene des 5. Aktes verwandeln sich diese Zeitungsausrufer in Wesen mythischer Vorzeit, Allegorien des Wahnsinns und somit des Todes, des Rückfalls in einen schicksalshaften Schuldzusammenhang der Vorzeit. (95)

"Eine menschenleere (Herv. v. E.S.) Gasse. Es dunkelt. Plötzlich stürzen von allen Seiten Gestalten herbei, jede mit einem Stoß bedruckten Papiers, atemlos, Korybanten und Mänaden, rasen sie die Gasse auf und ab, toben, scheinen einen Mord auszurufen. Die Schreie sind unverständlich (Herv. v. E.S.). Manche scheinen die Meldung förmlich hervorzustöhnen. Es klingt, als würde das Weh der Menschheit aus einem tiefen Ziehbrunnen geschöpft.

' asgabee -! strasgabää -! xtrasgawe -! Peidee Perichtee -! Brichtee -! strausgabee -! Extraskawee -! richtee -! eestrabee -! bee -!" (96)

Was in dieser Szene an der zerfallenden Sprache der Zeitungsausrufer, an ihren Wortfetzen, Wortskeletten und Worttrümmern in einem allegorischen Schriftbild und einer als Kommentar dienenden Szenenanweisung bedeutet wird, ist der dem physischen vorweggenommene geistige Untergang der Menschheit, eigentliche Untergang der Menschheit; die Sprache wird zum kreatürlichen "Laut", dieser zur Anklage von "zehn Millionen Sterbende(n)", zum Sinnbild einer "zerschlagenen Schöpfung". (97) Die Hilfskräfte des Mörders Presse, die Mord in Geld umwandeln, s c h e i n e n deshalb nur den Mord der Menschheit auszurufen: den anderer Menschen und ihren eigenen. Der Ausruf des Mordes wird zum Todesröcheln der sich unwissend selbst und andere Tötenden, von deren Sterben sie leben. Das ist der Wahnsinn des Kapitals. So werden die Rufe zu solchen des Wahnsinns eines Fortschritts, dem die Menschheit zum Opfer fiel, sind der sprachlich protokollierte, sprachlich gestaltete Zerfall des menschlichen Geistes, der den Rückfall der Menschen in das archaische Stadium des unartikulierten Schreiens, des Schrekkensrufes vor einer unbegriffenen Wirklichkeit artikuliert; so zerspellt, zerflattert und zerfließt an seinem Ende der Geist der Aufklärung auf den Schreckens- und Wehruf, mit dem er einst die amorphe Subjekt-Objekt-Identität des Mana aufgebrochen hatte, fällt ins Amorphe zurück, dem er sich entrang.

An diesen Rufen bedeutet sich die Presse als das, was durch die Vermischung aller Sprachebenen und Begriffe, durch die Destruktion der Sprache die Menschheit unfähig macht, dem Wahnsinn rational entgegenzutreten; diese Situation jedoch verurteilt den Satiriker zur völligen Hoffnungslosigkeit: ohne Theorie keine humane Praxis. Ihrer Sprache beraubt, sieht der Satiriker die Menschheit vom entfremdeten Kapitalverhältnis genau in den Stand versetzt, in dem auch der junge Marx das der Produktionsmittel beraubte Proletariat gesehen hat: in den tierischen. Hierbei ist nicht zu vergessen, daß Marx die Gründe der von Kraus anschaulich gemachten Vertierung nannte: die Reduktion des Arbeiters auf ein verdinglichtes Moment des Kapitals, ein Rädchen, ein mechanisches Teil, innerhalb einer verdinglichten und ausbeuterischen Praxis, die jede geistige, humane Entwicklung des Proletariats, der Lohnarbeiterschaft überhaupt und schließlich der Menschheit abschneidet.

Die übrigen Szenen spielen in verschiedenem Milieu von Hinterland und Front. Sie sind eine letztlich endlos fortsetzbare, unendliche Aufzählung menschlicher Schwächen und immer abscheulicherer imperialistischer Greueltaten: Drückebergerei, sinnlose Völlerei, Dummheit, Kriegshetze, Kriegsgewinnlertum, Hartherzigkeit, sinnloser Mord und Totschlag. Das Ganze gleicht einer nie endenden Summierung einer die moralisch angeklagte Gesellschaft erdrücken sollenden Unendlichkeit der Masse von Beweisen ihrer Untaten. Die wuchernde schlechte Unendlichkeit der manischen Bilderflucht ist die Sprache des Angsttraums, wie die einer gebannten, entmächtigten Allegorie, der die von Benjamin genannte Freiheit des Bedeutens genommen ist, der vielmehr in Analogie zur oben genannten, abstrakten, quantifizierten Gleichheit der Waren im Tauschwert die verschiedenen Bilder zu Zeichen des "Neue(n) am Immerwiedergleichen und... (des) Immerwiedergleiche(n) am Neuen" werden. (98)

Mit dem Begriff der "Verwandlung" deutet Kraus den variierenden Übergang einer Szene in die andere an, die so nur noch Ausdruck eines allumfassenden End- und Todesbewußtseins sind. Zwar sind "Verwandlungen aller Art" ein Grundzug der Allegorie überhaupt, sie dienen hier aber dazu, um in der Verwandlung der Szenen in ein scheinbar immer wieder anderes die Gleichheit desto mehr zu betonen. (99) Wie die kapitalistische Ware als Ware nur der sinnliche Träger des Tauschwertes ist, die Vielfalt der Waren auf ein Gleiches, abstrakte Arbeit, Tauschwert reduziert ist, so ist analog dazu im Krausschen Drama die Vielfalt der Szenen reduziert auf die immer gleiche, variierende Bedeutung des Todes. Jede Person, jedwedes Ding, jedes Verhältnis bedeutet jetzt immer nur das Eine in einer nicht endenwollenden Variation.

Faßt hier also, wie oben gesagt, das Kraussche Drama die Welt des Kapitals auf als eine des Stillstands und des Todes, höllischer Verräumlichung der Zeit, "Hölle, in der die Zeit gänzlich in den Raum gebannt ist, in der schlechterdings nichts mehr sich ändert" (100), so faßt es gleichzeitig diese Hölle als ein vorweltliches Chaos, ein mit Dämonen bevölkertes Chaos, das Hölle eigentlich bedeutet, ein Chaos, als das dem von der Oberfläche geblendeten kontemplativen Bürger die kapitalistische Anarchie erscheint, deren sinnbildliches Konzentrat das oben analysierte sinnlich-unsinnliche Monstrum des Fortschritts ist.

Das Chaos, als das Kraus die dissoziierte, nicht begreifbare Mannigfaltigkeit der kapitalistischen Erscheinungen allegorisiert, definiert Augustinus in seinen "Bekenntnissen" als eine "wüste Masse...in ungezählten wechselnden Gestalten", deren Vielfalt nicht zu denken sei, eine Masse, die "eine ständig andere Form aufwies". (101) Dieses "Naturreich...ist noch den Dämonen untertan", die Schumacher, Chaos, Hölle, Natur und Kapital zusammenschließend, als "unbekannte selbsttätige Ursachen" bezeichnet, die Kraus zu der sinnlich-unsinnlichen Versinnbildlichung des abstrakten, selbsttätigen, die Menschen zu ihrem Verderben anwendenden Monstrums "Fortschritt" zusammenballt; der im Drama sich in die Bilderflucht der gegeneinander verselbständigten, allegorisch ineinander umschlagenden und neu erstarrenden "Verwandlungen" ad infinitum auslegt und so die allegorisch konstruierte Amorphheit des Chaotischen annimmt, als das er in der kapitalistischen Gesellschaft erscheint, so das "Chaos" "dieses schlechte(n) Leben(s)...hierzulande" versinnbildlicht. (102) Chaos und Fortschritt schlagen ineinander um.

Autoritäre Charaktere

Verblendet klammern sich die von der Presse Betrogenen an die dort verbreiteten Lügen. Sie gleichen dabei auf einer ersten Ebene der Analyse den von Erich Fromm analysierten autoritären Charakteren, die um jeden Preis alle Abscheulichkeiten der eigenen in die Fremdgruppe projizieren, während sie die eigene als ein Muster moralischer Integrität hinstellen. "Der autoritäre Charakter verzichtet darauf, die Gesetze, nach denen sein Leben und das der Gesellschaft bestimmt ist, zu verstehen und selbst zu prägen; dafür besitzt Gott oder die sonstige Herrschaft sein ganzes Vertrauen und steht über allem Zweifel." (103) "Allerdings erwächst diese Liebe zum Stärkeren auf einer äußerst ambivalenten Gefühlsbasis. (...) Die einen erhalten alle guten Eigenschaften zugesprochen und werden geliebt, die andern alle schlechten und werden gehaßt. Beispiele hierfür sind der Haß...gegen die Autoritäten fremder Völker, besonders im Krieg,..." (104) Dieses Weltbild bannt der Satiriker in die verzweifelten geistigen Winkelzüge dessen, der der Zeitungsphrase, und dessen, der dem Chauvinismus verfallen ist; Winkelzüge, die ihr einseitiges, falsches Weltbild gegen alle Widersprüche bewahren sollen, dem Leser aber die Physiognomie einer unheilvollen Welt enthüllen. In dieser Welt gehen Wahrheit und Unwahrheit, Recht und Unrecht in dunstiger Indifferenz ineinander über bei denen, die, wie Adorno schreibt, "unbeirrbar...auf der Ideologie (bestehen), durch die man sie versklavt. Die böse Liebe des Volkes zu dem, was man ihm antut, eilt der Klugheit der Instanzen noch voraus." (105)

Die Intention Kraus' besteht in dem folgenden Zitat darin, einmal die oben genannte Verblendung aufzuzeigen, dann die Mordsfratze einer Welt zu enthüllen, die das Aussprechen der Wahrheit für bestrafenswert hält, wobei sich auf einer tieferen Analyse des Textes enthüllt, daß diese als Anklage gemeinte Wahrheit darin besteht, auf den Krieg nicht vorbereitet gewesen zu sein, was eigentlich doch als Friedensliebe gelobt werden müßte. Auf einer letzten Stufe enthüllt sich eine Menschheit, der, im Bestreben, dem Gegner die Schuld für den Krieg anzulasten, die Ungeheuerlichkeit des Krieges selbst völlig gleichgültig ist, die es im Gegenteil, Mann wie Frau, empörend findet, für ihn nicht gerüstet zu sein. Der Kunstgriff Kraus' besteht darin, sich diese Welt enthüllen zu lassen dadurch, daß er sie sich im selbstgerechten Dialog von Abonnent und Patriot, der alles Gute sich und alles Schlechte dem Gegner zumißt, voll abgründiger Ironie entfalten und selbst auslegen läßt.

"DER PATRIOT: No und is es denn in Frankreich besser? Nicht um einen Gran. Ham Sie nicht grad heut in der Presse gelesen: Gefängnisstrafen für Verbreitung der Wahrheit in Frankreich? Also bitte, weil einer die Wahrheit gesagt hat! Nämlich eine Dame - sie hat gesagt, Deutschland war auf den Krieg vorbereitet, Frankreich aber nicht. Also wenn man ihnen ja einmal die Wahrheit ins Gesicht sagt -
DER ABONNENT: Nein, das vertragen sie nicht die Herren Machthaber in Frankreich! Krieg führen, ja das passet ihnen, Deutschland, einen friedliebenden Nachbarn, aus blauem Himmel überfallen, das passet ihnen -

DER PATRIOT: Goldene Worte, Deutschland führt einen Verteidigunskrieg, keine Seele in Deutschland war auf den Krieg vorbereitet, die schwerindustriellen Kreise waren förmlich wie vor den Kopf geschlagen.
DER ABONNENT: Selbstredend, und wenn die arme Person in Frankreich eine so einfache Wahrheit, die auch der Laie begreift, in schlichten Worten -
DER PATRIOT: Sie, da ham Sie sich jetzt geirrt, die Frau is doch verurteilt worn, weil sie -
DER ABONNENT: No weil sie die Wahrheit gesagt hat!
DER PATRIOT: No sie hat aber doch gesagt, Deutschland war auf den Krieg vorbereitet -
DER ABONNENT: No die Wahrheit ist aber doch, Deutschland war auf den Krieg n i c h t vorbereitet -
DER PATRIOT: No sie hat aber doch gesagt, Deutschland war auf den Krieg j a vorbereitet!
DER ABONNENT: No das is aber doch eine Lüge!
DER PATRIOT: No sie is aber doch verurteilt worn, weil sie die Wahrheit gesagt hat -
DER ABONNENT: No warum is sie dann aber verurteilt worn?
DER PATRIOT: No weil sie doch gesagt hat, Deutschland war auf den Krieg vorbereitet!
DER ABONNENT: No wie kann sie dadafür in Frankreich verurteilt wern, dadafür sollte sie doch in Deutschland verurteilt wern!
DER PATRIOT: Wieso? - Moment - nein - oder doch - passen Sie auf, ich erklär mir die Sache einfach so: sie hat natürlich die Wahrheit gesagt, aber in Frankreich wie sie dorten schon sind is sie verurteilt worn, weil sie gelogen hat!
DER ABONNENT: Moment, Sie ham sich da verhaspelt. Ich glaub eher, es is so: sie hat gelogen, und verurteilt ham sie sie, weil sie in Frankreich die Wahrheit nicht vertragen können.
DER PATRIOT: Sehn Sie, das wird es sein! Ich bitt Sie, das liegt im Blut. Die Leut lassen sich dorten zu Äußerungen hinreißen." (106)

"DER ABONNENT: Deutschland war also vollständig gerüstet für einen Verteidigungskrieg, den es schon lang führen wollte, und die Entente hat schon lang einen Angriffskrieg führen wollen, für den sie aber nicht gerüstet war.
DER PATRIOT: Sehn Sie, jetzt klärt sich mir der scheinbare Widerspruch auf. Manchesmal glaubt man schon, es is wahr, und doch is es unwahr." (107)

Abonnent und Patriot sind satirisch-allegorische Sinnbilder, Typen der blind, verblödet, geistig tot gemachten Nachbeter und Verteidiger der von Presse zugunsten der eigenen nationalen Kapitalfraktion verbreiteten Lügen und Verdrehungen. In ihrer satirisch-allegorisch auf die Spitze getriebenen Verblödung dienen sie wie die Masse aller anderen Verblendeten als Sinnbilder einer geistig toten Welt; dann vermögen sie in der uralten Rolle des Narren in schuldhaft-schuldloser Harmlosigkeit das verkehrte Weltbild aller überdeutlich hervorzuheben.

In satirischer Überspitzung schlagen ihnen die Inhumanität des Krieges und Inhumanität Benedikts, die nur die Kehrseite bürgerlicher Apathie ist, die in dem oben zitierten Artikel Benedikts zur Kenntlichkeit verzerrt wird, in "eine auf die Spitze getriebene" Humanität um, da er in "diesen verhärteten Zeiten", als deren schlimmsten Ausdruck sie selbst sich nicht zu begreifen vermögen, "noch an die Fische und die Seetiere in der Adria" denke, "wo doch sogar die Menschen Hunger leiden" müßten. (108)

Der geistige Tod der Menschheit, der sich für Kraus in deren durch die Presse verursachter Phantasielosigkeit, in Erfahrungsarmut und Unfähigkeit zu Kritik der vermeintlich eigenen Sache und Selbstkritik äußert, findet laut Kraus seinen Grund in der abgestorbenen Sprache der Presse, darin, "daß jene Sprache, die am meisten zu Phrase und Vorrat erstarrt ist, auch den Hang und die Bereitschaft hat, mit dem Tonfall der Überzeugung alles das an sich selbst untadelig zu finden, was dem andern zum Vorwurf gereicht"; wie an dem Zerrbild einer rationalen Diskussion von Abonnent und Patriot zu sehen ist, worin einzig sich in der Kritik des Auslandes Reste von Kritikfähigkeit erhalten haben. (109) Diese Sprache ist laut Kraus die "Fertigware" der Zeitungssprache. (110) Diese eine Spezifikation somit der "Elementarform" des "Reichtum(s) der Gesellschaften, in welchen kapitalistische Produktionsweise herrscht", Teil also der "ungeheuren Warensammlung", als die der "Reichtum" der kapitalistischen Gesellschaft erscheint. (111) Das Leben des Geistes erstarrt als Ware zum "Ding", wird zum Träger von Mehrwert; aus einem Selbstwert wird ein Wert für anderes: für den Profit. Diese tote Sprache ist somit brauchbar für einen Menschentyp, dessen Leben "nur auf sein Geschäft auf- und draufgeht", der Sprache als Selbstwert völlig verständnislos gegenübersteht wie ihm auch die Abnehmer seiner Produkte, die Massen, "nicht das Primäre, sondern ein Sekundäres, Einkalkuliertes, Anhängsel der Maschinerie werden!" (112)

Ebenfalls Mittel, Mittel diesmal des Zwecks der Profitrealisation, werden notwendig diese Abnehmer zu entmündigten Sprachrohren von Preßlügen förmlich erzogen, wird ihnen systematisch die Fähigkeit zur Selbstbestimmung und Eigenverantwortlichkeit ausgetrieben, wird alles daran gesetzt, eine unkritische, eine"als gegeben und unabänderlich vorausgesetzte Mentalität zu verdoppeln, zu befestigen, zu verstärken. Durchweg ist ausgeschlossen, wodurch diese Mentalität verändert werden könnte. (...) Die gesamte Praxis der Kulturindustrie", formuliert Adorno das Grauen Kraus', "überträgt das Profitmotiv blank auf die geistigen Gebilde." (113) "An den Mann gebracht wird," wie Adorno hart und treffend schreibt, "allgemeines unkritisches Einverständnis" und dieses wird mit stereotyper Wucht produziert und reproduziert. "Der kategorische Imperativ der Kulturindustrie", dem Abonnent und Patriot und andere Produkte der Presse bis zur bösartig geistigen Selbstaufgabe, bis zur Verblödung folgen, "hat", so schreibt Adorno, "...mit der Freiheit nichts mehr gemein. Er lautet: Du sollst dich fügen, ohne Angabe worein; fügen in das, was ohnehin ist, und in das, was, als Reflex auf dessen Macht und Allgegenwart, alle ohnehin denken. Anpassung tritt kraft der Ideologie der Kulturindustrie anstelle von Bewußtsein..." (114)

Ein ähnlicher Typus wie Abonnent und Patriot ist der wie sie in jedem Akt auftretende "Alte Biach", ein treuer Leser der "Neuen Freien Presse", der, nachdem er in der 8. Szene des 3. Aktes nur noch Phrasen und Zeitungsüberschriften mechanisch reproduzieren kann, (115) und der deshalb in der 26. Szene völlig unfähig selbst zu den als Dialoge getarnten Monologen der auftretenden marionettenhaften Allegorien geworden ist, (116) sondern beziehungslos in einer Unterhaltung verselbständigte Phrasen abspult, so eines der Sinnbilder völliger Entfremdung des Menschen vom Menschen wird, schließlich, wie Werner Kraft treffend bemerkt, "buchstäblich an Satzverschlingungen (stirbt), als der Zeitungsdreh selbst für ihn mit der Wirklichkeit des Zusammenbruchs nicht mehr in Einklang gebracht werden kann", an einer Sprache stirbt, die "das Leben (überwältigt), und da tritt denn der erlösende Gehirnschlag ein." (117)

Antisemitismus

Zwar glaubte Kraus, daß die Presse wesentlich am Ausbruch des Krieges beteiligt war, doch konnte ihm deren Verflechtung mit dem imperialistischen Monopolkapital und dessen Profitinteresse nicht verborgen bleiben. Da er aber, ausgeschlossen aus der Produktion, nur die unmittelbare, zirkuläre Oberfläche des Kapitals vor Augen hatte, die nahezu jede Erkenntnis des kapitalistischen Wesens versperrt, klagte Kraus die Zirkulations- und Dienstleistungsagenten an, die in Wien zu einem nicht geringen Teil jüdischer Nationalität waren, und näherte sich bei seinen nur moralischen Anklagen der kapitalistischen Erscheinungen gefährlich dem kleinbürgerlichen, später in Faschismus umschlagenden Antisemitismus. Für ihn war der Krieg ein "Händlerkrieg", "ein Krieg zur höheren Ehre der Rüstungsindustrie", wobei "Absatzgebiete Schlachtfelder werden und aus diesen wieder jene". (118) So schlägt der blinde Humanismus Kraus' im blinden Haß auf die jüdischen Charaktermasken des österreichischen Handelskapitals in krasse Barbarei um:

"DER NÖRGLER: (...) Ein Schlachtroß fänd' es unter seiner Würde/ mit seinem linken Hinterhuf die Krummnas'/ von sich zu stoßen und die oben sitzen,/ empfangen sie, und stehn ihr Red' und Antwort,/ verköstigen an ihrem eigenen Tisch/ den Auswurf? / Wie, war das Ereignis denn/ nicht stark genug, den innern Feind zu schlagen?/ ..." (119)

Zwar ist es grundsätzlich richtig, daß das Kapital den Umverteilungskrieg verursacht hat, doch ist es grundfalsch, Personen und Personengruppen, Kapitaleigner persönlich für den Krieg haftbar zu machen und anzuklagen, die Marx, hier genauer, als "ökonomische Charaktermasken", als "Personifikationen der ökonomischen Verhältnisse" bezeichnet hat, die von ihrem Willen u n a b h ä n g i g durch eine bestimmte gesellschaftliche Produktions- und Verkehrsform ihnen aufgezwungen, also entfremdete Gestalten ihres Verkehrs sind. Der nur moralische Aspekt der Kritik am Kapital und seinen dinglichen und personalen Erscheinungsformen schlägt nur zu leicht in Rassismus und Chauvinismus um, wie von Kraus selbst zitierte Sätze beweisen. So klagen hungernde Proletarierfrauen die Juden, nicht die entfremdete Gewalt des Kapitals für ihr Elend unterm Imperialismus an.

"EINE AUS DER MENGE: Jetzt steh i seit zwa Uhr in der Nacht!
(...)
EINE ZWEITE FRAU: Ist das eine Gerechtigkeit? Acht Stunden steht unsereins da und jetzt haßts ausverkauft!!
(...)
DRITTE FRAU: Mir zahln so gut Steuern wie die Juden, mir wolln

auch essen!
VIERTE FRAU: Die Juden san schuld!" (120)

Kraus, selbst Jude, stand solchen kurzschlüssigen Auffassungen nicht fern, wenn er den Juden Oppenheimer wie oben die Gestält von Moritz Benedikt allegorisch in Bedeutungen des Todes zerfällt, wenn er ihn in gleichsam traumhafter und mythischer Verdichtung als Inkarnation, als ein Emblem des kapitalistischen Todes beschreibt und mit den Namen der vorchristlichen Götter - die ihm im vom Kapital gestifteten "mythologische(n) Wirrwarr" gleichsam in ein vormythisches Chaos bloßer Natur zurückfallen, aus dem sie, Embleme einer ersten Form menschlicher Naturbeherrschung, widerruflich herausragen - einen der herrschenden Repräsentanten des Kapitals als Repräsentanten amorpher, die Menschen beherrschender Natur eines irrationalen Chaos anruft; so sich ihm die Geschichte der zweiten als fortwesende der beherrschten ersten, als Naturgeschichte enträtselt.

"DER NÖGLER: Zu aller Blutschlamperei noch dieser mythologische Wirrwarr! Seit wann ist Mars der Gott des Handels und Merkur der Gott des Krieges? (...) Wissen Sie, wie der Ares dieses Krieges aussieht? Dort geht er. Ein dicker Jud vom Automobilkorps. Sein Bauch ist der Moloch. Seine Nase ist eine Sichel, von der Blut tropft. Seine Augen glänzen wie Karfunkelsteine. Er kommt zum Demel gefahren auf zwei Mercedes, komplett eingerichtet mit Drahtschere. Er wandelt dahin wie ein Schlafsack. Er sieht aus wie das liebe Leben, aber Verderben bezeichnet seine Spur.
DER OPTIMIST: Sagen Sie mir, ich bitt Sie, was haben Sie gegen Oppenheimer?" (121)

Romantischer Antikapitalismus

Das satirische Pathos des bürgerlichen Melancholikers, dem Menschen und ihre Welt zerfallen, vermag nicht darüber hinwegzutäuschen, daß Kraus von den materiellen Gründen des Krieges, seinen materiellen Bedingungen, nur eine äußerst vage Ahnung hatte und in der Bekämpfung der kapitalistischen Phänomene hoffnungslos den vom Kapital selbst produzierten und reproduzierten Vorurteilen seiner vom Proletariat und Großkapital gleichermaßen bedrohten Schicht verfiel; diese Klassenlage erklärt das von Walter Bejamin angesprochene "seltsame Wechselspiel (Kraus' - E.S.) zwischen reaktionärer Theorie und revolutionärer Praxis", das der Marxist Lukács als Kennzeichen nahezu des gesamten Expressionismus beschreibt, dem Kraus trotz dessen Verwahrung gegen eine solche Zurechnung cum grano salis zuzurechnen ist - der Expressionismus nur erklärt, wie Benjamin schreibt, seine "Ballungen und Gesteiltheiten". (122)

"Der Expressionismus", schreibt Lukács, "eine verhältnismäßig enge Zirkelbewegung der 'radikalen' Intellektuellenkreise...erwuchs während des Krieges...zu einem ideologisch nicht unwesentlichen Bestandteil der Antikriegsbewegung. (...) Der leidenschaftliche Kampf der Expressionisten gegen den Krieg... war - objektiv - ...nur ein Scheinkampf. Er war nämlich ein Kampf gegen den Krieg überhaupt und nicht gegen den imperialistischen Krieg... Diese Form der extremen Abstraktion, der extremen idealistischen Verzerrung und Verflüchtigung, in der alle Erscheinungen auf ein 'Wesen' zurückgeführt werden, folgt ...notwendig aus den von uns skizzierten klassenmäßig-weltanschaulichen Vorbedingungen.Die Erscheinungen...wurden von vornherein äußerlich, ideologisch..erfaßt, und das Vordringen zum 'Wesen' führte bloß zu einer (formell: subjektiv-willkürlichen, inhaltlich: ausgehöhlten und ausgeleerten) Abstraktion. (...) Da das Abstrahieren hier nicht ein Vordringen zu den gesellschaftlichen Wurzeln der Erscheinungen ist, vielmehr ein W e g a b s t r a h i e r e n von ihnen, wird... eine A b - l e n k u n g s i d e o l o g i e von dem Kernpunkt der Kämpfe geschaffen, die mit ihrer Verschärfung der Kämpfe notwendig ins Reaktionäre umschlagen muß. (...) Ihr gefühlsmäßiger Ursprung ist ein romantischer Antikapitalismus..." (123)
Kraus' begriffliche Reflexionen der wirklichen Hintergründe des Krieges waren in der Tat mehr als vage. So faßt der Nörgler den Kapitalismus nicht als ein gesellschaftliches Zwangsverhältnis, sondern als

- " I d e e (gesp. v. E.S.), für die das Volk stirbt, ohne sie zu haben, ohne etwas von ihr zu haben, und an der das Volk stirbt, ohne es zu wissen", als "die Idee der kapitalistischen, also jüdisch-christlichen Weltzerstörung, die im B e w u ß t - s e i n (gesp. v. E.S.) jener liegt, die nicht kämpfen, sondern für die Idee und von ihr leben..." (124)

Diese Idee bezeichnet Kraus weiter als den "fluchwürdige(n) Geist ewiger Verbindung, Umstülpung, Aufmachung", sie erfülle sich in der "Einstellung des Lebensmittels als Lebenszweck und der "gleichzeitige(n) Verwendung des Lebenszwecks im Dienste des Lebensmittels, wie etwa der 'Kunst im Dienste des Kaufmanns' -". (125) Der das Kapital als Idee faßt, was allererst ihm erlaubt, es satirisch zu bekämpfen, da es als geistiges Phänomen geistig aufhebbar ist, perhorresziert es als d a s revolutionäre Moment der neueren Geschichte, perhorresziert die Bourgeoisie als geistige Verfechterin des Kapitals. In den zutiefst antikulturellen Bestrebungen der Bourgeoisie,alles zu vermarkten, die er sieht, ahnt er nicht, daß sie durch die ihr unbekannten Gesetzmäßigkeiten des Kapitals bei Strafe des Untergangs gezwungen ist, "die Produktionsinstrumente, also die Produktionsverhältnisse, also sämtliche gesellschaftlichen Verhältnisse fortwährend zu revolutionieren." (126) Auf die mit ihm untergehende Schönheit des Alten gebannt, graute ihm vor einem Fortschritt, den Marx und Engels als einen zwar auch grauenhaften, aber notwendigen Schritt zur endgültigen Befreiung der Menschheit ansahen: "ewige Unsicherheit und Bewegung zeichnet die Bourgeoisieepoche vor allen anderen aus. Alle festen, eingerosteten Verhältnisse mit ihrem Gefolge von altehrwürdigen Vorstellungen und Anschauungen werden aufgelöst, alle neugebildeten veralten, ehe sie verknöchern. Alles Ständische und Stehende verdampft, alles Heilige wird entweiht, und die Menschen sind endlich gezwungen, ihre Lebensstellung, ihre gegenseitigen Beziehungen mit nüchternen Augen anzusehen. Das Bedürfnis nach einem stets ausgedehnteren Absatz für ihre Produkte jagt die Bourgeoisie über die ganze Erdkugel. Überall muß sie sich einnisten, überall anbauen, überall Verbindungen herstellen." (127) Die Bourgeoisie hat "kein anderes Band zwischen Mensch und Mensch übriggelassen, als das nackte Interesse, als die gefühllose'bare Zahlung'. Sie hat die heiligen Schauer der frommen Schwärmerei, der ritterlichen Begeisterung, der spießbürgerlichen Wehmut in dem eiskalten Wasser egoistischer Berechnung ertränkt. Sie hat die persönliche Würde in den Tauschwert aufgelöst..." (128) Sie hat "alle bisher ehrwürdigen und mit frommer Scheu betrachteten Tätigkeiten ihres Heiligenscheins entkleidet. Sie hat den Arzt, den Juristen, den Pfaffen, den Poeten, den Mann der Wissenschaft in ihre bezahlten Lohnarbeiter verwandelt." (129) Dies alles zeigt Kraus in seinen entsetzlichen Folgen.

Betrachtet Kraus einmal idealistisch die Entfaltung des Kapitals als Idee, als Geist, so verengt er, ganz im bürgerlichen Denken befangen, den äußeren Zwang des Kapitals auf seine Mitglieder auf die persönliche Schlechtigkeit der Mitglieder der Kapitalistenklasse, die das Lebensmittel, die zum Leben notwendigen Arbeitsprodukte in der Form der profitträchtigen Ware zum Lebenszweck erheben, wobei der Lebenszweck, die Kultur, zerstört werde.

Die Sphäre des Geistes, der Kultur, betrachtet Kraus als eine von der Produktion abstrakt getrennte, was eine Vorstellung davon ausschließt, daß beide Momente der gesellschaftlichen Totalität sinnvoll miteinander vermittelt werden könnten, Kunst im bürgerlichen Sinne als eine abstrakt getrennte Sphäre innerhalb der Gesellschaft nicht länger nötig wäre, sondern in der praktischen Umgestaltung der Gesellschaft, die eine harmonische Vermittlung von Mensch und Natur ermöglichte, aufginge, da sie sich damit überlebt hätte, nicht länger mehr die einzige, nur geistig abstrakte Sphäre wäre, die eine solche Vermittlung gestattete. Befangen im bürgerlichen Denken, das ein Moment des von ihm bekämpften Geistes des Kapitals ist, vermag er den Gedanken nicht zu fassen, daß eine "qualitative Möglichkeit (in) der Kunst angelegt (ist), ihre Produktivität in die universelle Produktivität der bewußten Tätigkeit der assoziierten Individuen einzugliedern", wie es etwa dem späten Benjamin, Brecht und Trejakow vorschwebte. (130)

Indem es Kraus wesentlich darum ging, "das nervöse Bedürfnis des Individualitätsmenschen", "die Freiheit des Geistes gegen die Diktatur des Geldes, die Menschenwürde gegen die Autokratie des Erwerbs zu schützen", indem er die verselbständigten Momente des Kapitals als solche des Geistes mißverstand, verengte sich sein Kampf gegen die Erscheinungen des Kapitals auf einen der Geister im allegorischen Trauerspiel der Weltgeschichte, des in den Agenten der Zeitung inkarnierten kapitalistischen "Geist(es) ewiger Verbindung, Umstülpung, Aufmachung" gegen den von ihm selbst vertretenen Geist ästhetischer Versöhnung und Freiheit, auf den Kampf von Geist gegen Ungeist, Wert gegen Unwert, ohne daß ihm je die Vermitteltheit der von ihm abstrakt gegenübergestellten Momente auch nur im geringsten bewußt wurde;

ja, sein verzweifelter Kampf gegen die abscheulichen Erscheinungen des Kapitals war überhaupt erst vor dem Hintergrund der Unbewußtheit möglich. (131)

Marx beschreibt die Idee als eine spezifisch geistige Form des Kapitals, der kapitalistischen Gesellschaftsformation, in der die Individuen, scheinbar frei, gleichgültig aufeinander stoßen und die gesellschaftlichen Verhältnisse als von den Individuen unabhängige Naturverhältnisse erscheinen. "Diese s a c h l i c h e n Abhängigkeitsverhältnisse im Gegensatz zu den p e r s ö n l i c h e n erscheinen auch so (das sachliche Abhängigkeitsverhältnis ist nichts als die den scheinbar unabhängigen Individuen selbständig gegenübertretenden gesellschaftlichen Beziehungen, d.h. ihre ihnen selbst gegenüber verselbständigten wechselseitigen Produktionsbeziehungen), daß die Individuen nun von A b s t r a k t i o n e n beherrscht werden, während sie früher voneinander abhingen. Die Abstraktion oder Idee ist aber nichts als der theoretische Ausdruck jener materiellen Verhältnisse, die Herr über sie sind. Verhältnisse können natürlich nur in Ideen ausgedrückt werden und so haben Philosophen als das Eigentümliche der Neuen Zeit ihr Beherrschtsein von Ideen aufgefaßt und mit dem Sturz dieser Ideenherrschaft die Erzeugung der freien Individualität identifiziert. Der Irrtum war vom ideologischen Standpunkt aus um so leichter zu begehn, als jene Herrschaft der Verhältnisse... in dem Bewußtsein der Individuen selbst als Herrschen von Ideen erscheint und der Glaube an die Ewigkeit dieser Ideen, d.h. jener sachlichen Abhängigkeitsverhältnisse, von den herrschenden Klassen...in jeder Weise befestigt, genährt, eingetrichtert wird." (132) Genau aber diese Form der Idealisierung war die logische Grundbedingung einer allegorischen Satire, nur sie ermöglichte es, den Bruch zwischen Vergangenheit und Gegenwart, Ideal und Wirklichkeit oder, um mit Kraus zu reden, Humanität und Bürgerfratze aufzureißen und auszuloten, ihn zu verdeutlichen, die Krausschen Figuren uneigentlich sprechen zu lassen; ermöglichte es, daß ihre aus einer toten Sprache zusammengestückelten Sätze, aus Phrasen und Bruchstücken der Zeitungssprache zusammengestückelten Sätze, Sätze einer toten, eindeutigen, denotativen Nachrichtensprache also, mit einer uneigentlichen Bedeutung befrachtet werden konnten; ermöglichte es, daß die so befrachteten Sätze lebendig wurden durch konnotative Vieldeutigkeit, daß die Nachricht in Poesie umschlagen konnte; ermöglicht es letztlich, daß die Krausschen Figuren und ihre Handlungen zu Personifikationen dieser Ideen und zu Trägern eines uneigentlichen Sinns werden konnten. Als Träger aber eines neuen uneigentlichen Sinns werden sie Träger der von Kraus montagehaft verdeutlichten Wahrheit; die erkannte Unwahrheit der Gesellschaft schlägt als erkannte in Wahrheit um: Unwahrheit wird Allegorie der Wahrheit.

Jede Szene, jede Figur, ihre Korrespondenzen ist ein immer neues Emblem dieser Ideen; der Kraussche Monolog ihre endlose Beschriftung und Bedeutung, ihr nie endender Kommentar.

Zirkulation und deren Agenten

Dem melancholischen Blick des Allegorikers gerät die gefühllose Physiognomie des Kapitals, dargestellt an einem Agenten und einem Wucherer, zur Physiognomie eines Pandaimonions der Hölle. Der unpersönliche Zwang des Kapitals wird in der folgenden Szene psychologisch mißdeutet; was zur Folge hat, daß Kraus den zirkulären Charaktermasken des Kapitals als Geldgier anlastet, was dem Zwang der Verhältnisse geschuldet ist.

In der Montage geraten ihm die jüdischen Agenten eines "System(s) von Mord und einer Ökonomie, die das Leben für alle Zukunft zum Durchhalten verurteilen mußte" zu Figuren, die selbst die des nationalsozialistischen Films "Jud Süß" übertreffen. (133) Dies hat zur Folge, daß in einigen Interpretationen, die Juden mit einem Vokabular belegt werden, das schlimmer kaum im Dritten Reich hätte geschrieben werden können. So beschreibt Obergottsberger die von Kraus gestalteten Zirkulationsagenten als "luchsäugige, gestikulierende, lebhaft tuschelnde Marodeure und Wucherer,...Diese Mensch sind überall dort, wo sie Geschäfte wittern, sie belagern wie Hyänen die Stätten, wo etwas faul ist im Staate; sie gehen ein und aus bei Ministern und Generälen und werden umso toller, je mehr sie verdienen. Sie gebärden sich frech und treten doch immer leise auf..." (134), und Stempfer schreibt: "Pas le moindre soupçon d'humanité, pas une pensée pour ceux qui luttent et souffrent. C'est un personage répugnant..." (135)

"DER AGENT: (...) Er (Ornstein, ein dem Kriegsdienst Enthobener - E.S.) hat am letzten Samstag an Tornister achtahalb Tausender verdient auf e i n e n Telephongespräch, Gewure!
DER WUCHERER: Habachaachgehert. Was war er vor dem Krieg?
DER AGENT: Vor dem Krieg, das wissen Sie nicht? Zindhelzl! Die Vertretung von Lauser & Löw. Jetzt macht er. Er hat gesagt, er wird mir auch verschaffen. Er is intim mit etwas einem Major.
(Ein Schwerverwundeter auf Krücken, mit Gliederzuckungen schleppt sich vorbei.)
DER WUCHERER: Ja, jetzt heißt es durchhalten.
EIN ZEITUNGSAUSRUFER: Extraausgabee -! Neue Freie Presse! Kroßa Sick der Deitschen in Galizieen! Blutige Abweisung im Naahkaamf!
DER WUCHERER: Knöpflmacher muß...hübsch verdienen. Haben Sie gehört, Eisig Rubel geht sich täglich herauf in die Spirituszentrale, was sagen Sie, weit gebracht!
(...)
DER AGENT: Wer denkt jetzt an den Frieden, jetzt sind andere Sorgen.
(...)
DER WUCHERER: Recht ham Sie. Ich steh auf dem Standpunkt, Krieg is Krieg. Bittsie, ob die jungen Leut sich beim Automobilfahren den Hals brechen oder gleich fürs Vaterland - ich kann solche Sentimentalitäten nicht mitmachen.
DER AGENT: Das is aber ja wahr. Das fortwährende Geschimpfe am Krieg wachst mir schon zum Hals heraus. Manches is ja teurer geworden - aber das gehört dazu! Ich versicher Sie, da wern noch viele sein, die heut so tun, da wird ihnen noch mies wern, wenn sie hörn wern, es kommt der Frieden.
DER WUCHERER: Gewiß, wir sind doch heute mit Leib und Seele dabei -
DER AGENT: Und mitten drin, grad wo sie sich Verdienste geschafft haben, soll es auf einmal zu End sein?
DER WUCHERER: Nebbich, unsere braven Soldaten.
DER AGENT (in schallendes Gelächter ausbrechend)" (136)

In dieser Montage deuten sich die einzelnen Teile wechselseitig. Der als Sinnbild für Millionen stehende, auf die sprachlose Kreatur herabgekommene Krüppel ist das Opfer, der verdummte Märtyrer des höllischen Intriganten (137) Benedikt, Sinnbild der Freiheit des Kapitals und der Aufklärung; Opfer des Herrn der "Spirituszentrale" - ein Wort, das allegorisch den das Volk besoffen machenden Fusel der Presseerzeugnisse, das Feuer, das die Welt in Brand setzt und den höllischen Geist zusammenfaßt. Unter diesem Aspekt wird Benedikt zum höllischen Tyrannen der Welt - eine zentrale Figur im barocken Trauerspiel. Seine ihm mit "Leib und Seele" verfallenen Kreaturen stehen "auf dem Standpunkt", nach Kraus also auf dem Fortschritt, sind Vertreter unsentimentaler Aufklärung, die nüchtern ihren Produkten, sei es nun Automobil, sei es das Vaterland, Menschenleben in Massen opfern. Krieg und Vaterland kürzen den Umweg über die Friedensprodukte ab, sind nur eine Beschleunigung des Fortschritts in den Tod. Automobil und Vaterland stehen so als Sinnbilder für die gesamte moderne Geschichte des Kapitals und der mit ihm verbundenen Aufklärung: Krieg und Krüppel sind nur der materielle Ausdruck der höllischen "Helle" der Aufklärung. Diese Sicht der Welt kassiert den ganzen Fortschritt als verderblich ein; ihr antwortet einem phosphoreszierten "seelischen Aufschwung" ironisch das Echo der "um fufzig Perzent" steigenden Dividente. (140) Das Gelächter der Hölle antwortet dem zum Sinnbild der Verheerung gewordenen Krüppel.

Unter dieser melancholischen Sicht werden dem Allegoriker die Bilanzen kapitalistischer Firmen zu Bilanzen von Blut und Tod, zur Bilanz der kapitalistischen Weltverheerung. In den nüchternen Zahlen positivistischer Aufklärung konnte nach Aussagen des Nörglers schon im ersten Jahr des Krieges

"...eine Petroleumraffinerie 137 Prozent Reingewinn vom gesamten Aktienkapital erzielen und der David Fanto 73 Prozent, die Kreditanstalt 19,9 Millionen Reingewinn und die Wucherer an Fleisch und Zucker und Spiritus und Obst und Kartoffeln und Butter und Leder und Gummi und Kohle und Eisen und Wolle und Seife und Öl und Tinte und Waffen würden hundertfach entschädigt sein für die Entwertung fremden Bluts..." (139)

Industriekapitalismus

In Typen, die der schlimmsten Zeit des Frühkapitalismus entstammen könnten, enthüllt Kraus das Kapital, allen Lügen zum Trotz, die das Kapital in eine soziale Partnerschaft umgedeutet wissen möchten, als eine Gesellschaft von Herren und Sklaven, als ein Herr-Knecht-Verhältnis, das es in Wahrheit ist. Sinnbilder der Sklaverei sind "Anbinden, Stockhiebe, Arrest, ...Einrückendmachen", also der in seiner Zufälligkeit notwendige Tod an der Front, die "Hundspeitsche", die der Fabrikant als "Güte" bezeichnet. Was in dem Leser die bange Frage aufwirft, was dann böse Gewalt sein könnte. Es ist der im "Revolver" des Fabrikanten versinnbildlichte Tod. Vor diesen Zeichen der Güte bewegt sich also für Kraus das Leben in der kapitalistischen Gesellschaft zwischen Unterdrückung und Tod, die laut Adorno ältesten und immer neuen Kennzeichen der modernen Zivilisation. Die neuesten sind versinnbildlicht in dem "militärische(n) Leiter" der Todesproduktion. In seiner Gestalt versinnbildlichen sich erste rohe Züge einer Form des Kapitals, die von sowjetischen und ihnen folgenden Theoretikern als staatsmonopolistischer Kapitalismus bezeichnet wird, der von den genannten als das heutige Stadium des Kapitals bezeichnet wird. (140) Die Figur des militärischen Staatsfunktionärs deutet auf eine enge Verflechtung von herrschender Klasse und dem staatlichen Machtapparat hin, der im Krausschen Beispiel dazu dient, den Kapitalisten zu helfen, kriegsbedingte Extraprofite aus der militärisch zwangsverpflichteten Arbeiterschaft zu pressen, deren Lohn auf die Höhe des militärischen Soldes zusammengestrichen wurde. Dieser läßt den Arbeitern und den "Gewerkschaftshunde(n)" nur die Wahl zwischen Verhungern oder Klassenkampf, der den "Revolver" bedeutet, also die Wahl zwischen Tod und Tod; zwingt ihr den Versuch auf,der Kapitalistenklasse ein "Staatsgesetz" aufzuzwingen, das verhindert, daß die Arbeiterklasse in einer Gesellschaft, deren "erste(s) Menschenrecht" die "gleiche Exploitation der Arbeitskraft ist", in "Tod und Sklaverei" untergeht. (141) Die Forderung nach einem "Arbeiterrecht" beantwortet der Vertreter des ideellen Staatskapitalisten mit der Zwangsverschickung der Gewerkschafter ins Feld, also in den Tod.

"Eine unter das Kriegsdienstleistungsgesetz gestellte Fabrik.
DER MILITÄRISCHE LEITER: Anbinden, Stockhiebe, Arrest, no und halt Einrückendmachen - mehr ham wir nicht, was anders gibts nicht. Kann man halt nix machen.
DER FABRIKANT (an dessen Arm eine Hundspeitsche baumelt): Solang es geht, versuch ichs in Güte. (Er zeigt auf die Hundspeitsche.) Wie man sich aber helfen soll, wenn diese Gewerkschaftshunde mit ihren Hetzereien nicht aufhören - Aussprache über die Lage der Arbeiterschaft, Ernährungsfrage - wie unsereins da durchhalten soll! - Rechts- und Arbeitsverhältnisse, Neugestaltung des Arbeiterrechts im Kriege -
DER MILITÄRISCHE LEITER: (...) Einrückend gemacht und womöglich die Herrn Abgeordneten dazu. (...) Wir brauchen uns da keine Vorwürfe zu machen. Am schönsten war das im August 14 mit die Schmiede und Mechaniker. Vormittag hams noch im Akkord ihre 6 Kronen verdient, Mittag hat mas gemustert und ihnen schön eröffnet, daß sie jetzt Soldaten sein, no und Nachmittag hams am gleichen Arbeitplatz für die gleiche Arbeitsleistung schön um Soldatengebühren gearbeit'.
(...)
DER FABRIKANT: Über mich haben sie sich einmal wegen schlechter Behandlung und unzulänglicher Bezahlung bei der Gewerkschaft beschwert. (...) No ich hab mir einen Rädelsführer kommen las-

sen und sag ihm: Ihr habts euch beschwert, aber die Hundspeitsche ist noch da. (...) Sagt der Kerl: Wir sind keine Hunde. No zeig ich halt auf meine Revolvertasche und sag ihm: Für Sie hab ich auch noch einen Revolver!" (142)

Wie oben der Vertreter des jüdischen Kapitals, Oppenheimer, als ein aus Bedeutungsträgern zusammengesetzter Repräsentant mythischer Vorzeit in der Moderne von Kraus gestaltet wird, somit anschaulich in der Personifikation der zweiten Natur des Kapitals diese als vorgeschichtliche, noch nicht humanisierte, als gegenüber ihren Produzenten verselbständigte, zu neuer mythischer Rätselhaftigkeit erstarrende entschlüsselt wird, so schlägt ihm auch das deutsche Kapital allegorisch in mythische Figuren um, denen die gleiche Funktion einer Entschlüsselung der zweiten Natur als fortwesende erste, der Entschlüsselung des die Moderne und die Vorwelt zusammenschließenden, vorgeschichtlichen Zusammenhanges als einen von Naturzwang und Naturbeherrschung, wie die Funktion von Todessymbolen zukommt.

Die Allegorie des deutschen Kapitals konzentriert sich in den die Karikatur des fetten, an Blut und Leben gemästeten Kapitalisten abbildhaft zitierenden, die apokalyptischen Nordvölker repräsentierenden Riesen "Gog" und "Magog", in denen sich "die Übergewalt des hochkapitalistischen Systems vorm kollektiven Bewußtsein zu Mythen" zusammenballt. (143) Die biblisch-kapitalistischen, Unheil bedeutenden Figuren werden beschrieben als "riesenhafte Fettkugeln, deren unbeschreibliche Formen mit menschlichen Maßen nicht bestimmbar sind,... die eine läßt in Wintersporthosen und Wadenstrümpfen zwei von einander unterscheidbare Fleischmassen erkennen; die ungeheuren Wangenflächen sind blau beschattet, der gestutzte Schnurrbart glänzt unter Mondaugen wie ein schwarzes Boskett und läßt zwei rote Wülste frei. Das andere Wesen ist von einem abgetragenen Winterrock überzogen;... Kein Hals, nur ein vierfaches Kinn vermittelt den Übergang der Körperkugel zur Kopfkugel, das Ganze ist völlig ungegliedert und hat das Aussehen eines Igelfisches. (...) Es sind die Riesen Gog & Magog." (144)

Nicht nur in ihren mythischen Namen ruft Kraus die von ihm begrifflich nicht durchschaute zweite Natur als erste an, sondern auch in ihrer Erscheinung: Die nach Marx in der "rastlose(n) Bewegung des Gewinnens" "maßlose" zweite spielt ins Amorphe der ersten Natur hinüber; die Maß- und Gesichtslosigkeit dieser Wesen deutet auf Unmäßigkeit wie auf kollektiven Individualitätsverlust, auf einen im Physischen zum Ausdruck kommenden historischen Zerfall der Einheit des Subjekts, auf Ununterscheidbarkeit, einen Übergang von Differenz in Indifferenz, von Kultur in amorphe Natur; gleichermaßen spielt sie auf die Anonymität, Abstraktheit, Unanschaulichkeit und wachsende Übermacht des Kapitals gegenüber dem Individuum an, das in seinen Charaktermasken physisch zum Ausdruck kommt, während das Aussehen eines Igelfisches sie als Repräsentanten des geistigen Tierreichs entlarvt, wie Hegel die bürgerliche Gesellschaft bezeichnet. Sie sind gleichsam die ins Kosmische ausgeweitete Bedrohung auch der letzten Reste noch nicht beherrschter Natur, denn, als "die Gruppe sich bewegt, ist es für einen Augenblick, als ob die Riesensilhouette eines schwarzen Flecks das in Weiß und Blau strahlende Weltall verdeckte"; "die Undurchsichtigkeit und Allmacht des sozialen Prozesses" gestaltet Kraus als kosmische Katastrophe. (145) "Sein...Individualismus spricht über Individuum und dessen Ordnung das Todesurteil". (146)

Wissenschaft und Militarismus

Wissenschaft, Religion und Kunst stehen im Bunde mit dem kriegerischen, imperialistischen Monopolkapital. Also gerade jene Momente des kapitalistischen Überbaus, die der bürgerlichen Ideologie zufolge die Menschheit wie Kunst und Religion entweder geistig aus der kapitalistischen Misere erlösen sollen oder aber sie, wie im Falle von Wissenschaft und Technik, materiell, allmählich, evolutionär aus der materiellen Notwendigkeit des Kapitals und seinen bestialischen Folgen herausführen sollen.

Satire weiß zwar nicht, wie der Marxismus, daß eine solche Hoffnung unterm Kapital unsinnig ist, aber sie weist anschaulich nach, daß, anstatt daß sich die ideologischen Hoffnungen der Bourgeoisie erfüllen,die Verhältnisse unterm Kapital vielmehr zu einer objektiven Barbarisierung auch des die ideologischen Hoffnungen der Bourgeoisie umfassenden Überbaus tendieren - dies selbst, wenn deren einzelne Träger individuell noch den Normen bürgerlicher Kultur und Moral genügen sollten; ihr subjektiv gutes Gewissen täuscht diese Individuen über ihre objektive, die barbarischen Verhältnisse verschleiernde Funktion hinweg.

Die verdinglichte Situation des Geistes unterm Kapital war für Kraus deshalb relativ leicht zu kritisieren, weil ein rigides Ausleseverfahren aus der Menge der fast nur der herrschenden Klasse und ihren Agenten entstammenden Studenten an den deutschen Universitäten zu Kraus' Zeit in den Geistes- und beginnenden Sozialwissenschaften fast ausschließlich unkritische oder chauvinistische Persönlichkeiten avancieren ließ, die alle mit wenigen Ausnahmen bei weitgehendem Verlust wirklicher humaner Praxis dem Chauvinismus ihren Tribut zahlten.

Kraus, der von der universitären Wissenschaft und ihren Vertretern nie allzu viel gehalten hat, notiert satirisch, daß sich diejenigen seiner Zeit nicht entblödeten, hohen und höchsten Militärs, die in den "Letzten Tagen der Menschheit" ausnahmslos als blutrünstige, vertierte Schwachköpfe dargestellt werden,die Ehrendoktorwürde zu verleihen, "Metzger", wie Kraus es treffend formuliert, zu "Philosophen honoris causa" zu promovieren und damit den Übergang von der Humanität zur Mordsfratze überdeutlich zu dokumentieren. (147) Allegorische Bedeutung und satirische Wirkung gewinnen diese Szenen wesentlich aus dem Zusammenprall offensichtlichen Schwachsinns und offensichtlicher Vertiertheit der militärischen Massenvernichter mit dem im Akt der Verleihung an die Träger solchen Schwachsinns und solcher Inhumanität sich als Ideologie entlarvenden und zerfallenden humanitären, geistig-universitären Anspruch, dem sich die Verleihung verdankt.

"BRUDERMANN: Aber geh, sei net zwider, was soll denn unsereins sagen. Ich hab achtzigtausend verloren und gegen mich fangen s' auch schon an zu stierln.
DANKL: Mir rechnens s' die sieberzigtausend nach.
PFLANZER-BALTIN: Gar net ignorieren! Bei mir wird g'stürmt, da gibts keine Würschtel. Morgen moch'mr an Sturm, sonst sitz'mr in der Scheißgassen. I bin für Sturm, möcht wissen, wozu die Leut sonst noch auf der Welt sind als fürn Heldentod! Sturm moch mr, Sturm moch mr -
(er bekommt einen Anfall.)
AUFFENBERG: Aber geh, aber geh - ganz deiner Ansicht. Ich war immer dafür, daß die Eigenen frisch draufgehn. Bin auch schon mitten drin in der Vorarbeit. (...)
(...)
(Ein Adjudant Pflanzer-Baltins tritt ein.)
ADJUDANT: Exlenz melde gehorsamst, die Professoren san scho do und wolln das Ehrendoktorat überreichen.
PFLANZER-BALTIN: Aha, solln warten - wann's schwer is, sollns

es niederstellen und a wengerl verschnaufen. (...)
AUFFENBERG: Also kann man gratuliern? Von welcher Fakultät is 's denn?
PFLANZER-BALTIN: Czernowitz.
BRUDERMANN: Aber geh, das is doch keine Fakultät, sondern ein Lehrstuhl. Von welchem Fach?
PFLANZER-BALTIN: Philosophie natürlich." (150)

Die Verleihung der Ehrendoktorwürde an von Kraus als debil und völlig ungebildet dargestellte Militärs, an Menschen, die, anstatt wenigstens verbal der Humanität verpflichtet zu sein, sich als seine unmenschliche Seite hervorkehrende Varianten des apathischen, dem Schicksal seiner Mitmenschen gegenüber gleichgültigen bürgerlichen Menschentyps darstellen, offenbart uns eine Wissenschaft, die sich längst aller ideologischen, humanitären Flausen begeben hat, schlimmer noch, in ihrer Praxis in den Dienst der Herrschenden gestellt hat. Setzen die Militärs die ihnen Untergebenen szientifisch zu abstrakten Zahlen herab, taugen sie den militärischen Technokraten nur noch zum einsetzbaren Menschenmaterial, dazu da, in den Schlachten des imperialistischen Kapitals nicht einmal mehr in der abstrakten Rationalität des Bürgertums eingesetzt zu werden, greift mit diesen Typen die allegorische Zerschlagung alles Organischen, die Ruinierung der Welt auf die Menschheit über, deren bedeutungsvolle Bedeutungslosigkeit und Quantifizierung in ihrer Umwandlung in Zahlenwerte verdeutlicht wird, so dokumentiert die Wissenschaft den geistigen Ruin, ist sie schlimmer ruiniert noch als die offensichtlich vertierten Militärs, was an der Ehrung des Schwachsinns, der Vertierung und barbarischen Menschenschlächterei deutlich wird, an der Ehrung von Sinnbildern des Todes, denen der Mensch nicht mehr Selbstzweck, sondern für anderes da ist: für den "Heldentod", der nicht nur den anderen, was die übliche Barbarei des Krieges ist, sondern den "Eigenen" gebracht wird, die alle in der Blüte ihrer Jahre "frisch draufgehn". Unter diesem Aspekt ist für Kraus die Wissenschaft der potenzierte Wahnsinn.

Auch praktisch wird die Wissenschaft von Kraus als ein Teil des unmenschlichen Systems entlarvt, indem er satirisch notiert, daß es der deutschen Wissenschaft gelungen sei, die "deutsche Handgasbombe B" zu entwickeln, die eine "Giftmasse" verspritze, die "eiternde Wunden" erzeuge, "mit 'ner Absonderung wie 'n richtichgehender Tripper". (149) Dies sei, führt ein deutscher

Generalstabsoffizier aus und hebt dabei die szientifische, sich nicht um Sinn und Folgen, sondern nur um das Funktionieren der Erfindungen kümmernde Haltung einer solchen Wissenschaft hervor, "wissenschaftlich einwandfrei (Herv. v. E.S.)festjestellt"worden. (150) "Der Mann ist erst", betont er die Verdinglichung und allegorische Zerschlagung des Menschen,"am andern Tach kaputt." (151) Eine Aussage, die den fürchterlichen Verdacht von wertfrei wissenschaftlich überwachten Menschenversuchen aufkommen läßt,die einer Wissenschaft, der der Mensch zum Ding unter anderen Dingen wird, so fern nicht liegen können.

Vor diesem Hintergrund aber bekommt die Ehrung noch eine weitere Bedeutung, nicht nur ist sie der Kotau einer sich wertfrei gerierenden Wissenschaft vor der Praxis, sondern die Ehrung gilt vielmehr jenen, die den wertfreien, gleichgültigen Aspekt der positivistischen Wissenschaft in die Praxis umsetzen: In der von den Praktikern mißachteten Wissenschaft, die jenen ihre Ehre förmlich nachträgt, und den gewissenlosen Militärtechnokraten, die sehr verschwenderisch mit ihrem Menschenmaterial umgehen, erfährt die kapitalistische Denk- und Handlungsweise eine grausige Zuspitzung. In der Willfährigkeit von Philosophie und Wissenschaft gegenüber einer blinden Praxis triumphiert das in allen diesen sich durchsetzende und erscheinende, bei Kraus als Fortschritt gefaßte Kapital, das die Menschen zum Material für seine Zwecke herabsetzt; eine Handlungsweise, der sich die operationalisierende Denkweise von Wissenschaft und positivistischer Philosophie anmißt. Ineinander um schlagen die in der Quantifizierung der Menschen zum Ausdruck kommende "Unterwerfung alles Seienden unter den logischen Formalismus", die auf den Menschen übergreifende Beherrschung der Natur, und die in der Ehrung zum Ausdruck kommende "Unterordnung der Vernunft unters unmittelbar Vorfindliche" oder je politisch Herrschende. (152)

In der allgemeinen Verkehrung aller bürgerlichen Werte wird Wahrheit der positivistisch verengten oder apologetisch pervertierten Wissenschaft zu Irrsinn, als welchen Professor Boas die Wahrheit einem Auditorium chauvinistischer Wissenschaftler vorführt. Nur das die Ruinierung des Lebens zusammenfassende Zahlenmaterial des von ihm vorgeführten Irrsinnigen zwingt die Vertreter der apologetischen Wissenschaft dazu, die Ausführungen des Irrsinnigen als Wahrheit anzuerkennen, diese als Vaterlandsverrat abzuqualifizieren und damit unfreiwillig einzugestehen, daß sie ihre Aufgabe nicht länger in der Erforschung auch nur oberflächlicher Wahrheit, sondern in der Verherrlichung des Wahns, Lüge zu Nutzen der Herrschenden erblikken. Vereinzelt steht die Wahrheit vor einem zum Massenphänomen gewordenen szientifischen Wahnsinn, der Wahrheit als "Unjebühr" und "Jemeinheit" bezeichnet,und der die verheerenden Folgen eines in Krieg umgeschlagenen Fortschritts, den Rousseau und mit ihm Klassik und Romantik, die gesamte kritische Literatur des Abendlandes gerade der Entfernung von der Natur anklagte, zynisch als einen Weg zur Natur bezeichnet; er ist es: Es ist der Weg in die zertrümmerte Anorganizität nicht somit der klassischen, versöhnten, sondern der allegorischen Natur.

"PROFESSOR BOAS: Wir haben mit steigender Wohlhabenheit und Zunahme der Luxusernährung Raubbau an unserer Gesundheit getrieben; jetzt haben Millionen von Menschen unter dem Druck der Entbehrungen den Weg zur Natur und zur Einfachheit der Lebensführung zurückfinden gelernt. Sorgen wir dafür, daß die heutigen Kriegslehren unsrer zukünftigen Generation nicht wieder verloren gehen.
(Rufe: Bravo)
DER IRRSINNIGE: Der Mensch hat ganz recht - die vom Kurfürstendamm haben vor dem Krieg zu viel gefressen. Sie fressen auch jetzt noch zu viel. Da hat sich die Ernährungsrate tatsächlich gar nicht verschlechtert. Was aber die zukünftige Generation der übrigen Bevölkerung anlangt, jener Kreise, die nicht Boas wegen Fettleibigkeit konsultieren - was die zukünftige Bevölkerung Deutschlands anlangt, so sehe ich sie rachitisch zur Welt kommen! Kinder als Invalide! Wohl denen, die im Krieg gestorben sind - die im Krieg geboren sind, tragen Prothesen! Ich prophezeie, daß der Wahnsinn des Durchhaltens und der elende Stolz auf die Verluste der Andern...ein verkrüppeltes Deutschland hinterlassen wird. (Pfui-Rufe) Was diesen Boas betrifft, so fordere ich ihn auf, zu bestreiten, daß bisher rund 800.000 Personen der Zivilbevölkerung Hungers gestorben sind, im Jahre 1917 allein 50.000 Kinder und 127.000 alte Leute mehr als im Jahre 1913; daß im Halbjahr 1918 mehr Deutsche - um 70 Prozent mehr - an Tuberkulose starben als damals im ganzen Jahr! (Rufe: 'Schluß! Schluß! 'Jemeinheit') (...) (Rufe: 'Das ist Unjebühr!' 'Raus mit dem Kerl!') (...) (Rufe: 'Maul halten!' 'Vaterlandsloser Jeselle!')
(...)
DER IRRSINNIGE: (...) ...die deutsche Wissenschaft ist eine Prostituierte, ihre Männer sind Zuhälter! Was hier versammelt ist, ...(um) aus schwarz weiß zu machen, trägt mehr Blutschuld als jene, die rot gemacht haben! (...) Unter der Hand solcher Ärzte wird die Welt, die vom deutschen Wesen angesteckt zu werden fürchtet, an ihm sicher nicht genesen - und daß bei so vielen Professoren das Vaterland verloren ist, sagt ein deut-

scher Reim!
DER PSYCHIATER: (...) ...nunmehr habe ich die Überzeugung gewonnen, daß wir es mit einem ganz schweren Jungen zu tun haben. So spricht kein Geisteskranker, meine Herren, so spricht ein Vaterlandsverbrecher!" (153)

Erst im Krieg offenbart sich die allgemeine Verkehrung allen Seins unterm Kapital ganz; wie die Wahrheit zu Irrsinn wird und Irrsinn zur Wahrheit, so gewinnt Medizin eine ihrer Friedenstätigkeit genau entgegengesetzte Funktion: Statt den Menschen gesund und am Leben zu erhalten, wird der Mensch für den Tod präpariert. Was Adorno für die nationalsozialistischen Konzentrationslager bemerkt, daß in ihnen "die Demarkationslinie zwischen Leben und Tod getilgt", ein "Zwischenzustand, lebende Skelette und Verwesende", geschaffen wurde, ein nur allegorisch zu begreifender Zustand, trifft auch auf jene Menschen zu, die in den Zugriff der imperialistischen Kriegsmaschinerie geraten. Jene "sonderbare Verschränkung von Natur und Geschichte", die Benjamin als ein Kennzeichen der Allegorie schlechthin betrachtet, findet ihre materialistische Basis im Kapital, in einer quasi natürlichen und nicht geplant sich reproduzierenden Gesellschaft, die in der Warenverdinglichung, die die des Menschen einschließt, schon immer die Grenze zwischen Ding und Mensch aufgehoben hat. (154) Unterm melancholischen Blick enthüllt sich die kapitalistische Geschichte als inhumanisierte Naturgeschichte, der Mensch dieser Gesellschaft als Kreatur, die hilflos der in unbegreiflichen Katastrophen sich äußernden gesellschaftlichen Naturgeschichte und den in ihr dem anderen feindlich gegenübertretenden Agenten der Herrschenden unterworfen ist. Unter diesem Blick schlägt sich die im Krieg zur vollen Kenntlichkeit nicht länger von Gnaden des satirischen Allegorikers, sondern durch das Sprechen und Handeln seiner Agenten in eine apathische Mordsfratze verzerrte Physiognomie des Kapitals auseinander in ein "Bilderreich: das der zeitfernen Hoffnungslosigkeit... (...) Es ist die Ontologie der Hölle,..." (155)

"DER KOLLEGE: (...) Postarbeit! Fünf Fälle mit Zitterneurose hab ich an die Front geschickt.
DER REGIMENTSARZT: No und ich fünf Darmverwachsungen und drei Tabes. (...)
(...)
DER KOLLEGE: (...) Es ist unglaublich, wie man verroht. Man kommt faktisch gar nicht mehr dazu, human zu sein.
DER REGIMENTSARZT: Ein guter Arzt, hat es immer geheißen...

hat vor allem ein guter Mensch zu sein. Ja, das verlernt man gründlich,... Konträr, ein guter Militärarzt darf gar kein guter Mensch sein, sonst kann er schaun, wie er vorwärts kommt, ... (...) Ich liefer ihm (Teisinger - E.S.), ohne daß er mir bestellt. Von mir aus! (Herv. v. E.S.)
DER KOLLEGE: Bitt dich, wenn ma oben paar hundert Ruthenen so an einem Vormittag hat baumeln gsehn und unten paar hundert Serben wie ich, gwöhnt sich der Mensch an alles. Was is: das einzelne Menschenleben wert? (Herv. v. E.S.) (...) Ich schau nicht rechts, ich schau nicht links, ich schau vorwärts! Man müßt sich umbringen. Man will aber leben." (156)

Die Sätze, die hier gefallen sind, gehören zu den wohl schokkierendsten der "Letzten Tage der Menschheit"; in ihnen wird alles kassiert, was den Begriff der bürgerlichen Kultur umfaßt. Humanität, die in der frühbürgerlichen Zeit einmal eine Sphäre bilden sollte, die versöhnend den ökonomischen Zwecken enthoben war, die verpflichtend die Animalität des Menschen gleichzeitig bändigen, wie das Natürliche "im Widerstand gegen den Druck der hinfälligen, von Menschen gemachten Ordnung" retten und versöhnen sollte; die "als Bedingung einer autonomen Gesellschaft" wie einer autonomen Persönlichkeit überhaupt galt, ist hier in all ihrem Selbstverständnis um der Selbsterhaltung willen negiert. (157) "Ist", wie Adorno schreibt, die Spannung zwischen Natur und Kultur "einmal zergangen, so wird Anpassung allherrschend, ihr Maß das je Vorfindliche. Sie verbietet, aus individueller Bestimmung übers Vorfindliche, Positive sich zu erheben. Vermöge des Drucks, den sie auf die Menschen ausübt, perpetuiert sie in diesen das Ungestalte, das sie geformt zu haben wähnt, die Aggression." (158)

Humanität gilt hier als ein besseres Freizeitvergnügen, kurzfristige Erholung von dem Geschäft mit kranken Todeskandidaten, zu dem man kommen oder nicht kommen kann, und ist damit als Entmächtigte dargestellt. Sie ist hier, nicht länger Humanität, als gleichgültige Sphäre unter die Barbarei subsumiert; kraftlos geworden, zeigt sie einen Zustand an, in dem die Menschen sich über ihr Handeln keine Rechenschaft mehr ablegen, sondern, stur angepaßt und gewissenlos, die auf ihren grausigen Begriff gebrachte bürgerliche Apathie darstellen, die gleichmütig den Untergang der bürgerlichen Humanität notiert, ohne jedes wirkliche Bedauern auf sie Verzicht leistet. "Freiheit und Humanität...haben innerhalb des zum Zwangssystem zusammengeschlossenen Ganzen ihre Strahlkraft verloren, weil sich ihnen nicht mehr nachleben läßt;..." (159) Ohne daß überhaupt noch der Untergang der Menschheit im Epilog physisch und symbolisch vollendet werden braucht, ist er für Kraus hier ratifiziert. Humanität als Ausnahme ist keine mehr; damit aber ist Kraus zufolge die Menschheit schon vor ihrem symbolischen Untergang abgestorben. "Die Welt geht unter, und man wird es nicht wissen"; schlimmer noch, selbst wenn man es wüßte, man bedauerte es nicht. (160) Diese "ganz angepaßte Gesellschaft" fällt somit, wie Adorno schreibt, in "bloße darwinistische Naturgeschichte" zurück, in eine neue Art verdinglichter, maschinenhafter Animalität, in die Geschichtslosigkeit. (161) Ihre Welt ist eine "ausgestorbene Welt". (162) Sie ist ausgestorben deshalb, weil mit dem Untergang der Humanität die Potentialität einer humanisierten Welt vergeht und mit dieser auch die physische Welt in die Katastrophe des Untergangs hineingerissen zu werden droht. Kraus dokumentiert somit einen Zustand, in dem die entfremdeten und verdinglichten Verhältnisse die Menschen auf den Stand von Tieren und Dingen versetzen, denen mit der Humanität Welt und Geist gleichermaßen abhanden kommt.

Mit dem Verlust der Humanität werden die Mediziner zu wahren Folterknechten ihrer Patienten, um sie dem Heldentod näherzubringen; zu Leichen- und Krüppelproduzenten.

"Ein Militärhospital. Rekonvaleszente, Verwundete aller Grade, Sterbende.
EIN GENERAL-STABSARZT (öffnet die Tür): Aha, da sind s' ja alle schön beisamm, die Herrn Tachinierer. (Einige Kranke bekommen schwere Nervenzustände.) Aber gehts, nur kein Aufsehen. Das wern wir gleich haben - Momenterl! (Zu einem Arzt.) No wird's? Wo bleibt denn heut der Starkstrom? Gschwind, daß mr die Simulierer und Tachinierer herauskriegen. (Die Ärzte nähern sich einigen Betten mit den Apparaten. Die Kranken bekommen Zuckungen.) Der dort, das is ein besonders verdächtiger Fall, der Fünfer! (Der Kranke beginnt zu schreien.) Da hilft nur ein Mittel, das Verordnen wir nur im äußersten Fall. Ins Trommelfeuer! Jawohl, das Beste wäre, alle Nervenkranken in einen gemeinsamen Caisson stecken und dann einem schönen Trommelfeuer aussetzen. Dadurch würden s' ihre Leiden vergessen und wieder frontdiensttaugliche Soldaten wern! Da wern euch schon die Zitterneurosen vergehn!(Er schlägt die Tür zu. Ein Kranker stirbt. Es erscheint der Kommandant Oberstleutnant Vinzenz Demmer Edler von Drahtverhau.)
DEMMER VON DRAHTVERHAU: (...) Der Mann hat seine fünfzig Schuß zu machen, nachher kann er hin sein! Der <u>Allerhöchste Dienst</u> (Herv. v. E.S.) erfordert, daß jeder, der gehn kann, nicht länger hier herumliegt, als wie unbedingt nötig ist - ..." (163)

Wer möchte nicht in den zu Bestien gewordenen Medizinern die gesellschaftlichen und geistigen Vorfahren der späteren faschistischen KZ-Ärzte oder amerikanischer,griechischer, brasilianischer, chilenischer, persischer, südvietnamesischer Folterspezialisten zu erkennen, die von der imperialistischen Warengesellschaft zu ihrem gewaltsamen Erhalt produziert werden, um mit Gewalt und Folter jeden Gedanken an die Aufhebung des imperialistischen Elends zu ersticken. Trägheit des Herzens, unversöhnte brutale Animalität, untergründige, immer bereite Grausamkeit, Boshaftigkeit und Brutalität vieler unterm Kapital existierender Menschen bilden jene Momente einer unter kapitalistischen Verhältnissen nicht aufhebbaren Unzivilisiertheit, auf denen die Macht der in diesem System Herrschenden neben ihrer materiellen Potenz mit beruht; sie bilden den dunklen Hintergrund kapitalistisch-bürgerlicher Kultur, den Satire klagend und anklagend in sich hineinnimmt, der Erinnerung und dem Gedächtnis aufbewahrt, um die Greuel des Kapitals gegen dieses selbst zu wenden, sie zu Momenten der Rettung werden zu lassen; sie bilden jene Barbarei, die laut Benjamin jede vorgeschichtliche Kunst und Kultur bedingt, die in der Negation der Barbarei ihr Selbstverständnis gewinnen. Das Kapital kann auf Grund seiner irrationalen Widersprüche und Klassengegensätze nie, und seine Agenten können dies aus den genannten ökonomischen und gesellschaftlichen Antagonismen nie tun, auf latente oder offene Gewalt verzichten: eine unverkürzte, humane Rationalität ist in diesem System, wie die Szenen der Krausschen Satire anschaulich aufweisen, materiell unmöglich gemacht. Stattdessen ergreift die Barbarei mit den wachsenden Widersprüchen des Kapitals metastasenhaft alle Bereiche der Gesellschaft.

Die militante Kirche

So werden in "Die letzten Tage der Menschheit", wie bereits oben angedeutet, jene, die ihrem eigenen Selbstverständnis nach eine alles vergebende Liebe predigen müßten, eine Welt, in der ein Mensch dem anderen als Bruder und Samariter gegenübertritt, zu Predigern der Gewalt und des Hasses, werden so christlich verstanden zu Vertretern und Agenten des Antichrist auf Erden, zu geistlichen Agenten des Imperialismus.

"SUPERINTENDENT FALKE: (...) Es ist zweifellos, daß das Reich Gottes auf Erden durch diesen Krieg gewaltig gefördert und vertieft werden wird. Und man muß hier klar und bestimmt eingestehen: Jesus hat das Gebot 'Liebet eure Feinde!' nur für den Verkehr zwischen einzelnen Menschen gegeben, aber nicht für das Verhältnis der Völker zueinander. Im Streit der Nationen ...hat die Feindesliebe ein Ende. Hierbei hat der...Soldat sich ...keine Gewissensbisse zu machen! Solange die Schlacht tobt, ist das Liebesgebot Jesu völlig aufgehoben! (...) Das Töten ist in diesem Falle keine Sünde, sondern...eine christliche Pflicht, ja ein Gottesdienst! Es ist ein Gottesdienst und eine heilige Pflicht, alle unsere Gegner mit furchtbarer Gewalt...zu vernichten! (...) Warum wurden so viele tausend Männer zu Krüppeln geschossen? Weil Gott dadurch ihre Seelen retten wollte. ...betet im Angesicht der Wunder des Herrn: Bring uns, Herr ins Paradies!" (164)

"KONSISTORIALRAT Rabe: - - Darum mehr Stahl ins Blut! (...) Es ist nicht nur das Recht, sondern unter Umständen sogar die Pflicht gegen die Nation, mit Kriegsbeginn Verträge oder was es sonst auch sein mag, als ein Fetzen Papier zu betrachten, den man zerreißt und ins Feuer wirft,..." (165)

Es ist evident, daß die schon mit ihren Namen (Geier, Rabe und Falke) als Sinnbilder des Todes und des Krieges auftretenden protestantischen Pfarrer die Lehre Christi völlig umkehren. Die von ihnen gepredigte "heilige Pflicht" ist die des Herrn der "Spirituszentrale", an der nicht nur die anderen, sondern auch "die Eigenen" dran glauben müssen. Im Angesicht einer zerstörten und von zu Krüppeln Geschossenen erfüllten Welt ist die Bitte,"ins Paradies" gebracht zu werden, also die um den Tod, die Bitte um Erlösung durch den Tod aus einer Hölle auf Erden.

Die Vertreter der Geistlichkeit lassen es bei der Aufforderung zum Mord und zur Gewalt nicht bewenden, vielmehr beteiligen sie sich auch praktisch an der militärischen Arbeit. "Schon im 2. Akt begegnen wir dem...Feldkuraten Anton Allmer, der die Soldaten mit dem Zuruf: 'Gott segne eure Waffen! Feuerts tüchtig eini in die Feind!' begrüßt, dann bittet, 'auch a wengerl' schießen zu dürfen und beim ersten Treffer erfreut 'Bumsti!' ausruft", ein Wort, in dem sich für Kraus die mörderische und infantilisierte Apathie des militärischen Fachidiotentums zusammenballt. (166) Die Gründe der nach bürgerlicher Moral Verkehrung aller natürlichen Verhältnisse, der Umkehrung aller Werte spricht Kraus dadurch ahnungsvoll an, daß er die Geistlichkeit als direkte Agenten des deutschen Imperialismus das aussprechen läßt, um dessen willen sie wie auch die deutsche Intelligenz Religion und Humanität opfert: Streben nach Weltherrschaft, das mit "orkanartigem Beifall" beantwortet wird.

"PASTOR BRÜSTLEIN (...): - im Westen: Longwy und Briey! Und die vlämische Küste wird nicht wieder herausgegeben! (Dröhnender Beifall.) Im Osten die bekannte Festungslinie, die Ostpreußen nie mehr bedrohen darf, muß in irgendeiner Form in unsrer Hand bleiben! (lebhafter Beifall.) Kurland und ein Stück von Litauen wird nicht wieder herausgegeben! (Donnernder Beifall.) Verbunden sind mit Kurland: Livland und Estland. (...)" (167)

"PROFESSOR PUPPE: (...) Wir müssen Frankreich so ohnmächtig machen, daß es niemals wieder angreifen kann! (Dröhnender Beifall.) (...) Wir brauchen ferner ein großes afrikanisches Kolonialreich! (Dröhnender Beifall.) Um dieses sicher zu stellen, benötigen wir Flottenstützpunkte! Eine unerläßliche Bedingung ist die Vertreibung Englands aus dem Mittelmeer, aus Gibraltar, Malta, Cypern, Ägypten und seinen neuen Eroberungen im Mittelmeer! (...) Dazu käme natürlich eine Kriegsentschädigung (Orkanartiger Beifall.) - namentlich in der Weise, daß die Feinde gezwungen würden, einen erheblichen Teil ihrer Handelsflotte uns zur Verfügung zu stellen, uns Gold, Nahrungsmittel und Rohstoffe zu liefern. (...) Ferner --" (168)

Dem in Klammern gesetzten "Beifall" könnten mit Benjamin folgende poetologische Funktionen und Bedeutungen zugesprochen werden: Erstens bekommen die Reden des Pastors und des Professors Puppe, der mit seinem Namen die Unselbständigkeit und Unselbsttätigkeit der Wissenschaft des Kapitals unterstreicht, den Charakter eines Protokolls, damit die Authentizität des Dokuments der höllisch gewordenen Zeit. Gleichzeitig unterbricht er die Reden, nimmt somit die Funktion eines Gedankenstrichs oder eines unübersehbaren Ausrufezeichens, der Unterstreichung an, zwingt das Denken innezuhalten und dem "geschichtlichen Gegenstand" einen "Chok", einen Stoß zu erteilen, "durch den" er "sich als Monade kristallisiert" und "das Bild der Welt in seiner Verkürzung" zeichnet. (169) Es ist hier das Bild einer maßlos und massenhaft gewordenen Raublust und Herrschsucht, die mit Adorno älteste und neueste Geschichte miteinander verbinden. Drittens schließt die Klammer den zivilisatorischen Beifall mit Naturphänomenen (Donnern und Orkan - Sinnbilder drohender oder verheerender Naturgewalten) zusammen, somit die zweite mit der ersten Natur, unterstreicht somit das oben Gesagte, unterstreicht weiter die Erkenntnis Benjamins, daß moderne Dichtung die Masse als ein Naturphänomen, ein Sinnbild des Todes, Wahnsinns und der Unterdrückung auffaßt. (170) Weiter faßt Benjamin die Menge als eine automatenhafte, die durch Choks völlig gegen "Erfahrung abgedichtet" ist und "ihr Gedächtnis vollkommen liquidiert" hat: fensterlose, erfahrungslose, phantasielose, erinnerungslose, somit verantwortungslose Monaden. (171) Diese hier, von Kraus in Regie genommen, nimmt das Gesagte in ihr geschichtsloses Rauschen auf und fährt auf den Schwingen des Wahns, mit dem Pfeifen des Orkans und dem Donnern und Dröhnen des Krieges als ein einziger, zusammengeballter Stoß gegen den Reizschutz des Lesers an:Dieser Beifall ist das Präludium des im Faschismus noch und noch Gehörten. Er rauscht heute noch und schon wieder.

Militante Kunst

Übte auf diese Weise der Klerus nach Kraus am religiösen Moment des Geistes und der Humanität zugunsten des Kapitals Verrat, indem er dem Krieg die geistliche Weihe gab, so nicht weniger die Kunst am weltlichen. Beide Momente sind ein Hinweis darauf, daß der geistige Kampf des Satirikers gegen die Inhumanität des Kapitals verzweifelt und aussichtslos ist. Satire hat mit der Liquidation des liberalen Konkurrenzbürgertums durch das imperialistische Monopolkapital die materielle und mit der materiellen auch jede geistige Basis im liquidierten Bürgertum verloren, an die ihre Anklage und ihr Appell um Humanität sich wenden könnte. Geistige Arbeitsfähigkeit, eine Ware wie jede andere Arbeitsfähigkeit unterm Kapital, ist zu einem apologetischen und Inhumanität predigenden Moment des seine unbegriffenen Widersprüche, seine Irrationalität fürchterlich an seinen Produzenten und Reproduzenten austobenden Monopolkapitals geworden.

War Literatur in der reinen Menschlichkeit ihrer Personen einst das Gegenbild der verdinglichten Personen der kapitalistischen Wirklichkeit, ein monadologisches, scheinbar autonomes Reich von Harmonie und Schönheit, gewaltloser Versöhnung von Subjekt und Objekt, Mensch und Natur, so überliefert sie sich mit folgenden Versen der Inhumanität, die sie einst ideell bekämpft hatte. "Donnernder Beifall", der der Barbarei gezollt wird, verweist die Satire, die Kunstform der Dämmerung und des geistigen Untergangs bürgerlicher Humanität, in eine hoffnungslose Verzweiflung, der Negativschrift von Utopie, die allein in der rückhaltlosen Offenlegung des Grauens und der Barbarei, in beider Verdichtung, im Verschweigen jedes utopischen Versuchs beschlossen liegt.

"Berliner Vortragssaal.
DER DICHTER: - - Und ob jeder Schritt über Fleischfetzen steigt, / Kartätschen und Stacheldraht:/ die befohlene Linie wird erreicht - (...) - - Sprung! Vorwärts marsch! Heraus aus dem Bau! / Durch! Durch! Knirscht's, knattert's im Drahtverhau,/ Und Lerchenjubel im Blauen./ Nur hurra, hurra! schweig Wehgekreisch!/ Marsch, marsch, blankes Eisen, ins Feindesfleisch!/ Und Lerchenjubel im Blauen. (Donnernder Beifall.) - - Kriegsgenossen, laßt uns singen:/ Sei geheiligt,Graus auf Erden! (Nicht endenwollender Beifall. Rufe: Hoch Dehmel!)" (172)

Wird in einem hier nicht zitierten "Gedichtfragment" die klassische Kultur des Bürgertums durch Übernahme eines Goetheschen Versmaßes in die Barbarei hineingezogen, so entlarvt sie, zur leeren, ihres ursprünglichen Inhalts beraubten Form geworden, jene, denen sie im humanen Sinne bedeutungslos geworden ist, die an der humanen Kultur des frühen Bürgertums nicht länger partizipieren, wie es gleichermaßen im zweitletzten Fragment ein Versatzstück von Naturlyrik tut. Dieses gewinnt im Äther der Krausschen Satire eine von Dehmel ungeahnte Aussagekraft; es ratifiziert allegorisch die Negation des utopischen Entwurfs einer humanisierten, mit Menschheit versöhnten Natur und kehrt gegenüber der in einem vorgeschichtlichen, zweiten Naturzustand existierenden Menschheit die unmenschliche Mitleidslosigkeit der ersten Natur hervor, die nur ein Echo menschlicher Entfremdung und Unversöhntheit ist, ein Echo der Irrationalität des Kapitals und der ihm entsprechenden unmenschlichen Gleichgültigkeit der Menschen selbst gegeneinander; ein Echo jener Unmenschlichkeit, die der Melancholiker schwermütig als wechselseitige Zerstückelung der auf leidendes Fleisch, wehkreischende oder mitleidslos schlachtende Kreatur herabgekommenen Individuen, ihre fürchterliche Rückverwandlung in anorganische Natur protokolliert, deren poetische Feier er als geistigen Ausdruck der imperialistischen Hölle entlarvt, so einen Zustand anklagt, in dem die losgelassene, entfremdete zweite Natur des Kapitals blutig am Menschen die Unterdrückung und Vernichtung des Lebens der ersten Natur vollendet, dies sowohl in der Vernichtung der inneren Natur des Menschen wie auch der äußeren Natur.

Vor diesem Aspekt erweist sich bloße, inhumanisierte Natur als Reflex verdinglichter Zustände und irrationaler Naturbeherrschung. Nur einer in Vernunft aufgeklärten und versöhnten Menschheit vermag Natur auch ein versöhnendes Antlitz zuzuwenden. Dieses jedoch ist das Bild nicht reiner, unvernünftiger, sondern rational humanisierter und versöhnter Natur, in welcher als einem anderen seiner selbst der Mensch sich ins naturgeschichtliche Antlitz zu schauen vermöchte. Nur als humanisierte vermag Natur im Benjaminschen Sinne als versöhnte ihre Augen aufzuschlagen; dieser Augenaufschlag ist die in ihrer Autonomie aufgehobene Utopie früher bürgerlicher Kunst, die barbarisiert, unterm Krausschen Kunstgriff und im Äther seines Werkes ex negativo nochmals zur humanen Aussage gezwungen, sich zu ungeahnter Ausdruckskraft aufschwingt dadurch, daß sie vom Lerchenjubel grausig unterstrichen den Menschen mit den toten Augen einer entseelten Natur anblickt und die Bedeutung absoluter Entfremdung von Mensch und Natur annimmt: Dem seine Natur in seinem Fleisch mit Füßen tretenden Menschen entspricht eine mitleidslose, grausig jubelnde dämonische Natur: Reflex der von allen Zwängen sich befreienden, bestialisierten Natur des Menschen.

Sehr deutlich wird an diesem Beispiel die Paradoxie Krausscher Dichtung, die sich unterm Zugriff der Barbarei zu einer letzten Kraftanstrengung zusammenfaßt und gerade die Barbarei in den Dienst der Humanität zwingt, zu Geist, Schrift und Bedeutung umformt. Mit Kraus trat Kunst letztmalig offen gegen die kapitalistische Barbarei an, während sie bei Kafka sich schon hermetisch vor ihr verschloß und ihre hoffnungslose Ohnmacht, die nahezu hoffnungslose Ohnmacht des Menschen unterm Kapital, einbekannte. Humane Kraft, Rettung vor der Barbarei, sucht die Satire Kraus' gerade aus der immens gewachsenen Kraft der kapitalistischen Barbarei und Inhumanität zu gewinnen. "Seitdem...die lastende Schwere des Daseins außer allem Verhältnis zum Subjekt angewachsen (ist) und mit ihr die Unwahrheit der abstrakten Utopie, (wird) wie vor Jahrtausenden...Rettung gesucht bei der Einverleibung der Kraft des Gegners." (173) Diese Kraft schlägt um in die nicht endenwollende Klage ums Gewesene, wird zur Selbstanklage der Mörder gewesener Harmonie. Besiegelt wird der Untergang der bürgerlichen

Kultur schließlich in der folgenden, wie Ekrasit jede harmonisierende Ideologie sprengenden Barbarei, die das empfindungslose gleichgültige Substrat der bürgerlichen Anthropologie offenlegt.

"DER DICHTER STROBL: - Und all das Grün mit Mondlicht durchwirkt, weit hinaus ergossen, bis zu fernen, weißglänzenden Häusern und dunklen Bergen, wie Eichendorffs allerholdseligstes Sommernachtsgedicht...(versinkt in Träumerei) Wie ich wieder aus dem dunklen Saal auf die Terrasse trete, hat der Fähnrich sein großes Taschenmesser in der Hand, schneidet Geselchtes herunter und sagt so beiläufig obenhin: 'Mit diesem Messer hab ich ein paar Katzelmachern den Hals abgeschnitten' (Nach einer Pause, versonnen) War ein braver Junge!
DER DICHTER ERTL: Welch ein Erleben! Ich beneide Sie. (...)" (174)

Schlägt allein schon die Beiläufigkeit und apathische Seelenruhe, mit der der Fähnrich seine Tat erzählt, allen bürgerlichen Tabus ins Gesicht, so mehr noch, daß er mit der gleichen Seelenruhe das Messer zum Essen benutzt, mit dem er einigen Italienern "den Hals abgeschnitten" hat.Die Art des Essens allein kassiert den von Elias beschriebenen Prozeß der Zivilisation, der im Gefolge wachsender Handlungshemmungen den unmittelbaren Gebrauch von Händen und Messern beim Essen mit einem strengen Tabu belegt hat. Offen bricht am vom Kapital produzierten Barbaren wieder aus, was "die Menschen im Laufe der Zivilisationsbewegung...zurückzudrängen suchen, was sie an sich selber als 'tierische Charaktere' empfinden." (175) Der offene Gebrauch des Messer erweckt laut Elias Angst vor der unberechenbaren, tierischen Aggression des Menschen, die sich, wie die Handlung des Fähnrichs beweist, als nur allzu realistisch erweist. (176) Mit der Kassation des Tabus fällt die Menschheit in die gewissenlose Bestialität der archaischen Vorzeit zurück, in einen Stand fehlender Affektbewältigung, die, wie das Odysseuskapitel der "Dialektik der Aufklärung" zeigt, der Mensch erst in der Auseinandersetzung mit der äußeren und der fürchterlichen Unterdrückung der inneren Natur lernen mußte. An dem nur zu zeitgemäßen Barbaren und seiner gefühllosen Rohheit "erweist Kraus, wie wenig die Gesellschaft es vermochte, in ihren Mitgliedern den Begriff des autonomen und mündigen Individuums zu verwirklichen, den sie voraussetzt." (177)

All dies jedoch gewinnt seine fürchterliche Physiognomie

präzis erst in der Konfrontation dieser Barbarei mit einem der höchsten Produkte der bürgerlich deutschen Kultur überhaupt, mit Eichendorffs Gedicht "Sehnsucht", in dem in unüberbotener Transzendenz das bürgerliche Individuum sein prosaisches Dasein überschreitet und, kontemplativ gebannt zwar, den Zustand gewaltfreier Versöhnung imaginiert, in dem das Subjekt die Herrschaft über die innere und die äußere Natur zurücknimmt, sich in selbstvergessener Liebe "das Ich nicht länger in sich selber" verhärtet, etwas gutmachen möchte "von dem uralten Unrecht, Ich überhaupt zu sein", "Absage ans Herrschaftliche, an die Herrschaft zumal des eigenen Ichs über die Seele" leistet. (178) Der "Sehnsucht" schließen sich die "Marmorbilder", die "überm Gestein in dämmernden Lauben verwildern(den)" "Gärten", die "Paläste im Mondenschein", "die am Fenster" lauschenden "Mädchen", die "verschlafenen" rauschenden "Brunnen" zu einer Imago Italiens, einer Imago der Versöhnung und des Glückversprechens zusammen. (179). Ja, an einer anderen Stelle in "Dichter und ihre Gesellen" werden dem sterbenden Otto "Himmel", Heimat und "Rom" zu ineinander umschlagenden Bildern des Paradieses, von Kindheit, Tod und Frieden. "...da ging auf einmal ein Leuchten über die Gegend (die Heimatgegend - E.S.) wie ein Blitz in der Nacht: stille Abgründe fernab, Gärten und Paläste wunderbar im Mondglanz, er erkannte unten die goldenen Kuppeln und hörte die stille Luft herüber die Glocken wieder gehen und die Brunnen wieder rauschen in Rom,..." (180) Diese der Entfremdung und Verdinglichung als Sehnsucht abgerungene Imago der Versöhnung und des Glückversprechens, abgerungen von einem, der sich ganz im Gegensatz zur verhärteten Zivilisation des Bürgertums "nicht bewahren" mochte, der sich, wie Adorno in seinem Essay ausführt, ganz der Sprache hingibt, wird von der Spätform dieses Bürgertums "beiläufig" liquidiert. Liquidiert nach Kraus von einer Zivilisation der - Halsabschneider, die mit "Leib und Seele" dabei sind, ihr und dem Leben den Garaus zu machen, liquidiert von einem System aus "Mord und Ökonomie", dessen Sinnbild der Fähnrich ist, dessen Verklärer die Dichter Strobl und Ertl, die diesen Tod von Kultur und Zivilisation als Erlebnis feiern.

Die zügellose Bestialität des Fähnrichs wirkt wie eine grausige Ironisierung der Utopie der bürgerlichen Kunst und Kultur:

Die Befreiung der Natur hier ist eine von Gnaden einer gnadenlos und blind zu sich selbst gekommenen Naturbeherrschung der kapitalistischen Gesellschaft. "Nur durch ein der Natur sich Gleichmachen, durch Selbsteinschränkung dem Daseienden gegenüber wurde das Subjekt dazu befähigt, das Daseiende zu kontrollieren. Diese Kontrolle setzt gesellschaftlich sich fort als eine über den menschlichen Trieb, schließlich über den Lebensprozeß der Gesellschaft insgesamt. Zum Preis dafür aber triumphiert Natur gerade vermöge ihrer Bändigung stets wieder über den Bändiger, der nicht umsonst ihr, einst durch Magie, schließlich durch strenge szientifische Objektivität, sich anähnelt. In dem Prozeß solcher Anähnelung, der Eliminierung des Subjekts um seiner Selbsterhaltung willen, behauptet sich das Gegenteil dessen, als was er sich weiß, das bloße unmenschliche Naturverhältnis." (181)

Karl Kraus legte dem Reim innerhalb eines Gedichtes eine überragende Bedeutung bei: "Er ist das Ufer, wo sie landen,/ sind zwei Gedanken einverstanden. (...) ...er bringt die Sphären, denen sie zugehören zur vollkommenen Deckung." (182) Dies gilt auch für jene "Gedichte", die im Krieg geschrieben wurden. Die Gedanken, die dort sich miteinander einverstanden zeigen, sind Ausdruck ungemilderter, unzivilisierter, kulturloser Barbarei. So reimt sich etwa in einem vom Nörgler zitierten Gedicht "Bande" auf "Rande", "Rachen" auf "krachen", "glotzen" auf "kotzen","Herzen" auf "ausmerzen". Wie R.Stempfer hierzu richtig bemerkt, sind in diesem Beispiel "les mots les plus vulgaires...utilisés pour chanter les louanges de la barbarie retrouvée..." (183) Dieses Reimwerk gipfelt denn auch im direkten Lob der Barbarei, deren literarischer Ausdruck und Inbegriff es ist; "(...) ...Jedem schlagt den Schädel ein/ Und seid stolz,'Barbar' zu sein!" (184) Ähnliche Reimwerke durchziehen als Ausdruck reimgewordener Barbarei das ganze Drama. (185) Sie beweisen aufs deutlichste, daß die Mehrheit der unterm Kapital Lebenden auch nicht die geringste Beziehung zu der Kultur hat, die sie für sich in Anspruch nimmt, und die Masse aller anderen kein Verhältnis zur kritischen Konstellation von Kultur und Kunst zur kapitalistischen Realität hat. Besonders deutlich wird Kraus diese Tatsache in den jeder Kultur ermangelnden Umdichtungen von Goethes "Wanderers Nachtlied". (186)

Admiral Scheer, "der Sieger vom Skagerrak", Ehrendoktor der Universität Jena, soll sich begeistert über folgende Version geäußert haben, wie in den "Letzten Tagen der Menschheit" "zwei Studenten der Philosophie" begeistert anmerken:

"Unter allen Wassern ist - 'U'/ Von Englands Flotte spürest du/ Kaum einen Hauch.../ Mein Schiff ward versenkt, daß es knallte./ Warte nur, balde/ R-U-hst du auch!" (187)

Diese Kontrafakturen sind im selben Sinne Ausdruck vollendeter Barbarei, wie Goethes Gedicht eines der Humanität ist, die sich gegen die frühkapitalistische Barbarei entfaltet hatte; diese Humanität des Goetheschen Gedichtes zeugt in all seiner Harmonie "vom Gegenteil, vom Leiden am subjektfremden Dasein ebenso wie von der Liebe dazu - ja...(seine) Harmonie ist eigentlich nichts anderes als das Ineinanderstimmen solchen Leidens und solcher Liebe." (188) Wird bei Goethe das Subjekt "im Angesicht der ruhenden Natur, von der jede Spur des Menschenähnlichen getilgt ist, ...seiner eigenen" Vergänglichkeit inne, wird bei ihm der Tod zur Ruhe des Schlafes, zum ewigen und unvergänglichen Ausruhn von der Last des im Gedicht ausgesparten entfremdeten Lebens, so wird es in der obigen Kontrafaktur zum bloß "Austauschbaren", Vernichtbaren erniedrigt, dem nicht länger der Trost einer sich in Schlaf und Tod mit der Natur versöhnenden, die Fessel seiner eigenen Natur lösenden Subjektivität beigesellt ist.(189) Das subjektive Leiden ist im Triumph des entfremdeten Geistes barsch zum Schweigen gebracht und vermag erst im Äther des Krausschen Werkes wieder deutlich zu werden, dadurch daß sich der Geist in seiner ganzen Verstümmelung offenlegt. Trostlos und ohne jede Hoffnung auf ein Erwachen ist das R-U-hn der Kontrafaktur, die stählerne Ausdruckslosigkeit des "U" verspricht die Hölle des Ersaufens und Absaufens.

Die Kontrafakturen lassen ahnen, welche Kraft es kostet, unterm entfalteten Kapital nicht in irgendeiner Form kontemplativer, ideologischer Scheinkultur oder gar der Barbarei zu verfallen. Inmitten ständig wachsender kapitalistischer Barbarei kann selbst subjektiv echte Bewahrung von Kultur und Zivilisation, bleibt sie nur subjektiv, kontemplativ und tritt sie nicht wie Kraus der Barbarei energisch entgegen, objektiv selbst zum Ausdruck dieser Barbarei werden, wie es Kraus in den "Letzten Tagen der Menschheit" den Dichtern und Schriftstellern Hofmannsthal, Bahr, Andrian, Hirsch, Roda-Roda, Kernstock, Kerr vorgeworfen hat, die sich, folgt man hier Kraus, teilweise in Armeediensten hinter der Front herumdrückten. (190) Radikal entkleidet Kraus alle diese vor dem Hintergrund des Krieges ihres Anspruches,Träger von Kultur und Zivilisation zu sein. Er hat sie, die teilweise selbst übelste Kriegsgedichte verfaßt haben, sein ganzes Leben hindurch heftig bekämpft und zutiefst verachtet.

Im Äther des Krausschen Werkes und seiner allegorischen Montage erhält die untergehende Kultur, erhalten die verstümmelten und mißverstandenen Gedichte der Klassik und Romantik etwas von ihrer alten Kraft zurück, indem sie zum "Maß" werden der Barbarei, der maßlos gewordenen imperialistischen Kulturlosigkeit, "zum Maß von dessen Falschen und Schlechten"; sie gewinnen eine nicht museale Größe dadurch zurück, daß sie die Ideologie und Barbarei als solche anschaulich, dingfest machen, Wahrheit in die Ideologie sprengen. (191)

Das Militär und die staatlichen Machtträger

Im Militär äußert sich nach Kraus die Barbarei des Kapitals und seines imperialistischen Krieges in Dummheit, Stumpfheit, teilweise völliger Debilität der militärischen Führer, wie oben schon an den militärischen doctores honoris causa gezeigt worden ist, oder aber in äußerster Grausamkeit und Brutalität des Militärs.

Das Militär in der Kraus bekannten Form ist eine der Institutionen des Gewaltmonopols des modernen bürgerlichen Staates, eine Form des Kapitals, die in formeller Selbständigkeit gegen die miteinander konkurrierenden Individuen und Klassen Eigentum und Freiheit der Person vor nicht vertrags- und rechtgemäßen Eingriffen und Verletzungen schützt und qua Gesetz die Mängel des ihm vorausgesetzten kapitalistischen Warentauschs kompensiert; den kapitalistischen Reproduktionsprozeß so aufrechterhält und sichert, also die Herrschaft des Kapitals über die Arbeit, die Ausbeutung der Arbeit durch das Kapital perpetuiert. Um seine Funktionen gegenüber der Konkurrenz durchsetzen zu können, beansprucht der Staat das Gewaltmonopol, das sich in der Form der repressiven Staatsapparate materialisiert. Historisch gesehen schloß sich das Kapital nicht in einen Staat zusammen, sondern in mehrere Nationalstaaten, deren Kapitale, alle mit dem gleichen Drang nach maßloser und schrankenloser Expansion und Profitsucht ausgestattet, wechselseitig aneinander ihre Schranke fanden. Die Institution, die die je nationalen Kapitale vor Eingriffen von außen sichern und gleichzeitig der Expansion des nationalen Kapitals nach außen dienen soll, ist das Militär; es ist das Exekutivorgan des maßlosen Expansionsdrangs des den eigenen Markt als Fessel empfindenden je nationalen Kapitals nach außen.

Zur Erfüllung dieser ihm von den Nationalstaaten zusammengefaßten nationalen Kapitalen gesetzten Aufgabe faßt sich das Militär in streng hierarchisch gegliederte, auf je spezielle militärische Arbeiten zugeschnittene Organisationen von die militärische Arbeit Leitenden und sie möglichst widerspruchslos Ausführenden zusammen: also in eine in Waffengattungen gegliederte Militärmaschine zusammen, die von militärischen Bürokraten und Technokraten verwaltet und organisiert wird in Bezug auf die ihr zugedachte Funktion; dieser in ihren Varianten möglichst vorausgeplanten Funktion wird die Masse der heute teilweise hochspezialisierten Ausführenden angemessen. Mittel einer möglichst frag- und widerspruchslosen Anmessung sind Disziplin und Gehorsam gegenüber den Leitenden und Planenden. In autoritären Staaten wird, wie Kraus überdeutlich ausführt, dieser möglichst widerspruchslose und fraglose Gehorsam, wenn nötig, mit brutaler Gewalt gegenüber den Mannschaften durchgesetzt; Mittel der Disziplin ist die Angst der Mannschaften vor der Repression der Offiziere und der Militärjustiz, die, wenn man Kraus folgt, fast nur Todesstrafen aussprach. Furchtbare Richter und furchtbare Offiziere, treten sie bei Kraus auf.

"Winter in den Karpathen. Ein Mann an einen Baum gebunden.
KOMPAGNIEFÜHRER HILLER: Wieviel Grad hats woll?
EIN SOLDAT: An die 30.
HILLER: Na, denn könnt ihr'n losbinden. (Die Soldaten tun es. Der Mann - Füsilier Helmhake - bricht ohnmächtig zusammen. Hiller schlägt ihm mit der Faust mehrmals ins Gesicht.) Nu mal ins Erdloch neben! (Es geschieht.) Aber ist es denn auch feucht und stinkend genug?
DER SOLDAT: Jawohl.
HILLER: Fiebert woll schon tüchtich?

DER SOLDAT: Jawohl.
HILLER: Doppelposten - nu mal ran - das Schwein bekommt nichts zu fressen und zu saufen.Darf auch weder tags noch nachts austreten. (Lachen) Hat er denn freilich auch nicht nötich! Also wie gestern. Wer was dawieder hat, den zerschmettere ich! (Er geht mit den Leuten ab. Zwei Soldaten bleiben vor dem Erdloch zurück. Man hört Wimmern.)
(...)
HILLER: Was is'n los? 'raus mit dem Mistvieh! (Einige Soldaten zerren Helmhake heraus und schleifen den Reglosen wie ein Stück Vieh.) So siehste aus. Ach die Drecksau verstellt sich ja bloß, trampelt ihn doch in den Hintern (Er tritt mit dem Stiefelabsatz.) Willst du laufen, du Schwein!? Ist denn das Aas noch nicht verreckt?!
DER ZWEITE SOLDAT (beugt sich zu dem Mißhandelten nieder, den er berührt, streckt seine Hände abwehrend zu Hiller empor und sagt): Soeben." (192)

Kraus gestaltet in dieser Szene den stellvertretend für alle Offiziere stehenden Kompagnieführer Hiller als einen den Tod bedeutenden Tyrannen, die ihm Untergebenen als aufs Vieh hinabgewürdigte Märtyrer eines Systems von Mord und Ökonomie, das im Krieg die wahre Physiognomie der Freiheit zeigt, die es seinen Produzenten zumißt: die Freiheit, bis auf den Tod ausgebeutet zu werden. Wie die folgende Szene zeigt, bricht der von Kraus gestaltete Wahnsinn einer verkehrten Welt bei dem für ihre Zwecke verwendeten "Menschenmaterial" als "Erschöpfungswahnsinn" aus: "Die Leute...springen wie die Besessenen herum." (193) Was sie nach der Meinung Kraus' auch sind. Zwang, der bis zum Mord reicht, "Hunger, Schläge und Anbinden" reichen, wie Hiller feststellt, nicht mehr zu, "um den Kampfesmut zu beleben". (194) Die partikulare Rationalität des Militärs enthüllt sich unter den Augen Kraus' als die einer zwischen Töten und Tod wählen könnenden Sklaverei; als ein System, das nur Tod bringende und als "Kampfesmut" willkürlich bezeichnete Angst vor einem äußerst qualvollen Tod im Sinne Hillers zu "beleben" vermag: der zum Tod führende Wahnsinn, nichts weiter.

Angehörige der kaiserlichen Familien

Die kaiserlichen Spitzen des staatlichen Machtapparates werden von Kraus in brutaler Unzivilisiertheit, Unbildung, Barbarei und Borniertheit festgehalten. Von ihm gezeichnet, treten sie uns als brutale oder schwachsinnige Tötungs- und

Mordmaschinen entgegen. Der "prustend und pfuchzend" auftretende Wilhelm II. wird von Kraus einmal allegorisch als barbarischer, wahnsinniger Tyrann, "Barbarenkaiser,...Imperator der geistigen Knödelzeit, der keine Quantität von Fleisch und Blut unberührt lassen konnte", dann als Wolf und Eber - alles Figuren der barocken Dramatik - eingeführt - raublustig und feig verschlagen wie der Wolf oder borniert, angriffslustig wie der Eber geltende Tiere - wobei auf die gattungsmäßige Zugehörigkeit des Ebers zu den unreinen Hausschweinen wohl kaum hingewiesen zu werden braucht; er wird von Kraus zum Symbol des Versinkens der Welt in mythische Vorzeit, zur Gestalt des dämonischen "Fenriswolf" überhöht, eine mythologische Gestalt der germanischen Endzeit. (195)

"Er (Wilhelm II.) stößt...in der Erregung wie in der Belustigung einen Ton aus, der wie das Bellen eines Wolfes klingt. Im Moment der Erregung bekommt er einen roten Kopf, der Ausdruck wird der eines Ebers,..." (196)

Der von Kraus allegorisch dargestellten Vertiertheit dieses Feldherrngenies entspricht eine noch unter dieser Vertierung einzuordnende Servilität seiner Offiziere; unwillkürlich drängt sich, wie auch Stempfer bemerkt,beim Lesen dieser Szene ein Vergleich mit dem Diktator Adolf Hitler bei der satirischen Darstellung dieses deutschen Kaisers und seiner Offiziere auf.

"Wilhelm II. (tritt an die Generalstabskarte heran): Ha - Von hier bis hier sind funfzehn Kilometer, da werfe ich funfzig Divisionen hinein! Kolossal - was? (Er blickt um sich. Beifälliges Murmeln.)
DRITTER GENERAL: Majestät sind ein Weltwunder strategischen Weitblicks!
VIERTER GENERAL: Majestät sind...der größte Redner, Komponist, Jäger, Staatsmann, Bildhauer, Admiral, Dichter, Sportsmann, Assyriologe, Kaufmann, Astronom und Theaterdirektor aller Zeiten, ... (...) Majestät, ich fühle mich außerstande, die Liste der Meisterschaften zu erschöpfen, die Majestät auszeichnen." (197)

Das österreichisch-ungarische Gegenstück zu dem deutschen Kaiser, Franz Josef,bezeichnet Kraus als Nörgler mit der ganzen Variabilität allegorischer Metaphernfülle als einen lebenden Toten: "Idol von einem Kaiserbart", eine "Unpersönlichkeit", ein "graue(s) Verhängnis", einen "chronischen Katarrh", einen "Dämon der Mittelmäßigkeit", ein Damoklesschwert über dem Weltfrieden", "eine siebzigjährige Gehirn- und Charaktererweichung", "eine Verflachung, Verschlampung und Korrumpierung aller Edelwerte eines Volkstums, die in der Weltgeschichte ohne Beispiel ist", ein "blutgemütliche(s) Etwas", "einen pensionierten Landbriefträger, der sich per Zufall als Vampir betätigt", ein "Ungeheuer, (das) die Züge eines guten alten Herrn trägt", einen "Lemur(en)"; ihn immer neu verwandelnd und bezeichnend reduziert Kraus den Kaiser Franz Josef schließlich auf die Abstraktion des Etwas und gehorcht so dem allegorischen Gesetz andauernder "Verwandlung" und der "Abstraktion". (198)

Beide, Kaiser und ihre Familienangehörigen, bilden, wie Stempfer treffend bemerkt, ein "sinistre defilé de débiles mentaux, de couards, de tortionaires" sie versinnbildlichen je verschieden, eine durch die gesellschaftliche Entwicklung überholte, untergehende, in dekadenter Brutalität sich ergehende Klasse, die unbewußt im Dienste der Bourgeoisie steht, selbst wenn sie noch zu herrschen meint. (199) Die Vertreter der kaiserlichen Familien sind, wie Kraus sie darstellt, Varianten ihrer Familienoberhäupter. So äußert sich der Erzherzog "Josef Ferdinand" nach Aussage eines Majors anläßlich eines Frontbesuchs befriedigt über die Treffsicherheit von Mörserkanonen, die am Beschuß pflügender Bauern demonstriert wurde; der Erzherzog "Peter Ferdinand" ließ, ebenfalls nach Aussage dieses Majors, anläßlich einer Wette einen "Vierzehnjährigen hinrichten", um zu prüfen, ob so ein junger Mensch beim Erhängen eine "ejaculatio seminis" habe. (200) Der deutsche Kronprinz, den Kraus als Emblem des Todes als "Totenkopfhusar", der "vorm Kopf einen Totenkopf" habe, auftreten läßt, winkt aufmunternd einer "Kompagnie", die während der "Somme-Schlacht...mit todesgefaßten Mienen...in die vordersten Gräben" marschiert mit dem Tennisrakett zu. (201) Wie der Nörgler bemerkt, sollen "unter dem Armeeoberkommando des Erzherzogs Friedrich allein...11.400, nach einer andern Version 36.000 Galgen errichtet worden" sein, ein Ungeheuer, das nach den Worten des Nörglers "mit ahnungslosem Behagen in der Wanne eines Blutmeers" plätscherte und dabei, wie auch die andern Tötungsmaschinen, "Ehrendoktor der Philosophie" war.(202)

Ein Mitglied wie das andere der kaiserlichen Familien stellen Todessymbole dar; sie sind in den "Letzten Tagen der Menschheit" Agenten des Todes auf Erden, Sinnbilder wieder auferstandener mythischer Ungeheuer der Vorzeit,"Wegbahner des Fortschritts, unter deren Ägide den Wissenschaften", wie Kraus das neue Sinnbild des Todes nennt, "nichts anderes übrig blieb, als zu blühen." (203)

Das einzige, wozu Kraus zufolge diese brutalen Schwachköpfe der Bourgeoisie noch nützlich sind, ist, Millionen von Menschen durchaus nicht sinnlos, sondern für die partikularen Interessen der imperialistischen Bourgeoisie in den Tod zu schikken. Ihre Unmenschlichkeit kennt bei diesem Geschäft kaum noch militärische Grenzen.

Offiziere

Als echte Vertreter der Herrschenden im staatlichen Machtapparat behandeln die Offiziere die ihnen Untergebenen als Material oder wie aufsässige Gewerkschafter als Klassenfeinde, über die "der Heldentod verhängt" wird. (204) So bemerkt denn ein Major durchaus folgerichtig:

"Meine Devise: Krieg - das is nicht nur gegen den Feind, da müssen die Eigenen schon auch was gspürn!" (205)

Ebenso s a c h gerecht verfährt der "Kaiserjägertod" mit den ihm unterstellten, zu "Stiefel(n) und Kappen" verdinglichten Leuten. (206)

"DER KOMMANDANT: Exzellenz, die Truppen erfrieren in den von Grundwasser erfüllten eisigen Löchern.
KAISERJÄGERTOD: Wie hoch schätzen Sie die voraussichtlichen Verluste?
DER KOMMANDANT: 4.000.
KAISERJÄGERTOD: Die Truppen sind befehlsgemäß zu opfern.
(...)
KAISERJÄGERTOD: (...) ...Sie haben auszuhalten bis auf den letzten Mann,... (...) Was sagen Sie? Ihre armen, braven Tiroler liegen erschossen draußen und schwimmen im Wasser? (Brüllend.) Zum Erschießen sind sie da! (...) Die Truppen haben in ihren Stellungen auszuharren, es geht um meine Existenz!" (207)

In der reflexions- und gewissenlosen Brutalität der militärischen Praktiker erst kommt die den Mitmenschen zum gleichgültigen Mittel der je eigenen egoistischen Existenz machende, unbarmherzige Praxis des Kapitals gegen innere wie äußere Feinde, gegen die Menschheit, zu sich selbst; Satire hält in diesen Szenen der kapitalistischen Gesellschaft als Spiegel nur das vor, was sie ist: kultur- und zivilisationslos, unmenschlich und tierisch, oder, wie Rosa Luxemburg Kraus sekundierend schreibt: "Geschändet, entehrt, im Blute watend, von Schmutz triefend - so steht die bürgerliche Gesellschaft da, so ist sie. Nicht wenn sie, geleckt und sittsam, Kultur, Philosophie und Ethik, Ordnung, Frieden und Rechtsstaat mimt - als reißende Bestie, als Hexensabbat der Anarchie, als Pesthauch für Kultur und Menschheit -, so zeigt sie sich in ihrer wahren, nackten Gestalt." (208)

Dem es wie allen unterm Kapital Lebenden verdinglicht und entfremdet immer nur um die eigene isolierte Existenz geht, opfert ihr zuliebe ohne Gewissensbisse notwendig die der anderen auf: Rücksichtsloser Egoismus ist das aus der unerkannten Gesetzmäßigkeit des Kapitals resultierende Wolfsgesetz des Kapitals. Horkheimer schreibt hierzu: "Je reiner die bürgerliche Gesellschaft zur Herrschaft kommt, je uneingeschränkter sie sich auswirkt, desto gleichgültiger und feindseliger stehen sich die Menschen als Individuen, Familien, Wirtschaftsgruppen, Nationen und Klassen gegenüber, desto mehr gewinnt das ursprünglich fortschrittliche Prinzip des freien Wettbewerbs auf der Grundlage sich verschärfender ökonomischer und sozialer Gegensätze den Charakter des dauernden Kriegszustandes nach innen und außen. Alle, die in diese Welt hineingezogen werden, bilden die egoistischen, ausschließenden, feindseligen Seiten ihres Wesens aus, um sich in dieser harten Wirklichkeit zu erhalten." (209) Schon aus dem "Tatbestand, daß während der Epoche, die das Individuum emanzipiert, der Mensch in der grundlegenden wirtschaftlichen Sphäre sich selbst als isoliertes Subjekt von Interessen erfährt und nur duch Kauf und Verkauf mit anderen in Verbindung tritt, ergibt sich die Fremdheit als anthropologische Kategorie. (...) Jeder bildet selbst den Mittelpunkt der Welt, und jeder andere ist 'draußen'. (...) Aus dieser Grundstruktur der Epoche leitet sich ohne weiteres Kälte und Fremdheit her: der Unterdrückung und Vernichtung des Mitmenschen steht im Wesen des bürgerlichen Individuums nichts entgegen." (210) Konkurrenz und Krieg sind somit keine Ausnahme, sondern immerwährende, wesentliche Momente des Kapitals, oder wie Kraus es ausdrückt: "Der Krieg...wirkt aus den Verfallsbedingungen der Zeit, mit ihren Bazillen sind seine Bomben gefüllt"; es ist "ein Krieg zur höheren Ehre der Rüstungsindustrie. (...) Unser Leben und Denken ist unter das Interesse der Schwerindustrie gestellt;..." (211)

Jede, wie auch die obige, ungehört verhallende Stimme bescheidener Humanität, die das Material noch als Menschen betrachten möchte, wird im System des allgemeinen Egoismus deshalb durchaus systemgerecht darauf hingewiesen, was deren geplante Bestimmung ist. "In der Tat hat Mitleid" im Kapital, wie Adorno und Horkheimer schreiben, "ein Moment, das der Gerechtigkeit widerstreitet,... Es bestätigt die Regel der Unmenschlichkeit durch die Ausnahme, die es praktiziert. Indem Mitleid die Aufhebung des Unrechts der Nächstenliebe in ihrer Zufälligkeit vorbehält, nimmt es das Gesetz der universellen Entfremdung...als unabänderlich hin. (...) Wie die stoische Apathie, an der die bürgerliche Kälte, das Widerspiel des Mitleids, sich schult, dem Allgemeinen, von dem sie sich zurückzog, noch eher die armselige Treue hielt, als die teilnehmende Gemeinheit,...so bekannten, die das Mitleid bloßstellten, negativ sich zur Revolution." (212) Der Satiriker lehnt zwar das individuelle Mitleid nicht ab, doch erweist es sich vor dem Übermaß des aus der Kälte resultierenden Grauens immer als zuwenig, als zu schwach. Dem das Unglück der Menschen eine Schande ist, zeichnet in deren normalerweise tabuierten Erscheinungsweisen die Physiognomie einer Gesellschaftsstruktur, eines Produktionsverhältnisses, das jeden individuellen Versuch auf Beseitigung des Elends strukturell hintertreibt, da es infolge verdinglichter und gegenüber den Menschen verselbständigter Selbsterhaltung und Naturbeherrschung auf die völlige Unterwerfung und Liquidation alles Natürlichen gerichtet ist.

"EIN K-OFFIZIER (...): (...) Also du Herr Oberauditor, da hab ich dir einmal einen Transport von die Achtundzwanziger aus Prag...nach Serbien begleitet. (...) Die Leut sind renident und fangen an mit die Unteroffizier zu schimpfen, weil s' gegen die Serben gehn solln - diese Horde! Die sind aber auf die Maschikseiten zu liegen kommen! Pomali - da ham wir s' schön auswaggoniert, 25 packt und in einen bsondern Waggon einigschupft. Da ist für 40 Platz - ham s' es eh noch kommod ghabt. Dann - so alle Stund ham mr dann auf offener Strecken schön ghalten. Nacher - also eine Unteroffizierspatrouille hat nacher jedesmal drei Mann schön außagholt und in den letzten Wagen einigschupft. Also - fahr' mr! Nach zwei Minuten -rrtsch obidraht! Hättst die Gsichter sehn solln von die nächsten drei - wann alstern wieder drei neuche einigkommen sind. Immer drei - nachanand. Der letzte seprat. Die Beschtie! No bis am Westbahnhof waren alle fünfundzwanzig schön (Herv.v. E.S.) erledigt. Der Waggon, wie s' ihn abkoppeln - der hat ausgschaut! M e i n e Herrn! Ein Ramatama! Förmlich durchgsiebt - Also taarlos! - und 's Blut is nur so -
DER OBERAUDITOR: Hätt ma photographieren solln. Da hast dich verdient gemacht!
DER K-OFFIZIER: Ich habe nur meine Pflicht erfüllt. Der Oberst hat gsagt, schtauirn mr ein Exempel. Das is nix gegen den Wild.

(...) Er geht halt am liebsten auf Ruthener. Gestern hat er mir seine Ansichtskarten gschickt - er zwischen vier Ghängte. Feschak das! (...) No und der Wild is wieder nix gegen den Prasch! Das is ein Frontoffizier, wie er sein soll!" (213)

Tönt das "wortgewordene Grauen... aus den anheimelnden Niederungen der grausigsten Dialekte" wieder, so ehrt der Satiriker mit Schweigen jene, die der gleichgültigen Unmenschlichkeit zum Opfer fielen. (214) Nur mit Satzzeichen legt er Protest ein gegen die Barbarei. Die Zeichen, ohnmächtige Gesten des Geistes gegenüber dem fessellosen, mit materieller Macht ausgestatteten Ungeist der militärischen Kapitalagenten: die Ausrufungszeichen, die Entsetzen dokumentieren und den Leser streng auffordern, das Ungeheuerliche der Tat und ihres sprachlichen Ausdrucks genauestens zu beachten; sie sind, wie Adorno schreibt, einerseits die "Usurpatoren der Autorität" wie ein "Symptom der Ohmacht", "Male des Bruchs zwischen Idee und" einer fürchterlichen Realität, "verzweifelte Schriftgebärde, die vergebens über die Sprache" und deren hier festgebannten unaussprechlichen Inhalt von Brutalität, Roheit und Gleichgültigkeit "hinausmöchte"; der Gedankenstrich, an dem "der Gedanke seines Fragmentcharakters" innewird, der "vom Unheil und von der Scham, daran zu rühren", kündet, der eine Figur der Unterbrechung, das Gewebe des barbarischen Textes auftrennend, Zeit und Abgründe zwischen die Textteile sprengt; so den Leser förmlich zwingen will, den Zusammenhang von Tat, ihrem sprachlichen Ausdruck, dem Geist, von dem er kündet,und einer Gesellschaft, die solche Taten und solche sprachliche Reaktion auf sie produziert und reproduziert, ohne Ausflüchte zu reflektieren, sich in den Zusammenhang zu versenken, über ihn trauernd und zornig zu brüten, im Angesicht kapitalistischer Barbarei zu überlegen, wie die Möglichkeit zu solchen Untaten, zu solcher Sprache, solchem Geist und solcher Gesellschaft zu beseitigen sei. (215)

Die Satzzeichen sind die zwingende wie ohnmächtige Aufforderung an den Leser, Vernunft und Phantasie walten zu lassen, sich den Bericht, den Sprecher, seine Zuhörer ohne innere Ausflüchte und Entschuldigungen zu vergegenwärtigen, sie als Ausdruck eines barbarischen, vorgeschichtlichen Systems zu begreifen, um dann, was die einzige Folgerung aus der Reflexion dieser und anderer Szenen sein kann, zu versuchen, die Gesellschaft strukturell so zu verändern, daß in ihr die Bestialität, die doch nur ein extremer Ausdruck einer Gesellschaft ist, deren Struktur die Individuen negiert und zur Ware verdinglicht, keinen Raum mehr habe.

Die Sprache des K-Offiziers, der des Hochdeutschen nur mächtig zu sein scheint, wenn er sich auf seine unmenschliche Pflicht beruft, der er im gewohnten heimischen Dialekt die Anerkennung, die genüßliche Zustimmung nicht versagt, erlaubt die Deutung, daß er nur als militärtechnokratischer Automat, als Teil eines mechanischen Systems, also nur sehr beschränkt an einer überregionalen Zivilisation partizipiert, die sich des Hochdeutschen zu bedienen pflegt, sonst aber einem Dialekt sprechenden, unzeitgemäßen Gesellschafts- und Kulturbereich anzugehören scheint, der seit den Zeiten Luthers in wachsendem Maße nur passiv oder gar nicht an der kulturellen und zivilisatorischen Entwicklung teilhatte, die sich im Bereich hochdeutschen Sprechens vollzogen hatte, daß er als Dialekt Sprechender deshalb ein bewußtloser Barbar dem in der hochdeutschen Sprache entfalteten zivilisatorischen, kulturellen und humanitären Fortschritt gegenüber ist,und seine Sprache läßt weiter ahnen, daß jene, die des Hochdeutschen bewußter mächtig sind, sich des doppelt bewußtlosen, des unzeitgemäßen Barbaren und des nur partiell zeitgemäßen gewissen- und verantwortungslosen Befehlsempfängers rücksichtslos zur Erreichung ihrer unmenschlichen und partikularen Ziele bedienen, daß das kapitalistische System den in die Moderne hineinragenden Barbaren in dieser doppelten Form zu seiner Existenz nötig hat. In ihm überlebt in spezifischer Form eine der unzähligen Varianten des fortwesenden Mythos, der herrschaftliche Gewalt, die Beherrschte wie Herrschende gleichermaßen verstümmelt.

Quäler und Gequälter, Mörder und Ermordeter sind nur als extremer Ausdruck einer verdinglichten Gesellschaft, als je verschieden durchs System verstümmelte und verdinglichte Menschen zu betrachten. Konsequent kennt deshalb die Befehlshierarchie dieses System keine Menschen mehr; die Menschen werden wie schon in der kapitalistischen Industrie als verwertbare Dinge, als Material, "Menschenmaterial" betrachtet, als vernichtbarer Ausschuß abgetan, sie gehen sprachlich in anorganischen

Dingen und Waren auf. (216) Ein Generalstabsoffizier bezeichnet in diesem Geist den Tod von Frontoffizieren und Mannschaften als einen Verlust von Kappen und Stiefeln; erst auf Nachfrage eines deutschen Generalstabsoffiziers, wie der Ausdruck "Stiefel und Kappen" zu verstehen sei, übersetzt der österreichische die Wörter in die Begriffe "Leut und Herrn" und offenbart damit ungewollt die Grundstruktur eines Klassenstaates; die den Offizieren zugeteilten Prostituierten gelten diesen zynisch als "Feldmatratzen", während die in die Mannschaftsbordelle gelieferten, gesunden, nicht venerisch infizierten Prostituierten als "einwandfreies Material unter strengster militärischer Kontrolle" bezeichnet werden. (217) "Le 'matériel', ce sont des femmes et le terme même qui sert aussi parfois à désigner les hommes de troupe, est la négation...de la personne humaine..." (218) In psychischer und physischer Verdinglichung zieht denn ein Offizier gefühllos, aber richtig, die Konsequenz aus dieser Sachlage, die nämlich, daß in einer Warengesellschaft Leben und Tod des Menschen keinen Wert mehr besitzen:

"Einer mehr oder weniger. Du überhaupt, wenn man jetzt ein Jahr bei dem Geschäft is - ich sag dir, tot, das is gar nix." (219)

Von daher betrachtet er mit kalter, kapitalistischer Rationalität die Verwundeten als eine unrentable Last, als faux frais:

"Aber mit die Verwundeten, das is eine rechte Schererei. (...) Was wird man mit die Leut anfangen? Verwundet - das is so eine halbete G schicht. Ich sag: Heldentod oder nix, sonst hat man sich's selber zuzuschreiben." (220)

Richtig beweist denn auch das Elend der mit kalter Gleichgültigkeit behandelten und zu Bettlern herabgesunkenen Krüppel, daß es Schlimmeres gibt als den Tod:

"Mit die Blinden is gar z'wider. Die tappen sich so komisch herum. Neulich wie ich vom Urlaub fahr, komm ich in eine Station und komm grad dazu, wie Mannschaft einen herumstößt und lacht und macht Hetzen." (221)

Die blinde, menschliche Ruine wird förmlich zum Sinnbild der von der Presse blindgemachten und dann vom Militär herumgestoßenen Menschheit.

Militärjustiz

Der gleiche Geist gewissenloser Mord- und Tötungslust beherrscht auch die Militärjustiz, sie bietet, wie Stempfer völlig richtig sagt, "un avant-goût des procédés du troisième Reich "; Obergottsberger schreibt, ohne theoretisch vermitteln zu können, was er damit aussagt, die den Militärgerichten Vorstehenden seien "wahre von der Z i f f e r (gesp. v. E.S.) beherrschte Satane",und drückt damit ungewollt die hier in den Tod umschlagende quantifizierende, verdinglichende Tendenz des Kapitals sehr gut aus. (222) Die Mord- und Tötungsziffer richtet sich nach Rang und Status der militärischen Agenten der Bourgeoisie: Je höher der gesellschaftliche Status der Marionetten des durchs Kapital vermittelten Todes, desto größere Massen an feindlichem und eigenem Menschenmaterial werden von ihnen kriegsmäßig zu Tode verwertet. Wirft Wilhelm II. fünfzig Divisionen in einen relativ kurzen Frontabschnitt - man denke an Verdun - so läßt der Hauptmann-Auditor Stanislaus Zagorski ohne besondere Begründung zehn Slawen aufhängen.

"EIN OFFIZIER: Gratuliere. Das war saftig. Spürt ma halt gleich, daß du ein Advokat bist. Du, wieviel Todesurteil' hast eigentlich schon hinter dir?
ZAGORSKI: Das is akkurat das hundertste - also das heißt das hundertzehnte.
DIE OFFIZIERE: Gratulieren! Jubiläum! Ja warum sagst das nicht?
ZAGORSKI: Danke, danke! Und jeder Exekution hab ich persönlich beigewohnt, das kann ich mit Stolz sagen. Und wie oft hab ich noch bei den Exekutionen fremder Todesurteile assistiert!
ZWEITER OFFIZIER: Geh. Da überanstrengst dich aber! Nimmst es z u gewissenhaft.
ZAGORSKI: Ja das ist ein aufreibender Dienst!
(...)
ZWEITER: No...der Lüttgendorff! Der hat...immer gsagt, er braucht kein Gericht, dafür hat ers abgekürzte Verfahren, hat er gsagt. Einmal hat er drei Kerle, weil s' bsoffn warn, durch 'n Korporal abstechen lassen. (...) No und Brandlegungen, wie s' jedes zweite Haus niedergebrannt habn! Also da hat er amal ein Exempel schtatuiern wolln, da habn s' ein ganzes Dorf ausghoben zum Niedermachen, weißt mit hochschwangere Frauen und so...
(...)
ERSTER: No bei die Internierungen hat mehr herausgeschaut!
ZWEITER: Das war..., wo sie s' dann plangemäß ausgerottet habn. Dafür waren...die ungarischen Lager erstklassig eingerichtet." (223)

Die Szene durchschlägt schockhaft die Distanz des Lesers, "seine kontemplative Geborgenheit vorm Gelesenen" vor der "Verfassung der Welt, in der die kontemplative Haltung zum blutigen Hohn ward, weil die permanente Drohung der Katastrophe keine Menschen mehr das unbeteiligte Zuschauen...erlaubt", sie ist nur einer der direkten Affronts gegen alle zivilisatorischen Tabus, die in der Moderne gegen den Rückfall in die Barbarei errichtet wurden, die aber, wie es sozialpsychologisch nachgewiesen wurde und jüngst Erfahrungen gelehrt haben, mühelos im Krieg oder in faschistischen Staaten außer Kraft gesetzt werden können. (224) Das Kapital hebt im Krieg eine jahrhundertelange zivilisatorische Arbeit, die ohnehin mit einer wachsenden Regression des Menschen einhergeht, auf der Basis der genannten Gleichgültigkeit der unterm Kapital lebenden Menschen gegeneinander mühelos auf. Das Monopolkapital bedingt die Stagnation des von Elias beschriebenen Zivilisationsprozesses, es ist die allgegenwärtige Regression. Ist das abstrakte Quantum ein die kapitalistische Gesellschaft bestimmendes Moment, so erweist hier die Feier der Tötungs- und Mordzahlen dessen ganze, alles qualitativ Menschliche negierende Unmenschlichkeit, indem es, wie hier die vorm quantifizierenden Denken irrationale Humanität, jeden spezifischen Inhalt aufhebt und Todesbürokraten wie Zagorski oder Eichmann in ihrer Gefühllosigkeit erst ermöglicht, die besessen von einem unmenschlichen, verdinglichten, zwangsneurotischen Dienstethos in der Tat sich und andere im Verfolg ihres Dienstes aufreiben könnten, vor allem dann, wenn sich die Maschinerie derart eingespielt hat, daß das Verhängen von Todesurteilen, wie es an anderer Stelle verdinglicht heißt, "jetzt wie gschmiert" gehe; ein Wort, in dem ebenso wie in der geplanten "administrativ(en)" Ausrottung von Menschen, "die Verdinglichung aller Beziehungen zwischen den Menschen, die ihre menschlichen Eigenschaften in Schmieröl für den glatten Ablauf der Maschinerie verwandelt, die universale Entfremdung und Selbstentfremdung,...beim Wort gerufen"ist, und das im Krausschen Kontext den uns heute längst vertrauten schaurigen Sinn menschlicher Verdinglichung bis auf den gleichgültig verwalteten Tod erhält. (225)

Alles Grauen aber dieser "Auditoren der Hölle" überstieg ihr "Stolz" auf die von ihnen vollbrachten Leistungen; "der Stolz des Verbrechers", der sich in der entsetzlichen Sitte dokumentierte, daß sich die Henker und Assistenten "noch 'aufnehmen'" ließen "und ein freundliches Gesicht" machten, weil sie, wie Kraus sagt, "ja eine Mordsfreud" hatten, "sich selbst auf frischer Tat erwischen zu können." (226) Das Grauen dieses Stolzes, der sich nicht scheute, Bilder von Hinrichtungen auf Ansichtskarten zu verbreiten, machte diesen Menschentypus und seinen Photographen "zum unvergänglichen Lichtbild unserer Kultur." (227) "Es war vielleicht", schreibt Kraus, "seit Erschaffung der Welt zum erstenmal der Fall, daß der Teufel Pfui Teufel! rief!" (228)

Die Offiziere, deren einer seine Wolfsgesinnung dadurch offenbart, daß er meint: "Wann ich einen Humanen nur von weiten siech, wer' ich schon fuchtig." (229), für die decouvrierend das Wort "Humaner" eine beleidigende Verdächtigung ist, die Menschen wie Vieh "abstechen"lassen, haben sich über eine "verbohrte juristische Klügelei" längst hinweggesetzt, für sie wird das Töten von Menschen jenseits eines verdinglichten Rechts und einer verdinglichten Ordnung des Kapitals zum gedankenlosen Spaß, der "schallende Heiterkeit" erzeugt. (230) Sie sind in der Tat perverse, da lustige Allegoriker, die den Lebenden immer schon als Toten betrachten und praktisch tun, was der Allegoriker in kritischer, gegen die Vergängnis gerichtete Absicht tut: mortifizieren. So gipfelt die kapitalistische Barbarei, wo sie enden muß: in einem vorweggenommenen Oradour, Lidece oder My Lai, im vorweggenommenen Konzentrations- und Vernichtungslager, Topoi kapitalistischer Unmenschlichkeit und Barbarei.

Unterm allegorischen Blick enthüllt sich die Welt des vorgeschichtlichen Kapitals als eine moderne Version der mythologischen Hölle, deren fragmentarischen Trümmern der Allegoriker immer wieder nur diese eine für ihn trostlose Bedeutung abzulesen vermag; in hoffnungslose Verzweiflung muß diese Bedeutung den Allegoriker enden lassen. Menschliche Geschichte entschleiert sich unterm satirisch-allegorischen Blick, als was sie Marx wissenschaftlich bestimmte, als ein aus der notwendigen Bewußtlosigkeit der Menschen resultierendes Mixtum aus unmenschlicher Naturgeschichte und noch nicht menschlich gewordener Sozialgeschichte, die untrennbar ineinander verschlungen sind, ein Ineinander, das Marx für die gegenwärtige Gesellschaftsform als Kapital wissenschaftlich entfaltete, das nicht nur im Krieg, sondern auch in seiner Alltagswirklichkeit allegorischer Zerstückelung und Zertrümmerung des Menschen und seiner Umwelt vorarbeitet, was im Krausschen Drama die wachsende Zahl von Bettlern und Kriegskrüppeln anzeigt, die sich grausig zum Schock des zu "zwei Beinstümpfen in einer abgerissenen Uniform" verdinglichten Menschen steigert, an dem in allegorischer Abstraktion alles Menschliche bis auf ruinenhafte Restbestände getilgt ist; eine Vorstellung, die sich zum traumatischen Schock zusammenzieht, der sich noch dadurch steigert, als die genannten Offiziere "die Beinstümpfe" und andere menschliche Torsos als "Tachinierer" bezeichnen; die Offiziere enthüllen sich als geistige Ruinen, als seelenlose Lemuren dadurch, daß der Offizier Fallota auf die Frage, wie es denn "draußen" gewesen sei, die Antwort gibt: "Fesch wars." (231)

Vertierung der Menschheit

Unterm melancholischen Blick zerfällt die ideologische, die scheinhumane Fassade des Kapitals,und der Mensch regrediert unter Verlust aller humanen Restbestände seines frühbürgerlichen Erbes auf die Bestialität, oder aber er wird von den anderen als Tier oder gar als Ding von seinen Mitbestien behandelt. Satire protokolliert die Prahlerei des wildgewordenen Spießers auf Menschenwild.

"V. DRECKWITZ: Ach hört mal auf mit euerm Jägerlatein. Mein Jahr in Rußland zählt dreifach (Herv. v. E.S.) gegen alle eure lummrigen Friedensjahre! Gut Gejaid allezeit gab's in Feindesland. (...) Krieg ist wohl die natürlichste Beschäftigung des Mannes. (...) Neben mir schnatterte ein junger Kriegsfreiwilliger...mit den Zähnen. (...) 'Lebhaft weiterfeuern', kommandierte ich mit gellender Stimme (Herv. v. E.S.), um den Brüdern (Herv. v. E.S.) da drüben mal den Wohlklang einer Preußischen Kommandostimme zu Gehör zu bringen. Und ich mußte auch laut schreien, denn auf die erste Salve ertönte drüben ein Geheul (Herv. v. E.S.), so entsetzlich markerschütternd, daß mir die Haare zu Berge standen, und als unsere Büchsen lustig in den dichten Knäuel knallten, da stürzten sie zurück, fielen über die Verwundeten und Toten - und immerzu die Schreie der Todesnot! Und schon waren wir mit brüllendem (Herv. v. E. S.) Hurra hinterher! Wie die Tiere (Herv. v. E.S.) drängte sich ein ganzer Haufe in die vorderste Haustür. (...) Sie waren noch total halali und konnten vor Angst keinen Ton sagen. Das einzige was uns noch fehlte war ein Alkohölchen. (...) Und nun urteilt mal selbst Jungens, ob ihr mit eurem madigen Jägerlatein mir imponieren (Herv. v. E.S.) könnt! Was ich auf der Russenfährte (Herv. v. E.S.) erlebt habe, ist, wie ihr zugeben werdet, 'ne Nummer (Herv. v. E.S.). Unser Fachorgan'Wild und Hund' (Herv. v. E.S.) hat die ehrende Aufforderung (Herv.

v. E.S.) an mich ergehen lassen, einen Bericht über meine Jagderfolge (Herv. v. E.S.) zu verfassen. Ich will es tun. Und denn auf fröhlich Gejaid (Herv. v. E.S.) nach Welschland. Eh wir aber so weit sind, wollen wir gemütlich (Herv. v. E.S.) noch mancher Pulle Sekt den Hals brechen. Na denn Pröstchen! ALLE: Pröstchen Dreckwitz! Waidmannsheil (Herv. v. E.S.)!" (232)

Jagd ist in Klassengesellschaften in der Regel das gesellschaftlich bedingte Privileg der herrschenden Klasse. Ein preußisches Mitglied einer solchen berichtet in gemütlicher Runde über seine Jagderfolge auf Menschenwild, eine Jagdart, die in kapitalistischen Kriegen, wie Kraus satirisch und klagend notiert, auch den unteren Klassen gestattet, ja, befohlen wird, eine negative Form sozialer Angleichung, die in vorgeschichtlichen Gesellschaften die übliche ist. Was in dieser Szene ohne Widerspruch, sieht man von dem werkimmanenten des Satirikers ab, jedoch mit Zuspruch der Runde berichtet wird, ist nur eine quantitative Steigerung dessen, was im Kapital allgemein üblich und gesellschaftlich notwendig ist: der Kampf aller gegen alle, die notwendige Negation des Menschen als eines Mitmenschen, als eines christlichen Bruders, als welchen v. Dreckwitz voll unbewußten Zynismus die Russen bezeichnet und sich somit wie als Massen-, so als Brudermörder entlarvt, ein moderner Kain; Bruder ist ein Begriff, dem die materielle Basis entzogen ist, wenn die Fremdheit zur allgemeinen anthropologischen Kategorie wird, wenn die alltägliche Negation des Menschen überhaupt, die in seiner alltäglichen Verdinglichung zur Ware beschlossen liegt, die ihn zum Mittel für fremde Zwecke macht, alle unterm Kapital Lebenden an die Negation des eigenen und fremden Daseins unmerklich in Gedanken und Gefühlen gewöhnt und mit Kälte gegen die Leiden seiner Mitmenschen panzert.

Die kapitalistische Produktionsweise ist "weit mehr als jede andre...eine Vergeuderin von Fleisch und Blut,...von Nerven und Hirn", ihre Agenten sind durch alltägliche Handlungsweisen daran gewöhnt, "durchaus verschwenderisch mit dem Menschenmaterial" umzugehen, wie es Kraus etwa in dem furchtbaren Satz des "Kaiserjägertods" ausdrückt, dem die Menschen nur noch "zum Erschießen...da"sind. (233) Von diesen Voraussetzungen her ist die Hinabdrückung des Menschen auf jagdbares Wild nur eine satirisch notierte logische Konsequenz, genau wie der Vorschlag Swifts, irische Babies zu mästen und anstelle von Spanferkeln zu verwenden.

Krieg gibt die satirisch protokollierte Möglichkeit, den Menschen nicht nur als Ding unter Dingen zu verschleißen, sondern auch, was im Frieden nicht möglich ist, ihn als Tier von anderen menschlichen Tieren jagen zu lassen. Der Krieg, die Möglichkeit, so zu handeln, die völlige Gewissenlosigkeit des Täters, die Fähigkeit, ohne auch nur das geringste Schuldgefühl so zu handeln, zu reagieren und zu sprechen, muß, wie die für sein Mordstück erfolgte Kriegsauszeichnung, der allgemeine Zuspruch und die Aufnahme in das Fachorgan für die Jagd beweisen, im System bereits angelegt sein und zur normalen anthropologischen und charaktereologischen Ausstattung seiner Agenten gehören. Satire z i t i e r t nur, was im Krieg öffentlich geehrt und publiziert wurde: die Negation des Menschen bis auf den kreatürlichen Tod durch die materiellen und humanen Mittel des Kapitals. Satire zeigt ohne alle Heldenideologie den Krieg als einen Ausdruck anerkannter und belobigter allgemeiner Bestialität, als allgemeine Entmenschung, Vertierung und Verdinglichung. Der gellenden, überschnappenden Kommandostimme vermag einzig noch als entsetzliche Klage und Anklage, die keine Hörer mehr findet, wenn man nicht das Haaresträuben v. Dreckwitz' als eine natürliche, menschliche Regung in dem Verstümmelten begreift, der kreatürliche Todesschrei der zu Tode Getroffenen, von v. Dreckwitz verdinglicht als "Säcke" bezeichneten Menschen zu beantworten, der zum Schrei verstümmelte, begriffslose Widerspruch gegen das, was den Opfern des blinden Fortschritts geschieht, gegen die Folge, und nur indirekt gegen die Ursache ihres Sterbens, nicht gegen ein verdinglichtes System, dessen Nutznießer mit ihrem Tod Geschäfte machen, ein System, das sie der Vernunft und der Sprache beraubt, so daß sie nicht gegen den fessellosen Ausbruch dieses irrationalen, unmenschlichen Systems in den Krieg hatten Einspruch erheben können, sondern im Gegenteil als unmündig Gemachte und Gehaltene die Herrschenden zur Verfolgung ihrer imperialistischen Ziele nur noch ermuntert hatten.

Im Kapitalismus also, in dessen Kriegen kann der tierische Übermensch Nietzsches systemlogisch zur Realität werden; er ist durchaus nicht grundlos ein geistiges Produkt des in den

Imperialismus umschlagenden Kapitalismus. Die Herrschenden "sind", wie Nietzsche schreibt, "nach außen hin, dort wo das Fremde, d i e Fremde beginnt nicht viel besser als losgelassene Raubtiere. Sie genießen da die Freiheit von allem sozialen Zwang, sie halten sich...schadlos für die Spannung, welche die lange Einschließung und Einfriedung in den Frieden der Gemeinschaft gibt, sie treten in die Unschuld des Raubtier-Gewissens zurück, als frohlockende Ungeheuer, welche...von einer scheußlichen Abfolge von Mord, Niederbrennung, Schändung, Folterung mit einem Übermute und einem seelischen Gleichgewicht davongehen, wie als ob nur ein Studentenstreich vollbracht sei, überzeugt davon, daß die Dichter für lange nun wieder etwas zu singen und zu rühmen haben. Auf dem Grunde aller ...vornehmen Rassen ist das Raubtier, die prachtvolle nach Beute und Sieg lüstern schweifende b l o n d e B e s t i e nicht zu verkennen;... (...) Diese 'Kühnheit' vornehmer Rassen, toll, absurd, plötzlich, wie sie sich äußert, das Unberechenbare, das Unwahrscheinliche selbst ihrer Unternehmungen...ihre Gleichgültigkeit und Verachtung gegen Sicherheit, Leib, Leben, Behagen, ihre entsetzliche Heiterkeit und Lust in allem Zerstören, in allen Wollüsten des Siegs und der Grausamkeit - alles faßte sich für die, welche daran litten, in das Bild des 'Barbaren', des 'bösen Feindes',..., des 'Vandalen' zusammen." (234)

"Da zog ich die Büchse an den Kopf, ein Tupf auf den Stecher: Plautz, da lag der erste Kerl! Schnell repetiert und wieder gestochen. Nr. 2 und 3 (Herv. v. E.S.) fielen um wie die Säcke (Herv. v. E.S.),... Da kam Leben (Herv. v. E.S.) in die Gesellschaft,... Der nächste Russe, Nummer 4, erhielt die Kugel etwas zu kurz. Es war vielleicht von Vorteil, denn der Kerl schrie ganz entsetzlich. (...) Die Flanke war gesäubert (Herv. v. E.S.); ich ging befriedigt (Herv. v. E.S.) zu meinen Knaben zurück. (...) ...der militärische Erfolg war doch außerordentlich schön." (235)

Die von Nietzsche gefeierte "Befreiung vom sozialen Zwang", die "Heiterkeit und Lust in allem Zerstören" decouvriert sich unter den Augen der Melancholie als Wahnsinn, als die Logik einer verkehrten Welt, die, wenn sie anderen den Tod bringt, diesen zynisch mit dem "Leben" verwechselt, deren Mitglieder bei der Versenkung eines Schiffes eine sich selbst entlarvende "wahnsinnige Freude" empfinden. (236) Die Tollheit der blonden Bestie schlägt um in die Pedanterie eines Bodycounters, dem der Mensch hinter der Abstraktionskraft der Zahlen verschwindet, schlägt um in die Befriedigung eines monströsen Kammerjägers, dem der Feind zum zu beseitigenden Ungeziefer wird und das feindliche Gebiet als eines erscheint, das von diesen "gesäubert" werden muß, über die von ihm geleistete Arbeit. "V. Dreckwitz" nimmt in satirischer Gestaltung wie alle vorgestellten Offiziere und Juristen spiritus et lingua tertii imperii vorweg.

Die wachsende Vertierung und Verdinglichung des Menschen unterm Kapital ist ein Grundthema der Tragödie Kraus'. So treten bereits in der zehnten Szene des Vorspiels die oben bereits genannten Marionetten auf, wie auch in der 27. und 52. Szene des fünften Aktes. (237) In der ersten Szene des dritten und des vierten läßt Kraus "Larven und Lemuren", für das barocke Trauerspiel fast obligatorische, spukhafte Schreckgestalten, Scheinlebende, lebende Tote, geisterhaft überlebende Verstorbene, Wesen der Vorzeit, Todessymbole, auftreten, in der ersten Szene des vierten und fünften Aktes ein "Knäuel" bzw. ein "Rudel von Böcken". Die Szenenanweisungen nehmen den Untergang der Menschheit, wie er im Epilog von Marsmenschen symbolisch vollzogen wird, vorweg, da sich die Menschen allmählich in Tiere verwandeln, physiognomisch oder durch die Tiernamen, die Kraus den Personen beilegt, das bedeuten, was sie im Kapital sind: verdinglicht oder vertiert.

"Wien. Ringstraßenkorso. Sirk-Ecke. Larven und Lemuren. Alles erscheint Arm in Arm zu fünft. Grundlose Fröhlichkeit wechselt mit dumpf brütendem Schweigen. Ein Knäuel von Böcken steht da, je zwei Stirn an Stirn miteinander verbunden. Soweit die Masse in Bewegung ist, zieht sie durch ein Spalier von Zivil,Krüppeln, Invaliden, deren Köpfe und Gliedmaßen in unaufhörlichen Zuckungen begriffen sind, von Fragmenten (Herv. v. E.S.) und Freaks aller Arten, Bettlern und Bettlerinnen, von Blinden und Sehenden, die mit erloschenen Blicken (Herv. v. E.S.) die bunte Leere (Herv. v. E.S.) betrachten." (238)

"Abend. Sirk-Ecke. Naßkalt. Es regnet von unten. Tonloses Starren des Rudels Böcke. Spalier der Verwundeten und Toten (Herv. v. E.S.)." (239)

In diesen Szenenanweisungen ist das Prinzip der Allegorie: Zerstückelung, Zerfall und Verfall, Mortifizierung, die vom kapitalistischen Fortschritt technisch beschleunigte Todesverfallenheit aller Momente, auf den sinnbildlichen Begriff gebracht. Die Vereinzelung, Vertierung und Verdinglichung der kapitalistischen Gesellschaft schlägt über den psychischen

Verfall ihrer Mitglieder in einen physischen Verfall um. Lakonisch bedeuten die Szenenanweisungen die progredierende und Teilweise zu Ende gebrachte Regression ins dissoziierende Naturhafte, teilweise gar Anorganische. Alle offenbaren sich als das, was Adorno erst bei den Insassen der Konzentrationslager glaubte, feststellen zu können: Wesen, bei denen "die Demarkationslinie zwischen Leben und Tod getilgt (ist). ...lebende Skelette und Verwesende, Opfer, denen der Selbstmord" mißraten ist. (240) An ihnen ist und vor ihnen wird der phantasmagorische Schein der kapitalistischen Warenwelt, "der sie umgebende Glanz der Zerstreuung", der die Warenwelt der Ringstraße verklärt, zerschlagen; der flanierende Feschak erweist sich als ein den Krüppel überblendender Schein; "der Strich" als das, was er ist: eine Ansammlung lebendiger Waren, Leben, das den Tod bedeutet; er ist "wie ausgestorben". (241) Die verführerische Buntheit der kapitalistischen Oberfläche erweist sich als leer, ihre "Lebendigkeit" enthüllt sich als "Todleben", als verschleiernde Phantasmagorie der hinter dem Schleier wesenden "Leichenstarre". (242) Der phantasmagorische Schein der Warenwelt, "das Neue am Immerwiedergleichen", zerfällt, kehrt sich um in die letzte "radikale Neuigkeit", "das Immerwiedergleiche am Neuen": in die Physiognomie des Todes. (243)

Das Kapital offenbart sich als Totenreich und Hölle, als Reich des falschen Scheins, in dem alle Natürlichkeit aufgehoben ist, wie aus der Szenenanweisung "Es regnet von unten" ablesbar ist; alles verkehrt erscheint und ist; so daß erst vor dieser Verkehrung v. Dreckwitz' brutale Ironie, daß er in die Russen Leben gebracht habe, als er ihnen den Tod schickte, als natürlichen Ausdruck einer verkehrten Welt begriffen werden kann, wie sie auch Marx begriff, als er die Verkehrungen des kapitalistischen Wesens auf der Oberfläche des Kapitals beschrieb.

Den Zauber der verkehrten Welt des Kapitals, den Marx wissenschaftlich durchschlagen hat, durchschlägt hier Kraus ästhetisch, indem er dem Kapital die Maske einer prästabilisierten Harmonie herunterreißt und es als eine verkehrte, eine Totenwelt anschaulich macht; diese Verkehrung geht bei Kraus bis zur Umkehrung der Naturgesetze; sie passen sich der unterm Kapital herrschenden Verkehrung und Unnatürlichkeit an; wie im Kapital gesellschaftliche Anarchie herrscht, so beginnt mit der Umkehrung natürlicher Ordnungen in der Natur das Chaos auszubrechen. Erst die ausdruckslosen Augen der Halbtoten durchschlagen mit "erloschenen Blicken" den farbigen Schein der Warenwelt und erkennen hinter ihm die Leere, den Tod; damit erst ist in ihren Geschöpfen selbst die Allegorie zu sich selbst gekommen, indem sie in ihnen die Verklärung der Warenwelt zertrümmert hat, die Bedeutenden zur Bedeutung ihrer selbst gebracht hat; den Schein durchschlagen hat, der aus Halbtoten, zu "einem Skelett", dem uralten Sinnbild des Todes, "abgemagert(en)" Menschen, "Überreste eines Regiments", dadurch "blühend" aussehende macht, daß sie sich "das Gesicht mit Schnee" einreiben, "damit jeder Mann eine gesunde Gesichtsfarbe kriegt, auch die Kranken", dadurch die Vollzähligkeit des um "2.500 Mann" dezimierten Regiments fingiert, daß es "mit Schuster, Schneider, Offiziersdiener, Köche, Tragtierführer, Pferdewärter, Marode und so", mit anderem "Material", aufgefüllt wird, damit die Herrschenden, "dickleibige Gestalten", die wegen der klirrenden Kälte "in dichtes Pelzwerk gehüllt" sind, theaterhaft sich über die Verluste hinwegtäuschen. (244) Diese leben bis zuletzt in einer für sie undurchdringlichen Welt des Scheins.

In der 25. Szene des fünften Aktes gibt es fast gar keine Menschen mehr, sondern fast nur noch Tiere und Abstrakta, die allegorische Entlarvung der Geschichte als Naturhistorie ist damit faktisch vollendet, es gibt keine Menschen mehr, die Moderne erweist sich als das Älteste.

"Ringstraßencafé. Nachmittag. Sitzend und stehend eine Fauna von Gestalten, die in heftigen Debatten begriffen sind. Die Konversation bewegt sich um die verschiedensten Gegenstände, wie Reis, Zucker, Leder,... (...) Gürteltiere schreiten durch. Die Luft ist voll von Ziffern und Miasmen. Den Eintretenden tönt ein großes Geschrei entgegen, aus dem er zunächst unartikulierte Laute hört, dann in allen Tonarten hervorgestoßene, gebrüllte, gepfiffene, geröchelte Rufe,..." (245)

In dieser Szene treten auf: 1. Abstrakta: "das Geschrei", Stimmen hastig Eintretender","Schlechtigkeit", "Tugendhaft","Gutwillig", "Aufrichtig", "Beständig", "Brauchbar", 2. Tiere, von denen einige Arten bereits ausgestorben sind,und die so das Neueste und Älteste allegorisch zusammenschließen, die die

Menschheit als fortwesende Naturgeschichte entlarven: "Mammut", "Zieselmaus", "Tapir", "Schakal", "Leguan", "Kaimann", "Kondor", "Mastodon", "Walroß", Hamster", "Nashorn", dann einige, die eindeutig auf Juden hinweisen sollen: "Löw", "Hirsch", "Wolf"; alle stellen Allegorien der Vertierung dar, Allegorien der naturgeschichtlichen Vorgeschichtlichkeit des Kapitals; alle Wesen, die menschliche Identität verloren haben.

Kraus fingiert eine surreale Szene, in der ununterscheidbar die jüdischen Zirkulationsagenten mit dem Tierreich verschmelzen; das Neueste sich als das Älteste und das Älteste sich als das Neueste erweist; menschliche Geschichte sich als darwinistische Naturgeschichte enthüllt; das Älteste nicht vergehen kann, mit unverminderter Kraft im Neuesten durchschlägt, weil das Neueste mißlang; in der sich erstes Leben und die entwikkeltsten Abstraktionsprodukte der Neuzeit, "Miasmen" und "Ziffern", eines dem Menschen in der Vorgeschichte so gefährlich wie das andere, da sie ihn dem Anorganischen, wenn auch auf verschiedene Weise näherbringen und anzuähneln drohen, überzeitlich als Zeichen des Todes durchdringen: Es hat sich nicht geändert, das Neueste erweist sich als eine Variation des Ältesten. Die Mitglieder des geistigen Tierreichs werden zu Inkarnationen und Bedeutungsträgern des geistlosen, zeigen sie sich am Ende einer Dialektik der Aufklärung in eben die nunmehr verdinglichte, die Identität der Individuen auflösende, der menschlichen Gattung selbst auflösende Geschichtslosigkeit des Tierreichs zurückgefallen, der sich die Menschheit widerruflich entrungen hatte; in der blinden Unterdrückung der Natur schlägt die unversöhnte nur unverhüllter in denen durch, die um ihrer Selbsterhaltung, ihrer Existenz willen innere und äußere Natur, menschliche Triebe und äußere Natur, Mensch und Natur, gleichermaßen blind, bis zur Verwüstung und Verödung beider unterdrücken und ausbeuten.

Nörgler und Optimist

Den extremen geistigen Gegenpol zu der verdinglichten Welt des Kapitals, wiewohl durch dieses vermittelt, bildet der in langen Passagen das Geschehen kommentierende und mit dem Optimisten diskutierende Nörgler, in dem sich nach einhelliger Meinung der Sekundärliteratur Karl Kraus selbst ein literarisches Denkmal gesetzt hat. (246) Beide Personen bilden einen auf der Oberfläche des Kapitals möglichen geistigen Widerspruch innerhalb der widersprüchlichen Mannigfaltigkeit des Kapitals, eine spezifische Variante dieser Widersprüchlichkeit: den Antagonismus zwischen der die kapitalistische Oberfläche negierenden Moral und Kunst und einer die kapitalistische Wirklichkeit affirmierenden Bewußtseinsströmung. Nörgler und Optimist versinnbildlichen als Einheit begriffen die spezifische Form und Erscheinungsweise der kapitalistischen Widersprüchlichkeit in der Sphäre des Geistes, die sich in der antagonistischen Reaktion auf die phänomenologisch durchaus gleichen Erscheinungen offenbart, die in der Reflexion von beiden verschieden bewertet werden. Erich Heller bestimmt den dialektischen Widerspruch etwas simpel als einen zwischen Verzweiflung und Ausgeglichenheit. "The Optimist is the reasonable man...showing a great deal of common sense, psychological understanding, and historical appreciation. He is balanced, while the Grumbler is desperate. The Optimist always sees both sides of the problem, whereas the Grumbler refuses to learn how to squint. (...) The dialectic of these dialogues consists in the perpetual juxtaposition of psychological understanding and moral experience." (247)

Die Ausgeglichenheit, die Heller zufolge den Optimisten auszeichnet, kann als das positive Denken der angepaßten Intelligenz gedeutet werden, das auf je eigene Weise mindestens ebenso an der bürgerlichen Kälte partizipiert wie die oben genannten Offiziere. Der Optimist verkörpert als "Fortschrittsmann" das positivistische Denken, das negationslos sich dem Gegebenen anpaßt, für alles eine Entschuldigung findet, alles affirmiert und sich am Ende aufgrund mangelnder Engagiertheit auch noch unschuldig an der Brutalität des Krieges fühlen kann, da es praktisch, handelnd an ihm nicht teilgenommen hat. (248) Affirmativ und kritiklos paßt sich dieser Typ der Intelligenz dem je herrschenden Geist an und reproduziert seine Klischees; von hier aus bezeichnet Melzer den Optimisten als "Konzentrat des Vorstellungsbereichs" aller anderen Personen, somit als Konzentrat der von Kraus bekämpften Welt. (249) Distanzlos lebt er in der Irrationalität der kapitalistischen Gesellschaft und findet für ihre Erscheinungsweisen immer wieder Entschuldigungen. Er ist die Kristallisation der angepaßten, gescheiten Dummheit, die phrasenhaft der Kulturindustrie mit Haut und Haaren verfallen ist. An ihm erst vermag die Gegenposition des Nörglers präzise sich zu artikulieren und zu spezifizieren.Der Optimist, die Gestalt intellektueller Unberührtheit in all dem Graus, dient so nur Kraus als Mittel, die Gegenposition des Nörglers schärfer herauszuarbeiten und an ihrem Gegenteil zu präzisieren. Gegen die gesellschaftliche Affirmation des Optimisten artikuliert sich die Negation des Nörglers, dem der Widerspruch des anderen nur Stichworte liefert, die eigene Position monadologisch zu entfalten. Fast abgeschlossen von der Welt und doch starr negatorisch auf sie bezogen, die ihm nur Stichworte für seine Monologie zu liefern vermag, offenbart sich der Nörgler als eine aus allen positiven sozialen Bezügen abgeschnittene Monade, die sich in ihrem Monolog, der keinen Zuhörer mehr findet, zur starren Punktualität des reinen Widerstandes gegen jede Affirmation des bösen Scheins zusammenzieht. So erst "hebt die Position von Kraus scharf (sich) von einer Toleranz im schmählichen Ganzen ab, die auch...(sie) toleriert", so erst wird umgekehrt "der törichte Scharfsinn", der "über die Allgemeinheit der logischen Apparatur als einsatzbereite Spezialität" verfügt, zum "geistige(n) Defekt" und dieser "zum moralischen unmittelbar". Denn "die herrschende Gemeinheit, der Gedanke und Sprache sich anbequemen, frißt deren Gehalt an, sie wirken bewußtlos mit am Geflecht des totalen Unrechts." (250)

Hat Kraus den Optimisten als ein direktes Gegenteil seines eigenen Geistes konzipiert, so erscheint marxistischem Denken der Unterschied des objektiven Denkens zur moralischen Negation objektiv nicht gar so unüberbrückbar, erscheinen die beiden Positionen des Denkens nicht nur als solche, die einander strikt ausschließen, wie es dem in fixen und statischen Gegensätzen zu denken gewohnten bürgerlichen Denken vorkommen mag. In ihrer Praxislosigkeit sind beide Reaktionsformen auf die kapitalistische Wirklichkeit nur Varianten einer Spezies von philosophischen Interpretationen der Wirklichkeit, als solche nur spezifische Korrelate zu den theorie-, reflexions- und gewissenlosen Praktikern, den Händlern, Journalisten, Offizieren u.a.m.

Setzt sich die Widersprüchlichkeit der Gesellschaft notwendig in die Sphäre des geistigen Überbaus hinein fort, so wird die Welt selbst zwie- und mehrdeutig. Hier zumindest ist dem Positivismus recht zu geben: Die widersprüchlichen Moralen heben einander auf; abstrahiert von der Praxis haben beide keinen wirklichen Bezug zur Wahrheit; ohne Bezug aber zu humanisierender Praxis steht eine Interpretation der Welt der anderen, selbst der ihr direkt widersprechenden, quasi gleichwertig gegenüber. Die eine mag zwar die andere abstrakt negieren, doch vermag sie nicht, sie aufzuheben, nicht praktisch zu negieren. "Die Frage, ob dem menschlichen Denken...Wahrheit zukomme - ist keine Frage der Theorie, sondern eine p r a k t i s c h e Frage. In der Praxis muß der Mensch die Wahrheit, i.e. Wirklichkeit und Macht...seines Denkens beweisen." (251)

Undialektischer Geist ist wesentlich statisch, starr, eine Folge mangelnder Praxis; daher kommt es, daß es zwischen den abstrakt verfestigten Moralen, die Ausdruck der Undurchsichtigkeit der materiellen Verhältnisse des Kapitals sind und der ihm entsprechenden antagonistischen Klassenstruktur, keine Verständigung gibt und geben kann; die in ihrer Moral eingekapselten Individuen vermögen deshalb auch keinen rationalen Dialog zu führen, sie stehen sich, personifizierte Vertreter verselbständigter Prinzipien, genauso fremd gegenüber wie die abstrakt isolierten Warenbesitzer. So monologisieren durch Abgründe voneinander getrennt alle Personen des Dramas in tiefster Einsamkeit, die nur scheinbar in einem Dialog überbrückt wird: Kraus zeichnet so in seinen Dialogen eine Gesellschaft abstrakt isolierter Monaden. Deshalb ist es falsch, wenn H. Obergottsberger in einer Welt, die ein Gespräch nicht länger kennt, den Optimisten als einen "intelligenten Gesprächspartner" des Nörglers bezeichnet. (252) Bezeichnet der Nörgler selbst doch den Optimisten als einen "Stichwortbringer für" seine "Monologe" und führt später diesen Gedanken noch einmal aus: "der Monolog, den ich mit Ihnen führe, hat Sie erschöpft." (253)

Die in diesen Worten angeschnittene, in anderen Szenen bis zur gefühlslosen Vernichtung des Mitmenschen gehende Beziehungslosigkeit der Krausschen Figuren ist, wie aufgezeigt, ein die ganze Tragödie bestimmendes Thema des Krausschen Dramas, sie ist direkter Ausdruck der die kapitalistische Gesellschaft und die Beziehung der Menschen in ihr bestimmenden Vereinzelung aller Menschen in dieser Gesellschaft; deshalb ist es mehr als vereinfacht, wenn Werner Kraft diese Beziehungslosigkeit auf sprachliche Verständigungsschwierigkeiten etwa zwischen Preußen und Österreichern, Gebildeten und Ungebildeten reduziert. (254) Kraft begreift nicht, daß diese Verständigungsschwierigkeiten nur Ausdruck der von Kraus konstatierten allgemeinen Beziehungslosigkeit der Menschen sind; bezeichnet Kraus doch die monadenhafte, gegen andere Monaden abgeschirmte und gleichgültige Vereinzelung des kapitalistischen Menschen als ein allgemeines Kennzeichen seiner Epoche: "Wir alle sind einzeln. Wir haben jeder unsern Schmerz und der andere entbrennt nicht daran. Und wir entbrennen nicht an dem Kontrast, den unser Opfer zum Gewinn des andern täglich stellt, zum grausamen Gewinn des andern. (..) Hättet ihr doch", spricht Kraus die Gefallenen des Krieges an, "in dem Augenblick des Opfers um den Gewinn gewußt, der...mit dem Opfer wächst, sich an ihm mästend! ...nie, bis zu dem unentschiedenen Krieg der Maschinen, hat es so gottlosen Kriegsgewinn gegeben und ihr, siegend oder besiegt, verloret den Krieg, der ein Gewinn eurer Mörder ist." (255)

Obgleich sich Optimist und Nörgler sprachlich und inhaltlich wechselseitig durchaus verstehen können, vermögen sie sich trotzdem nicht rational und gemeinsam über Wahrheit und Falschheit dessen, worüber sie gemeinsam sprechen, zu einigen; bis zuletzt bleibt jeder, die Kunstfigur des Optimisten sowohl wie der Nörgler, bei seiner vorher festgelegten Meinung. Nie vermag der Optimist die moralisch und ästhetisch bedingte Ablehnung der Erscheinungen des Kapitals, wie sie der Nörgler vertritt, zu erschüttern, nie umgekehrt der Nörgler die Meinung des Optimisten.

"DER OPTIMIST: ...es gibt doch wenigstens wieder ein Ideal. Ist es da mit dem Übel nicht vorbei?
DER NÖRGLER: Das Übel gedeiht hinter dem Ideal am besten.
DER OPTIMIST: Aber die Beispiele von Opfermut müssen doch fortwirken über den Krieg hinaus.
DER NÖRGLER: Das Übel wirkt durch den Krieg und über ihn fort, es mästet sich am Opfer.
(...)

DER OPTIMIST: Aber die Idee, für die gekämpft wird, bedeutet doch eben dadurch, daß wieder eine Idee da ist und daß man sogar für sie sterben kann, die Möglichkeit einer Gesundung.
DER NÖRGLER: Man kann sogar für sie sterben und wird trotzdem nicht gesund. Man stirbt eben nicht für sie, sondern an ihr. Und man stirbt an ihr, ob man für sie lebt oder stirbt, in Krieg und Frieden. Denn man lebt von Ihr (der Idee der kapitalistischen Weltzerstörung - E.S.)." (256)

"DER OPTIMIST: Ich verstehe Sie nicht. Es gibt gute und böse Menschen im Krieg. Sie sagen doch selbst, daß er nur die Kontraste vergrößert hat.
DER NÖRGLER: Gewiß, auch den zwischen mir und Ihnen. Sie waren schon im Frieden ein Optimist und jetzt -
DER OPTIMIST: Sie waren schon im Frieden ein Nörgler und jetzt -
DER NÖRGLER: Jetzt geb' ich sogar der Phrase die Blutschuld.
DER OPTIMIST: Ja, warum sollte der Krieg Sie von ihrer fixen Idee befreit haben?
DER NÖRGLER: Ganz richtig, er hat mich sogar darin bestärkt. Ich bin mit den höheren Zwecken kleinlicher geworden. Ich sehe einrückend Gemachte und spüre, daß es gegen die Sprache geht. An Drahtverhauen hängen die blutigen Reste der N a t u r. (gesp. v. E.S.)" (257)

"DER OPTIMIST: Aber wenn nur erst der Friede da ist -
DER NÖRGLER: - so wird man vom Krieg nicht genug kriegen können!
DER OPTIMIST: Sie nörgerln selbst an der Zukunft. Ich bin und bleibe Optimist. Die Völker werden durch Schaden -
DER NÖRGLER: - dumm. Dumdum!" (258)

Mit diesen Worten gehen sie unversöhnt auseinander, da ihre fixen Reaktionen und die daraus entspringenden starren Wertvorstellungen nicht versöhnt werden können, solange der materielle Grund der sich widersprechenden Interpretationen und Wertgebungen der gesellschaftlichen Phänomene, solange das unbegriffene Kapital, auf dem sich die scheinbar unabhängigen Interpretationen seiner Phänomene aufbauen, nicht beseitigt ist. Die bunte, unbegriffene Oberfläche der kapitalistischen Gesellschaft, die sich satirisch gebrochen in der blutig monotonen Variabilität der Szenen niederschlägt, ist in Umkehrung eines Wortes von Benjamin der Grund einer im Geiste, in der Interpretation, unaufhebbaren Zweideutigkeit. Der monologische Dialog von Optimist und Nörgler kann gedeutet werden als ein Ringen um die Bedeutung der sich selbst deutenden, emblematischen Szenen, ein Ringen um die deutende Unterschrift unter die Masse der dokumentarischen, zu bilderhaften Signifikanten umgeformten Szenen, die ihrer von Kraus inszenierten allegorischen Selbstexegese beides und beider Bezug unterwerfen: w i e etwas gesagt wird und w a s gesagt und getan wird; so Signifikant und Signifikat, ihren und den untergründigen Bezug aller Szenen zu paradigmatischen, konnotativen Signifikanten zweiter Ordnung,teils dritter Ordnung,da die zitierten Phrasen teils selbst schon Teil eines zweiten Systems: der mythologisierenden Zeitungssprache sind, die vom dritten System entmythologisiert und entharmonisiert wird, umformen; deren übergeordnetes Signifikat die Szenen, das "Wie" und "Was" des in ihnen Gesagten und Getanen zu variantenreichen Sinnbildern von Hölle und Verfall enträtselt. (259) Vor der Masse dieser Szenen behält Kraus gegenüber dem Optimisten das letzte und somit alle Szene bedeutende Wort: Für eine "dumdum" gewordene Menschheit gibt es keine Zukunft mehr.

Gesättigt mit der Erfahrung dessen, was war, zieht sich dem Nörgler die ganze neuere Geschichte zu einer des Verfalls zusammen, die er bis ins einzelne Wort hinein verfolgt und deutlich macht. So spricht der Nörgler vom: "Schlachtenruhm einer chlorreichen Offensive" und bringt damit die Phrase von der glorreichen in der Entfaltung von Aufklärung und Kapital auf den Begriff des emotionslosen, platten, szientifischen Todes, "ein Tod, der keinen inneren Umfang und Erfüllung hat; ...der kälteste, platteste Tod, ohne mehr Bedeutung als das Durchhauen eines Kohlhaupts oder ein Schluck Wassers"; nennt er die Deutschen "das Volk der Richter und Henker" und läßt in der Erinnerung an das der Dichter und Denker die ungeheure menschenvernichtende Entfaltung des Kapitals und der europäischen Aufklärung anschaulich werden. (260) Die düstere Dialektik, mit der Kraus nur durch die Umstellung weniger Buchstaben die seiner Veränderung, Negation unterworfenen abgelebten Wortverbindungen auflädt, reißt die neue und die alte Bedeutung in Geschichte, entreißt sie somit durch ihren konnotativ aufeinander anspielenden Bezug aufeinander einer statischen Geschichtslosigkeit, zeigt so, ohne ihn allerdings zu begreifen, den ungeheuerlichen historischen Abfall des Bürgertums von seinen Werten auf, die als leblose Phrasen ohne verpflichtende Kraft in die Gegenwart hineinragen und nur durch die Krayssche Methode einen verpflichtenden, kritischen Sinn zurückgewinnen. Jeweils denotiert die neue Verbindung das, was ist, und konnotiert trauernd das Gewesene, das aus Affirmation in Kritik umschlägt. "Er hält der Gesellschaft nicht die Moral entgegen;

bloß ihre eigene," mißt sie an ihren, wie in der Kritik der Marionetten am Ausland zu sehen ist, verkrüppelt noch fortwesenden humanen Ansprüchen. (261) "Immanente Kritik ist bei ihm stets die Rache des Alten an dem, was daraus wurde, stellvertretend für ein Besseres, das noch nicht ist." (262) So vermag Satire Geschichte allegorisch als Verfallsgeschichte anschaulich zu machen, nicht aber diesen Verfall auch schon zu begreifen. Begrifflich bleibt in ihrer starren Rigorosität Satire genauso blind gegenüber dem gesellschaftlichen Wesen, dessen sprachliche Erscheinungen sie satirisch protokolliert, wie die von ihr Satirisierten. Die Widersprüche aufreißend scheitert kontemplatives Räsonnement, zerschellt es an der vom Geist allein nicht aufhebbaren materiellen Wirklichkeit, die folgender beschränkter Erkenntnis und Rationalität nur spotten kann, da die oberflächlich erkannte Irrationalität nur Ausdruck unerkannter Widersprüche des Kapitals ist. An oberflächlichen Widersprüchen reibt sich, der die materiellen Gründe dieser nicht kennt.

"DER OPTIMIST: ...sind Sie nicht selbst von der Notwendigkeit des Krieges als solchen überzeugt, wenn Sie von einem Krieg der Q u a n t i t ä t e n (gesp. v. E.S.) sprechen? Denn daß er auch das Problem der Überbevölkerung auf eine Zeit in Ordnung bringt, geben Sie ja damit zu.
DER NÖRGLER: Das tut er gründlich. Die Überbevölkerungssorgen dürften den Entvölkerungssorgen Platz machen. Die Freigabe der Fruchtabtreibung hätte jenen schmerzloser als ein Weltkrieg abgeholfen, ohne ihn heraufzubeschwören.
DER OPTIMIST: Dazu würde die herrschende Moralauffassung nie ihre Zustimmung geben!
DER NÖRGLER: Das habe ich mir auch nie eingebildet, da die herrschende Moralauffassung dazu ihre Zustimmung gibt, daß Väter, die zu töten dem Zufall nicht ganz gelungen ist, als brotlose Krüppel durch die Welt schleichen und daß Mütter Kinder haben, damit diese von Fliegerbomben zerrissen werden." (263)

Die Allegorisierung des Nörglers

Weist einmal der Nörgler richtig auf die irrationalen Widersprüche der kapitalistischen Welt hin, die der Optimist überspielt oder gar nicht zur Kenntnis nimmt, so unterliegt er, ohne es selbst zu merken, in seinem starren, auf die Brutalität reagierenden, ethisch moralischen Rigorismus, der in der abstrakten Bedeutungsgleichheit der Szenen seinen Ausdruck findet, selbst, wenn auch kritisch, den Zwängen des Kapitals. Den

Zwängen einer gegenüber der herrschenden historisch überholten Ethik und Moral gehorchend und ihnen gemäß auf die Erscheinungen des Kapitals zwanghaft reagierend erstarrt der scheinbar freie Geist selbst zur allegorischen Marionette, ja, zur Marionette der Marionetten, und unterliegt so selbst den Gesetzen des Kapitals, indem er stereotyp auf die stereotypen, immer neuen Greuel antwortet. So wird im Verlauf der Entfaltung des Kapitals Kritik mit lähmender Starrheit geschlagen, mit der sich die kapitalistische Verdinglichung, die Stereotypie des Immergleichen in ihrem Kritiker selbst durchsetzt - das allerdings spricht der bürgerlichen Gesellschaft ein vernichtendes Urteil: Sie droht, mit der Kritik jede auch nur mögliche Transzendenz des Grauens, jede Hoffnung auf Transzendenz zu kassieren. Dies dadurch, daß sie selbst die Verdichtung des Grauens in der Satire immer wieder zu überbieten droht und diese schließlich zum Verstummen treibt. Allein die Stereotypie des gestalteten Grauens vermag in der Gegenwart noch auf die wachsende Wucht des falschen Glücks, das stereotyp Reklame und Ware versprechen, zu antworten; sie entschlüsselt dieses Glück als die Maske des Todes.

Die Tragik des praxislosen, abstrakt isolierten Geistes unterm Kapital besteht darin, daß in die Kritik somit das Kritisierte bestimmend und sie versteinernd hineinragt. Die von Kraus gestalteten Figuren, wie der alte Biach, der Wiener, der Patriot und der Abonnent sind nur negative Zerrbilder seiner eigenen Tragik: die Tragik des mit fürchterlicher Blindheit geschlagenen aparten Geistes, die ihn der materiellen Gewalt des Kapitals unterwirft, ihn zum Gefangenen der losgelassenen, materiellen Gewalten macht, auf bloß reagierende Innerlichkeit reduziert und zum bloßen Sollen das, was dem Anspruch nach gestaltend in die Wirklichkeit eingreifen sollte. "Innerlichkeit ist das geschichtliche Gefängnis des urgeschichtlichen Menschenwesens. Der Affekt des Gefangenen ist die Schwermut", die Mutter aller Allegorien. (264) "Innerlichkeit wird schwermütig durch die bestimmte Auseinandersetzung mit historischen Realien", mit den Trümmern des Gewesenen, die ihr eine durch und durch verdinglichte Welt stereotyp vor die Füße wirft, mit den Trümmern einer untergehenden Welt, als deren trümmerhaftes Moment sich der Melancholiker selbst erkennt und gestaltet: ein selbst Vergängnis bedeutendes Relikt einer dem kapitalistischen Fortschritt zum Opfer gefallenen Welt: der letzte Mensch in einer Welt von bestialisierten Ungeheuern und bestialisch verstümmelten Opfern. Der Erinnerung an die gewesene weiht der Allegoriker die Allegorien. (265)

In trostlos isolierter Reflexion erfüllt sich in dem Nörgler der trostlose Lauf der kapitalistischen Weltchronik, verfällt er der Macht ihrer ins Innere durchschlagenden Gesetze, verfällt er so der Gewalt der Melancholie. Der aus der kapitalistischen Handlungshemmung stammende Zwang zur Reflexion einer scheinbar unbeeinflußbaren Oberfläche des Kapitals ist laut Lukács "die tiefste Melancholie"; diese bindet die allegorisch-satirische, divinatorische "Genialität an den Wahnsinn", der, wie Kraus aufweist, allein dem kapitalistischen Sein die ihm eigene Bedeutung eines gleichermaßen für die Psyche wie für die Physis des Menschen tödlichen Verhängnisses zu entreißen vermöchte. (266) In dem Strudel seiner letzten, hoffnungslosen Fragen versinkt der Nörgler in der allegorischen Rätselhaftigkeit des subjektfremden kapitalistischen Daseins und macht es als für das kontemplative Individuum unauflösbares Rätsel noch einmal deutlich und anschaulich, damit es begrifflich und praktisch aufgehoben werde. So wird der Schlußmonolog des Nörglers zu einer letzten, verzweifelten Bitte um Erlösung aus der zur Hölle geronnenen kapitalistischen Wirklichkeit, wie aus der dem kapitalistischen Zwangsverhältnis erwachsenen satirischen Gestaltung dieser Wirklichkeit.

"Von draußen, ganz von weitem her, der Ruf: - - bee! (...) Die Antwort ist da. Das Echo meines blutigen Wahnsinnes, und nichts mehr tönt mir aus der <u>zerschlagenen Schöpfung</u> als dieser Laut, aus dem zehn Millionen Sterbende mich anklagen, daß ich noch lebe, der Augen hatte, die Welt so zu sehen und dessen Blick sie so getroffen hat, daß sie wurde wie ich sie sah. Wars gerecht vom Himmel, daß es so geschah, so wars doch ungerecht, mich nicht eher zu vernichten! Habe ich diese Erfüllung meiner Todesangst vor dem Leben verdient? Was wächst mir da in meine Nächte? Warum ward ich nur ausersehen, den Thersites zu rehabilitieren, und nicht auch den Achilles zu entehren? Warum wurde mir nicht die Körperkraft, die Sünde dieses Planeten mit einem Axthieb umzulegen? Warum wurde mir nicht die Gedankenkraft, die geschändete Menschheit zu einem Aufschrei zu zwingen? Warum ist mein Gegenruf nicht stärker als dieses blechernde Kommando, das Macht hatte über die Seelen eines Erdenrunds? (...) ...weil dieses Drama keinen anderen Helden hat als die Menschheit, so hat es auch <u>keinen Hörer!</u> (Herv. v. E.S.) Woran aber geht mein tragischer Held zugrunde? War die Ordnung der Welt stärker als seine Persönlichkeit? Nein, die Ordnung der Natur war stärker als die Ordnung der Welt. (Herv. v. E.S.) (...) Gibt es Schuldige? Nein, sonst gäbe es Rächer, sonst hätte der Held Menschheit sich gegen den Fluch gewehrt, der Knecht seiner Mittel (Herv. v. E.S.) zu sein und der Märtyrer seiner Notwendigkeit. (...) Ich habe das Wesen gerettet und mein Ohr hat den Schall der Taten, meine Augen die Gebärde der Reden entdeckt und meine Stimme hat, wo sie nur wiederholte, so zitiert, daß der Grundton festgehalten blieb für alle Zeiten. (...) Ich habe nichts getan als diese tödliche Quantität (gesp. v. E.S.) verkürzt,... (...) Dieses ist der Weltkrieg. Dies ist mein Manifest. Ich habe alles reiflich erwogen." (267)

Erscheinungen

Der 5. Akt schließt mit einem barbarischen, alle Greuel des Krieges nochmals intensivierenden "Liebesmahl bei einem Korpskommando", einer Sauf- und Freßorgie, die im Chaos der zusammenbrechenden Front endet. Diesem Ende dämmern die trunkenen Generäle entgegen, "schlafen(d)...in Somnolenz" liegend oder "völlig entgeistert auf die Wand" starrend, "an der das Tableau 'Die große Zeit' hängt und nun...Erscheinungen aufsteigen", die gleichsam als ein konzentriertes Destillat des Geistes der Entgeisterten zu fassen sind. (268) Diese Erscheinungen fassen in "traumartig kurzen Bildern" die Unzahl kriegerischer Barbareien, die Verdinglichung der Menschen, "die entsetzlichen Greuel des Krieges, Wahnsinn, Vertiertheit, Mord, Lüge und Versklavung" noch einmal zusammen und leiten zugleich, indem sie nach und nach gereimte Formen annehmen, zum Epilog über, der ganz in Versen geschrieben ist. (269) Wie Bilder eines Diapositiv-Projektors mit andauerndem "Wechsel der Schauplätze (der großen) und Einstellungen" auf die "große Zeit" dringen die "blitzartig...wie der Aspekt eines Satzspiegels", also schriftartig wechselnden "Erscheinungen" mit der "intermittierende(n) Rhythmik eines beständigen Einhaltens, stoßweisen Umschlagens und neuen Erstarrens", also in der sinnbildlichen Schriftform der Allegorie, die das ganze Stück auszeichnet, "stoßweise auf" die "Beschauer" ein und schockieren sie bis zur Entgeisterung: eine Chokbatterie deren Choks, die monadologische Abgedichtetheit des modernen, gleichgültigen Bewußtseins durchschlagen sollen. (270)

"Hängeallee in Neusandec. Kinder schaukeln und drehen die Leichname. (Die Erscheinung verschwindet.)
(...)

Flandern. In einer ausgeplünderten Hütte sitzt vor einem Kessel eine Gasmaske. Auf ihrem Schoß eine kleinere Gasmaske.
(Die Erscheinung verschwindet.)
(...)
Winter auf Asinara. Gefangene nehmen den an Cholera verstorbenen Kameraden die Kleider ab. Hungernde essen das Fleisch von Verhungerten.
(Die Erscheinung verschwindet.)
(...)
Tausende von Kreuzen in einem Schneefeld.
(Die Erscheinung verschwindet.)" (271)

Die unirdischen Verse des ungeborenen Sohnes verweisen auf den Epilog, der einen zweiten, gleichsam transzendenten Schluß des Dramas bildet.

"Nun erfüllt ein phosphoreszierender Schein den Saal.
DER UNGEBORENE SOHN: Wir, der Untat spätere Zeugen,/ bitten euch, uns vorzubeugen./ Lasset nimmer uns entstehn!/ Wären eurer Schmach Verräter./ Woll'n nicht solche Heldenväter./ Ruhmlos möchten wir vergehn!/ (...) Ruft uns nicht in diese Reiche!/ Wir entstammen einer Leiche./ Ungesund ist hier die Luft." (272)

Die Folge der Erscheinungen kann als zusammenfassende Allegorie, der komprimierte geistige Ausdruck der in den "Letzten Tagen der Menschheit" dargestellten Brutalitäten interpretiert werden: Wie in der letzten Szene des 5. Aktes die zur vorweltlichen Bestialität regredierten Offiziere durch die "Reihe" der "Erscheinungen" gebannt und "entgeistert" werden, "Stille" eintritt, so soll die Reihe der Verwandlungen des Dramas die losgelassene Wirklichkeit des Kapitals bannen und stillstellen, indem ihr ein geistiger Spiegel vorgehalten wird, der der in Mythologie zurückgeschlagenen kapitalistischen Gesellschaft wie im Märchen den vorweltlichen Mächten ihre Macht nehmen soll; wie etwa der mythische Basilisk sich durch den zurückgespiegelten Blick seiner Augen selber tötet, das chtonisch-dämonische Rumpelstilzchen bei seinem Namen genannt seine Macht verliert, und sich den dämonischen, chtonischen Kräften wieder zugesellt, denen es entstammt. (273)

Ästhetisch gesehen ist diese Art innerkünstlerischer Reflexion zutiefst romantisch. Ganz im romantischen Sinne soll in den Ungeist durch Selbstreflexion der Geist als "Blitz der Phantasie" einschlagen, soll sich das mythische "Chaos" selbst durchdringen und wieder Welt werden, soll Erfahrung rekonstituiert werden. (274) Satire versucht so ganz im Sinne von Friedrich Schlegel das von ihr verfochtene "Menschheitsideal aufrechtzuerhalten". (275) Zur "Selbsterkenntnis" gezwungen soll sich der Ungeist, ein umgekehrter Vogel Phönix, selbst verbrennen und als selbstschöpferischer Geist aus der Asche neu auferstehen: "Selbsterkenntnis", "Selbstvernichtung" und spontane "Selbstschöpfung" sind eine auf das Jetzt eines blitzartigen Augenblicks zusammengezogene dialektische Kette, "ein Blitz, (der) in einem Male das Gebilde" eines neuen Geistes "hinstellt". (276)

Die Satire möchte gleichsam die geistige, mythische "Kraft des Gegners" ihrer Ohnmacht einverleiben, sich "in den Umkreis seiner Stärke" stellen, ihn somit an sich selbst der Unwahrheit überführen, die als ein Moment der Wahrheit über sich hinausweist. (277) Kraus"leitete die tiefe, wie immer auch unbewußte Einsicht, das Böse und Zerstörende höre, sobald es sich nicht mehr rationalisiert, auf, ganz böse zu sein, und möchte durch Selbsterkenntnis etwas wie zweite Unschuld gewinnen." (278)

In satirischer Form gerät romantische Reflexion zum Bann, zum bannenden Schock des Ganzen durch dessen konzentrierte Erscheinung im Besonderen. Kunst regrediert damit vor der quasi mythischen Gewalt der zweiten Natur des Kapitals auf eine vorweltliche Stufe der Geschichte, die letztlich nur aus der barbarischen Rätselgestalt der kapitalistischen Verhältnisse selbst erklärt werden kann. Kunst möchte gleichsam mit der Kraft des Todes selbst, der Toten, der dämonischen Kräfte der ersten Natur die zerstörerische Gewalt der entfremdeten zweiten stillstellen, ihr einen lähmenden, den Geist der Naturverwüstung und Naturbeherrschung bannenden Schock erteilen, den sie aus sich selbst heraus erzeugt. So möchten folgende Momente des Monologs des Nörglers, in denen er der Toten des Krieges gedenkt, interpretiert werden, die das oben Angesprochene unterstreichen:

"So stehet doch auf und tretet ihnen als Heldentod entgegen - damit die gebietende Feigheit des Lebens endlich seine Züge kennen lerne, ihm ins Auge schaue ein Leben lang! Weckt ihren Schlaf durch euern Todesschrei! Stört ihre Wollust durch die E r s c h e i n u n g (gesp. v. E.S.) eurer Leiden! (...) Rettet uns vor ihnen, vor einem Frieden, der uns die Pest ihrer Nähe bringt! (...) Zu Hilfe, ihr Ermordeten! (...) Wehrhafte Leichname, Protagonisten Habsburgischen Todlebens, schließt eure Reihen und erscheint ihnen im Schlaf!" (279)

Die Intention dieser magischen Elemente jedoch, woran laut Adorno jedes Kunstwerk partizipiert, ist dabei doch der ursprünglichen magischen Intention entgegengesetzt; nicht Herrschaft ist intendiert, sondern deren Aufhebung, Aufhebung der Verdinglichung: Versöhnung. Ist, wie Adorno den Verdinglichungsbegriff Lukács' zuspitzt, "alle Verdinglichung...ein Vergessen", ein Zustand, der auf ein enthistorisiertes, erinnerungsloses Bewußtsein hinausläuft, so versucht das Kraussche Werk dem Vergessen und damit der Verdinglichung entgegenzuarbeiten; in der Dingfestmachung des ruchlosen, bewußtlosen Fortschritts, der rigiden Naturbeherrschung, der kapitalistischen Naturgeschichte, diese stillzustellen und sie bewußtlos in die reale Utopie einer humanisierten Natur und eines naturalisierten Menschen zu überführen. (280)

Wie die Bilder der Krausschen Satire die Agenten des Ungeists schockhaft entgeistern wollen, so wollen sie in eine historische Erinnerung, in Geist aufgehoben werden, damit der verdinglichte wieder Leben gewönne. Leben aber gewinnt der Geist im Hegelschen Sinne aus der Rückkehr, aus der Erinnerung seiner entäußerten entfremdeten Momente, aus der"unendlichen", das Andere erinnernd aneignenden "Reflexion in sich selbst", aus dem "Selbsterkennen im absoluten Anderssein", aus der "unendliche(n) Selbstbestimmung des Begriffs". (281) Das extrem andere aber des lebendigen Geistes ist die Verdinglichung, ist der Tod. In der Kraft, das Tote erinnernd festzuhalten, in der Macht, tote, verknöcherte Bestimmungen zu verflüssigen, gewinnt der Geist seine Freiheit, die allererst ihn befähigt, die Realität ihrem Begriff gemäß zu erfassen und umzugestalten; die Kraft aber, das Tote zu begeisten und zu verflüssigen, ist die Kraft der Kritik, "die ungeheure Macht des Negativen;... die Energie des Denkens, des reinen Ichs. Der Tod, wenn wir jene Unwirklichkeit so nennen wollen, ist das Furchtbarste, und das Tote festzuhalten das, was die größte Kraft erfordert. Die kraftlose Schönheit haßt den Verstand, weil er ihr dies zumutet, was sie nicht vermag. Aber nicht das Leben, das sich vor dem Tode scheut und von der Verwüstung rein bewahrt, sondern das ihn erträgt und in ihm sich erhält, ist das Leben des Geistes. Er gewinnt seine Wahrheit nur, indem er in der absoluten Zerrissenheit sich selbst findet. Diese Macht ist er nicht als das Positive, welches von dem Negativen wegsieht,...

sondern er ist diese Macht nur, indem er dem Negativen ins Gesicht schaut (Herv. v. E.S.), bei ihm verweilt." (282)

Foucault, der den Wahnsinnigen als eine mittelalterliche Allegorie des Todes begreift, sekundiert Hegel, daß allein im Dialog mit dem in der bürgerlichen Gesellschaft separierten Wahnsinn, als den Kraus die bürgerliche Gesellschaft selbst darstellt, und der nicht von ungefähr an die Zerrissenheit des Geistes gemahnt, der abstrakte und kontemplative Geist der Verdinglichung und Selbstmortifizierung zu entgehen vermöchte. Was der von Kraus abgespiegelte und verkürzt protokollierte Wahnsinn des Kapitals "über sich selbst sagt,..was der Traum in der Unordnung seiner Bilder ebenfalls ausspricht: eine Wahrheit über den Menschen, die sehr archaisch und sehr nahe, sehr schweigend und sehr bedrohlich ist; eine Wahrheit unterhalb jeder Wahrheit,...auf der Ebene der Dinge sehr verbreitet; eine Wahrheit, die der völlige Rückzug der Individualität der Menschen...ist. (...) Der Irre enthüllt...die Wahrheit des Menschen. Er zeigt, bis wohin die Leidenschaft des Menschen, das gesellschaftliche Leben und alles, was ihn von seiner primitiven Natur abhält, die den Wahnsinn nicht kennt, haben bringen können. (...) Der Wahnsinn beginnt mit dem Alter der Welt, und jedes Gesicht, das der Wahnsinn im Laufe der Zeit annimmt, nennt die Form und die Wahrheit jener Verderbnis. (...) Wenn der Wahnsinn für die moderne Welt einen anderen Sinn hat, als Nacht angesichts des Tages der Wahrheit zu sein, wenn es im Geheimsten seiner Sprache um die Frage der Wahrheit des Menschen geht, einer Wahrheit, die ihm vorgängig ist, die ihn begründet, ihn aber beseitigen kann, öffnet sich diese Wahrheit für den Menschen nur in dem Desaster des Wahnsinns..." (283)

Indem Kraus die kapitalistische Gesellschaft als allgegenwärtigen Wahn, Bewußtlosigkeit, als eine Gesellschaft des Todes dem versteinerten Geist vorführt und sie ihm in ihren Zitaten zum Sprechen bringt, soll dieser sich in seinem Anderen selbst erkennen und aus seiner Versteinerung erlösen.

Hält Kraus aber, wie gezeigt, in immer neuen Bildern, Allegorien, die Vielfalt des den Tod bedeutenden Wahnsinns, der Vergängnis und des Todes fest, so ergeht an den Leser die bestimmte Aufforderung, daß er die Bilder eingedenkend entziffere, sie als festgestellte historische Prozesse enträtsele, wenn anders nicht die schuldhafte Naturgeschichte sich ad infinitum fortsetzen oder in der Katastrophe des Untergangs der Menschheit vollenden soll. "Dialektik offenbart... jedes Bild als Schrift. Sie lehrt aus seinen Zügen das Eingeständnis seiner Falschheit lesen, das ihm seine Macht entreißt und sie der Wahrheit zueignet." (284) Allein in der Anstrengung des Begriffs liegt das "Unterpfand der Rettung", die alle Kunstwerke bewußtlos intendieren, liegt jene Hoffnung verborgen, mit der die Kunstwerke über das Grauen hinausweisen. (285) "Das Unterpfand der Rettung liegt" somit in der von Kraus durchgeführten Selbst-"Denunziation des Wahns", die in Erkenntnis umschlägt. (286)

Der Epilog

Die Arbeiten von R. Stempfer und H. Obergottsberger verlagern das Geschehen des Epilogs in eine transzendente, überirdische Sphäre. "...L'épilogue est entièrement versifié. Il semble qu'il y ait là une précieuse indication. Nous quittons les propos terre à terre des différents personnages, pour nous élever vers des hauteurs, où tout ce qui s'est passé ici-bas va être transcendé et recevra une valeur symbolique,..." (287)

Dieser Hinweis ist aber nur teilweise richtig; richtig ist, daß die Figuren gegenüber jenen in den dem Epilog vorangehenden Szenen durch die Versifikation ihrer Sprache eine höhere Stilisierung erfahren haben; diese jedoch ist nur eine Steigerung jener abstrakt allegorischen Typisierung, die der Interpretation des Verfassers dieser Arbeit nach bereits in den vorhergehenden Szenen die Figuren und ihr Handeln bestimmt. Zumindest innerhalb der Tragödie eignet den auftretenden Personen nur ein fingierter Schatten des Lebens, sind sie als Geist, Sprache und Bedeutung, als Allegorien keine Realia, denen einfach Transzendenz gegenübergestellt werden könnte; wohl aber deutet die Versifikation auf einen fragwürdigen Sieg des aparten, auf den realen Untergang des Ungeists gerichteten individuellen Geistes hin, auf eine vorweggenommene Wunscherfüllung dieser Intention, auf eine magische Allmacht der Gedanken über das kapitalistische Chaos hin, das, gleichsam das geistige Konzentrat der stellvertretend für alle Menschen entgeisterten Offiziere, deren Geist sich in den oben genannten Erscheinungen bildlich niederschlägt und dem wesentlich Kraus' Kampf gilt, er nun völlig seiner Formung unterworfen hat. Er gestaltet es gleichsam verdichtet, konzentriert, um es als Vergeistigtes der Vernichtung anheim zu geben.

G. Melzer bezeichnet, wohl einem Hinweis Walter Benjamins folgend, die im Epilog auftretenden, Verse sprechenden Figuren als eine Verwesentlichung der "Operettenfiguren", als die Kraus im Vorwort die in der Tragödie auftretenden Personen bezeichnet. "'Die letzte Nacht' nähert sich", schreibt Melzer, "...Offenbachs Spielszene, wenn Kraus die Gestalten vor dem Auge des Betrachters vorbeiparadieren und sie ihre Taten und Untaten in metrischem Gewande vortragen, also gleichsam singen läßt. (...) Die holzschnittartige Vereinfachung des Geschehens auf den Wesensgehalt hin und die Reduzierung der Namen auf zeittypische Verhaltensformen weisen die Vorgänge als einen Musterfall aus, bei dem der Autor nach Art der mythologischen Handlung bei Offenbach Gott und den Kosmos einbeziehen kann." (288) Melzer vergißt hinzuzufügen, daß laut Benjamin "Offenbachs Werk eine Todeskrisis" erlebt und sich seine Personen dabei in die Kraus', in mythologische "Erbstücke ...aus vorgeschichtlichen Zeiten" verwandeln, die in ihrem Wesen,wie oben aufgezeigt, die historische Gegenwart als fortwesende Vorwelt entlarven. (289)

Verfehlt scheinen mir die Folgerungen, die Melzer aus seiner Interpretation zieht, indem er das "Drama" als ein "Mysterienspiel" bezeichnet, in das Kraus "Gott und den Kosmos" mit einbeziehen könne, das "geschichtsverbunden...nur noch durch einzelne Wortsequenzen" sei. (290) Gibt es einmal nichts, was als Geschichtsprodukt auch nur im geringsten seiner Teile außerhalb der sozio-historischen Totalität stehen könnte, durch die es vermittelt ist, worauf Melzer und die o.g. Autoren nicht reflektieren, so hätte Melzer doch auffallen müssen, daß die abstrakte Verwesentlichung des Epilogs durch das Ganze der Tragödie vermittelt ist, somit von hier, wenn auch in vermitteltem Sinne geschichtsverbunden ist. Der Verfasser dieser Arbeit betrachtet somit den Epilog als ein Konzentrat des allegorischen Charakters der vorhergehenden Szenen, bei der die allegorische Typisierung besonders deutlich hervorgehoben wird, die, wie gezeigt, das ganze Stück beherrscht.

War in den Szenen, die dem Epilog vorangingen, der sprachliche Rohstoff die Grundlage der allegorischen Bedeutungsintention von Kraus, endete dort das Geschehen scheinbar noch natürlich, so steht im Epilog nicht mehr nur die geistige oder körperliche Ruinierung der blinden Agenten des Kapitals zur Debatte, sondern der Untergang des geistigen Konzentrats des kapitalistischen Ungeistes selbst, seiner Agenten und seiner Opfer, der in den Versen die ihm vom Autor angemessen erscheinende Form bekommt; der böse Geist der Entgeisterten wird lyrisch gebannt zu Grabe geleitet.

Gemäß der Krausschen Auffassung des Reimes gelangen hier die Intention, die Gedanken des Autors, die sich als sprachlich gewendete Moral Gedanken über die Wirklichkeit machen, zu ihrem adäquaten Ausdruck; die Versform betont die ins Fiktive versetzte Wunscherfüllung, daß der Geist den Ungeist gebannt haben möge, indem er ihn seiner Formgebung unterworfen hat, während mit Ausnahme der Couplets die dem Epilog vorangegangenen Teile der Tragödie in ihrer Zitatform den für das Individuum unaufhebbaren Widerstand der stets reproduzierten geistigen Form des Kapitals gegen ihre Aufhebung in die Geschlossenheit der objektlosen Innerlichkeit dokumentieren. In den Zitaten muß Kraus die geistig nicht aufhebbare Übermacht der losgelassenen kapitalistischen Gesellschaft, damit die Ohnmacht der Satire ihr gegenüber anerkennen, während im Epilog die Vielfalt der Erscheinungen und Gestalten der kapitalistischen Gesellschaft, wie sie in den "Letzten Tagen der Menschheit" künstlerisch abgespiegelt und protokolliert werden, auf ihren ästhetischen Begriff gebracht werden. Die Verse sind die zusammengefaßte Bedeutung: die Wahrheit der vorangegangenen Szenen.

Es ist R. Stempfer zuzustimmen, wenn er im Epilog "trois parties et une conclusion d'une seule ligne" zu erkennen glaubt. (291) Die Szenenanweisung des ersten Teils umschreibt knapp die abstrakten Requisiten eines Schlachtfeldes, das allerdings in der Bezeichnung des Horizontes als einer Flammenwand ins Unwirkliche überhöht wird.

"Trichter. Rauchwolken. (...) Der Horizont ist eine Flammenwand. Leichen. Sterbende. Männer und Frauen mit Gasmasken tauchen auf." (292)

Um Tod und Leichen kreist die dem Kapital eigentlich zukommende Kunstform der satirischen Allegorie; die Kunstform, die zuhöchst sich auf das Halblebendige richtet. Sie herrscht uneingeschränkt mit der ersten Person, die auftritt, "ein sterbender Soldat". Die Grenze zwischen Tod und Leben wird in dieser Figur fließend, unbestimmt, prozeßartig; die Extreme, Tod und Leben, durchdringen sich in dieser Figur, fallen in ihr zusammen; die Person ist somit nur noch ein Werden zum Tode. Der Tod, und das ist eine fürchterliche Anklage gegen das imperialistische Kapital und seine Agenten, wird zur Erlösung aus dem Übel des Krieges. Sterben bedeutet, daß die endlose Qual des Krieges und die Erniedrigung vor den vertierten Militärs ein Ende hat. Sterbend erst findet die mit Stiefeln getretene Menschenwürde zu sich selbst zurück, wird "das Wort" des in dieser Figur zusammengefaßten "Helden", die vom Kapital gepeinigte Menschheit, "zum Schrei der Empörung" gegen die selbst hier noch nicht richtig erkannten Peiniger. (293)

Die schicksalhafte Macht des Kapitals bleibt dem Sterbenden verschleiert, so ist sein Protest blind, tödlich blind. In seinen Worten hat sich der antimythologische Trotz des Menschenwesens zusammengezogen, das vom Kapital und seinen Medien auf mythische Sprachlosigkeit gegenüber den unerkannten, schicksalhaft es bestimmenden Gewalten gebracht wurde. Auf den sprachlosen Trotz schlechthin ist bei Kraus das bürgerliche Selbst geschrumpft, in ihm protestiert es gegen die entäußerten, zum Mythos überhöhten Gewalten des Kapitals, in deren entfremdeter Gestalt die der mythischen Vorzeit unerkannt und bedrohlich fortwesen.

Die traurige Gestalt aber, in der es die zur Hölle entfalteten, verdinglichten Verhältnisse transzendiert, ist der Tod, das Glück verheißende Neue im je individuellen Leben der Menschen unterm Kapital; die Gestalt, in der Utopie in der kapitalistischen Gesellschaft noch denkbar ist, er ist die absolute Gestalt des ganz Anderen, des Neuen, der Utopie, des noch nicht Dagewesenen im Spätkapitalismus, er steht als letzte Gestalt "gegen die Heteronomie des je schon Dagewesenen, gegen den Zwang des Immergleichen", des Mythos; der Tod allein entzieht einem Leben, das sich als ein immerwährendes Sterben entlarvt hat; ein Leben, in dem der Mensch schon vor seinem Tode "eine Leich(e)" ist; ein Leben, dessen Verdinglichung Kraus in der Gesichts- und Geschlechtslosigkeit einer männlichen und weiblichen Gasmaske zusammenballt, in welcher die Differenzlosigkeit der Natur überbietenden, unmenschlichen Gestalt die Menschheit sich einem technisch vermittelten Anorganischen anähnelt, in das mythische Reich von "Fabeltieren" versinkt, hinter die Natur vorangefallen ist. (294)

Im "Grauen" vor dem Ineinanderschlagen von Vor- und Nachwelt, vor der Katastrophe völliger Verdinglichung bewahrt Kraus "eine negative Figur der Utopie" auf, "die unmittelbar, in ihrer Positivität sich nicht aufspüren, sich nicht haben läßt": den Tod. (295) Von daher wird sein Verhalten zur verdinglichten Rationalität des Kapitals, zum Fortschritt, dessen Mimesis: Mimesis des Todes.

Dieser Fortschritt ballt sich für Kraus in der fürs Kapital einzig möglichen materiellen Gleichheit von Arbeits- oder Kriegstieren zusammen:

"Das Kleid ist nicht der Mann, doch ist's auch nicht das Weib./ In Not und Tod und Kot gibt es die gleichen Rechte." (296)

Sterben wird in der von Kraus gezeigten Welt des feldgrauen Einerleis, das durch die Mann und Frau auf halborganische Monstren hinabbringenden, identitäts-, individualitäts- und geschlechtslosen Gasmaskenwesen noch unterstrichen wird, in einer sich für den sterbenden Soldaten auf das "Salutieren" zusammenziehenden Welt des Zwangs, der Gewalt und des Mordens, die sich für den Soldaten im Kaiser und dessen Agenten personifiziert, zur Befreiung: Das spricht den verdinglichten Verhältnissen ein vernichtendes Urteil!

EIN STERBENDER SOLDAT/ schreiend/
Hauptmann, hol her das Standgericht!/ Ich sterb' für keinen Kaiser nicht!/ Hauptmann, du bist des Kaisers Wicht!/ Bin tot ich, salutier' ich nicht!// (...) Ihr zwingt mich nicht, ihr zwingt mich nicht!/ Seht, wie der Tod die Fessel bricht!/ So stellt den Tod vors Standgericht!/ Ich sterb', doch für den Kaiser nicht!" (297)

Mit einem der vielen sterbenden Soldaten treffen dessen wirkliche Feinde, die Agenten des Kapitals, zusammen, für die, Allegorien kapitalistischer Gleichgültigkeit, der Sterbende nur

Verwertungsmaterial ist. Sie verdichten sich ihm gegenüber in der Tat zu Vivisektionisten. Die Unmenschlichkeit des Systems und seiner Agenten bringt Kraus in den Versen zweier "Kriegsberichterstatter" auf den ästhetischen Begriff.

"Sie, machen S' zum End'/ ein verklärtes Gesicht!/ Ich brauch' den Moment,/ wo das Aug Ihnen bricht." (298)

"Schaun S', das wird goutiert,/ auf Details ich schon spitz',/ und ihr Heldentod wird/ eine schöne Notiz." (299)

Bis in den Tod wird der Mensch von den Agenten der Presse ausgewertet; noch die Qual des Todes wird ihrer erbarmungslosen Bedeutungswillkür unterworfen, zum "goutiert(en)" Theater eines "verklärten Gesichts". Der Todesqual des Soldaten antwortet die gleichgültige Apathie derer, die ihn in "Details" zerlegen wollen, denen seine Qual unter der Notiz steht.

"Geschwinde - geschwinde - / seht, wie ich - mich - winde - / verbinde, Herr Doktor - verbinde, verbinde!" (300)

"Der erzählt nichts - zu peinlich!/ Der wird immer verstockter. / Er hält mich wahrscheinlich/ für einen Doktor!" (301)

In dieser Gegenüberstellung entfaltet Kraus seine Meisterschaft der Vereinigung von durcheinander vermittelten Gegensätzen, entfaltet er die Dialektik einer Gesellschaft, die sich in die Extreme ihrer verdinglichten Momente: kreatürliches Leid und szientifische Gleichgültigkeit der kapitalistischen Praxis, leidende verdinglichte Physis und zur Mitleidlosigkeit verdinglichte, apathische Psyche, auseinanderschlägt, zu voller Klarheit.

Während die gesamte Menschheit auf dem Übergang zum Tode ist, bereiten die übrigbleibenden Agenten des Kapitals, Kriegsberichterstatter, Generäle, Ingenieure, das Reich des Antichristen vor. Da sich die Szene mit Sterbenden, Verwundeten, Erblindeten bevölkert, jagt "ein Felwebel...mit dem Revolver einen Zug vor sich her" in den Tod; außer ihm, das beweist diese Szenenanweisung zeichenhaft, gibt es keine Alternative mehr, der Tod tritt seine Herrschaft an. (302)

"Marsch! Ich wer' euch lehrn hier herumtachiniern!/ Fürs Vaterland stirbts, oder ich laß euch krepiern!" (303)

Antithetisch stellt Kraus in den Monologen zweier sterbender Verwundeter den durchs Kapitalverhältnis gesetzten Gegensatz privaten Glücks und kapitalistischen Unheils gegeneinander.

"So, Mutter, Dank! So fühl' ich deine Hand./ Oh, sie befreit von Nacht und Vaterland./ Ich atme Wald und heimatliches Glück./ Wie führst du mich in deinen Schoß zurück.// Nun ist der Donner dieser Nacht verrollt./ Ich weiß es nicht, was sie von mir gewollt./ (Herv. v. E.S.) Oh Mutter, wie dein guter Morgen thaut!/ Schon bin ich da, wo Gottes Auge blaut." (304)

"Fluch, Kaiser, dir! Ich spüre deine Hand,/ an ihr ist Gift und Nacht und Vaterland!/ Sie riecht nach Pest und allem Untergang./ (...) Rüstzeug des Herrn! Wir werden ihn erst preisen,/ wirft er dich endlich zu dem alten Eisen!" (305)

Klingt in den zuerst zitierten Strophen in den Worten "guter Morgen", Gottes Auge", "Wald und heimatliches Glück", die Sehnsucht des Menschen an, in einer humanisierten, gewaltlos versöhnten Welt "überall zu Hause zu sein", die den Worten Novalis' zufolge von der Philosophie, aber auch von der Kunst vertreten wird; schlägt in ihnen gleichsam der Tod die Tore zum Paradiese auf, fallen in ihnen Tod und Utopie zusammen, so faßt ideologisch sich dem anderen Sterbenden in der Gestalt des Kaisers das verdinglichte, entfremdete Verhältnis des Kapitals zusammen, in dem der Mensch zur abstrakten Monade, zum Material, "Fertigware", versteint, in dem er überall heimatlos ist, in dem die letzten Reste einer in Ansätzen versöhnten Natur vernichtet werden. (306) Unter diesem Aspekt beginnt die erste Natur selbst unterm Blick des Melancholikers bedeutend zu reden, in die Klage über ihre Vernichtung auszubrechen.

"Ein toter Wald. Alles ist zerschossen, abgehauen und abgesägt. Hüllenloses Erdreich, aus dem sich nur ab und zu ein paar kranke Bäume erheben. Zu Hunderten liegen noch die gefällten, entästeten, zersägten Stämme mit halb schon verwitterter Rinde am Boden herum. Eine zerfallene Feldbahn führt quer hindurch.
DER TOTE WALD: Durch eure Macht, durch euer Mühn/ bin ich ergraut. Einst war ich grün./ Seht meine jetzige Gestalt./ Ich war ein Wald! Ich war ein Wald!" (307)

Es wäre aber falsch, den Traum des Soldaten als die absolute Negation der kapitalistischen Verhältnisse zu deuten. Vielmehr träumt in einer seiner Formen, dem aparten Geist, das Kapital selbst seine Aufhebung, die in ihm materiell längst vorbereitet ist; indem diese Aufhebung materiell nicht vollzogen wird, ruiniert, wie allgemein der Tauschwert den Gebrauchswert, das Kapital nach Kraus' Ansicht die gesamte Natur und dissoziiert gemäß der Trennung von körperlicher und geistiger Arbeit in die absolute Vernichtung und den bewußtlosen Traum vom ganz Anderen.

Wie den militärischen Agenten des Kapitals gilt die Absage und Anklage der Satire auch seinen wissenschaftlichen Agenten, deren Produkte das Leben nicht erleichtern, sondern verkürzen helfen; ein Konzentrat der allgemeinen Ruinierung und Annihilation alles Lebenden ist der Dr.-Ing. Abendrot, die Allegorie des Todes, der kapitalistischen Weltvernichtung aus der Retorte, eines künstlichen Todes, der mit dem "Lungenpesterersatz" das Zeitalter der B- und C-Waffen einleitet und vertritt. (308)

"(...) Ich stelle mich vor, bin Herr Abendrot/ aus Berlin und leuchte zu frühem Tod./ (...)/ Die Welt in Spital oder Friedhof (Herv. v. E.S.) zu wandeln,/ mußten wir oft geräuschvoll handeln./ Nun hoffen wir die Position uns zu stärken,/ denn der Feind wird jetzt sterben, ohne es selbst zu merken./ Ein Druck auf den Knopf wird fürder genügen,/ über zehntausend feindliche Lungen zu siegen." (309)

Mit seinem Abgang setzt der zweite Teil des Epilogs ein. Die Szene wird zum Leichenfeld, bevölkert nur noch von den Vertretern des Kapitals, den "Hyänen", "Fressack" und"Naschkatz", gelegentlichen Mitarbeitern, und ihrem Herrn Moritz Benedikt, der Antichrist, die alle das Loblied des imperialistischen Krieges singen. Kraus gestaltet sie allegorisch als die Charaktermasken, Personifikation des Kapitals, als welche sie Marx theoretisch dargestellt hat: sie "tragen Gesichter als Larven", "sind keine Menschen". (310) Deutlich formulieren sie das Interesse des Kapitals am Krieg, der auf Kosten des Lebens und der zum Menschenmaterial Verdinglichten, aus Profitsucht von den Herrschenden entfesselt wurde.

"Wir sagen es ins Ohr euch, ihr solltet uns danken:/ dadurch, daß ihr hier liegt, gehts besser den Banken./ Durch die Bank konnten sie das Kapital sich vermehren,/ die Fusion mit der Schlachtbank kann man ihnen nicht wehren.// Ihr könnt noch von Glück sagen, so ruhig zu liegen,/ wenn zugleich mit den Kugeln die Tausender fliegen./ Doch ihr seid entschädigt: ein jeder ein Held! Ihr schwimmt ja in Blut, und wir nur in Geld!" (311)

Über Leichen ergreift in der Gestalt des Antichristen Moritz Benedikt, die Allegorie des Kapitals, des bürgerlichen Liberalismus, dessen verdinglichte Macht sich als Finanzkapital in der "Börse" konzentriert, wo "gottlob nicht(s) heilig" ist und die liberalen Prinzipien des "laisser faire, laisser aller" "der Welt den Lauf lassen", der in Mythologie umgeschlagenen Aufklärung, deren partikulare, "falsche Klarheit...nur ein anderer Ausdruck für den Mythos" ist - "die Hölle ist die Helle" - das Kapital die Macht in der Welt und über den Geist; sein Sieg, der sich in den vorhergehenden Akten bereits deutlich abgezeichnet hat, wird im Epilog mythisch überhöht; sein Reich "ist von dieser Welt". (312) In den Versen der gelegentlichen Mitarbeiter tauchen, nochmals kurz erwähnt, einige der Namen jener oben bereits behandelten Marionetten des Nord- und des Südbahnhofes auf. Alle diese Figuren, die Agenten von Kapital und Kulturindustrie, sind nach Kraus' eigenen Worten Agenten des Antichristen auf Erden in einer kapitalistischen Apokalypse.

"Nicht daß die Presse die Maschinen des Todes in Bewegung setzte - aber daß sie unser Herz ausgehöhlt hat, uns nicht mehr vorstellen zu können, wie das wäre: das ist ihre Kriegsschuld! Und von dem Wollustwein ihrer Unzucht haben alle Völker getrunken, und die Könige der Erde buhlten mit ihr... Und er sprach ihr zu, der apokalyptische Reiter, den ich einstens, lange eh ers tat, durch das deutsche Reich rasen sah. (...) 'Er ist Volldampf voraus in allen Gassen. Sein Schnurrbart reicht von Aufgang bis Niedergang und von Süden gen Norden.' Und dem Reiter ward Macht gegeben, den Frieden von der Erde zu nehmen, und daß sie einander erwürgten. Und ich sah ihn als das Tier mit den zehn Hörnern und den sieben Köpfen und einem Maul gleich dem Rachen eines Löwen. 'Man betete das Tier an und sprach: Wer ist dem Tier gleich? Und wer vermag mit ihm zu streiten? Ein Maul ward ihm gegeben, große Dinge zu reden.' Und wir fielen durch ihn und durch die Hure von Babylon, die in allen Zungen der Welt uns überredete, wir wären einander feind und es sollte Krieg sein!" (313)

In der Figur des Antichristen vereinigen sich die mythologisierte Kulturindustrie, "das Tier mit den zehn Hörnern und den sieben Köpfen und einem Maul gleich dem Rachen eines Löwen", und das verdinglichte, als "Hure von Babylon" mythologisierte Kapital, "das Rätsel des Geldfetischs", das "die Augen blendende Rätsel des Warenfetischs", "die Magie des Geldes", dessen undurchschauter "Zauber" die Menschen in seinem Bann hält, da sie es nicht als "bloße Erscheinungsform dahinter versteckter menschlicher Verhältnisse" erkennen. (314)

Der Himmel selbst wird von den Farben des imperialistischen Unheils, "schwarzgelb", "schwarzweißrot", die Farben der Mittelmächte, befleckt. (315) Während quantifizierte, entmenschte "Stimmen" nochmals ihre Brutalitäten zur Schau stellen, fallen "Blitze", erscheinen "feurige Schlangen am Himmel, rote und grüne Lichter." (316) Die Menschheit ahnt nicht, daß mit diesen Zeichen ihr Ende nahe ist; auf die Frage der "Stimme von unten", was denn eigentlich los sei, antworten "Stimmen von oben": "Der lange erwartete Gegenstoß!" (317) Selbst als "feurige Sterne, Kreuze und Schwerter", "leuchtende Kugeln,

Feuergarben", "drei Kometen" am Himmel erscheinen, "Blutregen", "Aschenregen", "Steinregen" und "Funkenregen", die Zeichen des Untergangs, einsetzen, begreift die vertierte und verdinglichte Unmenschheit ihren von oben beschlossenen Untergang nicht. (318)

"Seht, welche Pracht,/ mit den schönsten Orden/ lohnt diese Nacht/ unser braves Morden." (319)

Die "Stimmen von oben" sind so gezwungen, das Todesurteil der Menschheit und dessen ausführliche Begründung, die nochmals alle Untaten der Menschheit zusammenfaßt, wörtlich zu verkünden.

"Zu eurem unendlichen Schädelspalten/ haben wir bis zum Endsieg durchgehalten./ Nun aber wißt, in der vorigen Wochen/ hat der Mars die Beziehungen abgebrochen./ W i r h a b e n a l l e s r e i f l i c h e r w o g e n / und sind in die Defensive gezogen./ Wir sind denn entschlossen, euern Planeten/ mit sämtlichen Fronten auszujäten..." (320)

Dem Urteil antworten, immer noch unbeeindruckt, jeder Rationalität und Einsicht bar, die im vierten Vers ersterbenden phrasenhaften Strophen der "Stimmen von unten"; mit ihren Phrasen, die dem Geist die begriffliche Einsicht endgültig versperrt zu haben scheinen, geht die Menschheit unter.

"STIMME VON UNTEN/ Mal 'ran ins Feld!/ Noch einer mehr!/ Und wenn die Welt - / Flammenlohe/ STIMME VON UNTEN/ Nur feste druff!/ Auf Knall und Fall!/ Es braust ein Ruf - / Weltengedonner/ STIMME VON UNTEN/ Das ist uns neu!/ Was soll das sein?/ Fest steht und treu - / Untergang/ STIMME VON UNTEN/ Wir sind verbrannt!/ Wer brach da ein?/ Lieb Vaterland - / Ruhe" (321)

In die endlich eingekehrte Ruhe verkündet eine "Stimme von oben" die Liquidation einer schon vorher geistig untergegangenen Menschheit.

"Der Sturm gelang. Die Nacht war wild./ Zerstört ist Gottes Ebenbild!" (322)

In ein "großes Schweigen" hört man die die den Krieg einleitenden Worte Wilhelms II. aufnehmende "Stimme Gottes":

" I c h h a b e e s n i c h t g e w o l l t . " (323)

Alle Interpreten haben diesen letzten Worten eine versöhnende Bedeutung gegeben, so bezeichnet Werner Kraft die "Stimme Gottes" als "die Wiederherstellung der Wahrheit", in der "ein Rest von Hoffnung" mitschwinge; R.Stempfer gar hält diese Stimme für den ewigen Geist, der den Untergang des menschlichen überlebt. (324) "Fût-il mort sur cette terre, l'esprit est éternel." (325) Diese Deutung mutet um so seltsamer an, als

Stempfer zumindest phänomenologisch doch die Bedeutung der "Stimme Gottes", die kontemplative, praxislose Haltung des aparten Geistes, offen ausspricht, ohne allerdings daraus für seine Interpretation Konsequenzen zu ziehen. "Dieu a été réduit au rôle de spectateur impuissant." (326) Diese Deutung aber entspricht genau der Definition Lukács für das Drama überhaupt. "Das Drama" ist laut Lukács "ein Spiel, wo Gott der Zuschauer ist." (327)

Der diese Worte sprechende Gott ist der durch Selbstbehauptung des Menschen gegen den theologischen Absolutismus und durch Aufklärung aus dem innerweltlichen Geschehen ausgegrenzte Gott. Der ausgegrenzte aber geriet damit zwangsläufig in die mit Ohnmacht geschlagene, kontemplative Rolle des bürgerlichen Individuums. Mit der Ausgrenzung Gottes, die Nietzsche als seinen Tod feierte, wurde, so müssen wie dem Drama entnehmen, die Erde heillos, verfiel dem teuflischen Lichtbringer, Luzifer; der Aufklärung, der höllischen Helle, dem mit der schwarzen Kunst einhergehenden tödlichen Fortschritt. Die aus dem Heilsplan herausgefallene Menschheit schlug in heilloser Selbstermächtigung den Weg des Unheils ein, der zu ihrem letztendlichen Untergang führte.

Mit dieser dem Drama zu entnehmenden These fordert Kraus implizit zu einer Revision der ganzen neueren Geschichte auf. Alle: Kapital, die Kunst des Druckens, die sich entfaltende Wissenschaft, Technik, Aufklärung und Liberalismus, die Revolutionen der Neuzeit, alle Phänomene der Neuzeit mit Ausnahme der Kunst sind Werke des Teufels; die im Epilog vorgeführten Figuren seiner zur Selbstentlarvung gebrachten Opfer oder Nutznießer: Embleme eines heillosen Fortschritts, der in einer Hölle auf Erden endete. Dem sich der Fortschritt zu dessen allegorischer Versinnbildlichung eines auf "Zinsfuß und Prothese" gehenden Monstrums zusammenballte, dem die Personifikation des Fortschritts der "Herr der Hyänen", der "Antichrist" Benedikt, Herausgeber der "Neuen Freien Presse" war, der schrieb deshalb in "Sehnsucht nach aristokratischem Umgang" gegen seine "linksradikalen Freunde" gewandt:

"Sie haben meine Angriffe auf die jüdischen Liberalen, auf Bourgeoisie und Neue Freie Presse für linksradikal gehalten und nicht geahnt, daß sie...im höchsten Maße rechtsradikal sind.

Sie haben geglaubt, ich sei ein Revolutionär, und haben nicht gewußt, daß ich politisch noch nicht einmal bei der französischen Revolution angelangt bin, geschweige denn im Zeitalter zwischen 1848 und 1914, und daß ich die Menschheit mit Entziehung der Menschenrechte, das Bürgertum mit Entziehung des Wahlrechts, die Juden mit Entziehung des Telephons, die Journalisten mit der Aufhebung der Preßfreiheit und die Psychoanalytiker mit der Einführung der Leibeigenschaft regalieren möchte. (...) Sie haben...nicht gemerkt, daß der tausendste Teil meiner - angeblich - linksradikalen Glossen...einen Konservatismus von einer Blutbereitschaft propagiert, gegen den tausend Jahrgänge von tausend klerikalen Zeitungen die Sprache einer Protestversammlung eines Monistenbundes führen. Sie haben nicht gehört, daß mir ein verhängter Himmel, dem eine Weltanschauung erspart bleibt, immer noch einen besseren Trost bringt als eine freie Erde, die zum Himmel stinkt. Es ist ihnen entgangen, daß ich untröstlich bin, die Machtmittel der Staaten nicht gegen den Zerfall der Völker aufbieten zu können, und nur zufrieden in der Gewißheit, daß dem auf den Glanz hergerichteten Menschheitspofel, der jetzt allerorten zu sehen ist, der große Ausverkauf bevorsteht. (...)
Er (der demokratische Umgang - E.S.) ist die Pest, die sich des Daseins erfreut und ihrem eigenen Bazillus nicht auf der Spur ist. Sein Blick löst Welträtsel und dreht mir den Magen um. Er analysiert mir den Traum, in den mein Ekel flüchtet. (...) Ich weiß, was auf dem Spiel steht: Rettet unsere Seelen! Ich weiß und bekenne...als unwiderrufliches Programm: daß die Erhaltung der Mauer eines Schloßparks, der zwischen einer fünfhundertjährigen Pappel und einer heute erblühten Glockenblume alle Wunder der Schöpfung aus einer zerstörten Welt hebt, im Namen des Geistes wichtiger ist als der Betrieb aller intellektuellen Schändlichkeit, die Gott den Atem verlegt!" (328)

Beachtenswert ein Hinweis Michael Naumanns auf eine von Naumann leider nicht ausinterpretierte Stelle aus Thomas Manns Roman "Doktor Faustus". (329) Naumann sieht in der Thomas Mannschen Beschreibung des Schlusses der Kantate "Dr. Fausti Weheklag" richtig eine wahrscheinlich durch Theodor W.Adorno vermittelte kryptische Interpretation der letzten Worte von Kraus' "Die letzten Tage der Menschheit". Geht aber diesem Hinweis nicht nach, denn sonst hätte ihm auffallen müssen, daß die dort angesprochene "Sinnesverkehrung" den Adorno aus Benjamins Trauerspielbuch bekannten, für das allegorische, barocke Trauerspiel konstitutiven "e i n e n Umschwung" umschreibt, der nach den "Visionen des Vernichtungsrausches, in welchen alles Irdische zum Trümmerfeld zusammenstürzt", diese Visionen noch einmal zur Allegorie, zur Allegorie der Allegorie, herabsetzt. (330) "Vergänglichkeit" ist in der "trostlose(n) Verworrenheit der Schädelstätte" "nicht sowohl bedeutet, allegorisch dargestellt, denn, selbst bedeutend, dargeboten als Allegorie.

Als die Allegorie der Auferstehung", der Resurrektion, die allerdings im Spätkapitalismus zur "Hoffnung" geschrumpft ist. (331) "...jene Welt, die sich dem tiefen Sinn des Satan preisgab und verriet, ist Gottes. In Gottes Welt erwacht der Allegoriker." (332) Vor dem Hintergrund der letzten Worte Gottes könnte man den Epilog als jenen "Umschwung in das Heil der Rettung", die in der Wahrheit beschlossen liegt, interpretieren, durch den der Geist der "Entgeisterten", durch den die subjektive Bosheit "als Hölle...der göttlichen Allmacht sich" einfügt. (333)

Serenus Zeitblom, der Freund und Chronist des Lebens des Tonsetzers Adrian Leverkühn, versucht in Thomas Manns "Doktor Faustus" das Ende der Kantate "Dr. Fausti Weheklag" in Worte zu fassen und zu interpretieren: "Aber einer anderen und letzten, wahrhaft letzten Sinnesverkehrung will gedacht, und recht von Herzen gedacht sein, die am Schluß dieses Werks unendlicher Klage leise, der Vernunft überlegen...das Gefühl berührt. Ich meine den orchestralen Schlußsatz der Kantate, in den der Chor sich verliert, und der wie die Klage Gottes über das Verlorengehen seiner Welt, wie ein kummervolles 'Ich habe es nicht gewollt' des Schöpfers lautet. Hier...gegen das Ende, sind die äußersten Akzente der Trauer erreicht, ist die letzte Verzweiflung Ausdruck geworden, und - ich will's nicht sagen, es hieße die Zugeständnislosigkeit des Werkes, seinen unheilbaren Schmerz verletzen, wenn man sagen wollte, es biete bis zu seiner letzten Note irgendeinen anderen Trost als den, der im Ausdruck selbst und im Lautwerden, - also darin liegt, daß der Kreatur für ihr Weh überhaupt eine Stimme gegeben ist. Nein, dies dunkle Tongedicht läßt bis zuletzt keine Vertröstung, Versöhnung, Verklärung zu. Aber wie, wenn der künstlerischen Paradoxie, daß aus der totalen Konstruktion sich der Ausdruck - der Ausdruck als Klage - gebiert, das religiöse Paradoxon entspräche, daß aus tiefster Heillosigkeit, wenn auch als leiseste Frage nur, die Hoffnung keimte? Es wäre die Hoffnung jenseits der Hoffnungslosigkeit, die Transzendenz der Verzweiflung, - nicht der Verrat an ihr,...Hört nur den Schluß, hört ihn mit mir: Eine Instrumentengruppe nach der anderen tritt zurück, und was übrig bleibt, womit das Werk verklingt, ist das hohe g eines Cellos, das letzte Wort, der letzte verschwebende

Laut, in Pianissimo-Fermate langsam vergehend. Dann ist nichts mehr, - Schweigen und Nacht. Aber der nachschwingend im Schweigen hängende Ton, der nicht mehr ist, dem nur die Seele noch nachlauscht, und der Ausklang der Trauer war, ist es nicht mehr, wandelt den Sinn, steht als ein Licht in der Nacht." (334)

Ganze Partien der Interpretation Serenus Zeitbloms gemahnen an die ästhetischen Theorien Adornos, auf dessen Mitarbeit, wie bekannt, wesentlich die in Thomas Manns Roman enthaltenen musikalischen Theorien der Schönbergschule zurückgehen. Die Begriffe "Trauer", "Kreatur" und ihr Leiden waren Adorno aus Benjamins Buch über das deutsche Trauerspiel bekannt und sind von ihm von dort übernommen, der Umschlag von totaler Konstruktion in Ausdruck ist aus der Adornoschen Musikästhetik bekannt. Der Umschlag von Hoffnungslosigkeit und Verzweiflung in eine Hoffnung, die im Nichts keine mehr ist, ergibt sich aus der These, daß im Zeitalter der totalen Verdinglichung das Aussprechen der Hoffnung, der Utopie, diese verriete: Hoffnung ist nach dieser Theorie allein noch in der gestalteten Hoffnungslosigkeit, der totalen Sinnlosigkeit aufgehoben. Allein in diesem Sinne ist auch im Krausschen Werk Utopie aufbewahrt. Sowenig aber, schreibt Adorno, "wie Theorie vermag Kunst Utopie zu konkretisieren; nicht einmal negativ. Das Neue als Kryptogramm ist das Bild des Untergangs; nur durch dessen absolute Negativität spricht Kunst das Unaussprechliche aus, die Utopie. (...) Durch unversöhnliche Absage an den Schein von Versöhnung hält sie diese fest inmitten des Unversöhnten, richtiges Bewußtsein einer Epoche, darin die reale Möglichkeit von Utopie - daß die Erde, nach dem Stand der Produktivkräfte, jetzt, hier, unmittelbar das Paradies sein könnte - auf einer äußersten Spitze mit der Möglichkeit der totalen Katastrophe sich vereint. In deren Bild - keinem Abbild sondern den Chiffren ihres Potentials - tritt der magische Zug der fernsten Vorzeit von Kunst unterm totalen Bann hervor; als wollte sie die Katastrophe durch ihr Bild beschwörend verhindern." (335)

Zur Frage der Gattung

Die Kritik des Krausschen Dramas in der Forschung

René Stempfer greift in bezug auf das Drama "Die letzten Tage der Menschheit" zweimal die Gattungsfrage auf und kommt beide Male zu dem Ergebnis, daß "Die letzten Tage der Menschheit" eigentlich keine Tragödie seien, wie Kraus das Stück bezeichnet. In seiner ersten Argumentation folgt er im wesentlichen Werner Kraft, der meint, "daß die Idee des Angsttraums der Idee der Tragödie widerspricht", denn "die Form der echten Tragödie (stehe) über dem Zerfall, den sie darstellt." (1) Das Traumhafte aber habe Kraus aus der Form der Tragödie nicht endgültig eliminieren können. "Auf das Traumhafte deutet in der endgültigen Fassung noch die szenische Bemerkung 'Verwandlung' am Schluß jeder Szene wie auch die 'Erscheinungen', die gegen das Ende des Dramas, vor dem Epilog, auftauchen und verschwinden." (2)

Weiter argumentiert Stempfer, hier dem "Littré-Beaujean: Dictionnaire de la langue française" folgend, daß Kraus' Drama kein "pièce de théâtre en vers dans laquelle figurent des personnages illustres, qui est propre à exciter la terreur et la pitié", sei. (3) Auch befriedige das Erscheinen der "tierces puissances", deorum ex machina, nicht "le goût de logique de l'homme du vingtième siècle." (4) Schlimmer noch habe Kraus nicht allein "le militarisme, le mercantilisme, le judaisme mais les militaires, les commerçants et les Juifs, c'est-à-dire, finalement, les hommes" insgesamt angegriffen, habe keinen wirklichen Unterschied zwischen den Menschen gemacht, kurz: Kraus sei schlicht der "partialité" verfallen. (5)

Daß Kraus parteilich war, versteht sich schon aus der satirischen Kunstform seines Dramas. Die Gründe der spezifischen, moralischen und ästhetischen Ablehnung der Welt der kapitalistischen Erscheinungen, der Welt der Verdinglichung und ihrer Folgen, der Welt der kapitalistischen Greuel, die Gründe der abstrakten Parteilichkeit sind oben angerissen, und diese Ablehnung wie diese Parteilichkeit sind, solange sie nicht dialektisch und materialistisch auf ihre sozio-ökonomischen Gründe der Parteilichkeit reflektieren kann, integraler Bestandteil jeder bürgerlichen Persönlichkeit. Ihr daraus einen persönlichen Vorwurf zu machen, ist unsinnig. Außerdem darf nicht vergessen werden, daß, was oben aufgewiesen wurde, wie jedes Kunstwerk, so auch "Die letzten Tage der Menschheit" Momente zeitigen, die die einseitige Intention ihres Autors transzendieren. So sind im Krausschen Drama Kritik und Kritisiertes in einer durch ihre Extreme hindurch vermittelten dialektisch-künstlerischen Einheit aufgehoben. Wider den Willen Kraus' steht also seine satirische Kritik der Gesellschaft als eines ihrer Momente im Kunstwerk mit zur Kritik, setzt sich im Kunstwerk die objektive Einheit der kapitalistischen Gesellschaft, ihre widersprüchliche Einheit von geistiger und körperlicher Arbeit, die Einheit einer Gesellschaft, deren Momente sich gegeneinander verselbständigt haben, gegen die subjektive Intention des Autors gewaltlos durch. Stempfer reflektiert nicht bei seiner Kritik des Krausschen Dramas auf deren satirische Form und vermag weiter nicht zu sehen, daß die abstrakte Parteilichkeit Kraus' mehr vom Unheil des Kapitals aufdeckte und bekämpfte, als es positivistische Wertfreiheit je vermochte.

Was nun den logischen Geschmack von Menschen des 20. Jahrhunderts betrifft, so steht ja gerade er als fortwesender blinder Mythos im Brennpunkt satirischer Kritik; hat doch diese positivistische, der Unmittelbarkeit der Erscheinungen verfallende und dem Kapital dienende Logik nicht nur nicht den Krieg verhindern können, sondern ihn geradezu unterstützt, ist sie also, als was dialektische Logik sie immer begriffen hat, Moment der gesellschaftlichen Irrationalität, vor deren Übergewalt Kunst selbst in Magie zurückschlägt. Daß die abstrakte Moralität, die einer wertfreien Logik entgegensteht, und von der Kraus glaubte, sie könne in der Gestaltung der bösen Erscheinungen des Kapitals diese bannen, wenn auch nicht beseitigen, letztendlich Moment der gleichen gesellschaftlichen Irrationalität ist, steht außer Frage, und ihre Vermitteltheit mit der sozio-historischen Totalität ist oben, wenn auch abstrakt, versucht worden nachzuvollziehen.

Im Unterschied jedoch zum quicken, bürgerlichen Bescheidwissen, das um die eigene Irrationalität nichts weiß, bekennt Moralität die ihrige, die gegen die Irrationalität des Kapitals zur Rationalität umschlägt, offen ein und fordert indirekt so die Abschaffung der irrationalen Welt, gegen die sie als deren Moment rigide steht. Im Kunstwerk als gegensätzliches Moment der verkehrten Welt einsichtig gemacht, fordert Moral mit der Aufhebung dieser Welt zugleich zu ihrer eigenen auf, diese Bedeutung ist dem gesamten Drama zu entnehmen.

In der Konsequenz der melancholischen Einsicht, der die ganze Welt des Imperialismus zur toten, verdinglichten und bestialisierten ward, scheute Kraus sich nicht, die Welt des Imperialismus allegorisch zu mortifizieren, dem Untergang anheim zu geben, der ihr geschichtsphilosophisch möglicher ist. Er sprach offen aus, daß, wenn die quälenden Erscheinungsformen des Imperialismus militärisch zu beseitigen seien, er Militarist wäre.

"DER NÖRGLER: (...) Wenn der Militarismus dazu diente, den Unrat daheim zu bekämpfen, so wäre ich Patriot. Wenn er die, die nicht taugen, assentierte, wenn er Krieg führte, um den Menschendreck an die feindliche Macht abzutreten, wäre ich Militarist!" (6)

Zwar ist, um dem letzten Einwand Stempfers entgegenzutreten, diese Gesellschaft abstrakt vermittelt, die Abstrakta selbst jedoch werden von der lebendigen Arbeit der unterm Kapital abstrakt isolierten und verdinglichten Menschen produziert und reproduziert, sie gewinnen ihr fürchterliches, entfremdetes und verdinglichtes Wesen erst durch die bewußtlose Arbeit dieser Menschen, die selbst wiederum Produkt der von ihnen produzierten und reproduzierten, notwendig fast undurchschaubaren Verhältnisse ist; genau dies aber macht Kraus in seinem Drama deutlich, indem er die Zwieschlächtigkeit der in "Den letzten Tagen der Menschheit" Agierenden, der gleichzeitig Mensch und verdinglichtes Wesen, Mensch und Kreatur seienden, aufweist. Diese Zwieschlächtigkeit ist in der Kunstform der Allegorie zusammengefaßt.

Stempfer vermag die Vermitteltheit von abstrakter Institution und den sie tragenden Menschen nicht nachzuvollziehen, er vermag nicht zu begreifen, daß Kraus in seiner Kritik nicht die Menschen schlechthin, sondern durch die Verdinglichten und in ihnen das sie Verdinglichende zu treffen intendiert.

Die Kritik Stempfers und Krafts an der Form des Dramas ist undialektisch, unhistorisch und deshalb dogmatisch. Beide legen ihrer Kritik des Krausschen Dramas ein der historischen Dialektik, der historischen Veränderbarkeit entzogenes, überhistorisches, statisches Modell der dramatischen Form zugrunde, das spätestens mit Peter Szondis Buch "Theorie des modernen Dramas" eine Relativierung erfuhr, und verfallen in diesem modellhaften Denken einer dogmatischen, klassizistischen Poetik und zugleich den gedanklichen Aporien der bürgerlichen Gesellschaft, die in solchem Denken geistige Form gewinnt.

Epische Dramatik

Genauer bestimmt Hugo Obergottsberger, Wolfgang Kayser folgend, "Die letzten Tage der Menschheit" als Raumdrama. (7) Dieses sei, so schreibt Kayser, besonders "als historisches Drama realisiert worden. Die Fülle von Figuren und Schauplätzen, die Lockerheit des Geschehens, das Sich-Verlieren in Teilstücke, die selbstherrlich werden,...die auch sprachlich große Mannigfaltigkeit der Ausdrucksformen - all dieses bunte Nebeneinander schafft Distanz und versetzt notwendig in jene Haltung des gegenüberstehenden Beobachtens, die im Grunde episch (Herv. v. E.S.) ist. (...) Es kann trauriges und tragisches Geschehen geben,..." (8)

Ähnlich argumentiert Hegel, wenn er in bezug auf Shakespeares "Hamlet", ein Stück, auf das Kraus, wie oben gezeigt, im Vorwort überdeutlich angespielt hat, schreibt: "Im Romantischen (Hegels Begriff der Moderne - E.S.)..., wo die Innigkeit sich in sich zurückzieht, erhält der gesamte Inhalt der äußeren Welt die Freiheit, sich für sich zu ergehen und sich seiner Eigentümlichkeit und Partikularität nach zu erhalten. (...) Das romantische Innere kann sich...an allen Umständen zeigen, in tausend und aber tausend Lagen, Zuständen, Verhältnissen, Irrungen und Verwirrungen, Konflikten und Befriedigungen umherwerfen,...

In den Darstellungen der romantischen Kunst hat daher alles Platz, alle Lebenssphären und Erscheinungen, das Größte und Kleinste, Höchste und Geringste, das Sittliche, Unsittliche und Böse; und besonders haust sich die Kunst...mehr und mehr in die Endlichkeiten der Welt ein, nimmt mit ihnen vorlieb,gewährt ihnen vollkommene Gültigkeit,..." (9)

Die Hereinnahme ins Drama aber der prosaischen Welt in ihrer Fülle schwört immer die Möglichkeit der Episierung des Dramas herauf. Diese Episierung nun hat Peter Szondi, damit die von Hegel, Lukács, Benjamin und Adorno ausgearbeiteten Ansätze einer historischen Ästhetik weiterführend, als konstitutives Merkmal des modernen Dramas überhaupt bezeichnet. Die Möglichkeit dramatischen Handelns bindet Szondi an die eines "zwischenmenschlichen Bezuges", der seinen Ausdruck in der "Alleinherrschaft des Dialogs, das heißt der zwischenmenschlichen Aussprache im Drama" findet. (10) Wird dieser zwischenmenschliche Bezug mit der wachsenden Macht des Kapitals, mit der Durchkapitalisierung aller Lebensbereiche und ihren Folgen durch die wachsende Isolierung der Individuen in wachsendem Maße aufgehoben, so hat das notwendig eine Episierung des Dramas, in dem nun über die Gründe und Folgen der Aufhebung dieses zwischenmenschlichen Bezuges stoisch oder klagend reflektiert wird, zur Folge. Die absolute Geschlossenheit des klassischen Dramas wird gesprengt, wenn es sich, was für die Krausssche Tragödie konstitutiv ist, auf eine Wirklichkeit außerhalb des Dramas, auf historische oder soziale Tatbestände bezieht, sie zitiert oder variiert. "Das Zitat würde das Drama aufs Zitierte beziehen, die Variation seine Eigenschaft, primär, das heißt 'wahr' zu sein, in Frage stellen und (als Variation von etwas und unter anderen Variationen) sich zugleich sekundär geben. Zudem würde ein Zitierender oder Variierender vorausgesetzt und das Drama auf ihn bezogen." (11) Der Bezug aber des Dramas auf "objektive Verhältnisse" erheischt eine "epische Behandlung" dieser Verhältnisse. (12) "Das Drama ist", faßt Szondi seine Ausführungen zusammen, "primär: dies ist der Grund, warum historisches Spiel", was das Krausssche Stück zweifellos ist, "allemal 'undramatisch' ausfällt." (13) Primär seiend ist das Drama an die Einheit der Zeit und des Ortes gebunden. Immer setzt räumliche und zeitliche "Zerrissenheit...das epische Ich voraus." (14)

Ohne auf die Thesen Szondis eingehend hat die Masse der Interpreten der "Letzten Tage der Menschheit" den nicht aristotelischen, den epischen Charakter des Krausschen Dramas betont.

(15) So schreibt etwa Dietze, daß Kraus, um "die Totalität des Weltkriegs-'Schauplatzes' in den Griff zu bekommen,...Ausschnitt um Ausschnitt aneinanderreiht, im Grunde addiert."(16) An einer anderen Stelle schreibt er, daß Kraus in seinem Drama "tausende dokumentarischer Einzelteile...zu einem neuen, neuartigen Dokument zusammennotiert" habe. (17) Diese Interpretation spitzt Melzer zu der Formel zu, Kraus' Drama sei "ein langes Zitat der Wirklichkeit." (18) Eine "Montage von Dokumenten", Reproduktion der Reproduktion ist das Drama Kraus' auf eine Wirklichkeit bezogen, die es mittels der Reproduktion kritisiert, ohne sie doch je treffen zu können, da, wie Brecht es ausdrückt, "die eigentliche Realität...in die Funktionale gerutscht"ist. (19) Das genau umschreibt die Ohnmacht der Zitatmontage. Um überhaupt gegen die Übermacht des entfesselten Kapitals und seiner Medien zu Wort kommen zu können, muß sich die Satire Kraus' ihnen sogar anpassen, muß durch Häufung des in der Variation immer Gleichen die repetive Wucht der Reklame reproduzieren, gleichsam zur Wahrheit überreden.

Die dramatisierte Erzählung von einer verdinglichten, toten Welt ist im gleichen Atemzug die Erzählung von der Ohnmacht des Individuums dieser Welt gegenüber, ist der Versuch mittels Montage, eine in der Literatur epische Kunstform, oder verfremdeter Darstellung, die nach den Worten Adornos "allein auf die Entfremdung" zu antworten vermag, die brutale Wucht der kapitalistischen Gesellschaft zu durchschlagen, um so der bürgerlichen Humanität überhaupt noch Laut zu verschaffen, die sonst, wie Kraus in den "Letzten Tagen der Menschheit" gezeigt hat, längst außer Kurs gesetzt worden ist. (20) Im Krausschen Drama kann Humanität nicht mehr unmittelbar zu Wort kommen, sondern sie ist negativ aufgehoben in einer parataktischen Aneinanderreihung von auf der durchs Kapitalverhältnis bedingten Gleichgültigkeit der Menschen gegeneinander beruhenden Greueln des Kapitals, die allein noch dazu dienen, wenigstens die heroischen Phrasen der am Krieg Interessierten mit einer, wenn auch nur unmittelbaren Wirklichkeit zu konfrontieren, die die Phrasen Lügen straft.

Die angesprochenen epischen Formen der "Letzten Tage der Menschheit", der von Szondi angesprochene Zerfall des zwischenmenschlichen Bezugs, "die Reihung und (relative-E.S.) Selbständigkeit der einzelnen Teile", die Montage, die Kommentierung der Szenen, wie sie bei Kraus durch Nörgler und Optimist geschieht, ist der geistige Ausdruck der kapitalistischen Widersprüchlichkeit im modernen Drama; denn im Kapital ist der zwischenmenschliche Bezug sachlich vermittelt, treten einander die einzelnen Momente des Kapitals verselbständigt gegenüber und werden so vom verdinglichten, kontemplativen Bewußtsein gespiegelt und kommentiert, ohne daß je dieses verdinglichte Bewußtsein darauf reflektieren könnte, daß seine Reflexionen, Spiegelungen, als bloße Spiegelungen integrale Bestandteile einer nur dialektisch erfaßbaren gesellschaftlichen Totalität sind: Die isolierten, kontemplativen Kommentatoren stehen nicht außerhalb, sondern sind Moment der falschen Gesellschaft. (21)

Der Ausdruck des Zerfalls dieser Gesellschaft, der Ruinierung allen Lebens und aller Werte prägt alle die fragmentarisierten, isolierten, aneinandergereihten und verwandelnd ineinander übergehenden Momente und Szenen des Stückes - (zu denen auch die Kommentatoren gehören, die jeweils in starrer wechselseitiger Isolation gegeneinander, Ruinen eines zum toten Monolog erstarrten Dialogs, der Vergesellschaftung und Leben der menschlichen Gattung repräsentiert, der eine positiv, der andere negativ der verselbständigten, verdinglichten Wirklichkeit gegenüberstehend, diese mit den von ihr ruinierten humanistischen Werten des Bürgertums zu begreifen und zu kommentieren trachten, die sich als starrer Automat und verdinglichter automatisierter Fetisch von ihnen beiden geistig nicht mehr erreichen läßt) - zu Allegorien, die alle in bezug auf die von der Satire negierte Wirklichkeit nur eine stereotype Bedeutung: die des unaufhaltsamen Verfalls, der unaufhaltsamen Verdinglichung, der unaufhaltsamen Bestialisierung haben, so aber die epische Struktur selber noch als eine im Verfall zeigen.

Breitete etwa die homerische Odyssee eine Welt vor dem Zuhörer aus, die, sich dabei zum Ich bildend, der Held in des Wortes wahrster Bedeutung erfuhr, bedeutete somit das antike Epos einen zivilisatorischen Fortschritt der Ichentwicklung und der Entmythologisierung, verwandelte sich in der Irrfahrt Raum in menschliche Geschichte, so erzählt das moderne epische Drama genau das Umgekehrte: Es dokumentiert den Rückfall des Menschen in Natur, Auflösung des historisch gebildeten Ich in amorphe Animalität und marionettenhafte Dinghaftigkeit, Auflösung des zwischenmenschlichen Bezuges, des rationalen Dialogs - eine der größten Errungenschaften des zivilisatorischen Prozesses überhaupt - Rückfall der Geschichte in den geschichtslosen R a u m .

In abgrundtiefer Ironie kommt somit im Krausschen Drama die Hegelsche Bestimmung des Epos als eine "Totalität der Objekte" zu ihrem Recht; sind doch selbst die von Kraus als schuldig vorgestellten Agenten der Presse und des Kapitals nur scheinbare Subjekte ihrer Handlungen, sondern vielmehr Objekte, Funktionsträger der gegenüber den vereinzelten Individuen verselbständigten Kapitalbewegung, Objekte gegenüber der selbständigen Bewegung des Werts, "ein automatisches Subjekt", das die Menschen seiner selbsttätigen Bewegung unterwirft, den Kapitalisten zu einer Personifikation des Kapitals, zu personifiziertem "mit Willen und Bewußtsein begabte(m) Kapital" macht, das von der "rastlose(n) Bewegung des Gewinnens", vom "absolute(n) Bereicherungstrieb", von einer "leidenschaftliche(n) Jagd auf den Wert" ergriffen und bei Strafe des Untergangs aufgesogen wird. (22) Die verselbständigte Bewegung, die Kraus nur an der Oberfläche sichtbar wurde, an Schiebern und Wucherern, unterwirft sich eine ganze Gesellschaft und die Menschen mit ihr.

Der Episierung des Dramas entspricht "das Episodische" vieler Szenen, ihre relative Unabhängigkeit vom Ganzen; die aber niemals aus sich selbst heraus einen Sinn haben, sondern Träger einer ästhetisch und moralisch vermittelten Bedeutung sind, Unwert bedeuten; unterschiedslos werden die Szenen, ihrer primären Bedeutung entkleidet, zu Trägern einer neuen Bedeutung, die ihnen der den ruinierten Werten des Bürgertums verpflichtete Allegoriker abringt, sie werden so dem konstruktiven Willen des Gegen-Allegorikers unterworfen. (23) Der quantitativen Masse der Szenen entspricht in Abwandlung eines Diktums Roland Barthes' eine relativ kleine Zahl von Bedeutungen, die oben ausgebreitet worden sind, und die sich letztlich auf die des allgegenwärtigen geistigen oder körperlichen Verfalls, das Werden der Menschen zum Tode verengen, deren Gründe Kraus mit Verweis auf die Presse und die Geldgier der Zirkulationsagenten sowie einer allgemeinen Korruption der früheren Träger der Humanität erkannt zu haben glaubt.

Die neue Bedeutung aber, die der Allegoriker den Szenen zuerteilt, das reflektorische Moment, unterscheidet das epische Drama der Moderne von dem Epos des griechischen Altertums; nicht wird wie hier eine Welt um der Handlung des epischen Individuums willen als Nationalwirklichkeit ausgebreitet, sondern die auf Natur herabgekommene gesellschaftliche Totalität und die sie repräsentierenden Szenen bilden nur Rohstoff, den sich die satirisch-allegorische Arbeit unterwirft, ihn umformt, mit Bedeutung befrachtet. Wie der Gebrauchswert der Ware im Kapitalismus nur noch da ist, um als Träger von Tauschwert Kapital zu repräsentieren, so dient hier die Masse der Szenen nur als Repräsentantin des Unheils. Welt wird nicht, wie im Altertum, in jugendlicher Frische angeeignet, der menschlichen Selbstentfaltung unterworfen, sie wird vielmehr angeeignet, um verworfen zu werden, da sich das Spätprodukt der menschlichen Selbstentfaltung und Naturbeherrschung unterm allegorischen Blick als ein naturgeschichtlicher Verfall, der zum Tod führt, offenbart. Das epische, satirisch-allegorische Drama ist das Epos der Endzeit, in welchem "alles (Herv. v. E.S.) Irdische zum Trümmerfeld zusammenstürzt." (24)

Von hier wird verständlich, daß jede einzelne Szene, jedes einzelne Moment des Dramas, von der Moral her betrachtet das Ganze repräsentiert, pars pro toto ist. Über die moralische Bedeutung werden die Szenen in einer gleichsam unsinnlichen, abstrakten Ähnlichkeit aufeinander bezogen. Wie oben aufgewiesen, sind Ästhetik und Moral integrale Momente des Kapitals selbst, zwei seiner geistigen Formen, sind sie als geistiges Gegenbild gegen die barbarischen Erscheinungsweisen des Kapitals ohne diese, gegen die sich bürgerliche Moral und Kunst formieren, gar nicht denkbar. Genau aber dieser Gegensatz ermöglicht ihnen, damit der Krausschen Satire eine ins schlecht Unendliche gehende Masse an Erscheinungen zu finden, die dem ästhetischen Ideal und den moralischen Prinzipien direkt widersprechen, die sie also mit den oben genannten Bedeutungen aufladen können.

Die kapitalistische Totalität kommt also ihren geistigen Momenten, Ästhetik und Moral, also der satirischen Gestaltung direkt entgegen. Wird nun der sozio-historische Bezug von gesellschaftlicher Wirklichkeit und Moral im verdinglichten Denken nicht mehr erinnert, so treten sie sich, wie bei Kraus gesehen, als überhistorische Widersprüche entgegen, als unvermittelte Widersprüche des Schönen, Guten und Wahren und ihres unvermittelten Gegenteils in Gestalt kapitalistischer Erscheinungen, die nun das Häßliche, Schlechte, Böse und Unwahre bedeuten und in dieser Bedeutung in den übersinnlichen Kosmos von Ästhetik und Moral eingehen.

Der Mangel alles bloß ästhetischen und bloß moralischen Denkens ist darin zu sehen, daß es in dieser unhistorischen, ontologischen Gegenübersetzung nicht begreift, daß das von ihr als Gegenbild begriffene kapitalistische Weltungeheuer in der von ihm arbeitsteilig produzierten Moral und Ästhetik, im durch die spezifischen Möglichkeiten der kapitalistischen Sozialstruktur relativ freigesetzten Moralisten, Allegoriker und Satiriker, der ein Moment dieser Gesellschaft ist, schwermütig und blind über sich hinaus träumt; blind deshalb, weil in die Struktur des Traums das Kapitalverhältnis eingeht als bloße, dem natürlichen Verfall preisgegebene Natur, nicht aber als eine von Menschen gesetzte gesellschaftliche Struktur, die aufgehoben werden könnte.

Damit aber setzt der ästhetische Traum von Versöhnung die Unmöglichkeit seiner Realisation.

Auch die Organisation des Dramas in Szenen, deren jede abstrakt immer das Gleiche bedeutet, "im Sinne des pars-pro-toto--Gedankens" erweist das Stück Kraus' als ein episches, denn "die dramatische Szene (wird) auf die Umwelt, welche sie vergegenwärtigt, bezogen und zugleich in einen Akt des Aufzeigens hineingestellt, auf ein episches Ich", das im Stück durch den kommentierenden Nörgler repräsentiert wird, "relativiert". (25) Diese Art aber des epischen Erzählens vernichtet wie die Allegorie die Welt in ihrer distinkten Fülle; diese ist wie der Gebrauchswert unter der abstrakten Gewalt des Tauschwerts nur Mittel zum Zweck, dient bei Kraus der Anhäufung eines in seinen "Verwandlungen" amorph ineinander übergehenden, grauenerregenden Anklagematerials gegen die Welt des Kapitals und den sprachlich geäußerten Geist seiner Agenten.

Ein Mittel, die Verstöße gegen eine nur noch phrasenhaft überlebende, frühbürgerlich, humanistische Moral überhaupt noch deutlich werden zu lassen, ist eine schockhaft verfremdende Darstellung der Verstöße, die, das kann man aus dieser Darstellungsweise schließen, sonst überhaupt nicht mehr ins Bewußtsein der unterm Kapital Lebenden träten und die Erkenntnis Kraus' bestätigen, daß die barbarische Wirklichkeit des Kapitals und die ihr einhergehende Brutalisierung der unter der Gewalt unerkannter Gesetzmäßigkeiten des Kapitals lebenden und leidenden Menschen nur noch mit einer verfremdeten Darstellung dieser dem Alltagsbewußtsein als normal erscheinenden Wirklichkeit ins Bewußtsein gehoben werden können.

"Einen Vorgang...verfremden", schreibt Brecht, der wesentlich die Technik der Entfremdung theoretisch gefaßt hat, "heißt zunächst einfach, dem Vorgang...das Selbstverständliche, Bekannte, Einleuchtende zu nehmen..." (26) Damit werden das Verhalten, das Handeln, das sprachlich geäußerte Denken einer oder mehrerer Personen und über sie hinaus die Struktur einer ganzen Gesellschaft, die Handeln und Denken bedingt, auf welche alle "das Augenmerk gelenkt werden soll", werden "gewöhnliche, bekannte, unmittelbar vorliegende" Tatbestände auffällig gemacht, wird die Aufmerksamkeit auf sie gerichtet. (27)

Brecht verwandte den V-Effekt, um die scheinbare Naturhaftigkeit des Lebens, Denkens und Handelns der Menschen unter der verdinglichten und entfremdeten Herrschaft des Kapitals zu durchbrechen, es als historisch, also als vergänglich darzustellen. Ausgehend von der Marxschen These, daß die sozio-historische Totalität des Kapitals arbeitsteilig, gesellschaftlich, unbewußt und auf privatkapitalistischer Basis produziert und reproduziert werde, deshalb aus den oben ausgeführten Gründen als eine zweite Natur die Menschen beherrsche, ging Brechts Intention dahin, auf dem Theater diese Naturhaftigkeit so zu verfremden, daß sie als Ausdruck eines falschen Bewußtseins durchsichtig würde, somit aber die kapitalistische Gesellschaft als eine historisch produzierte, damit aber auch historisch aufhebbare, rational veränder- und überschreitbare einsichtig würde.

Wie oben ausgeführt, fehlte Kraus eine Einsicht in die Gesetzmäßigkeit des Kapitals und der sich daraus ergebenden Folgen, eine Einsicht in den Vermittlungszusammenhang der kapitalistischen Totalität, womit sich zwangsläufig seine Gegnerschaft gegen die barbarischen Oberflächenerscheinungen des Kapitals ethisch und ästhetisch artikulieren mußte; als ein überhistorisch verstandener innerkapitalistischer Widerspruch zwischen dem Versöhnungsideal der Kunst und der vom Widerspruch zwischen den Forderungen und Zwängen einer übersinnlichen Moral sowie eines naturhaft erscheinenden Kapitals, zerrissenen kapitalistischen Gesellschaft und ihrer Individuen: als Widerspruch zweier überhistorischer Phänomene, als Protest gegen die oberflächlich erkannte Verdinglichung des Lebens unterm Kapital.

Das aber hat Folgen für den Inhalt seiner Verfremdungstechnik; sie geht nicht auf eine verfremdende Darstellung des kapitalistischen Lebens überhaupt, auf eine Darstellung hinaus, die es ermöglichte und erzwänge, über die Gründe der Verdinglichung zu reflektieren, sondern sie reißt vielmehr den Kontrast zwischen der bürgerlichen Humanität und dem Leben, Denken und Handeln der Menschen in einer imperialistischen Gesellschaft auf. Die Beispiele für einen solchen Kontrast sind, wie oben ausgeführt, unübersehbar, schlecht unendlich. Kraus richtet also in seiner Darstellungsweise die Aufmerksamkeit des Lesers nicht darauf, die die Menschen verdinglichende Naturhaftigkeit des Kapitals als eine von Menschen produzierte durchsichtig zu machen, sondern vielmehr darauf, daß die von ihm als natürlich, überhistorisch und unbefragt vorausgesetzten: bürgerliche Moral und bürgerliche Kunst, einem von ihm der Presse zugeschriebenen Verfall ausgesetzt seien, daß die Masse der Bevölkerung der Moral nicht mehr selbstverständlich nachkomme, sondern sie durch eine barbarische und nach Kraus verkehrte Lebensweise, die Herrschaft des Lebensmittels über den Lebenszweck ersetzt habe.

Seine Intention richtet sich also darauf, anschaulich zu machen, daß eine der überzeitlichen Moral völlig widersprechende Lebensweise sich an die Stelle einer ruinen- und phrasenhaft dahinvegetierenden Moral gesetzt habe, daß sich die kapitalistische Zivilisation an die Stelle der bürgerlichen Kultur gesetzt habe, daß die unmenschliche Jagd nach Extraprofiten die bürgerliche Kultur in Barbarei aufgehoben habe und mit ihr nicht nur die bürgerliche, sondern die sich in der Entfaltung des geamten europäischen Zivilisations- und Aufklärungsprozesses gebildet habende Individualität.

Der von Kraus konstatierte Schwund des autonomen Individuums bestimmt aber genauer noch die Spezifität des Epischen im Krausschen Drama. Hegel definiert den Inhalt des Epos als "das Ganze einer Welt, in der eine individuelle Handlung geschieht. Hier treten deshalb die mannigfaltigsten Gegenstände ein, die zu den Anschauungen, Taten und Zuständen einer Welt gehören." (28) Gebunden an die Individualität "kann das Ezählen nirgend als eine bloße Schilderung unabhängiger Gegenstände erscheinen, da es überall das fortlaufende Geschehen der Begebenheit berichtet, welche sich der Dichter zum einigenden Stoffe des Ganzen auserwählt hat." (29)

Genau dies aber wird, wenn sich eine ganze gesellschaftliche Totalität vom Menschen unabhängig macht, Inhalt des späten Epos sein. Nicht mehr wird lustvoll das Ganze einer Welt wegen des handelnd sich und die Welt erfahrenden heroischen Individuums ausgebreitet, sondern in dem späten dramatisierten Epos breitet gleichsam die gegenüber dem Menschen verselbständigte, sinnlich unsinnliche gesellschaftliche Dingwelt, das gegenüber den Menschen zum automatischen Subjekt verselbständigte Kapital, seine zu seinen Objekten herabgesetzten Menschen aus. Auch im epischen Drama wird eine "umfassende Nationalwirklichkeit", aber eine unmenschliche, individualitätslose, ausgebreitet, in der der Geist nicht länger "in seiner Welt lebt und sich darin hat", also in ihr "heimisch" ist, sondern fremd, sich und seinem Anderen entfremdet; auch hier erfahren wir "die Anschauung eines nationalen Geistes in seinem sittlichen Familienleben, öffentlichen Zuständen des Kriegs und Friedens, in seinen Bedürfnissen, Künsten, Gebräuchen, Interessen, überhaupt ein Bild der ganzen Stufe und Weise des Bewußtseins", aber vorgeführt als Zustand des "Allgemein-menschliche(n)", das nach dem Zerfall, der Vereinseitigung der totalen, epischen Individualität und dem Zerfall ihrer harmonischen Vermittlung mit der nationalen und gesellschaftlichen Totalität keines mehr ist. (30)

Kraus zeigt uns die kapitalistische Welt als eine, die als neueste, um es paradox zu sagen, gleichsam hinter die epische der Vorzeit vorangeschritten ist. Das Kraussche epische Drama kann somit als eines ohne Individuen bezeichnet werden, da das totale Individuum des antiken Epos auf einen ruinenhaften Restbestand geschrumpft ist: Die handelnden Personen, die besser gehandelte genannt werden müssen,sind nur noch individualutätslose Funktionsträger oder Sprachrohre der sie beherrschenden gesellschaftlichen Struktur, ihrer Weltanschauungen, ihrer geistigen Formen.

Eine Ruine des alten bleiben im neuen gleichsam ruinenhafte Momente des alten Epos erhalten, so die epische Kollision, die hier die abstrakte, geistige verselbständigter bürgerlicher Ideale und der von ihnen abgefallenen kapitalistischen Wirklichkeit ist, eine Kollision, der die materielle Verwirklichung abhanden gekommen ist, und die sich nur im objektlosen Innern der Kommentatoren abspielt, ohne daß sie eine Lösung fände und die so zeitlos, ewig wäre, schlösse sie Kraus nicht gewaltsam durch Stillstellung von außen ab.

Der Verfall des zwischenmenschlichen Bezuges hebt die Tragödie auf, die auch nach Hegel an die Kollision gleicher Rechte gebunden ist, die in ihrer Vereinseitigung und wechselseitigen Verletzung durcheinander beide schuldig werden müssen, was den tragischen Untergang ihrer Träger nach sich zieht. (31) "Das ursprünglich Tragische besteht nun darin, daß innerhalb solcher Kollision beide Seiten des Gegensatzes für sich genommen B e r e c h t i g u n g haben, während sie andererseits dennoch den wahren positiven Gehalt ihres Zweckes und Charakters nur als Negation und V e r l e t z u n g der anderen, gleichberechtigten Macht durchzubringen imstande sind und deshalb in ihrer Sittlichkeit und durch dieselbe ebensosehr in S c h u l d geraten." (32) Weiter bindet Hegel die dramatische Handlung an eine Kollision von die Einseitigkeit ihrer Rechte als Charaktere vertretenden Individuen, an "die Gegensätze ihrer Charaktere und Zwecke", an "Inhalte, welche die Individuen kämpfend durchführen." (33) Zusammengefaßt beruht deshalb nach Hegel das Drama "auf einem k o l l i d i e r e n d e n Handeln,und die wahrhafte Einheit kann nur in der in der <u>totalen Bewegung</u> (Herv. v. E.S.) ihren Grund haben, daß nach der Bestimmtheit der besonderen Umstände,Charaktere und Zwecke die Kollision sich ebensosehr den Zwecken und Charakteren gemäß herausstelle, als <u>ihren Widerspruch aufhebe</u> (Herv. v. E.S.)." (34)

Kurz gesagt kann der Gegensatz zwischen Epos und Tragödie die nach Hegel als der zwischen der genannten "Totalität der Objekte" - (der Totalität der Produkte menschlicher Selbstenfaltung, der Produkte einer sich objektivierenden Vermittlung von je sozio-historisch bestimmten Menschen mit ihrer inneren und äußeren Natur; eine Vermittlung, die sich episch in einer "Totalität häuslicher und öffentlicher, friedlicher und kriegerischer Situationen, Sitten, Gebräuche, Charaktere und Begebnisse: und zwar immer nach zwei Richtungen hin, sowohl nach der des individuellen Begebnisses als auch nach der eines allgemeinen Zustandes innerhalb (einer je spezifischen - E.S.) Wirklichkeit" (Herv. v. E.S.), doch auch in "inneren Empfindungen", in "Zwecke(n) und Absichten", in der "Darlegung des berechtigten oder unberechtigten individuellen Handelns" sedimentiert) - und einer Totalität eines auf einer zwischenmenschlichen Kollision beruhenden Handelns verstanden werden. (35) Dabei ist laut Hegel "das eigentlich D r a m a t i s c h e ...das Aussprechen der Individuen in dem Kampf ihrer Interessen und dem Zwiespalt ihrer Charaktere und Leidenschaften." (36)

Diese Kollision und ihr individueller Ausdruck sind im Kapital aufgehoben und können deshalb nicht länger gestaltet werden. Die materielle Kollision vergeistigt sich zum Widerspruch, wie oben gesagt, zwischen bürgerlichen Idealen und kapitalistischer Wirklichkeit, die beide in Nörgler und Optimist ihren Sprecher finden. Das Handeln hat sich gegenüber den Kommentatoren in der Bewegung des sich oberflächlich als Krieg äußernden Kapitals verselbständigt. Diese Verselbständigung verunmöglicht den Austrag der Kollision, kollidierendes Handeln der je eine Seite des gesellschaftlichen Widerspruchs zwischen Idee und Wirklichkeit affirmativ Vertretenden, verunmöglicht bei der im bürgerlichen Verständnis absoluten Trennung von Moral und Wirklichkeit, von kontemplativem Bewußtsein und verselbständigter Handlung einer gegebenen, verselbständigten Gesellschaftsstruktur eine Aufhebung des Widerspruchs. Blindes Handeln und kontemplative Moral stehen sich bis zuletzt statisch, überhistorisch und unversöhnt gegenüber. Der Widerspruch wird nicht durch seine rationale Aufhebung gelöst, sondern durch den fingierten Eingriff von außen, durch die fiktive Vernichtung der Menschheit stillgestellt.

Damit aber kann das Kraussche Stück nicht, wie Kraus es selbst bezeichnet, eine Tragödie sein; es ist ein dramatisiertes Epos, dessen Personen die Vereinzelung unterm Kapital reflektieren, in tödlicher Einsamkeit aneinander vorbei monologisieren und mit Ausnahme des Nörglers an dieser Einsamkeit nicht einmal leiden, da sie durch eine verdinglichte Pseudokommunikation und -geselligkeit verdeckt wird, die im "Liebesmahl bei einem Korpskommando" ihren höllischen Höhepunkt finden. In der episch parataktischen Folge von episodenhaften Bildern und dialogischen Kommentaren sehr unterschiedlicher Länge - die Variationsbreite der Szenen umfaßt solche von einem Wort und den langen Dialog von Optimist und Nögler, der 34 Seiten umfaßt - wird die Form der Tragödie gesprengt. (37)

Unter dem gesellschaftlichen Druck, der sich durch die spezifische Präformiertheit des poetisch gestalteten Materials und seines poetischen Gestalters vermittelt, lösen sich die alten poetischen, die dramatische und die epische, Formen auf, verlieren ihre scheinbar überhistorische Identität, gehen in die schlecht identitätslose Identität des Immergleichen über. Analog zur Entwicklung des modernen Romans dankt der allwissende Erzähler ab, da keiner den unbegreiflichen Wahnsinn der verkehrten Welt zu begreifen vermag. Deshalb zitiert er eine fremde entfremdete Welt, und die Entfremdung geht soweit, wie der Dichter idiosynkratisch konstatiert, daß sie seine eigene Reflexion übers Unbegreifbare mit umfaßt, die er in ihrer Negativität als Teil dieser Welt gestaltet und somit innerkünstlerisch begreift.

Von daher gibt es nichts mehr zu erzählen, sondern nur noch die verdinglichten Äußerungen eines den Protokollierenden selbst umgreifenden Weltungeheuers zu protokollieren. Das verunmöglicht mit dem Fehlen von identifizierbaren Individuen, Helden, die überkommenen Formen des Epos, mit dem von dramatisch darstellbaren auch die dramatische Form. Nur das Gerippe des alten Dramas:Aktaufteilung und Schein des Dialogs und der abstrakte Restbestand des alten Epos, der Gestus des Zeigens, des "So ist es" - (das in den fragmentarischen Szenen des gesellschaftlich vermittelten, individuellen Leids dessen Nichtidentität festhalten will wie in der "Verwandlung" die Vermittlung dieses Nichtidentischen durch die schlechte Identität des Immergleichen; gerade unterm Zwang des "So ist es" aber das Einzelne, was das Ganze bedeuten soll, nicht festzuhalten vermag, so daß, um das Ganze zu treffen, das Einzelne umschlägt in die schlechte Unendlichkeit der ineinander umschlagenden, abstrakt gleichen, schlecht identischen Bilder; gerade im Versuch, das Einzelne rein zu protokollieren, um es als Einzelnes ganz begreifen zu können, schlägt dieses notwendig in die genannte Bilderflucht um, ist es nicht zu halten, entzieht es sich der Identifizierung, wird es amorph) - ragen gespenstisch als Reste der abgestorbenen, alten Welt in die tote Lebendigkeit der neuen.

Ihre Auflösung kündet von einer allgemeinen Regression und Kulturlosigkeit, kündet von der Kassierung des abendländischen Aufklärungs-, Zivilisations- und Kulturprozesses, ihre Auflösung kündet von dem Rückfall der Kultur in eine schlimmere Natur, den die sich Auflösenden blutig der gänzlich entfremdeten und verdinglichten Welt entgegenhalten. Ihre Auflösung dokumentiert, daß mit der völligen Verdinglichung der ersten Natur, die Kultur versöhnen wollte, Kultur sich selbst überlebt hat und mit ihr ihre überlieferten Formen. Unter dem Zugriff der unversöhnt in die chaotische erste umschlagenden zweiten Natur erkennt trauernd in ihren ruinenhaften Formen der späte Erbe der Kultur diese selbst noch in ihrer Historizität als naturverfallen, lösen sich ihm das Dargestellte und die Darsteller in Schauplätze des naturhistorischen Prozesses auf, werden sie zu Allegorien. Gleichwohl überlebt in dem gleichsam szientifisch das Grauen protokollierenden, epischen Zug, der Insistenz auf die Einmaligkeit des in der Verwandlung als Nichteinmaliges Eingestandenen die uralte Sehnsucht des identifizierenden Gedankens, nach seiner Aufhebung, überlebt, "die logische Form eines Wirklichen, das nicht mehr von der gesellschaftlichen Herrschaft und dem ihr nachgebildeten klassifizierenden Gedanken umfaßt wäre;... In der epischen Naivität lebt die Kritik der bürgerlichen Vernunft. Sie hält jene Möglichkeit von Erfahrung fest, welche zerstört wird von der bürgerlichen Vernunft, die sie gerade zu begründen vorgibt." (37a)

Dieser Zug zur Nichtidentität, die gleichwohl die allumfassende Verdinglichung und schlechte Identität nicht verleugnet, spitzt sich im trotzigen Festhalten des fragmentarischen Einzelnen zum Schock zu, der im Protokoll des Grauens die vormalige ästhetische Distanz, mit ihr "die Differenz zwischen Realem und imago...grundsätzlich kassiert." (38) Die "negativen Epopöen", schreibt Adorno, "sind Zeugnisse eines Zustandes, in dem das Individuum sich selbst liquidiert und der sich begegnet mit dem vorindividuellen, wie er einmal die sinnerfüllte Welt zu verbürgen schien." (39)

Wie ich glaube, gezeigt zu haben, läßt sich bei Berücksichtigung historisch überlieferter dramatischer Formen das Stück Kraus' am ehesten an das allegorische, das barocke Trauerspiel binden. Wesentliche seiner Figuren tauchen in wenn auch verwandelter Form wieder auf, etwa die Figuren des Tyrannen, des Märtyrers, der leidenden Kreatur, als deren eine auch der Nörgler in seiner Verlassenheit angesehen werden kann, des Intriganten, wie er etwa in der höllischen Tiergestalt des Herrn der Hyänen vorgeführt wird, des Narren, der Tiergestalten, sprechender Naturgegenstände wie etwa der als sprechendes Emblem vorgeführte zerstörte Wald.

Bis in den Umschlag des Trauerspiels in eine Apotheose hinein lassen sich in den "Letzten Tagen der Menschheit" Elemente des Trauerspiels nachweisen; nicht das geringste ist der durchgehend, wie ich meine, nachgewiesen zu haben, zu beobachtende Zug ins Allegorische.

Walter Benjamin unterscheidet in seiner Arbeit über das barocke Trauerspiel Tragödie und Trauerspiel dadurch, daß er als "Gegenstand" der ersten die Auseinandersetzung mit dem"Mythos", "mit der dämonischen Weltordnung" bezeichnet; diese Auseinandersetzung, die in einer Durchbrechung dieser Weltordnung endet durch Freispruch des Helden in einem Revisionsprozeß, als den Benjamin die Tragödie versteht, bindet die Tragödie "an die Sage". (40) "Wahrer Gegenstand" und "Gehalt" des Trauerspiels hingegen ist "das geschichtliche Leben" in einer "naturhistorische(n) Umformung". (41) Gleichermaßen galten im siebzehnten Jahrhundert "Drama und historisches Geschehen" als Trauerspiel. (42)

Wie das Trauerspiel zeichnet sich das Stück Kraus' "durch Isolierung der Motive, Szenen Typen" aus, gemahnt es ans "Puppenspiel" oder ans "Marionettentheater", vergräbt es "sich ganz in die Trostlosigkeit der irdischen Verfassung", kennt "keine Helden, sondern nur Konstellationen" und Situationen, schließt von daher Tragik aus, die aus dem agonalen Kampf des tragischen Helden gegen die dömonische Weltordnung sich entfaltet, bei der der Held zwar untergeht, aber in dessen Untergang der heidnische Mensch sich darauf besinnt, "daß er besser ist als seine Götter". (43) Erhebt in der Tragödie zum ersten Mal "das Haupt des Genius (sich) aus dem Nebel der Schuld..., denn in der Tragödie wird das dämonische Schicksal durchbrochen", so versinkt die Menschheit im Trauerspiel in dämonische, naturhistorische, schuldhafte Verstrickung zurück. (44)

Wie im Trauerspiel wird bei Kraus der historische, der "zeitliche Bewegungsvorgang in" Raumbildern "eingefangen", um analysiert zu werden; dienen die Menschen nur als Sinnbilder, Allegorien für Wahrheit und Unwahrheit; wie das Trauerspiel ist das Stück Kraus' "ohne richtiges Ende", ist "mit seinem Abschluß...keine Epoche gesetzt, wie diese im historischen und individuellen Sinne, im Tod des tragischen Helden so nachdrücklich gegeben ist. (...) Der Tod als Gestalt des tragischen Lebens ist ein Einzelgeschick, ins Trauerspiel tritt er...als gemeinschaftliches Schicksal, als lüde er die Beteiligten alle vor den höchsten Gerichtshof." (45)

Die Menschheit so zu gestalten, entspricht der von Benjamin angesprochenen Fähigkeit des Melancholikers Kraus, die der Verfasser dieser Arbeit auch in seiner Analyse der "Letzten Tage der Menschheit" glaubt, nachgewiesen zu haben, "gesellschaftliche Verhältnisse...als Naturverhältnisse...zu behandeln... (...) Sein Kreaturbegriff enthält die theologische Erbmasse von Spekulationen, die zum letzten Mal im siebzehnten Jahrhundert aktuelle, gesamteuropäische Geltung besessen haben." (46) Es ist diese barocke Erbmasse, die unter der Katastrophe des Kapitals und seinen Zwängen, wie der Verfasser glaubt, gezeigt zu haben, in Form und Inhalt der "Letzten Tage der Menschheit" voll durchschlägt. Zur literarischen Form geworden, verkörpert sie "das seltsame Wechselspiel zwischen reaktionärer Theorie und revolutionärer Praxis..., dem man bei Kraus allerorten begegnet." (47)

Die kapitalistische Gesellschaft überhaupt, somit auch die

Gesellschaft, in der Kraus lebte und wirkte, ist eine im Umbruch und Übergang. Dieser Übergang ist an der Form des Krausschen Werkes ablesbar, da es ästhetisch selbst als eines des Überganges gefaßt werden kann. Die geschlossene Form der bürgerlichen Kunst sprengend, weist die satirisch-allegorische Kunst Kraus', indem sie geschichtsphilosophisch gezwungen ist, das Kantische Axiom der Zwecklosigkeit von Kunst aufzuheben, auf die revolutionäre Agitationskunst Brechts voraus, mit dem Kraus, wie Kurt Krolop ausführt, nach einigen Schwierigkeiten "ein Verhältnis gegenseitiger Hochschätzung, ja Zuneigung" verband. (48)

Wird bei Brecht die Kunst zum Medium einer Revolutionierung der kapitalistischen Gesellschaft, indem sie Einsicht in dessen Gesetzmäßigkeiten und deren Folgen zu vermitteln sucht, so bleibt aus oben genannten Gründen die satirische Kunst Kraus' bürgerlicher Verblendung verhaftet, als sie die Humanisierung von Natur und die Entbarbarisierung der kapitalistischen Gesellschaft, die Satire als ihr anderes erst produziert, nicht durch deren Revolutionierung, sondern durch eine je individuelle, moralische Einsicht in den allumfassenden Schuld- und Verdinglichungszusammenhang dieser Gesellschaft, durch individuelle Verantwortung auch dem scheinbar Nebensächlichsten gegenüber zu erreichen sucht.

Steht Kraus der bürgerlich kapitalistischen Gesellschaft, wie er sie in den "Letzten Tagen der Menschheit" darstellt, als einer zweiten Natur gegenüber, so kommt in diesem Stück verspätet noch einmal die ästhetische Kategorie Kants der Erhabenheit zu ihrem Recht, in der sich das frühbürgerliche Individuum der Kraft des Geistes zur Naturbeherrschung versicherte und in sich die Furcht des vorbürgerlichen Menschen vor der dämonischen Übergewalt der bloßen Natur überwandt, indem es ihr einen geistigen Widerstand entgegensetzte. Dieser wendet sich bei Kraus gegen die Übergewalt der zweiten und dokumentiert die stoische Kraft des spätbürgerlichen Individuums, das sich zum bloßen Widerstand zusammengezogen hat. "Kühne überhangende gleichsam drohende Felsen, am Himmel sich auftürmende Donnerwolken, mit Blitzen und Krachen einherziehend, Vulkane in ihrer ganzen zerstörenden Gewalt, Orkane mit ihrer zurückgelassenen

Verwüstung, der grenzenlose Ozean, in Empörung gesetzt, ein hoher Wasserfall eines mächtigen Flusses u.d.gl. machen unser Vermögen zu widerstehen, in Vergleichung mit ihrer Macht, zur unbedeutenden Kleinigkeit. Aber ihr Anblick wird nur um desto anziehender, je furchtbarer er ist,...; ...wir nennen diese Gegenstände...erhaben, weil sie die Seelenstärke über ihr gewöhnliches Mittelmaß erhöhen, und ein Vermögen zu widerstehen von ganz anderer Art in uns entdecken lassen, welches uns Mut macht, uns mit der scheinbaren Allgewalt der Natur messen zu können. Denn, so wie wir zwar an der Unermeßlichkeit der Natur, und der Unzulänglichkeit unseres Vermögens, einem der ästhetischen Größeneinschätzung ihres G e b i e t s proportionierten Maßstab zu nehmen, unsere eigene Einschränkung, gleichwohl aber doch auch an unserm Vernunftvermögen zugleich einen andern nicht--sinnlichen Maßstab, welcher jene Unendlichkeit selbst als Einheit unter sich hat, gegen den alles in der Natur klein ist, mithin in unserm Gemüte eine Überlegenheit über die Natur selbst in ihrer Unermeßlichkeit fanden: so gibt auch die Unwiderstehlichkeit ihrer Macht uns, als Naturwesen betrachtet, zwar unsere physische Ohnmacht zu erkennen, aber entdeckt zugleich ein Vermögen, uns als von ihr unabhängig zu beurteilen, und eine Überlegenheit über die Natur, worauf sich eine Selbsterhaltung von ganz anderer Art gründet, als diejenige ist, die von der Natur außer uns angefochten und Gefahr gebracht werden kann, wobei die Menschheit in unserer Person unerniedrigt bleibt, obgleich der Mensch jener Gewalt unterliegen müßte. (...) Also ist die Erhabenheit in keinem Dinge der Natur, sondern nur in unserm Gemüte enthalten, sofern wir der Natur in uns, und dadurch auch der Natur (sofern sie auf uns einfließt) außer uns, überlegen zu sein uns bewußt werden können." (49)

"Das Glück des Standhaltens" aber hat in der historischen Entfaltung des Kapitals und dessen Übergewalt im und über das Individuum, "gegenüber dem Kantschen Triumph des freien und autonomen Geistes, sich zusammengezogen...in den Punkt, das Furchtbare überhaupt noch sagen zu können, ohne die Illusion, es wäre durch dies Standhalten des Geistes ein Absolutes verbürgt;... Am Ende des bürgerlichen Zeitalters erinnert sich der Gesit an vorweltliche Mimesis, die reflexhafte Nachahmung, die wie immer auch vergebliche Regung, aus der einmal entsprang, was anders ist als das Seiende: der Geist selber." (50)

Anmerkungen

1. Vorbemerkung

(1) Walter Benjamin, Geschichtsphilosophische Thesen, in: ders., Illuminationen, hrsg. v. Siegfried Unseld, Frankfurt a.M. 1961 (Die Bücher der Neunzehn, Bd. 78), p. 272-277; Theodor W. Adorno, Zur Metakritik der Erkenntnistheorie. Studien über Husserl und die phänomenologischen Antinomien, Stuttgart 1956, p. 48

(2) Max Horkheimer/ Theodor W. Adorno, Dialektik der Aufklärung. Philosophische Fragmente, Amsterdam 1947, p. 50

(3) W. Benjamin, l.c., p. 272f, 278; Th. W. Adorno, l.c., p. 48

(4) W. Benjamin, l.c., p. 270;
cf. auch Herbert Marcuse, Über den affirmativen Charakter der Kultur, in: ders., Kultur und Gesellschaft I, Frankfurt a. M. 1965 (edition suhrkamp 101), p. 56-101; zur Interpretation der "Geschichtsphilosophischen Thesen" als Modell einer kritischen Hermeneutik, die sich um die Rettung und Bewahrung einer gegen die katastrophische Geschichte gerichteten Gegentradition bemüht, cf.: Peter Bürger, Benjamins "Rettende Kritik". Vorüberlegungen zum Entwurf einer kritischen Hermeneutik, in: Germanisch-Romanische Monatsschrift N.F. 23 (1973), p. 198-210

(5) W. Benjamin, l.c., p. 270f

(6) Ibid., p. 271f

(7) W. Benjamin, l.c., p. 272

(8) Ibid.,p. 278

(9) Ibid.,p. 278

(10) Theodor W. Adorno, Charakteristik Walter Benjamins, in: Prismen. Kulturkritik und Gesellschaft, München 1963 (dtv 159), p. 241;
cf. zu den obigen Ausführungen den schon angeführten Aufsatz Peter Bürgers und P. Bürger, Zur Methode. Notizen zu einer dialektischen Literaturwissenschaft, in: Studien zur französischen Frühaufklärung, Frankfurt/Main 1972 (edition suhrkamp 525), p. 7-21. Bürger begreift in beiden Aufsätzen die angeführten Zitate Benjamins als die Basis einer kritischen Hermeneutik, die im Gegensatz zur Gadamerschen eine mit den revolutionären Folgen des Kapitals fragwürdig gewordene Tradition und deren gleichsam herrschaftliche und konservative Autorität nicht wirkungsgeschichtlich der Gegenwart zu applizieren und somit eine Geschichte der Herrschenden fortzubilden, sondern diese gerade zu brechen, eine Gegentradition fortzubilden, die "Selbstverständlichkeit" zu brechen trachtet, mit der wir nach Gadamer der Geschichte gehören, anstatt sie bewußt zu machen, damit kritische und aufgeklärte "Selbstbesinnung des Individuums" entgegen der Meinung Gadamers nicht

länger "nur ein Flackern im geschlossenen Stromkreis der Geschichte" ist. (Hans-Georg Gadamer, Wahrheit und Methode. Grundzüge einer philosophischen Hermeneutik, Tübingen 1965[2], p. 261)

2. Die ideologische und geistesgeschichtliche Grundlage von "Die letzten Tage der Menschheit"

(1) Cf. dazu: die ersten 5 Abschnitte in: K. Marx, Das Kapital, l.c.; cf. auch die ausgezeichnete Darstellung der Wert- und Mehrwertanalyse in: Rainer Künzel, Die Krisentendenz der auf den Wert gegründeten Produktionsweise - Versuch der Explikation des Marxschen Krisenbegriffs -, Diss. oec., Berlin 1976. Dort weitere Sekundärliteratur. Ich kann nicht verhehlen, daß bei ihrem fast im umgekehrten Verhältnis zum Bekanntheitsgrad dieser Analysen stehenden Grad einer adäquaten wissenschaftlichen Aneignung mich bei dieser Voraussetzung etwas schwindelt: Habermas' krude Verwechslung von Gebrauchswert und Wert etwa sind der Grund meines Schwindels. (cf. dazu: Reinhard Wegener, Jürgen Habermas und die Kritik der 'Kritik der politischen Ökonomie', in: mehrwert. beiträge zur kritik der politischen ökonomie, Heft 10, Berlin 1976, p. 10ff, 32-53)
Die Gründe etwa von Habermas' Mißverständnis der Marxschen Theorie sind meines Erachtens Resultat seines eigenen, mit Hilfe der Marxschen Theorie selbst noch erklärbaren, theoretischen Vorverständnisses; sie sind Resultat von Habermas' ideologischem Denkansatz, Produkt der undurchschauten Oberflächenstruktur des Kapitals: Resultat von Habermas' verschwiegenem Kantianismus, einer Trennung menschlichen Handelns in Arbeit und Interaktion, instrumentales und kommunikatives Handeln, einer unvermittelten Trennung von Theorie und Praxis; Trennungen, die aller bürgerlichen Ideologie zugrundeliegen.
Wie sein phänomenologisches Vorverständnis zu einer teilweise völlig verzerrten Marxrezeption führte, so verstärkte diese seine theoretischen Vorurteile; ein Zirkel, aus dem sich Habermas bis heute nicht hat befreien können. Der Zirkel ist für den Interessierten aus folgenden Werken der Sekundärliteratur konstruierbar: Renate Damus, Habermas und der 'heimliche Positivismus' bei Marx, in: hrsgg. v. Otto-Suhr-Institut, Sozialistische Politik, Heft 4, Berlin 1969, p. 22-46; Harald Kerber, Kritik der neueren Marx-Kritik; Sozialtechnologie - reflektierte Therie Praxis-Vermittlung; das Konzept des gesellschaftlichen Subjekts, in: hrsgg. v. Klaus Jürgen Bruder, Kritik der bürgerlichen Psychologie. Zur Theorie des Individuums in der kapitalistischen Gesellschaft, Frankfurt/Main 1973 Fischer Taschenbuch 6198), p. 56-91; R. Wegener, l.c., p. 3-68. Cf. zur Nachzeichnung der Entfaltung von Habermas' theoretischen Ansatz: Wilfried Kunstmann, Gesellschaft - Emanzipation - Diskurs. Darstellung und Kritik der Gesellschaftstheorie von Jürgen Habermas, München 1977. Cf. zum theoretischen Dualismus Habermas', der sich teilweise zum Trialismus von symbolischer Darstellung, Arbeitsprozeß und Interaktion erweitert: J. Habermas, Technik und Wissenschaft als 'Ideologie', Frankfurt/Main 1968 (edition suhrkamp 287), p. 9, 33.

(2) Karl Marx, Zur Kritik der Politischen Ökonomie, in: MEW 13, l.c., p. 21; ders., Grundrisse der Kritik der Politischen Ökonomie. (Rohentwurf) 1857-58, Berlin 1953, p. 908; ders., Das Kapital,Bd. 1, l.c., p. 57
Ausdruck einer verdinglichten Bewußtseinsstruktur sind auch die Habermasschen Kategorien Arbeit und Interaktion oder seine unvermittelte Unterscheidung von Technik und Praxis. (cf. dazu: die Arbeit Wegeners, l.c., p. 25ff, 57-65)

(3) Karl Marx, Das Kapital, Bd. 1, l.c., p. 85

(4) Ibid., p. 86

(5) Ibid.

(6) Karl Marx, Das Kapital, Bd. 1, l.c., p. 85-89

(7) Karl Marx, Theor. ü. d. Mehrw., in: MEW 26, 1, Berlin 1965, p. 256f

(8) Ibid., p. 257

(9) Karl Marx, Der achtzehnte Brumaire des Louis Bonaparte, in: Marx/Engels, Ausgewählte Schriften, Bd. 1 (MEAS 1), Berlin 1968, p. 249

(10) Ibid.

(11) Cf. zur neueren Debatte um die Abbildtheorie in der marxistischen Dialektik die Hefte 81, 84, 85, 90 von DAS ARGUMENT. Zeitschrift für Philosophie und Sozialwissenschaften, Berlin

(12) G. Lukács, Geschichte..., l.c., p. 47

(13) Karl Korsch, Marxismus und Philosophie, hrsgg. v. Erich Gerlach, Frankfurt/ Main 5. Aufl. 1975, p. 128; cf. ibid.: p. 126-128, 131, 134-136

(14) Karl Marx, Das Kapital, Bd. 1, l.c., p. 562

(15) Ibid., p. 189f

(16) Karl Marx, Theor. ü. d. Mehrw., in: MEW 26.3, Berlin 1968, p. 473

(17) Ibid.; cf. dazu auch: ders., Grundrisse..., l.c., p. 631f

(18) K. Marx, Das Kapital, Bd. 3, l.c., p. 404f

(19) Cf. dazu: Ibid., p. 834-838; ders., Theor. ..., in: MEW 26.3, l.c., p. 445

(20) Karl Marx, Das Kapital, Bd. 3, l.c., p. 822, 839,884f; ders., Theor. ü. d. Mehrw., Bd. 3, l.c., p. 484
Wie neueste Arbeiten über das Merxsche Kapital nachweisen, vermag die bürgerliche Nationalökonomie, etwa der Neoricardianismus und Linkskeynesianismus, dem etwa Habermas wesentlich sein Wissen über das Marxsche Kapital verdankt, selbst in speziell auf dieses bezogenen wissenschaftlichen Arbeiten nicht dessen Methode und seine Ergebnisse adäquat nachzuvollziehen, was auf ihr Wissen über die Realität des Kapitals ein bezeichnendes Licht wirft (cf. dazu die schon genannte Arbeit von Künzel und G. Stamatis, Die 'spezifisch kapitalistischen' Produktionsmethoden und der tendenzielle Fall der allgemeinen Profitrate

bei Karl Marx, Berlin 1977, passim). Wie Stamatis nachweist, gilt dies mangelnde Wissen cum grano salis auch für die Masse renommierter marxistischer Marxforscher, was die ungeheure Schwierigkeit aufzeigt, das Kapital begrifflich selbst mit Marx zu durchschauen.

(21) Karl Marx, Das Kapital, Bd. 1, l.c., p. 335, 377

(22) Karl Marx, Grundrisse d. Krit. d. Pol. Ökon., l.c., p. 111, 586-588, 715

(23) Cf.: Norbert Elias, Über den Prozeß der Zivilisation. Soziogenetische und psychogenetische Untersuchungen, Bd. 2, Basel 1939, p. 372, 397ff; Leo Löwenthal, Das Individuum in der individualistischen Gesellschaft. Bemerkungen über Ibsen, in: Zeitschrift f. Sozialforschung, Jahrg. V., Paris 1936, p. 327

(24) Cf. dazu: Heinz Schlaffer, Der Bürger als Held. Sozialgeschichtliche Auflösung literarischer Widersprüche, Frankfurt/ Main 2. Aufl. 1976, p. 43ff; Christa Bürger, Der Ursprung der bürgerlichen Institution Kunst. Literatursoziologische Untersuchungen z. klassischen Goethe, Frankfurt/ Main 1977, p. 59-65,99

(25) N. Elias, l.c., Bd. 1, p. 154; Bd. 2, 320f, 410, 370f, 414f

(26) Cf. dazu: Wolf Lepenies, Melancholie und Gesellschaft, Frankfurt/ Main 1972 (suhrkamp taschenbuch 63), passim

(27) Karl Marx/ Friedrich Engels, Die deutsche Ideologie..., l.c., p. 62; cf.: ibid., p. 33f

(28) Karl Marx, Kritische Randglossen zu dem Artikel 'Der König von Preußen und die Sozialreform. Von einem Preußen', in: MEW 1, Berlin 1970, p. 401

(29) Ibid.

(30) Ibid., p. 402

(31) Georg Lukács, Gesch. u. Klassenbew., l.c., p. 16

(32) Wolf Lepenies, l.c., p. 193
Cf. dazu auch: H. Schlaffer, Der Bürger..., l.c., p. 22-39 et passim; ders./ Hannelore Schlaffer, Studien z. ästhetischen Historismus, Frankfurt/ Main 1975, passim

(33) Literarisch wohl am bekanntesten erscheint diese Form kontemplativer Beherrschtheit in der Figur des Hamlet in Shakespeares "Hamlet", ein Drama, auf das Kraus sich ausdrücklich mit einem Zitat im Vorwort von "Die letzten Tage der Menschheit" bezieht (Karl Kraus, Die letzten Tage der Menschheit, München 1957, p. 11); ein Bezug, der laut Benjamin für Kraus konstitutiv ist, sollte man doch allen Figuren Kraus' "ihren Ursprung in Shakespeare ansehen" (Walter Benjamin, Karl Kraus, in: Illuminationen. Ausgewählte Schriften, Frankfurt a. M., p. 398). Dieser Ursprung ist nicht zufällig, tragen die Helden Shakespeares doch "hinter der Maske ihrer aristokratischen Herkunft...die Züge des Protagonisten der bürgerlichen Epoche. In den Extremen des Idealismus, zwischen denen sie schwanken: dem Idealismus der reinen Reflexion, der sich

die Praxis verbietet (Herv. v. E.S.) (Hamlet) und dem Idealismus des rein pragmatischen, daher reflexions- und gewissenlosen Handelns (Richard III.), oszilliert auch das reale Subjekt der bürgerlichen Gesellschaft." (Thomas Metscher, Dialektik und Formalismus. Kritik des literaturwissenschaftlichen Idealismus am Beispiel Peter Szondis, in: Das Argument. Berliner Hefte für Probleme der Gesellschaft, Bd. 49, 10. Jahrg., Dez. 1958, Heft 6, p. 483). Ein Verhältnis, das in "Die letzten Tage der Menschheit" als Gegensatz zwischen dem reflektierenden Idealismus des kontemplativen Nörglers und den gewissenlosen Mordtaten der Soldaten verschiedener Rangstufen, der Gewissenlosigkeit der Kapitalagenten, der Reporter wiederkehrt. Spezifische Bewußtseinsprobleme der Menschen unterm Kapital werden von Shakespeare vorweggenommen; so zwingt "die tragisch erfahrene Nicht-Identität von Subjekt und Objekt...die Helden Shakespeares zu einem reflexiven Verhalten der Wirklichkeit gegenüber; ...der Zwang der Faktizität selbst drängt das Individuum in die Sphäre der Reflexion,..." (Metscher, l.c., p.484); cf.: H. Schlaffer, Der Bürger..., l.c., p. 38

(34) Walter Benjamin, Ursprung des deutschen Trauerspiels, Frankfurt a. M. 1963, p. 94

(35) Walter Benjamin, ibid., p. 95; Wilhelm Dilthey, Weltanschauung und Analyse des Menschen seit der Renaissance und Reformation. Abhandlungen zur Geschichte der Philosophie und Religion. ... (Gesammelte Schriften. 2.) Leipzig, Berlin 1929, p. 439f, nach: W. Benjamin, ibid., p. 94
Cf. zur Entstehung des mit der Entstehung des Kapitals sich entfaltenden verdinglichten, mechanistischen Denkens: Franz Borkenau, Der Übergang vom feudalen zum bürgerlichen Weltbild. Studien zur Geschichte der Philosophie der Manufakturperiode, in: hrsgg. v. M. Horkheimer, Schriften z. Sozialforschung, Bd. 4, Paris 1934, passim

(36) K. Marx, Das Kapital, Bd. 1, l.c., p. 258

(37) Georg Lukács, Gesch. u. Klassenbew., l.c., p. 149 (Herv. v. E.S.)

(38) Walter Benjamin, Ursprung d. deutschen Trauersp., l.c., p. 152

(39) Georg Lukács, Gesch. u. Klassenbew., l.c., p. 101

(40) Ibid.

(41) Cf. zu der Umkehrung vom Subjekt und Objekt im Kapital, die den entfremdeten Menschen auf die logische Stufe des Tiers herabbringt, die Entfaltung des Marxschen Entfremdungsbegriffs, in: K. Marx, Ökonomisch-philosophische Manuskripte aus dem Jahre 1844, in: MEW Ergänzungsband 1, Berlin 1968, p. 510-522; cf. auch: ders., Grundrisse..., l.c., p. 356-360. 374, 412, 479-481, 543-545, 584ff, 715f
Cf. zur wissenschaftlichen Ausdrucksform des verdinglichten und entfremdeten Bewußtseins,das das Kapital als natürliche Gegenheit, das deren gegeneinander verselbständigte, somit diesem Denkansatz unvermittelte Momente empirisch und mit Hilfe der modernen mathematischen Logik

nicht zu begreifen trachtet, was so auch nicht möglich wäre, sondern p r o t o k o l l i e r t , zum Positivismus in allen Spielarten also: G. Lukács, Gesch. u. Klassenbew., l.c., passim; M. Horkheimer, Der neueste Angriff auf die Metaphysik,in: ders., Kritische Theorie der Gesellschaft, Bd. II, o.O. u. o.J., p. 82-136; Zur Kritik der Instrumentellen Vernunft, in: Kritische Theorie d. Gesellschaft, Bd. III, o.O. 1968, p. 156-162, 168-170, 179- 197; Herbert Schnädelbach, Erfahrung, Begründung und Reflexion. Versuch über den Positivismus, Frankfurt/ Main 1971; Hartwig Berger, Erfahrung und Gesellschaftsform. Methodologische Probleme wissenschaftlicher Beobachtung, Stuttgart usw. 1972. In den beiden letztgenannten Büchern ist weitere Literatur zum Positivismus zu finden.

(42) Leo Löwenthal, Das Individuum in der individualistischen Gesellschaft. Bemerkungen über Ibsen, in: Zeitschrift für Sozialforschung, Jahrg. V, Paris 1936, p. 328

(43) Georg Lukács, Gesch. u. Klassenbew., l.c., p. 137; cf. auch Max Horkheimer, Materialismus und Moral, in: Krit. Theor. d. Ges., Bd. I, l.c., p. 75

(44) Ibid.

(45) Immanuel Kant, Grundlegung zur Metaphysik der Sitten, in: Hrsg. Wilhelm Weischedel, Kant, Werke in zwölf Bänden, Bd. 7, Frankfurt a. M. 1968 (Theorie-Werkausgabe), p. 57, 61

(46) I. Kant, Kritik der praktischen Vernunft, in: l.c., p. 149, 156, 160; ders., Grundlegung z. Metaphysik d. Sitten, in: l.c., p. 56, 64, 96; ders., Kritik der reinen Vernunft, in: l.c., Bd. 4, p. 426, 428

(47) I. Kant, Kritik der praktischen Vernunft, l.c., p. 210

(48) G.W.F. Hegel, Glauben und Wissen oder Reflektionsphilosophie der Subjektivität in der Vollständigkeit ihrer Formen als Kantische, Jakobische und Fichtesche Philosophie, in: Hegel Werke, Bd. 2, l.c., p. 416f, 427f

(49) Ibid., p. 427ff

(50) Max Horkheimer, Zur Kritik der instrumentellen Vernunft, in: l.c., p. 240f, 255; cf. auch ibid., p. 200-205, 213-219, 229-257; Th. W. Adorno/ M. Horkheimer, Kulturindustrie. Aufklärung als Massenbetrug, in: Dialektik der Aufklärung, l.c., p. 144-198

(51) Cf. zu dem Zusammenhang von gesellschaftlich gesetzter Hemmung, Melancholie, Sehnsucht nach gesellschaftlich relevanten Taten, denen die Entfaltung der neueren Gesellschaft und die ihr eigenen Formen die Erfüllung verwehrt: H. Schlaffer, Der Bürger..., l.c., passim

(52) W. Lepenies, l.c., p.162, 193; cf.: N. Elias, Über d. Prozeß der Zivilisation, Bd. 1, l.c., p. 17-42

(53) Ibid., p. 79, 80, 83f, 86f, 90, 94, 96ff, 190, 238, 240f

(54) Ibid., p. 158; cf. dazu auch die genannten Arbeiten v. Schlaffer

(55) I. Kant, Beobachtungen über das Gefühl des Schönen und

Erhabenen, in: Werke in 12 Bänden, Bd. 2, l.c., p. 834-842

(56) G. Lukács, Gesch. u. Klassenbew., l.c., p. 151, 153

(57) Ibid., p. 111
Cf. zu der oben angesprochenen Neigung der österreichisch-ungarischen Intelligenz vor allem: Claudio Magris, Der habsburgische Mythos in der österreichischen Literatur, Salzburg 1966, passim; cf. auch: Hermann Broch, Hofmannsthal und seine Zeit, Frankfurt/ Main 1974, passim. Der Verweis auf die genannten Werke erlaubt mir, dieses Kapitel relativ kurz zu halten.

(58) C. Magris, l.c., p. 15

(59) Ibid., p. 17

(60) Ibid.

(61) Ibid., p. 51f, 81, 99f, 147f, 180, 185

(62) Ibid., p. 185, 221

(63) Ibid., p. 212

(64) Ibid., p. 215, 218

(65) Da eine weitere Ausführung dieser Aspekte den mir mit dieser Arbeit gesetzten Rahmen sprengen würde, verweise ich zur Allegorie auf die in dieser Arbeit unten gemachten Ausführungen; zu den morbiden und barocken Aspekten der österreichisch-ungarischen Kultur und Literatur auf die bereits angeführten Bücher von Magris, dort besonders auf die Seiten 10, 15ff, 51f, 81f, 174-238, und Broch, dort besonders auf die Seiten 44ff, 63ff, 87-99, hin.

(66) Eine neuere, ausführlichere Arbeit über diesen Aspekt von Manfred Schneider, Die Angst und das Paradies des Nörglers. Versuch über Karl Kraus, Frankfurt/ Main 1977, konnte ich vor Abgabe dieser Arbeit nicht mehr einsehen. Schneiders Arbeit versucht wie die vorliegende "Kraus' psychische und intellektuelle Entwicklung" aus den "Reproduktionsbedingungen der österreichisch bürgerlichen Gesellschaft zwischen 1874 und 1936" zu entfalten und "den Ausdruck ihrer Unerträglichkeit in seinen Schriften zu begreifen" (p. 12). Sucht man bei Schneider die gesellschaftlichen Reproduktionsbedingungen vergeblich, was immerhin vom Vorhaben her gesehen merkwürdig ist, so schlägt ihm andererseits trotz der Berufung auf Mitscherlich-Nielsen der melancholische Charakter in einen zwangsneurotischen um; so erstaunt es nicht, daß die wissenschaftliche Fassung der literarischen Kristallisation des Zusammenpralls von melancholischen Individuum und Erscheinungsform der gesellschaftlichen Totalität feuilletonistisch ausfällt. Gesellschaftliche Totalität bevölkert sich nach Schneider für Karl Kraus mit "vielfach variierten Abzügen der strafenden" und lustfeindlichen, das Realitätsprinzip verkörpernden "Vater-Imago" (p. 43), während in Natur, Phantasie, Spiel, Sprache und Poesie "die vollkommene mütterliche Zuwendung" aufgehoben ist. Literatur verkommt Schneider simpel zum psychologischen Versuch der Abwehr vom Vater auferlegter Trennungsängste,

einer Bewältigung des "Trauma(s) des Übergangs" aus einem "lustvoll-harmonischen Dasein in der intimsten frühkindlichen Mutterbeziehung in das vom Vater beherrschte reale Leben" (p. 54), in Form einer "Selbsttherapie"; zur "Angstabwehr", die "für Form und Inhalt des literarischen Werkes" konstitutiv sei. Schneider verengt Kraus' melancholische Disposition fragwürdig genug zur rein individuellen, familiär vermittelten, damit zur Ausnahmeerscheinung, vermag also Melancholie gerade nicht, wie es doch sein Programm war, aus gesellschaftlichen Reproduktionsbedingungen heraus zu erklären und zu verstehen, die ihm durchaus, wie aus meinem Erklärungsversuch zu ersehen ist, eine Antwort auf die Frage hätten geben können, wieso Melancholie zu einem gesellschaftlichen, eine ganze Kultur prägenden Phänomen hat werden können. Bei sonst einleuchtenden Einzelbeobachtungen, deren Wert erst vor dem Hintergrund einer Gesellschaftsanalyse sich hätte voll entfalten können, bleibt Schneiders Arbeit von seinem eigenen Anspruch her fragwürdig. Cf. dazu auch die bissige Rezension von Hans Christian Kosler, Der arme K. K. und die ärmere Psychoanalyse. Manfred Schneiders "Versuch über Karl Kraus", in: Frankfurter Rundschau vom 4. 4.1978

(67) Margarete Mitscherlich-Nielsen, Sittlichkeit und Kriminalität. Psychoanalytische Bemerkungen zu Karl Kraus, in: Psyche. Zeitschrift für Psychoanalyse und ihre Anwendung, hrsgg. v. A. Mitscherlich, 29. Jahrg., Heft 2, Stuttgart Februar 1975, p. 132; cf. ibid., p. 133 et passim; Otto Fenichel, Perversionen, Psychosen, Charakterstörungen. Psychoanalytische Neurosenlehre, Darmstadt 1967, p. 114f

(68) Cf. zur familiar spezifizierten Produktion kultureller Normen und Interaktionsformen Alfred Lorenzer, Die Wahrheit der psychoanalytischen Erkenntnis. Ein historisch materialistischer Entwurf, Frankfurt/ Main 1974, passim, besonders p. 106, 119

(69) W. Lepenies, l.c., p. 168ff

(70) Ibid., p. 158; cf. zur Störung des Zeitbewußtseins im Melancholiker: Joseph Gabel, Ideologie und Schizophrenie. Formen der Entfremdung, Frankfurt a. M. 1967, p. 212-215, 218-223; W. Lepenies, l.c., p. 160, 164, 167; cf. zur Verräumlichung der Zeit im kapitalistischen Alltag: G. Lukács, Gesch. u. Klassenbew., l.c., p. 100f

(71) G. Lukács, Gesch. u. Klassenbew., l.c., p. 153; cf. zu der von Lukács formulierten These: Hans Freier, Die Rückkehr der Götter. Von der ästhetischen Überschreitung der Wissengrenze zur Mythologie der Moderne, Eine Untersuchung zur systematischen Rolle der Kunst in der Philosophie Kants und Schellings, Stuttgart 1976, passim. Die Arbeit konnte vor Fertigstellung dieser Arbeit nicht mehr herangezogen werden, bestätigt aber wesentliche Thesen der vorliegenden.

(72) I. Kant, Kritik der reinen Vernunft, in: Werke in 12 Bdn., Bd. 4, l.c., p. 426ff; ders., Kritik der Urteilskraft, in: Werke in 12 Bdn., Bd. 9, p. 247f

(73) I. Kant, Kritik d. Urteilskraft, l.c., p. 249, 263f

(74) Ibid., in: Werke..., l.c., Bde. 9 u. 10, p. 249, 263, 296, 300

(75) Ibid., p. 296f

(76) Ibid., p. 399, 402, 405f

(77) Ibid., p. 406

(78) Ibid., p. 461

(79) Ibid., p. 423

(80) Herbert Marcuse, Triebstruktur u. Gesellschaft, Ein philosophischer Beitrag zu Sigmund Freud, Frankfurt a. M. 1965, p. 155

(81) I. Kant, ibid., p. 428

(82) Ibid., p. 461

(83) Der Widerspruch zwischen Versöhntheit und Unversöhntheit selbst schon gilt bald als Moment der gesellschaftlichen Unversöhntheit, die es zu kritisieren und aufzuheben gilt: Dies kann aber nur heißen, daß Leben in Kunst aufgehoben werden soll. In dem Maße aber, wie mit der Entfaltung des Kapitals und den immer drückender werdenden Erscheinungsformen dieses Gesellschaftsverhältnisses einsehbar wird, daß diese Aufhebung nicht leistbar ist, ja, daß eher noch Kunst in der Form der Kulturindustrie in das perhorreszierte Leben aufgehoben wird, beginnt sich dieser Widerspruch auszudifferenzieren.
In dem allgemeinen Versuch der Kunstsphäre, sich der Einverleibung in den kapitalistischen Gesellschaftszusammenhang zu entziehen, verengt sich der Widerspruch von kunstautonomer Versöhntheit zu heteronomer Unversöhntheit zu dem von Autonomie contra Heteronomie, l'art pour l'art contra Leben, eine Autonomie, die alles ausspart, was als Teil der perhorreszierten Gesellschaft und ihrer Ideologie angesehen wird, oder aber die kritisch zur Unversöhntheit stehende Versöhntheit verengt sich in dem Maße, wie Versöhnung zur Ideologie verkommt, zu praktischer Kritik gesellschaftlicher Verhältnisse, zersetzt sich zu Karikatur und Satire: Versöhnung schlägt zum Angriff um, zum Angriff sogar auf autonome Kunst selbst als Teil der perhorreszierten Gesellschaft; ohne doch selbst dabei aus dem Gegensatz von Kunst und Gesellschaft herausfallen und dabei vermeiden zu können, selbst als Kunst identifiziert zu werden, denn solange im Rahmen des gesetzten ideologischen Gegensatzes der Angriff als einer rezipierbar ist von der Masse der Rezipienten, der sich formal in seinem Rahmen bewegt als zweckfreie, je individuell vermittelte, je spezifische Gestaltung dieses Gegensatzes, solange wird der Angriff unter Kunst subsumierbar, bleibt er Teil des bürgerlichen Verblendungszusammenhangs. Cf. dazu: Peter Bürger, Theorie der Avantgarde, Frankfurt/ Main 1974, passim, und Burkhardt Lindner, Aufhebung der Kunst in Lebenspraxis? Über die Aktualität der Auseinandersetzung mit den historischen Avantgardebewegungen, in: hrsgg. v. Martin Lüdge, 'Theorie der Avantgarde'. Antworten auf Peter Bürgers Bestimmung

von Kunst und bürgerlicher Gesellschaft, Frankfurt/ Main 1976. Die letzte Arbeit konnte vor Abgabe dieser Arbeit nicht mehr eingesehen werden.

(84) Cf. dazu: Friedrich Schiller, Über die ästhetische Erziehung des Menschen in einer Reihe von Briefen, in: Theoretische Schriften, Dritter Teil, in: dtv Gesamtausgabe, Bd. 19, München 1966, p. 14-18

(85) Ibid., p. 7-9

(86) Ibid., p. 11

(87) Karl Marx, Zur Kritik der Hegelschen Rechtsphilosophie. Kritik des Hegelschen Staatsrechts, in: MEW Bd. 1, Berlin 1970, p. 233; ders., Zur Judenfrage, in: ibid., p. 369f; ders., Grundrisse der Krit. d. Pol. Ökon., l.c., p. 74 Von der gleichen Marxstelle ausgehend bestimmt Kurt Krolop Kraus' Kampf als einen, der "dadurch gekennzeichnet" sei,"daß hier radikal der 'wirkliche individuelle Mensch' als der 'natürliche Mensch' gegen den 'abstrakten Staatsbürger' und dessen institutionelles Zubehör gestellt wird; ' daß in der Fackel...eigentlich jahraus, jahrein nichts anderes geschieht, als ein Ich mit der Zeit zu konfrontieren'." (Kurt Krolop, Dichtung und Satire bei Karl Kraus, in: Karl Kraus, Ausgewählte Werke, Bd. 3, hrsgg. v. D. Simon unter Mitarbeit von K. Krolop (Kommentierung) u. R. Links (Auswahl), München 1977, p. 659) Krolop bringt im Zusammenhang mit diesem Zitat das seltene Kunststück fertig, Kraus und den jungen Marx im einzelnen richtig zu zitieren und in ihrem Bezug gründlich mißzuverstehen. Denn Kraus verteidigt eben nicht, sondern bekämpft den natürlichen, da egoistischen Bourgeois, genau wie Schiller, mit den von der Bourgeoisie zu Kraus' Zeit "immer noch mitgeschleppten Idealen", ästhetisch und moralisch also. Krolop vermag nicht den ästhetischen Naturbegriff von dem gegen die adelige Klasse entfalteten, demzufolge das egoistische Individuum das natürliche, wenngleich nicht sittliche ist, zu differenzieren. Ihm entgeht die Pointe, daß beide Naturbegriffe antagonistisch zueinander stehen.

(88) F. Schiller, l.c., p. 8; cf. auch p. 70f et passim; cf. auch ders., Über Bürgers Gedichte, in: l.c., Bd. 4, p. 158

(89) Ibid., p. 94

(90) F. Schiller, l.c., p. 94f

(91) Ibid., p. 95

(92) Ibid.

(93) Herbert Marcuse, Über den affirmativen Charakter der Kultur, in: ders., Kultur und Gesellschaft I, l.c., p. 66-76

(94) Ibid., p. 82

(95) Georg Lukács, Zur Ästhetik Schillers, in: ders., Beiträge zur Geschichte der Ästhetik, Berlin 1956, p. 82

(96) F. Schiller, l.c., p. 11f

(97) G. W. F. Hegel, (Das älteste Systemprogramm des deutschen

Idealismus), in: ders., Theorie Werkausgabe, Bd. 1, l.c., p. 235 (Herv. v. E.S.)

(98) Ibid., p. 234

(99) G. W. F. Hegel, l.c., p. 234f

(100) Ders., Die Verfassung Deutschlands, in: ibid., p. 457f

(101) Ders., Differenz des Fichteschen und Schellingschen Systems der Philosophie, in: ders., Theorie Werkausgabe, Bd. 2, l.c., p. 21f

(102) Ibid., p. 22

(103) Ders., Ästhetik, Bd. 1, Berlin u. Weimar 1965, p. 71

(104) Ibid., p. 24

(105) Ibid., p. 21

(106) Ibid., p. 107

(107) Ibid., p. 107, 112, 116

(108) Ibid., p. 117

(109) Ibid.

(110) Ibid., p. 119

(111) Ibid., p. 120

(112) Ibid.

(113) Ibid., p. 120f

(114) M. Horkheimer/ Th. W. Adorno, Kulturindustrie. Aufklärung als Massenbetrug, in: Dial. d. Aufkl. ..., l.c., p. 156

(115) Th. W. Adorno, Philosophie der neuen Musik, Frankfurt a. M. 1958, p. 118-124

(116) Ibid., p. 124

(117) Ibid., p. 126

(118) Ibid., p. 126; G.W.F. Hegel, Ästhetik, l.c., p. 151-155

(119) Th. W. Adorno, Ästhetische Theorie, l.c., p. 67, 41

(120) Ders., Rede über Lyrik und Gesellschaft, in: Noten zur Literatur (I), Frankfurt a. M. 1958 (Bibliothek Suhrkamp 47), p. 78

(121) Th. W. Adorno, Phil. d. n. Musik, l.c., p. 46

(122) Durch diesen steten Bezug auf die gesellschaftliche Realität, durch ihren expliziten Willen, sie zu ändern, unterscheiden sich satirische Texte von reinen "Fiktivtexten", die ihr eigenes "Bezugsfeld", die Voraussetzung der Interaktion handelnder Subjekte, im Text erst konstituieren, und zwar als Fiktion eines unveränderbaren Textes, da an das So-und-nicht-anders-Sein der Sinn des "Fiktivtextes" gebunden ist. (Cf. dazu: Johannes Anderegg, Fiktion und Kommunikation, Göttingen 1973, passim, bes. p. 92ff) Das Bezugsfeld der Satire aber ist die bestimmte Gesellschaft, auf die sie sich bezieht.

(123) Cf. dazu die genannte Arbeit von Freier, l.c., passim

(124) Friedrich Schiller, Über naive und sentimentalische Dichtung, in: Theoretische Schriften III, l.c., p. 143

(125) Ibid., p. 170

(126) Ibid.

(127) Ibid., p. 119

(128) Ibid., p. 143f

(129) S. P. Scheichl, l.c., p. 5, 21; Edwin Hartl, Verblendete Hellseher und Schwarzseher. Überlegungen zu den Gegnern von Karl Kraus, in: Literatur und Kritik, Heft 41, Salzburg 1970, p. 14

(130) Die fehlende Kenntnis des Vermittlungszusammenhangs der gegeneinander verselbständigten Erscheinungsformen des Kapitals decouvriert sich in Sätzen voller unfreiwilliger Komik im Versuch der Erfassung und Bestimmung von Kraus selbst. So etwa, wenn Stephan meint, Kraus entgehe "der Zeitverhaftung gerade...durch Mangel an geschichtlichem Sinn" - wo dieser Mangel doch gerade eines der wesentlichen Momente der bürgerlichen Persönlichkeit ausmacht -, dadurch also, daß er "nichts von übergreifenden, allgemeinen, nach eigenem Gesetz ablaufenden Entwicklungen" der Gesellschaft gehalten habe, sondern an "den Einzelnen und alle Einzelnen" geglaubt habe - was ist das anders als die Folge der moralischen Ideologie? - und bei einer so verdinglichten Weltauffassung "dennoch die Zeit (!) so klar durchschaut" habe "wie kaum einer seiner Zeitgenossen". (Joachim Stephan,Satire und Sprache. Zu dem Werk von Karl Kraus, München 1964, p. 179f) Was für ein Durchblick das gewesen sein mag, wird wohl Stephans Geheimnis bleiben müssen, besteht doch im Beharren auf einem aus seinen gesellschaftlichen Vermittlungszusammenhängen herausgerissenen, unmittelbar gegebenen Einzelnen, im moralischen Appell an die vereinzelten Indviduen, das ideologische, verdinglichte Bewußtsein, besteht darin seine Gesellschaftsverhaftung und -vermittlung; ist gerade so doch ein solches Bewußtsein als ideelle Form des Kapitals bestimmt, die dessen Durchschauen geradezu verunmöglicht. Was Stephan wohl meint, aber nicht zu sagen versteht, ist, daß Kraus wie wenige seiner Zeitgenossen die bösen Erscheinungsformen des Kapitals geißelte. Aber moralisch integrer Kampf gegen die Erscheinungsformen des Kapitals ist keineswegs auch schon dessen Erkenntnis.

(131) Joachim Stephan, Satire und Sprache. Zu dem Werk von Karl Kraus, München 1964, p. 19
Zur gegenwärtigen Forschungssituation über die Satire überhaupt cf.: Jürgen Brummack, Zu Begriff und Theorie der Satire, in: DVJS 45 (1971), p. 275-377. Die Ergebnisse der in Brummacks Forschungsbericht aufgearbeiteten Forschungsansätze lassen sich in folgende Definition der Satire zusammenfassen: Satire ist eine ziel- und handlungsgehemmte, in Brummacks Terminologie daher "sozialisierte", "indirekte", von bedrohten gesellschaftlichen Werten und Normen des menschlichen Zusammenlebens getragene, inspirierte und geleitete Aggression auf die bedrohlichen Mißstände der Gesellschaft in ästhetischer Form, mit den Mitteln der verzerrenden und deformierenden Darstellung der Protagonisten der Bedrohung, um sie klein und lächerlich zu machen, somit überwindbar und die be-

drohten Werte restituierbar. Konstitutiv sind der Angriff auf die Mißstände der Gesellschaft, somit der enge Gesellschaftsbezug, die satirisch verschärfte Darstellung einer, um mit Lazarowicz zu reden, "verkehrten Welt", in der nach Gaier ein geradezu mythisches"Chaos" die Ordnung der bestehenden zu bedrohen scheint; das satirische Angriffsobjekt somit "Ersatzobjekt" des handlungsgehemmten Melancholikers.
Deutlicher als sonst offenbart gerade die Satire die Mängel einer überhistorischen Definition, in die mein eigener Forschungsansatz mit eingegangen ist, da gerade der enge Gesellschaftsbezug, einen überzeitlichen Typus des Satirikers, der Satire und einer satirischen Topographie zu entwerfen, problematisch macht; da ohne gesellschaftliche Ableitung und Bestimmung des funktionalen gesellschaftlichen Zusammenhangs der einzelnen Momente einer solchen Definition sie als abstrakte und apriorische Setzung erscheinen muß.
Cf. zur Satire auch die Arbeiten von Ulrich Gaier, Satire. Studien zu Neidhart, Wittenwieler, Brant und zur satirischen Schreibart, Tübingen 1967; Klaus Lazarowicz, Verkehrte Welt. Vorstudien zu einer Geschichte der deutschen Satire, Tübingen 1963; Kurt Wölfel, Epische und satirische Welt. Zur Technik des satirischen Erzählens, in: Wirkendes Wort 10 (1960), p. 85-98. Weitere Literatur bei Brummack.
Einen Versuch der Ableitung bilden meine obigen Bestimmungen des Zusammenhangs von Kapital, falschem Bewußtsein und dem aus ihm entstehenden Phänomen Kunst als Wahrheit in ästhetischer Form, als Versöhnung von Natur und Vernunft im autonomen, fiktionalen Kunstwerk. Satire ist die ruinierte und zerbrochene Hoffnung, die in ästhetischer Versöhnung begründet lag; die wieder freigesetzte kritisch-negative Vernunft zersprengt die Kunstautonomie: Satire ist die praktisch gewordene bürgerliche Kunst, Einheit von Fiktionalität, daher ihr Kunstcharakter, und praktischer Aktualität. Cf. zu den Begriffen Fiktionalität und Aktualität die oben genannte Arbeit J. Andereggs, l.c., p. 115ff. In seiner Terminologie könnte man die Satire als einen fiktionalen Text ansprechen, dessen "Geschlossenheit" dadurch "gestört" sei, daß Textteile nicht allein "als Teile einer fiktiven Wirklichkeit zu begreifen sind, ..., sondern Relevanz beanspruchen, insofern sie auf außerhalb des Textes Bestehendes verweisen." (p. 117) Was nicht ausschließt, daß sich durch Absterben dieser Wirklichkeit der fiktionale Charakter eines satirischen Textes verstärken kann.

(132) Ibid., p. 20f

(133) F. Schiller, l.c., p. 149 et passim

(134) Joachim Stephan, l.c., p. 22, 34

(135) Ibid., p. 74; Lukács, Gesch. u. Klassenbew., l.c., p. 101

(136) Christian Johannes Wagenknecht, Das Wortspiel bei Karl Kraus, in: Palaestra. Untersuchungen aus der deutschen und englischen Philologie und Literaturgeschichte, Bd. 242, Göttingen 1965, p. 165
Cf. zum fast konstitutiven Charakter der Rückwärtsge-

wandtheit bürgerlicher Kunstideologie, zu deren sozio-historischer Funktion im psychischen Haushalt des bürgerlichen Individuums und ihrem Formwandel die genannten Arbeiten von Schlaffer, l.c., passim; zum Zusammenhang von philosophischer Ästhetik, Rückwärtsgewandtheit der Mythologie der Moderne die genannte Arbeit von H. Freier, l.c.

(137) Hugo Obergottsberger, Der Weltuntergangsgedanke bei Karl Kraus, Diss. phil. (masch.), Wien 1958, p. 63; Th. W. Adorno, Sittlichkeit und Kriminalität. Zum elften Band der Werke von Karl Kraus, in: Noten z. Lit. III, l.c., p. 70

(138) G. W. F. Hegel, Ästhetik, l.c., p. 64

(139) Th. W. Adorno, Engagement, l.c., p. 114; cf dazu auch H. Brüggemann, l.c., p. 259-267

(140) Ibid., p. 129

(141) Ibid., p. 133

(142) Ibid., p. 134; ders., Phil. d. neuen Musik, l.c., p. 119

(143) Ders., Ästhetische Theorie, l.c., p. 506

(144) Ders., Kleine Proust-Kommentare, in: Noten zur Literatur II, Frankfurt a. M. 1963 (Bibliothek Suhrkamp 71), p. 101f; ders., Engagement, l.c., p. 130; ders., Phil. d. neuen Musik, l.c., p. 5

(145) Ders., Engagement, l.c., p. 127; ders., Phil. d. neuen Musik, l.c., p. 45, 118

(146) Ibid., p. 106

(147) Ibid., p. 51

(148) M. Borries, l.c., p. 67, 82

(149) Karl Kraus, Untergang der Welt durch schwarze Magie, Bd. 8 der Werke v. Karl Kraus, hrsgg. v. H. Fischer, München 1960, p. 242; ab jetzt UdW, p. 242

(150) UdW, p. 413

(151) Karl Kraus, Beim Wort genommen, Bd. 3 d. Werke v. Karl Kraus, hrsgg. v. H. Fischer, München 1955; UdW, p. 323, 411

(152) UdW, p. 411

(153) Ibid.

(154) Ibid., p. 413

(155) Th. W. Adorno, Phil. d. neuen Musik, l.c., p. 22, 60

(156) G. Lukács, Gesch. u. Klassenbew., l.c., p. 211

(157) Ibid.,p. 208

(158) UdW, p. 414

(159) UdW, p. 223, 447

(160) Ibid., p. 451

(161) UdW, p. 231f

(162) K. Kraus, Die Sprache, 2. Bd. d. Werke v. K. Kraus, hrsgg.

v. H. Fischer, München 1964[4], p. 437

(163) Ibid.

(164) Ibid.

(165) UdW, p. 16

(166) Cf.: H. Obergottsberger, l.c., p. 65-70

(167) Helmut Arntzen, Nachricht von der Satire, in: Neue Rundschau, 74. Jahrg., 4. Heft, Berlin 1963, p. 568

(168) Ibid., p. 570

(169) Ibid., p. 574-576

(170) Ibid., p. 576

(171) Ibid., p. 572

(172) Ibid., l.c., p. 572

(173) Ibid.

(174) G. W. F. Hegel, Vorlesungen über die Philosophie der Geschichte, in: Theorie Werkausgabe, Bd. 12, l.c., p. 34f

(175) Ibid.

(176) H. Arntzen, l.c., p. 576

(177) Ibid.

(178) Th. W. Adorno, Ästhetische Theorie, l.c., p. 56

(179) H. Arntzen, l.c., p. 576; cf.: ibid., p. 571

(180) W. Benjamin, Zentralpark, in: Illuminationen, l.c., p. 252. Cf.: Harald Kaufmann, Über die aufgehobene Allegorie. Beobachtungen an Werken von Nestroy und Karl Kraus, in: Gestalt und Wirklichkeit. Festgabe f. F. Weinhandl, Hrsg. R. Mühlher u. J. Fischl, Berlin 1967, p. 521-541

(181) W. Benjamin, Ursprung..., l.c., p. 182f

(182) G. W. F. Hegel, Wissenschaft der Logik I, in: Theorie Werkausgabe, Bd. 5, hrsgg. v. E. Moldenhauer u. K. M. Michel, Frankfurt/ Main 1969, p. 140

(183) W.Benjamin, Ursprung..., l.c., p. 183

(184) Ibid.

(185) Ibid., p. 182f

(186) Ibid., p. 75, 89f, 191

(187) Cf. dazu: W. Benjamin, ibid., passim; ders., Charles Baudelaire. Ein Lyriker im Zeitalter des Hochkapitalismus, Frankfurt/ Main 1969, passim, bes. p. 64ff, 89f, 93, 96, 117, 140ff; ders., Paris, die Hauptstadt des XIX. Jahrhunderts, in: ders., Illuminationen, Frankfurt/ Main 1961, p. 185-200; ders., Zentralpark, in: ibid., p. 246-266

(188) W. Benjamin, Ursprung..., l.c., p. 188

(189) Ibid., p. 195, 202

(190) Ibid., p. 195

(191) Cf. dazu: Erich Auerbach, Mimesis. Dargestellte Wirklichkeit in der abendländischen Literatur, Bern und München

1964[3], p. 18-21, 51f, 74-77, 113f, 185-188 et passim

(192) Cf. dazu: Heinz G. Jantsch, Studien zum Symbolischen in frühmittelhochdeutscher Literatur, Tübingen 1959, passim; cf. auch: Michel Foucault, Die Ordnung der Dinge. Eine Archäologie des Wissens, Frankfurt 1974, p. 46-77; Ernst Robert Curtius, Europäische Literatur und Lateinisches Mittelalter, Bern u. München 5. Aufl. 1965, p. 211f et passim

(193) Cf. zur neueren Barockforschung den Forschungsbericht von Manfred Brauneck, Deutsche Literatur des 17. Jahrhunderts - Revision des Epochenbildes, in: DVjs 45 (1971), p. 378-468; A. Schöne, Emblematik und Drama im Zeitalter des Barock, München 2. Aufl. 1968; M. Windfuhr, Die barocke Bildlichkeit und ihre Kritiker. Stilhaltungen in der deutschen Literatur des 17. und 18. Jahrhunderts, Stuttgart 1966; D. W. Jöns, 'Das Sinnen-Bild'. Studien zur allegorischen Bildlichkeit bei Andreas Gryphius, Stuttgart 1966. Fehlerhaft erscheint mir die von Schöne für die barocke Emblematik angenommene eindeutige, fast ontologisch garantierte Beziehung von emblematischem Bild und seiner Bedeutung, bei Jöns die Annahme einer ungebrochenen christlichen Tradition, dies, obwohl er eine Bedeutungswillkür des Emblematikers annimmt; beides schließt einander aus. Cf. dazu auch: Burckhardt Lindner, Satire und Allegorie in Jean Pauls Werk. Zur Konstitution des Allegorischen, in: hrsgg. v. K. Wölfel, Jahrbuch der Jean--Paul-Gesellschaft 5, München 1970, p. 27-39.
Cf. zur Ersetzung der mittelalterlich theologischen Weltauffassung und Denk- und Kategorienstruktur durch die neuzeitliche: Hans Blumenberg, Säkularisation und Selbstbehauptung, Frankfurt/ Main 1974, passim; ders., Der Prozeß der theoretischen Neugierde, Frankfurt/ Main 1973, passim; ders., Aspekte der Epochenschwelle: Cusaner und Nolaner, Frankfurt/ Main 1976, passim; Michel Foucault, Die Ordnung der Dinge, Frankfurt/ Main 1974, passim; ders., Wahnsinn und Gesellschaft. Eine Geschichte des Wahns im Zeitalter der Vernunft, Frankfurt 1973.

(194) W. Benjamin, Zentralpark, l.c., p. 251-254

(195) Ibid., p. 247, 253, 260; Th. W. Adorno, Kleine Proust-Kommentare, l.c., p. 101

(196) W. Benjamin, Ursprung d. deutschen Trauerspiels, l.c., p. 209, 268

(197) Walter Muschg, Karl Kraus: Die Letzten Tage der Menschheit, in: Von Trakl zu Brecht. Dichter des Expressionismus, München 1961, p. 192f

(198) Ibid.,p. 191; W. Benjamin, Ursprung..., l.c., p. 209

(199) Johann Wolfgang Goethe, Maximen und Reflexionen, in: ders., dtv-Gesamtausgabe, Bd. 21, München 1963, p. 31; cf.: ibid., p. 124

(200) Ibid., p. 124

(201) H. Kaufmann, l.c., p. 522

(202) Ibid., p. 521f

(203) Ibid., p. 535

(204) Cf.: p. 85 dieser Arbeit, Zitat 161

(205) UdW, p. 413

(206) Th. W. Adorno, Rückblicken auf den Surrealismus, in: Noten z. Lit. (I), l.c., p. 158

(207) Cf. dazu: Hans Kohn, Karl Kraus, Arthur Schnitzler, Otto Weininger, Aus dem jüdischen Wien der Jahrhundertwende, in: Schriftenreihe wissenschaftlicher Abhandlungen des Leo Baeck Institute of Jews from Germany, Bd. 6, Tübingen 1962, p. 7ff

(208) G. Lukács. Gesch. u, Klassenbew., l.c., p. 111; cf. dazu auch: Helmut Arntzen,Karl Kraus und die Presse, in: hrsgg. v. H. Arntzen, Literatur und Presse, Karl-Kraus-Studien, Bd. 1, München 1975, passim, bes.p. 7-58

(209) UdW, p. 12f

(210) Cf. dazu: Heinz Brüggemann, Literarische Technik und soziale Revolution. Versuch über das Verhältnis von Kunstproduktion, Marxismus und literarischer Tradition in den theoretischen Schriften Bertolt Brechts, Reinbek bei Hamburg 1973 (dnb 33), p. 139-211

(211) Ibid., p. 193; UdW, p. 288

(212) UdW, p. 288

(213) Ibid.

(214) Ibid.

(215) Ibid., p. 425

(216) Ibid., p. 424f

(217) Die Fackel Nr. 781-786 (künftig F 781-786), Hrsg. Karl Kraus, Wien 1928, p. 3

(218) Karl Kraus, Die letzten Tage der Menschheit. Tragödie in fünf Akten mit Vorspiel und Epilog, 5. Bd. d. Werke von Karl Kraus, Hrsg. H. Fischer, München 1957, p. 209f; das Werk wird künftig abgekürzt angeführt als LTM plus Aktzahl in römischen Ziffern und Seitenzahl in arabischen Ziffern; der Epilog und das Vorspiel werden als Ep. und Vsp. abgekürzt.

(219) F 800-805, p. 23f

(220) UdW, p. 358

(221) F 404, p. 6

(222) LTM, V, 676f

(223) F 800-805, p. 2

(224) UdW, p. 71f

3. Zur Entstehung von "Die Letzten Tage der Menschheit"

(1) Karl Kraus, Die Letzten Tage der Menschheit. Tragödie in fünf Akten mit Vorspiel und Epilog, Wien, Leipzig 1922 p. IV

(2) Ibid.

(3) Ibid.

4. Zur Form von "Die Letzten Tage der Menschheit"

(1) Mary Snell, Karl Kraus's Die letzten Tage der Menschheit. An Analysis, in: Form for modern Language Studies, Vol. IV, No. 3, St. Andrews University Press July 1968, p. 234

(2) Ibid.

(3) Franz H. Mautner, Kraus. Die letzten Tage der Menschheit, in: Das deutsche Drama, ed. von Wiese, Bd. 2, Düsseldorf 1960, p. 357

(4) Erich Heller, Karl Kraus: The last days of mankind, in: The Cambridge Journal, Vol. I, Number 6, March 1948, p. 341; cf. eine ähnliche Aufzählung bei Walter Muschg, Karl Kraus, Die letzten Tage der Menschheit, in: Von Trakl zu Brecht, München 1961, p. 183-187

(5) Ibid.

(6) Ibid.; ders., Karl Kraus, in: Studien zur modernen Literatur, Frankfurt/ Main 1963 (edition suhrkamp 42), p. 71; eine veränderte und erweiterte Fassung des genannten Essays über "Die letzten Tage der Menschheit".

(7) Adorno/ Horkheimer, Dial. d. Aufklärung, l.c., p. 18, 40f

(8) Ibid., p. 44

(9) E. Heller, Karl Kraus, l.c., p. 71

(10) UdW, p. 11, 361

(11) F 400-403, p. 1

(12) LTM, I, 29, p. 225; F 406-412, p. 166f

(13) René Stempfer, Les idées et la langue de Karl Kraus dans 'Les Derniers Jours de l'Humanité', Phil. Diss. (masch.), Lille 1963, p. 30

(14) Ibid., p. 32

(15) Ibid., p. 34

(16) Ibid., p. 39

(17) Ibid., p. 25, 29; cf. diesen Abriß auf den Seiten 28 bis 42

(18) Gerhard Melzer, Der Nörgler und die Anderen. Zur Anlage der Tragödie "Die letzten Tage der Menschheit" von Karl

Kraus, Phil. Diss., Berlin 1972, p. 241

(19) Es ist wohl nicht zu leugnen, daß das geistige Tierreich der zweiten realisiert, was die geistigen Derivate der ersten Natur nur darstellten: die Hölle. Man denke nur an den Archipel Gulag, die Konzentrationslager, Hiroshima und Nagasaki.

(20) Cf. dazu: Joseph Gabel, Ideologie u. Schizophrenie. Formen der Entfremdung, Frankfurt/ Main 1967, passim

(21) R. Stempfer, l.c., p. 186

(22) F. H. Mautner, l.c., p. 380

(23) M. Snell, l.c., p. 246 (gesp. v. E.S.)

(24) LTM, Vsp., 1, p. 245; cf.: LTM, I, 70; II, 1, 232; III, 1, 323; IV, 1, 425; V, 1, 553

(25) LTM, Vsp., 1, 45

(26) LTM, I, 1, 69-71

(27) LTM, II, 1, 229

(28) LTM, III, 1, 323

(29) LTM, IV, 1, 425

(30) LTM, V, 1, 553

(31) LTM, p, 14, 38

(32) LTM, Vsp., 10, 60

(33) LTM, p. 14, 38
Diesen Marionetten verwandt sind die nur quantitativ erfaßten Personen in den Massenszenen am Anfang des Vorspiels und der fünf Akte: ein Korsobesucher, zwei Agenten, vier Offiziere, ein Wiener, ein Passant, drei Pülcher etc. Diesen Personen ist jede Individualität genommen: austauschbare und ersetzbare, verdinglichte und quantifizierte Massenmenschen. Teilweise werden sie bis auf Reste entmenschlicht: drei Wiener Gemeindeorgane, Rufe aus der Menge, die Fiakerstimme, Gesang Einrückender, zwei Beinstümpfe in einer abgerissenen Uniform. Cf.: LTM, 13, 15, 19, 23, 18, 33 et passim

(34) Cf.: LTM, Vsp., 10, 61; V, 52, 666

(35) LTM, Vsp., 10, 61f; V, 52, 667

(36) LTM, Vsp., 10, 62; V, 52, 667

(37) LTM, Vsp., 10, 65; V, 52, 668

(38) LTM, Vsp., 10, 61; V, 52, 667

(39) Hans Heinz Hahnl, Karl Kraus und das Theater, Diss. phil. (masch.), Wien 1948, p. 143

(40) Ibid.

(41) G. W. F. Hegel, Grundlinien d. Phil. d. Rechts, l.c., p. 95, 113; Friedrich Engels/ Karl Marx, Die heilige Familie oder Kritik der kritischen Kritik. Gegen Bruno Bauer und Konsorten, in: MEW 2, Berlin 1974, p. 37

(42) R. Stempfer, l.c., p. 91

(43) LTM, Vsp., 10, 66

(44) LTM, V, 52, 669

(45) Cf.: LTM, III, 15-19, 355-361; eine ähnliche Folge ist: LTM, III, 25-27; 371f; LTM, V, 25-27, 604-614

(46) Cf. dazu: Th. W. Adorno, Versuch über Wagner, München/ Zürich 1964 (Knaur Taschenbuch 54), p. 44ff; ders., Kierkegaard. Konstruktion des Ästhetischen, dritte, um eine zweite Beilage erweiterte Ausgabe, Frankfurt a. M. 1966, p. 55-115

(47) Ders., Vers. über Wagner, l.c., p. 34

(48) Adorno/ Horkheimer, Dial. d. Aufkl., l.c., p. 64

(49) Ibid., p. 28, 40; Th. W. Adorno, Der Essay als Form, in: Noten z. Lit. (I), l.c., p. 41; ders., Mahler. Eine musikalische Physiognomik, Frankfurt/ Main 2. Aufl. 1963 (Bibliothek Suhrkamp 61), p. 14; ders., Negative Dialektik, Frankfurt/ Main 1966, p. 143

(50) Ibid., p. 54f; Th. W. Adorno, Parataxis. Zur späten Lyrik Hölderlins, in: Noten z. Lit. III, l.c., p. 204

(51) Th. W. Adorno, Kierkegaard..., l.c., p. 151

(52) F. H. Mautner, l.c., p. 379f

(53) J. Stephan, l.c., p. 183

(54) G. Melzer, l.c., p. 227; cf.: ibid., p. 177ff

(55) Cf.: R. Stempfer, l.c., passim; H. Obergottsberger, l.c., p. 228

(56) H. H. Hahnl, l.c., p. 150f

(57) Ibid., p. 151

(58) Alfred Sohn-Rethel, Geistige und körperliche Arbeit. Zur Theorie der gesellschaftlichen Synthesis, Frankfurt/ Main 1970, p. 9

(59) Ibid., p. 54f

(60) Ibid., p. 62

(61) Ibid., p. 85f

(62) Ibid., p. 92
Ein Mangel der Sohn-Rethelschen Analyse ist darin zu sehen, daß er die "geheime Identität von Warenform und Denkform" (ibid., p. 9), daß die von ihm erkannten und beschriebenen Abstraktionen, die in der Verdoppelung der Ware in Ware und Geld ihre spezifische Form finden, nicht als aus der Genese und der Struktur der kapitalistischen Gesellschaft notwendig herauswachsende und durch die Totalität des gesamten Produktions- und Reproduktionsprozesses bedingte wie in spezifischer Weise ihn wiederum bedingende gefaßt hat, daß er sie nicht bestimmt hat als eine spezifische Erscheinungsform der Widersprüche der kapitalistischen Gesellschaft auf ihrer Oberfläche, daß er also den Widerspruch von abstrakter Einzelheit und abstrakter zeitloser Allgemeinheit nicht aus den spezifischen Gesetzen und ihren Erscheinungsformen der kapitalistischen Totalität abgeleitet hat, und deshalb diese spezifische Form der kapitalistischen Widersprüche, die

Verselbständigung der abstrakten gedanklichen Allgemeinheit gegenüber der abstrakten Einzelheit des Geistesarbeiters, nicht als ideellen, ideologischen Ausdruck der gegenüber den abstrakt vereinzelten Produzenten verselbständigten gesellschaftlichen Totalität und ihrer verdinglichten Erscheinungsformen und Vermittlung faßt, sondern sich auf einen "Teilaspekt von ihm, nämlich die dem Warentausch innewohnende abstraktive Kraft" und deren Analyse beschränkt, so aber aus einem durcheinander vermittelten Vermittlungszusammenhang reißt, was nur in ihm angemessen begriffen werden kann. Was Sohn-Rethel als eine eigenständige, abstraktive Kraft begreift, der Tausch, hat ihren Grund in einem und ist Moment eines arbeitsteiligen Zusammenhangs von Privatbesitzern; der Tauschwert Erscheinungsform eines von ihm unterschiedenen Gehalts, der in Zeit gemessenen abstrakten Arbeit. Indem Sohn--Rethel trennt und nicht als "Glieder einer Totalität" (Marx, Grundrisse..., l.c., p. 20) begreift, was durcheinander vermittelt, auseinander resultierend und einander bedingend ist: "Produktion, Distribution, Austausch, Konsumtion" (ibid.), verfällt er selbst dem Schein des Kapitals (cf.: Sohn-Rethel, l.c., p. 57ff, 183-184 et passim); er begreift die abstraktive Kraft des Tausches nicht durch das vermittelt, was sie gleichermaßen auch bedingt: abstrakte Arbeit; er begreift die Marxschen Kategorien nicht als die e i n e s durch seine Momente vermittelten wie sie vermittelnden "automatischen Subjekts", als das Marx das Kapital beschreibt (K. Marx, Kap.I, l.c., p. 169). Sohn-Rethel begreift die abstraktive Kraft einer Warengesellschaft nicht, die alle abstrakten Teilarbeiten durch die wechselseitige Abhängigkeit der Privaten von vornherein als gesellschaftlich bestimmt, die also nicht erst im Tausch ihren gesellschaftlichen Charakter verliehen bekommen. Weiter bestimmt Sohn-Rethel nicht die spezifischen Unterschiede der verschiedenen Gesellschaftsformationen, in denen Warenproduktion herrscht, versperrt sich aber genau durch dieses Vorgehen die Erkenntnis der Spezifität der kapitalistischen Denkformen. Richtig kritisiert Marx ein solches Vorgehen: "Um den Zusammenhang zwischen der geistigen Produktion und der materiellen zu betrachten, vor allem nötig, die letztre nicht als allgemeine Kategorie, sondern in bestimmter historischer Form zu fassen," (K. Marx, Theor. ü. d. Mehrw., Bd. 1, l.c., p. 256f) Sohn--Rethel zufolge ist das abstrakte Denken Reflex der Tauschabstraktion (cf.: Sohn-Rethel, l.c., p. 62ff, 81); dieses Denken bezeichnet er als falsch und begriffsblind, da es seine Genese nicht zu begreifen imstande ist; er begreift es aber unter Ausblendung der Arbeitsabstraktion nicht als Reflex einer sich unter ideologischem Bewußtsein vollziehenden Handlung, das in seinen Formelementen durchaus fähig ist, sich in der bornierten Praxis der Privaten zu bewähren, ihrer Praxis die überhistorischen Kategorien zu liefern, ihrer Praxis die notwendige Abstraktionsebene, Denkmodelle zu liefern, deren Wahrheitscharakter gerade in ihrem abstrakten Praxisbezug begründet liegt. Erst von diesem bornierten Praxisbezug aus wird das Denken der in den Formen der Tauschabstraktionen Denkenden notwendig falsch; sie wissen nicht, was sie tun, und werden so zu Funktionselementen eines sich auch durch ihre Köpfe hindurch durchsetzenden Produktionsverhältnisses, das sie in verdinglichter Form reflektieren (cf.: K. Marx, D. Kap., Bd. 1, l.c., p. 88). Der Mangel der Sohn-Rethelschen Analyse, die ihren spezifischen Wert damit nicht in Frage stellt, kann hier nur angedeutet, aber nicht näher ausgeführt werden, da dies eine eigene Arbeit erforderte. Ich kann also nur auf meine oben gemachten verkürzten Ausführungen über die Mystifikationen der kapitalistischen Produktionsweise verweisen, die anreißen, daß die Erscheinungen der Oberfläche des Kapitals verdinglichte Formen von sich unbewußt durch die Köpfe der Individuen und durch ihr Handeln sich durchsetzenden, wesentlichen Zwangsgesetzen des Kapitals sind, die auch in den von Sohn-Rethel ausgebreiteten Denkformen ihren Ausdruck finden.

(63) Walter Benjamin, Das Kunstwerk im Zeitalter seiner technischen Reproduzierbarkeit. Drei Studien zur Kunstsoziologie, Frankfurt/ Main 1963 (edition suhrkamp 28), p. 40

(64) Horkheimer/ Adorno, Dial. d. Aufkl., l.c., p. 36

(65) W. Benjamin, Zentralpark, in: Illuminationen, l.c., p. 259

(66) Ibid., p. 255

(67) Th. W. Adorno, Brief an W. Benjamin vom 2. 8. 1935, in: ders., Über Walter Benjamin, Frankfurt/ Main 1970 (Bibliothek Suhrkamp 260), p. 116

(68) Ernst Bloch, Das Prinzip Hoffnung, Bd. 1, Berlin 1953, p. 240f

(69) Ibid., p. 236

(70) W. Benjamin, Paris, die Hauptstadt des XIX. Jahrhunderts, in: Illuminationen, l.c., p. 194

(71) Ders., Zentralpark, in: ibid., p. 251

(72) Karl Marx, Das Elend der Philosophie, l.c., p. 139

(73) Ders., Die deutsche Ideologie, l.c., p. 26

(74) Ibid., p. 26f

(75) W. Benjamin, Zentralpark, l.c., p. 251

(76) Th. W. Adorno, Ästh. Theor., l.c., p. 132f

(77) F 275/276, p. 34

(78) Ibid., p. 40

(79) K. Marx, Zur Kritik der Hegelschen Rechtsphilosophie. Einleitung, in: MEW 1, Berlin 1970, p. 381; LTM III, 36, 385

(80) Th. W. Adorno, Spengler nach dem Untergang, in: Prismen. ..., l.c., p. 50

(81) Adorno/ Horkheimer, Dial. d. Aufkl., l.c., p. 36

(82) Th. W. Adorno, Kierkegaard. Konstruktion d. Ästhetischen, l.c., p. 100

(83) W. Benjamin, Paris, die Hauptstadt d. XIX. Jahrhunderts,

l.c., p. 196

(84) Th. W. Adorno, Ästhetische Theor., l.c., p. 232

(85) Ibid.

(86) Ibid., p. 90

(87) W. Benjamin, Ursprung..., l.c.,p.15-33;ders., Der Autor als Produzent, in: hrsgg. v. R. Tiedemann, W. Benjamin, Versuche über Brecht, Frankfurt/ Main 1966, p. 101

(88) Ders., Charles Baudelaire, l.c., p. 117

(89) Th. W. Adorno, Charakteristik Walter Benjamins, in: Prismen..., p. 244

(90) Ernst Bloch, Erbschaft dieser Zeit, Erweiterte Ausgabe, Gesamtausgabe, Bd. 4, Frankfurt/ Main 1962, p. 271

(91) W. Benjamin, Krisis des Romans, in: Angelus Novus. Ausgewählte Schriften 2, Frankfurt/ Main 1966, p. 438

(92) Ibid., p. 439

(93) Ibid.

(94) F 800-805, p. 4

(95) Ibid., p. 5; cf. zur Rücknahme des herrschaftlichen Prinzips durch parataktische Reihung, durch Episierung: Th. W. Adorno, Parataxis. Zur späten Lyrik Hölderlins,in: Noten z. Lit. III, l.c., p. 156-209

(96) LTM, Vorwort, 9

(97) Ibid.

(98) F 521-530, p. 44

(99) H. Obergottsberger, l.c., p. 120

(100) Th. W. Adorno, Sittlichkeit und Kriminalität, in: Noten z. Lit. III, l.c., p. 62

(101) Cf. dazu: W. Benjamin, Zur Kritik d. Gewalt, in: Z. Krit. d. Gewalt und andere Aufsätze, Frankfurt/ Main 1965 (edition suhrkamp 103), p. 29ff; ders., Schicksal u. Charakter, in: Illuminationen, l.c., p. 47ff; ders., Urspr. d. dtschn. Trauersp., l.c., p. 109ff

(102) Th. W. Adorno, Der Essay als Form, in: Noten z. Lit. (I), l.c., p. 22

(103) UdW, p. 67f

(104) Ibid., p. 72f

(105) UdW, p. 391

(106) Ibid., p. 141

(107) Ibid.

(108) Ibid., p. 413f

(109) LTM, I, 2, 85; IV, 29, 504; F 834-837, p.1

(110) F 640-648, p. 18

(111) Ibid.

(112) W. Benjamin, Zentralpark, l.c., p. 257

(113) Th. W. Adorno, Sittlichkeit und Kriminalität..., l.c., p. 63f

(114) UdW, p. 414

5. Zum Inhalt von "Die letzten Tage der Menschheit"

(1) LTM, Vorwort, p. 9

(2) LTM, IV, 20, 458

(3) R. Stempfer, l.c., p. 87

(4) LTM, I, 1, 77

(5) Ibid.

(6) Unter Berücksichtigung des aus der von Menschen gemachten und von Kraus als eine des Unheils und des Todes betrachtete Geschichte ausgegrenzten Gottes, wie er am Ende der "Letzten Tage der Menschheit" auftritt, sowie der Krausschen Betrachtung des innerweltlichen Fortschritts als eines teuflischen und tödlichen könnte man die Aufspaltung des Benjaminschen Begriffs der barocken Allegorie als eine kritische Wendung der neuen gegen den Ursprung der barocken begreifen, als Kritik des Ursprungs der kapitalistischen Epoche, als Kritik der Entfaltung des Kapitals und ihren subjektiven und objektiven Folgen, als Kritik der Zerstörung des mittelalterlichen Ordo unter der Gewalt des sich herausbildenden Kapitals, als Kritik der ungewollten Selbstzerstörung des mittelalterlichen Christentums durch die nominalistische Hochscholastik und ihrer Setzung eines absolut willkürlichen deus absconditus, die eine spirituelle Dingauslegung verunmöglichte, jeglichen sicheren Bezug von Welt und Gott auflöste. In den freien Raum der aus dem sicheren Heilsplan herausgefallenen Welt drang etwa als Bedeutungswillkür des barocken Allegorikers die sich mit dem Kapital entfaltende und sich emanzipierende Subjektivität, deren liberales Spätprodukt Kraus bekämpfte: Gegen den transzendenten, absoluten und willkürlichen Gott setzte sich die innerweltliche Selbstbehauptung und grenzte Gott aus der Welt aus und leitete den tödlichen Fortschritt ein.

(7) Cf.: W. Benjamin, Ursprung..., l.c., p. 9f, 14-19, 29-32

(8) Cf.: LTM, I, 1, 73-75; I, 6, 91

(9) LTM, I, 1, 75

(10) W. Benjamin, Der Autor als Produzent, in: ders., Versuche über Brecht, hrsgg. v. R. Tiedemann, Frankfurt/ Main 1966, p. 101

(11) Ders., Karl Kraus, in: Illuminationen, l.c., p. 376

(12) W. Benjamin, Ursprung..., l.c., p.233

(13) LTM, I, 1, 71f

(14) Th. W. Adorno, Aldous Huxley und die Utopie, in: Prismen..., l.c., p. 98; ders., Über Wagner, l.c., p. 128

(15) Cf. dazu etwa die monologischen Dialoge von Abonnent und Patriot, des alten Biach und des Kaiserlichen Rates, Wa-

genknechts und Selatscheks, von Optimist und Nörgler; LTM, V, 29, 616; IV, 26, 469-488; I, 25, 180-186; V, 42, 644 et passim

(16) Horkheimer/ Adorno, Dial. d. Aufkl., l.c., p.50

(17) Herbert Marcuse, Ideengeschichtlicher Teil, in: Studien über Autorität und Familie, l.c., p. 193

(18) W. Benjamin, Ursprung..., l.c., p. 234

(19) Ders., Ch. Baudelaire..., l.c., p. 138; cf.: ibid., p. 60-68, 132-138

(20) Cf. dazu: LTM, II, 4, 241; eine Stelle, in der ein General auf das Gestammel eines Debilen regrediert, als er die Frage nach dem "Schicksal der dritten reitenden Artilleriebrigade" beantworten soll; deren Name vermodert ihm in "die - ritte - dreitende - rati - tatita - ti - titeriti -", und der General dokumentiert neben dem Reporter, der sich für diese Auskunft bedankt, den völligen Zerfall von Einsicht und Verantwortungsfähigkeit, was ein unheilvolles Licht auf das Schicksal der Brigade wirft; cf. auch: LTM, III, 23, 365f

(21) LTM, I, 1, 72

(22) Th. W. Adorno, Aufzeichnungen zu Kafka, in: Prismen..., l.c., p. 252

(23) LTM, I, 1, 72; cf. dazu: LTM, I, 1, 69-75, 79

(24) LTM, I, 6, 92; cf. dazu: LTM, I, 6, 91-94

(25) Th. W. Adorno, Sittlichkeit u. Kriminalität..., l.c., p. 63

(26) W. Benjamin, Geschichtsphilosophische Thesen, l.c., p. 278

(27) LTM, I, 29, 224

(28) Michel Foucault, Wahnsinn und Gesellschaft. Eine Geschichte des Wahnsinns im Zeitalter der Vernunft, Frankfurt/ Main 1973 (suhrkamp taschenbuch wissenschaft 39), p. 34

(29) Ibid., p. 35

(30) Cf. ibid., p. 140ff et passim

(31) Ibid., p. 150

(32) G. Lukács, Existentialismus oder Marxismus?, Berlin 1951, p. 41

(33) Ibid.

(34) Ibid., p. 42f

(35) Ibid., p. 45

(36) Th. W. Adorno, Versuch, das Endspiel zu verstehen, in: Not. z. Lit. II, l.c., p. 203

(37) UdW, p. 360, 451; LTM, I, 29, 206

(38) Cf. dazu: LTM, Personenverzeichnis, passim

(39) Cf. dazu: LTM, Personenverzeichnis, passim; K. Marx, Das Kapital, Bd. 1, l.c., p. 673

(40) Ibid., p. 675

(41) Cf. dazu: LTM, Personenverzeichnis, passim

(42) G. Lukács, Gesch. u. Klassenbew., l.c., p. 111

(43) W. Benjamin, Ursprung..., l.c., p. 19, 228, 264, 266; ders., Karl Kraus, l.c., p. 375, 396, 403

(44) Horkheimer/ Adorno, Dial. d. Aufkl., l.c., p. 6

(45) LTM, I, 14, 132

(46) W. Benjamin, Ursprung..., l.c., p. 194

(47) LTM, I, 14, 132-135

(48) LTM, I, 14, 136

(49) Cf. dazu auch: LTM, II, 5, 242

(50) LTM, II, 10, 255

(51) LTM, I, 29, 208-210

(52) LTM, IV, 28, 496; V, 54, 680

(53) Th. W. Adorno, Über Statik und Dynamik als soziologische Kategorien, in: M. Horkheimer/ Th. W. Adorno, Soziologica II. Reden u. Vorträge, Frankfurt/ Main 2. Aufl. 1967 (Frankfurter Beiträge z. Soz. 10), p. 234ff

(54) LTM, V, 49, 659

(55) LTM, V, 42, 645

(56) Karl Marx, Der achtzehnte Brumaire des Louis Bonaparte, in: Marx/ Engels, Ausgewählte Schriften I, Berlin 16. Aufl. 1968, p. 226

(57) Th. W. Adorno, Einleitung zu Benjamins "Schriften", in: ders., Über W. Benjamin, l.c., p. 43

(58) K. Marx/ F. Engels, D. deutsche Ideologie..., l.c., p. 20f

(59) Ibid., p. 20

(60) LTM, I, 29, 216

(61) Cf. dazu: LTM, I, 21, 154-157; R. Stempfer, l.c., p. 89; H. Obergottsberger, l.c., p. 241

(62) LTM, I, 28, 191

(63) Ibid.

(64) Ibid., I, 27, 190

(65) Rosa Luxemburg, Die Krise der Sozialdemokratie. (Junius Broschüre), in: dies., Ausgewählte Reden und Schriften, Bd. 1, Berlin 2. Aufl. 1955, p. 259

(66) Ibid.

(67) W. Benjamin, Urspr. d. dt. Trauersp., l.c., p. 199

(68) Cf.: H. Obergottsberger, l.c., p. 180-194; Wilma Abeless Iggers, Karl Kraus. A Viennese Critic of the Twentieth Century, The Hague 1967, p. 155-170

(69) entfällt

(70) H. Obergottsberger, l.c., p. 243; W. Muschg, l.c., p. 189f; R. Stempfer, l.c., p. 90

(71) LTM, V, 16, 582-586 (Herv. v. E.S.)

(72) LTM, I, 20, 151; IV, 40, 538 et passim

(73) LTM, III, 45, 419; III, 1, 323

(74) LTM, V, 15, 581

(75) LTM, II, 30, 307; V, 1, 553; I, 29, 197f

(76) M. Foucault, l.c., p. 47

(77) LTM, III, 46, 421

(78) M. Borries, l.c., p. 42f

(79) Th. W. Adorno, Sittlichkeit u. Kriminalität, l.c., p. 62

(80) LTM, Ep., p. 750-754

(81) Ibid.

(82) Ibid.

(83) Es ist veröffentlicht als Bildbeigabe der Fackel 326-328; cf. dazu auch: S. P. Scheichl, l.c., 268ff

(84) UdW, p. 41

(85) W. Benjamin, Ursprung..., l.c., p. 193

(86) UdW, p. 71f; W. Benjamin, Zentralpark, l.c., p. 263

(87) LTM, Ep., p. 752f

(88) LTM, III, 36, 385; cf.: ibid., V, 55, 719; Ep., 731f; K. Marx, D. Kapital, Bd. 1, l.c., p. 168f

(89) UdW, p. 358

(90) Cf.: S. P. Scheichl, l.c., p. 552f

(91) Cf. die Masse an Ersatzprodukten, die Kraus als Beweis für den Ersatz natürlicher Produkte durch künstliche anführt; sie reichen vom "schmackhaften Falschen-Hasen-Ersatz mit Wrucken-Ersatz" bis zum "Lungenpest-Ersatz" des die szientische Vernichtung des Menschen repräsentierenden "Dr. Ing. Siegfried Abendrot", der nicht mehr über Menschen, sondern über Abstraktionen, "zehntausend feindliche Lungen" siegt: LTM, III, 40, 398f; Ep., 745

(92) Ibid., IV, 29, 494; V, 54, 677

(93) LTM, I, 29, 210f

(94) Ibid., III, 1, 323; cf: LTM, I, 30, 225 et passim

(95) Cf. zu Schicksal und Schuldzusammenhang: W. Benjamin, Schicksal und Charakter, in: Illuminationen, l.c., passim, bes. p. 50ff; ders., Goethes Wahlverwandtschaften, in: ibid., p. 82ff

(96) LTM, V, 53, 669f

(97) LTM, V, 54, 670

(98) W. Benjamin, Zentralpark, l.c., p. 255

(99) Ders., Ursprung..., l.c., p. 261

(100) Th. W. Adorno, Versuch, das Endspiel zu verstehen, l.c., p. 236

(101) Augustinus nach: Joachim Schumacher, Die Angst vor dem Chaos. Über die falsche Apokalypse des Bürgertums, Frankfurt/ Main 1972 (makol bibliothek 26), p. 33 (gesp. v. E.S.)

(102) J. Schumacher, l.c., p. 34, 57; LTM, I, 29, 205; cf.: W. Benjamin, Ursprung..., l.c., p. 146, 222

(103) Erich Fromm, Sozialspychologischer Teil, in: Aut. u. Fam., l.c., p. 123

(104) Ibid., p. 116

(105) Adorno/ Horkheimer, Dial. d. Aufkl., l.c., p. 159

(106) LTM, I, 11, 126f

(107) LTM, II, 26, 295

(108) LTM, I, 11, 119

(109) LTM, I, 29, 201

(110) LTM, I, 29, 202

(111) K. Marx, D. Kapital, Bd. 1, l.c., p. 49

(112) LTM, I, 29, 202; Th. W. Adorno, Résumé über die Kulturindustrie, in: Ohne Leitbild. Parva Aesthetica, Frankfurt/ Main 1967, p. 60

(113) Ibid., p. 61

(114) Ibid., p. 67

(115) Cf.: LTM, III, 8, 337

(116) Cf. dazu: LTM, IV, 26, 469-488

(117) Werner Kraft, Karl Kraus. Beiträge zum Verständnis seines Werkes, Salzburg 1956, p. 142; LTM, IV, 29, 504; cf.: LTM, V, 9, 570-575

(118) LTM, I, 29, 195, 211, 216

(119) LTM, II, 10, 252

(120) LTM, II, 11, 263

(121) LTM, I, 22, 162

(122) W. Benjamin, Karl Kraus, in: Illuminationen, l.c., p. 381, 404

(123) G. Lukács, "Größe und Verfall" des Expressionismus, in: Probleme des Realismus, p. 147-162

(124) LTM, I, 29, 194

(125) LTM, I, 29, 204

Ad 123) Diese theoretische Aussage Lukács', die von anderen Marxisten (Brecht, Eisler, Bloch u.a.m.) teilweise erbittert bekämpft wurde, (a) traf zumindest teilweise auf Kraus zu, der gegen Ende seines Lebens in dem faschistischen Diktator Österreichs, Dollfuß, die letzte Rettung Österreichs vor Hitler sah (b).

(a) Cf.: Helga Gallas, Die Linkskurve (1929-32). Ausarbeitung einer proletarisch-revolutionären Literaturtheorie in Deutschland, Phil. Diss., Berlin 1969, passim

(b) Cf.: Paul Schick, Karl Kraus, in: rowohlts monographien, Bd. 111, Reinbek bei Hamburg 1965, p. 129-133

(126) Karl Marx/ Friedrich Engels, Manifest der Kommunistischen Partei, in: MEAS, Bd. 1, l.c., p. 29

(127) Ibid., p. 28 (gesp. v. E.S.)

(128) Ibid. (gesp. v. E.S.)

(129) Ibid., p. 28f (gesp. v. E.S.)

(130) H. Brüggemann, l.c., p. 141; cf.: ibid., p. 141-177

(131) LTM, I, 29, 197-205

(132) K. Marx, Grundrisse..., l.c., p. 81f

(133) LTM, V, 54, 676; cf. dazu: LTM, III, 6, 333-335; V, 25, 604-608

(134) H. Obergottsberger, l.c., p. 244

(135) R. Stempfer, l.c., p. 162

(136) LTM, II, 1, 229-231

(137) Der Intrigant ist neben dem Tyrannen, dem Märtyrer, dem Narren eine Zentralfigur des barocken Trauerspiels. Mit "Verstand und Wille" trägt er bei Walter Benjamin die Insignien der bürgerlichen Aufklärung; sein "Geist ist das Vermögen, Diktatur auszuüben." (W. Benjamin, Ursprung..., l.c., p. 94, 98)

(138) LTM, II, 1, 230

(139) LTM, V, 54, 674

(140) Cf.: R. Katzenstein, Zur Theorie des staatsmonopolistischen Kapitalismus, in: Probleme des Klassenkampfs. Zeitschrift für politische Ökonomie und sozialistische Politik, 3. Jahrg., Nr. 3, Nr. 8/ 9, Erlangen 1973
"Wenn man vom staatsmonopolistischen Kapitalismus als einer Entwicklungsform des Kapitalverhältnisses sprechen kann, so deshalb, weil der Staat neue ökonomische Funktionen ausübt, mit denen er auf die Bedingungen der Profitaneignung durch das Privatkapital und ebenso auf die Bedingungen der Profitproduktion und der Profitrealisierung einwirkt, mit denen er direkt in den kapitalistischen Mechanismus der Profitaneignung und -verteilung einbezogen wird." (Ibid., p. 11) Die Gegner dieser Theorie fassen sie als eine ideologische unmarxistische Theorie; ihre These lautet, "daß in der Theorie des staatsmonopolistischen Kapitalismus die Unterscheidung zwischen allgemeinen Bestimmungen des Kapitals, realen Durchsetzungsformen und Erscheinungsweise dieser Durchsetzung verlorengegangen ist." In dieser Theorie, und das trifft auch für die Anschauungsweise Kraus' des Kapitals zu, wird "die Erscheinungsform...zum Inhalt der gegenwärtigen Phase des Kapitalismus; die Schrecken des Imperialismus werden zum Resultat individueller Bösartigkeit von Personen, (Herv. v. E.S.) die die Produktion beherrschen. Der Begriff der 'Privatheit' ist nicht mehr ein subjektiver Ausdruck der

Verkehrung des Zwecks der Produktion, sondern eigentliches Konstituens des Kapitalverhältnisses; nicht das Kapital herrscht - auch noch über die Monopole in der Konkurrenz - sondern die Monopole herrschen.
In dieser Subjektivierung des Kapitalbegriffs ist die Differenz zwischen der erscheinenden und in den angegebenen Grenzen auch r e a l e n , Entscheidungsfreiheit des Subjekts und der Möglichkeit, mittels dieser Entscheidungen auch tatsächlich die Ziele des Subjekts erreichen zu können, verschwunden. Wenn nicht mehr das Kapital herrscht, sondern die Monopole und damit implizit die Monopolisten, geht der in dieser Entscheidungsfreiheit immanente Widerspruch zwischen den sich hinter dem Rücken der Produzenten durchsetzenden Notwendigkeiten der Gesamtreproduktion - wie oben entwickelt - und dem individuellen Interesse an Profitmaximierung verloren." (Margaret Wirth, Zur Kritik der Theorie des staatsmonopolistischen Kapitalismus, in: l.c., p. 20, 26)

(141) K. Marx, D. Kapital, Bd. 1, l.c., p. 309, 320

(142) LTM, II, 32, 307-309

(143) Th. W. Adorno, Vers. über Wagner, l.c., p.132

(144) LTM, V, 50, 660

(145) Ibid., 665; Th. W. Adorno, Vers. üb. Wagner, l.c., p.128; K. Marx, D. Kapital, Bd. 1, l.c., p. 167f

(146) Th. W. Adorno, ibid., p. 128f

(147) LTM, V, 54, 674

(148) LTM, I, 138-141; cf.: LTM, III, 23, 365f

(149) LTM, V, 55, 708

(150) Ibid.

(151) Ibid.

(152) Horkheimer/ Adorno, Dial. d. Aufkl., l.c., p. 39

(153) LTM, IV, 7, 439-442

(154) Th. W. Adorno, Aufzeichnungen zu Kafka, l.c., p. 268; W. Benjamin, Urspr. d. dt. Trauersp., l.c., p. 184

(155) Th. W. Adorno, Kierkegaard..., l.c., p. 150

(156) LTM, III, 45, 419f; cf. dazu: LTM, IV, 41, 541f: "Was ein patriotischer Arzt ist, hat ein Frontlieferant zu sein! (...) Humanität hin, Humanität her, das is ja alles recht schön,... Jetzt is Krieg und da ist es die oberste Pflicht des Ärztestandes,...das Menschenmaterial aufzufüllen."

(157) Th. W. Adorno, Theorie der Halbbildung, in: M. Horkheimer / Th. W. Adorno, Sociologica II..., l.c., p. 170

(158) Ibid.

(159) Ibid., p. 182

(160) LTM, V, 49, 659

(161) Th. W. Adorno, l.c., p. 170

(162) LTM, III, 46, 421

(163) LTM, IV, 41, 539-542

(164) LTM, III, 15, 355

(165) LTM, III, 16, 356; cf.: LTM, III, 17

(166) H. Obergottsberger, l.c., p. 252; LTM, II, 6-7, 242f; cf.: LTM, II, 28, 297

(167) LTM, V, 7, 562

(168) LTM, V, 7, 563f; daß die genannten Kriegsziele nicht aus der Luft gegriffen waren, ist zu ersehen aus: Fritz Fischer, Griff nach der Weltmacht, l.c., passim

(169) W. Benjamin, Geschichtsphilosophische Thesen, l.c., p. 278; ders., Ursprung..., l.c., p. 33

(170) Cf. dazu: ders., Charles Baudelaire..., l.c., p. 60-68, 126-146

(171) Ibid., p. 140, 143; cf. zur Benjaminschen Bestimmung des Choks und seines Zusammenhangs mit der Menge: ibid., p. 119-146; zur Liquidierung von Erfahrung und Vorstellungskraft: ibid., p. 117

(172) LTM, III, 35, 383f; daß Barbarei in Kunst und Literatur ein integraler Bestandteil imperialistischer Kultur ist, illustriert folgendes, aus dem Spiegel gezogenes Gedicht, das alle offiziellen Reden von einer in der "Freien Welt" herrschenden Kultur und Humanität als verlogen entlarvt: "Das Gebet der Marines/ Ich wandle durch das Tal/ im Schatten des Todes./ Doch fürchte ich nichts Böses/ denn ich bin der größte/ bin der schlimmste Mother-Fucker im Tal.// Ich lege mich nieder zum Schlaf/ und bete zu Gott, der Krieg möge andauern,/ damit die Marines als Retter kommen können/ und damit ich meinen verdammten Sold verdienen kann.// Gott segne die Vereinigten Staaten, Gott segne die Schleifer,/ Gott segne das Marinekorps." in: DER SPIEGEL, Nr. 50, 24. Jhrg., 7. Dez. 1971, p. 132

(173) Th. W. Adorno, Aufzeichnungen zu Kafka, l.c., p. 279

(174) LTM,IV, 5, 434

(175) N. Elias, Über d. Prozess der Zivilisation, Bd. 1, l.c., p. 162

(176) Cf.: Ibid., p. 164ff

(177) Th. W. Adorno, Sittlichkeit u. Kriminalität, l.c., p. 70f

(178) Th. W. Adorno, Zum Gedächtnis Eichendorffs, in: Not. z. Lit. (I), l.c., p. 119f, 130ff

(179) Joseph von Eichendorff, Dichter und ihre Gesellen, in: Dichtung der Romantik, Bd. 5, Romane 1, Hamburg 1960, p. 345

(180) Ibid., p. 335

(181) Th. W. Adorno, Theorie der Halbbildung, l.c., p. 170f

(182) Karl Kraus, Der Reim, in: Die Sprache, München 1962[4], p. 388

(183) R. Stempfer, l.c., p. 190

(184) LTM, II, 10, 254

(185) Cf.: LTM, II, 13, 267f

(186) Cf.: LTM, II, 13, 266f

(187) LTM, III, 4, 331

(188) Th. W. Adorno, Rede über Lyrik u. Gesellschaft, in: Noten z. Lit. (I), l.c., p. 80f

(189) Ibid., p. 82

(190) Cf.: LTM, I, 19, 146-148; LTM, II, 15, 271-274; LTM, III, 32, 378f

(191) Th. W. Adorno, Rede..., l.c., p. 78

(192) LTM, IV, 38, 536f; cf. zum Verhältnis von wesentlichem und fingiertem Schein des Kapitals auch: LTM, IV, 39, 537f

(193) LTM, IV, 39, 538

(194) Ibid.

(195) LTM, IV, 29, 505

(196) LTM, IV, 37, 534

(197) LTM, IV, 37, 534

(198) LTM, IV, 29, 497-503; W. Benjamin, Ursprung..., l.c., p. 261, 266

(199) R. Stempfer, l.c., p. 61

(200) LTM, V, 55, 700f

(201) LTM, III, 42, 413; Ep., 741; V, 55, 720

(202) LTM, IV, 29, 505f

(203) LTM, V, 42, 640

(204) LTM, II, 29, 303

(205) LTM, V, 55, 700

(206) LTM, V, 55, 692

(207) LTM, IV, 11, 450f

(208) R.Luxemburg, l.c., p. 259f

(209) M. Horkheimer, Egoismus..., l.c., p. 5

(210) Ibid., p. 63

(211) LTM, I, 29, 193, 216

(212) Horkheimer/ Adorno, Dial. d. Aufkl., l.c., p. 124f

(213) LTM, V, 55, 701f; cf. zu Prasch: ibid., p. 714f

(214) LTM, Vorw., 10

(215) Th. W. Adorno, Satzzeichen, in: Not. z. Lit. (I), p. 164ff

(216) LTM, I, 20, 151; IV, 39, 538; 41, 542; V, 55, 683

(217) LTM, V, 55, 692f; IV, 43, 549

(218) R. Stempfer, l.c., p. 74

(219) LTM, I, 20, 153

(220) Ibid.

(221) Ibid.

(222) R. Stempfer, l.c., 77; H. Obergottsberger, l.c., p. 261

(223) LTM, IV, 30, 512-514; cf.: LTM, IV, 32, 526

(224) Th. W. Adorno, Standort d. Erzählers im zeitgenössischen Roman, in: Not. z. Lit. (I), l.c., p. 69f

(225) LTM, I, 20, 152; LTM, IV, 30, 514; Th. W. Adorno, ibid., p. 64

(226) LTM, IV, 29, 510

(227) LTM, IV, 29, 510

(228) LTM, IV, 29, 508

(229) LTM, V, 55, 698

(230) LTM, IV, 30, 513; V, 55, 698, 700

(231) LTM, V, 1, 554; cf.: LTM, II, 1, 233; II, 23, 292; III, 1, 325; III, 7, 336; IV, 1, 426; V, 40, 635; V, 52, 666; cf. zum Naturbegriff bei Marx: ALfred Schmidt, Der Begriff der Natur in der Lehre von Marx, in: hrsgg. v. Th. W. Adorno u. Walter Dirks, Frankfurter Beitr. z. Soz., Bd. 11, Frankfurt/ Main 2. Aufl. 1967, passim

(232) LTM, II, 14, 267-270

(233) K. Marx, D. Kapital, Bd. 3, l.c., p. 96f, 99; LTM, IV, 11, 451

(234) Friedrich Nietzsche, Zur Genealogie der Moral, in: hrsgg. v. K. Schlechta, Fr. Nietzsche, Werke, Bd.3, Frankfurt/ Main usw. 1972 (Ullstein Taschenbuch 2909), p. 231f

(235) LTM, II, 14, 269f

(236) LTM, II, 31, 307

(237) Cf.: LTM, p. 14, 35f, 38

(238) LTM, IV, 1, 425

(239) LTM, V, 1, 553

(240) Th. W. Adorno, Aufzeichnungen zu Kafka, l.c., p. 268

(241) W. Benjamin, Paris, die Hauptstadt des XIX. Jahrhunderts, in: ders., Illuminationen, l.c., p. 191; LTM, V, 1, 554

(242) LTM, IV, 29, 496; IV, 54, 680

(243) W. Benjamin, Zentralpark, l.c., p. 254f; cf. auch: Th. W. Adorno, Versuch über Wagner, l.c., p. 90-100

(244) LTM, V, 37, 631ff

(245) LTM, V, 25, 604f

(246) Cf.: G. Melzer, l.c., p. 7ff

(247) E.Heller, Karl Kraus: The last days of mankind, l.c., p. 343f

(248) LTM, I, 29, 197

(249) G. Melzer, l.c., p. 63

(250) Th. W. Adorno, Sittlichkeit u. Kriminalität, l.c., p. 60, 72

(251) K. Marx, (Thesen ad Feuerbach), 2. These, in: MEW, Bd. 3,

l.c., p. 5

(252) H. Obergottsberger, l.c., p. 236

(253) LTM, I, 29, 224; V, 42, 644

(254) Cf.: W. Kraft, Karl Kraus..., l.c., p. 142f

(255) LTM, V, 54, 672f

(256) LTM, I, 29, 193f

(257) LTM, II, 10, 255

(258) LTM, V, 49, 659

(259) Cf. dazu: Roland Barthes, Mythen des Alltags, Frankfurt/ Main 1964, p. 85-149; cf. zu der christlichen Vorform einer einheitlichen Deutung von Welt und Geschichte: E. Auerbach, l.c., p. 18f, 51, 213f et passim

(260) G. W. F. Hegel, Phän. d. Geistes, l.c., p. 436; LTM, III, 14, 351; I, 29, 200

(261) Th. W. Adorno, Sittlichkeit u. Kriminalität, l.c., p. 70

(262) Ibid., p. 80

(263) LTM, I, 29, 212

(264) Th. W. Adorno, Kierkegaard..., l.c., p. 111

(265) Ibid., p. 110

(266) G. Lukács, Die Theorie des Romans. Ein geschichtsphilosophischer Versuch über die Formen der großen Epik, Neuwied a. Rhein, Berlin-Spandau 1963, p. 84; W. Benjamin, Urspr. d. dt. Trauersp., l.c., p. 159

(267) LTM, V, 54, 670-681

(268) LTM, V, 55, 710

(269) H. Obergottsberger, l.c., p. 269

(270) W. Benjamin, Ursprung..., l.c., p. 206, 222; ders., Das Kunstwerk im Zeitalter seiner technischen Reproduzierbarkeit, in: Das Kunstwerk im Zeitalter seiner technischen Reproduzierbarkeit. Drei Studien zur Kunstsoziologie, Frankfurt/ Main 1963, p. 44; cf.: ders., Ch. Baudelaire, l.c., p. 139-143

(271) LTM, V, 55, 716-718

(272) LTM, V, 55, 726

(273) LTM, V, 55, 710

(274) W. Benjamin, Der Begriff der Kunstkritik in der deutschen Romantik, hrsgg. v. H. Schweppenhäuser, Frankfurt/ Main 1973, p. 23, 33, 44

(275) Ibid., p. 40

(276) Ibid., p. 50, 60, 69; G. W. F. Hegel, Phänomenologie des Geistes, in: ders., Werke, Bd. 3, l.c., p. 19; cf. zum allegorischen Charakter der Romantik: W. Benjamin, Ursprung..., l.c., p. 194, 205, 210

(277) Th. W. Adorno, Aufzeichnungen zu Kafka, l.c., p. 279; G. W. F. Hegel, Wissenschaft der Logik II, in: ders.,

Werke..., Bd. 6, l.c., p. 250

(278) Th. W. Adorno, Sittlichkeit u. Kriminalität, l.c., p. 62

(279) LTM, V, 54, 679f

(280) Th. W. Adorno, Brief an Walter Benjamin vom 29.2.40, in: ders.,Über Walter Benjamin, Frankfurt a. M. 1970, p. 159; cf.: Karl Marx, Ökonomisch-philosophische Manuskripte, l.c., p. 536ff

(281) G. W. F. Hegel, Logik II, l.c., p. 248, 457; ders., Phänomenologie d. Gesites, l.c., p. 29

(282) Ibid., p. 36

(283) M. Foucault, Wahnsinn u. Gesellschaft, l.c., p. 544-549

(284) Adorno/ Horkheimer, Dial. d. Aufkl., l.c., p. 36

(285) Ibid.

(286) Ibid.

(287) R. Stempfer, l.c., p. 96

(288) G. Melzer, l.c., p. 161

(289) W. Benjamin, Karl Kraus, l.c., p. 397; verschwiegen nur ist der utopische Sinn der Offenbachschen Operette aufgehoben: in der Hölle der herrschaftlichen Gewalt, wie sie uns Kraus in den "Letzten Tagen der Menschheit" vorführt: Es ist die "Anarchie", die von der Operette verkündete, "einzig moralische, einzig menschenwürdige Weltverfassung"; sie ist aufgehoben in der "richterliche(n) Strenge, Entsagung, scheidende(n) Gewalt" der Sprache, der "Platzhalterin" Kraus' "der moralischen Ordnung". (ibid., p. 396)

(290) G. Melzer, l.c., p. 161

(291) R. Stempfer, l.c., p. 97

(292) LTM, Ep., 731

(293) W. Benjamin, Urspr. d. dt. Trauersp., l.c., p. 121

(294) Th. W. Adorno, Vorlesungen zur Ästhetik, o.O., o.J., p. 91; LTM, Ep., 743, 731f; LTM, V, 54, 677

(295) Th. W. Adorno, Vorlesungen..., l.c., p. 92

(296) LTM, Ep., 732

(297) LTM, Ep., 731

(298) LTM, Ep., 735

(299) LTM, Ep., 736

(300) LTM, Ep., 736

(301) LTM, Ep., 737

(302) LTM, Ep., 740

(303) Ibid.

(304) Ibid.

(305) LTM, Ep., 741

(306) Novalis, Fragmente I, in: Novalis' Werke, 3. Teil, hrsgg.

v. Hermann Friedemann, Berlin usw. o.J., p. 28; LTM, Ep., 741

(307) LTM, V, 55, 722

(308) LTM, Ep., 744

(309) Ibid.

(310) LTM, Ep., 746

(311) LTM, Ep., 747

(312) LTM, Ep., 750-753; Horkheimer/ Adorno, Dial. d. Aufkl., l.c., p. 8

(313) LTM, V, 54, 677

(314) Ibid.; Karl Marx, D. Kapital, Bd. 1, l.c., p. 105-108

(315) LTM, Ep., 760

(316) LTM, Ep., 761

(317) LTM, Ep., 762

(318) LTM, Ep., 762-765

(319) LTM, Ep., 762

(320) LTM, Ep., 766

(321) LTM, Ep., 770

(322) LTM, Ep., 770

(323) Ibid.

(324) Werner Kraft, Karl Kraus..., l.c., p. 145

(325) R. Stempfer, l.c., p. 100

(326) Ibid.

(327) G. Lukács, Metaphysik der Tragödie: Paul Ernst, l.c., p. 325; cf. dazu auch: Richard Alewyn/ Karl Sälzle, Das große Welttheater. Die Epoche der höfischen Feste in Dokument u. Deutung, Hamburg 1959, p. 70

(328) F 400-403, p. 92-95

(329) Cf.: Michael Naumann, Der Abbau einer verkehrten Welt. Satire und politische Wirklichkeit im Werk von Karl Kraus, in: Schriftenreihe z. Pol. u. Gesch., München 1969, p. 33f

(330) W. Benjamin, Ursprun..., l.c., p. 263f

(331) Ibid.

(332) Ibid., p. 264

(333) Ibid., p. 263, 266

(334) Thomas Mann, Doktor Faustus. Das Leben des deutschen Tonsetzers Adrian Leverkühn, erzählt von einem Freunde, Berlin 1963, 31. bis 40. Tausend dieser Ausgabe, p. 525f

(335) Th. W. Adorno, Ästhetische Theor., l.c., p. 56

6. Zur Frage der Gattung

(1) Werner Kraft, l.c., p. 140; cf.: R. Stempfer, l.c., p. 23

(2) Ibid.

(3) R. Stempfer, l.c., p. 206

(4) Ibid.

(5) Ibid., p. 207

(6) LTM, I, 29, 219

(7) Cf.: H. Obergottsberger, l.c., p. 234

(8) Wolfgang Kayser, Das sprachliche Kunstwerk. Eine Einführung in die Literaturwissenschaft, Bern u. München 1961, p. 370

(9) G. W. F. Hegel, Ästhetik, Bd. 1, l.c., p. 569f

(10) Peter Szondi, Theorie des modernen Dramas, Frankfurt a. M. 1963, p. 15

(11) Ibid., p. 17

(12) Ibid.

(13) Ibid.

(14) Ibid., p. 18

(15) Cf.: Walter Dietze, Dramaturgische Besonderheiten des Antikriegsschauspiels "Die letzten Tage der Menschheit" von Karl Kraus, in: Philologica Pragensia 5, H. 2, Praha 1962

(16) Ibid., p. 68

(17) Ibid., p. 71

(18) G. Melzer, l.c., p. 123

(19) W. Dietze, l.c., p. 70f; Bertolt Brecht, Über Film, in: Schriften zur Literatur und Kunst I, in: Gesammelte Werke in 20 Bänden, Bd. 18, Frankfurt a. M. 1973, p. 161

(20) Th. W. Adorno, Kritik des Musikanten, in: Dissonanzen. Musik in der verwalteten Welt, Göttingen 1963[3], p. 66

(21) Marianne Kesting, Das epische Theater. Zur Struktur des modernen Dramas, Stuttgart 1959[2], p. 10

(22) G. W. F. Hegel, Ästhetik, Bd. 2, l.c., p. 438; Karl Marx, D. Kapital, Bd. 1, l.c., p. 168f

(23) G. W. F. Hegel, Ästhetik, Bd. 2, l.c., p. 441

(24) W. Benjamin, Urspr. d. dt. Trauersp., l.c., p. 263; cf. zur Verwandtschaft von Epos und Allegorie ibid., p. 184

(25) P. Szondi, l.c., p. 110

(26) Bertolt Brecht, Über experimentelles Theater, in: Schriften zum Theater I, in: Gesammelte Werke, Bd. 15, l.c., p. 301

(27) Ders., Kurze Beschreibung einer neuen Technik der Schau-

spielkunst, die einen Verfremdungseffekt hervorbringt, ibid., p. 355

(28) G. W. F. Hegel, Ästhetik, Bd. 2, l.c., p. 438

(29) Ibid., p. 440 (Herv. v. E.S.)

(30) Ibid., p. 410, 417, 419, 438

(31) Cf.: G. W. F. Hegel, Phän. d. Geistes, l.c., p. 343-352

(32) Ders., Ästhetik, l.c., p. 549

(33) Ibid., p. 518f

(34) Ibid., p. 521

(35) G. Lukács, Der Historische Roman, Berlin 1956, p. 153; G. W. F. Hegel, Ästhetik, Bd. 2, p. 438f; cf.: G. Lukács, l.c., p. 88-179

(36) G. W. F. Hegel, Ästhetik, Bd. 2, l.c., p. 525

(37) LTM, I, 29; II, 28

(37a) Th. W. Adorno, Über epische Naivität, in: Not. z. Lit. (I), l.c., p. 53f

(38) Ders., Standort des Erzählers im zeitgenössischen Roman, in: ibid., p. 70

(39) Ibid., p. 71

(40) W. Benjamin, Ursprung..., l.c., p. 51, 103, 112; cf.: p. 123ff

(41) Ibid., p. 51, 126

(42) Ibid., p. 53

(43) Ibid., p. 67, 75, 131, 141; ders., Schicksal und Charakter, in: Illuminationen, l.c., p. 50

(44) Ibid.

(45) W. Benjamin, Ursprung..., l.c., p. 90, 146

(46) Ders., Karl Kraus, in: ibid., p. 379

(47) Ibid., p. 381

(48) Kurt Krolop, Bertolt Brecht und Karl Kraus, in: Philologica Pragensia 4, H. 2, Prag 1961, p. 104

(49) I. Kant, Krit. d. Urteilskraft, l.c., p. 349-353

(50) Th. W. Adorno, Kriterien der neuen Musik, in: Nervenpunkte der Neuen Musik, l.c., p. 131

Literaturverzeichnis

Quellen

Karl Kraus:

Die letzten Tage der Menschheit. Tragödie in fünf Akten mit Vorspiel und dem Epilog 'Die letzte Nacht', Wien 1918-1919 (Vier Sonderhefte der Fackel)

Die letzten Tage der Menschheit. Tragödie in fünf Akten mit Vorspiel und Epilog, Wien 1922[2]

Die letzten Tage der Menschheit. Tragödie in fünf Akten mit Vorspiel und Epilog, München 1957

Die Fackel, Nr. 1 - 917/922, Wien 1899 - 1936

Werke, hrsgg. v. Heinrich Fischer, Bd. I-X im Kösel--Verlag, München; Bd. XI-XIV im Langen/ Müller-Verlag, München; München 1952ff

I. Die dritte Walpurgismacht, 1952
II. Die Sprache, 1954
III. Beim Wort genommen, 1955
IV. Widerschein der Fackel
V. Die letzten Tage der Menschheit, 1957
VI. Literatur und Lüge, 1958
VII. Worte in Versen, 1959
VIII. Untergang der Welt durch schwarze Magie, 1960
IX. Unsterblicher Witz, 1961
X. Mit vorzüglicher Hochachtung, 1962
XI. Sittlichkeit und Kriminalität, 1963
XII. Die chinesische Mauer, 1964
XIII. Weltgericht, 1966
XIV. Dramen, 1967

Weitere Literatur

Da die Literatur zu dem Werk von Karl Kraus in den unten genannten Bibliographien ausreichend erfaßt ist, beschränke ich mich bei der Aufführung der weiteren Literatur auf die von mir in der vorliegenden Arbeit angeführten Arbeiten.

Otto Kerry,
Karl-Kraus-Bibliographie. Mit einem Register der Aphorismen, Gedichte, Glossen und Satiren, München 2. Aufl. 1970

Sigurd Paul Scheichl,
Kommentierte Auswahlbibliographie zu Kraus, in: hrsgg. v. Heinz Ludwig Arnold, Text + Kritik, Sonderband Karl Kraus, München 1975

Theodor W. Adorno,
Ästhetische Theorie, in: ders., Gesammelte Schriften, Bd. 7, hrsgg. v. Gretel Adorno u. Rolf Tiedemann, Frankfurt/ Main 1970

Kierkegaard. Konstruktion des Ästhetischen, Frankfurt/ Main 1966[3]

Vorlesungen zur Ästhetik. o.O., o.J.

Résumé über Kulturindustrie, in: ders., Ohne Leitbild. Parva Aesthetica, Frankfurt/ Main 1967 (edition suhrkamp 201)

Der Essay als Form, in: ders., Noten zur Literatur (I), Berlin u. Frankfurt/ Main 1958 (Bibliothek Suhrkamp 47)

Rede über Lyrik und Gesellschaft, in: ibid.

Rückblickend auf den Surrealismus, in: ibid.

Satzzeichen, in: ibid.

Standort des Erzählers im zeitgenössischen Roman, in: ibid.

Über epische Naivität, in: ibid.

Zum Gedächtnis Eichendorffs, in: ibid.

Kleine Proust-Kommentare, in: ders., Noten zur Literatur (II), Frankfurt/ Main 1963 (Bibliothek Suhrkamp 71)

Versuch das Endspiel zu verstehen, in: ibid.

Engagement, in: Noten zur Literatur III, Frankfurt/

Main 1965 (Bibliothek Suhrkamp 146)

Parataxis. Zur späten Lyrik Hölderlins, in: ibid.

Sittlichkeit und Kriminalität. Zum elften Band der Werke von Karl Kraus, in: ibid.

Aldous Huxley und die Utopie, in: ders., Prismen. Kulturkritik und Gesellschaft, München 1963 (dtv 159)

Aufzeichnungen zu Kafka, in: ibid.

Charakteristik Walter Benjamins, in: ibid.

Kulturkritik und Gesellschaft, in: ibid.

Spengler nach dem Untergang, in: ibid.

Philosophie der neuen Musik, Frankfurt/ Main 1958

Kriterien der neuen Musik, in: Nervenpunkte der Neuen Musik, Reinbek bei Hamburg 1969 (rde 333)

Kritik des Musikanten, in: Dissonanzen. Musik in der verwalteten Welt, Göttingen 1963[3] (Kleine Vandenhoeck-Reihe 28/29/29a)

Mahler. Eine musikalische Physiognomik, Frankfurt/ Main 1963[2] (Bibliothek Suhrkamp 61)

Versuch über Wagner, München u. Zürich 1964 (Knaur Taschenbuch 54)

Negative Dialektik, Frankfurt/ Main 1966

Zur Metakritik der Erkenntnistheorie. Studien über Husserl und die phänomenologischen Antinomien, Stuttgart 1956

Skoteinos oder Wie zu lesen sei, in: ders., Drei Studien zu Hegel, Frankfurt/ Main 1963 (edition suhrkamp 38)

Einleitung, in: Th. W. Adorno, H. Albert u.a., Der Positivismusstreit in der deutschen Soziologie, Neuwied und Berlin 1969 (Soziologische Texte 58)

Über Statik und Dynamik als soziologische Kategorien, in: M. Horkheimer/ Th. W. Adorno, Sociologica II. Reden und Vorträge, Frankfurt/ Main 2. Aufl. 1967 (Frankfurter Beiträge zur Soziologie 10)

Theorie der Halbbildung, in: ibid.

Einleitung zu Benjamins 'Schriften', in: ders., Über Walter Benjamin, Frankfurt/ Main 1970 (Bibliothek Suhrkamp 260)

Brief an Walter Benjamin vom 2. 8. 1935, in: ibid.

Brief an Walter Benjamin vom 29. 2. 1940, in: ibid.

Richard Alewyn/ Karl Sälzle,
Das große Welttheater. Die Epoche der höfischen Feste in Dokument und Deutung, Hamburg 1959 (rde 92)

Johannes Anderegg,
Fiktion und Kommunikation. Ein Beitrag zur Theorie der Prosa, Göttingen 1973 (Sammlung Vandenhoeck)

Helmut Arntzen,
Nachricht von der Satire, in: Neue Rundschau, 74. Jhrg., 4. Heft, Berlin 1963

Karl Kraus und die Presse, in: hrsgg. v. H. Arntzen, Literatur und Presse, Karl-Kraus-Studien, Bd. 1, München 1975

Erich Auerbach,
Mimesis. Dargestellte Wirklichkeit in der abendländischen Literatur, Bern und München 3. Aufl. 1964

Roland Barthes,
Mythen des Alltags, Frankfurt/ Main 1964 (edition suhrkamp 92)

Walter Benjamin,
Ursprung des deutschen Trauerspiels, Frankfurt/ Main 1963

Geschichtsphilosophische Thesen, in: ders., Illuminationen, hrsgg. v. Siegfried Unseld, Frankfurt/ Main 1961 (Die Bücher der Neunzehn 78)

Goethes Wahlverwandschaften, in: ibid.

Karl Kraus, in: ibid.

Paris, die Hauptstadt des XIX. Jahrhunderst, in: ibid.

Zentralpark, in: ibid.

Schicksal und Charakter, in: ibid.

Charles Baudelaire. Ein Lyriker im Zeitalter des Hochkapitalismus, hrsgg. v. R. Tiedemann, Frankfurt/ Main 1969

Das Kunstwerk im Zeitalter seiner technischen Reproduzierbarkeit, in: ders., Das Kunstwerk im Zeitalter seiner technischen Reproduzierbarkeit. Drei Studien zur Kunstsoziologie, Frankfurt/ Main 1963 (edition suhrkamp 28)

Einbahnstraße, Frankfurt/ Main 1962 (Bibliothek Suhrkamp 27)

Zur Kritik der Gewalt, in: ders., Zur Kritik der Gewalt und andere Aufsätze, Frankfurt/ Main 1965 (edition suhrkamp 103)

Der Autor als Produzent, in: ders., Versuche über Brecht, hrsgg. v. R. Tiedemann, Frankfurt/ Main 1966 (edition suhrkamp 172)

Der Begriff der Kunstkritik in der deutschen Romantik, hrsgg. v. H. Schweppenhäuser, Frankfurt/ Main 1973 (stw 4)

Hartwig Berger,
Erfahrung und Gesellschaftsform. Methodologische Probleme wissenschaftlicher Beobachtung, Stuttgart usw. 1972

Ernst Bloch,
Das Prinzip Hoffnung, 3 Bde., Berlin 1953-59

Erbschaft dieser Zeit. Erweiterte Ausgabe, in: ders., Gesamtausgabe, Bd. 4, Frankfurt/ Main 1962

Hans Blumenberg,
Säkularisation und Selbstbehauptung, Frankfurt/ Main, 1974 (stw 79)

Der Prozeß der theoretischen Neugierde, Frankfurt/ Main 1973 (stw 24)

Aspekte der Epochenschwelle: Cusaner und Nolaner, Frankfurt/ Main 1976 (stw 174)

Franz Borkenau,
Der Übergang vom feudalen zum bürgerlichen Weltbild. Studien zur Geschichte der Philosophie der Manufakturperiode, in: hrsgg. v. M. Horkheimer, Schriften z. Sozialforschung, Bd. 4, Paris 1934

Mechthild Borries,
Ein Angriff auf Heinrich Heine. Kritische Betrachtungen zu Karl Kraus, Stuttgart usw. 1971 (Studien z. Gesch. d. Poetik und Gesch. d. Lit. 13)

Manfred Brauneck,
Deutsche Literatur des 17. Jahrhunderts - Revision eines Epochenbildes, in: DVjs 45 (1971)

Bertolt Brecht,
Kurze Beschreibung einer neuen Technik der Schauspielkunst, die einen Verfremdungseffekt hervorbringt, in: Schriften zum Theater I, in: ders., Gesammelte Werke in 20 Bdn., Bd. 15, Frankfurt/ Main 1973

Über experimentelles Theater, in: ibid.

Über Film, in: ders., Schriften zur Literatur und

Kunst, in:l.c., Bd. 18

Hermann Broch,
Hofmannsthal und seine Zeit, Frankfurt/ Main 1974 (Bibliothek Suhrkamp 385)

Heinz Brüggemann,
Literarische Technik und soziale Revolution. Versuch über das Verhältnis von Kunstproduktion, Marxismus und literarischer Tradition in den theoretischen Schriften Bertolt Brechts, Reinbek bei Hamburg 1973 (das neue buch 33)

Jürgen Brummack,
Zu Begriff und Theorie der Satire, in: DVjs 45 (1971)

Karl Bücher,
Die deutsche Tagespresse und die Kritik, in: ders., Gesammelte Aufsätze zur Zeitungskunde, Tübingen 1926

Christa Bürger,
Der Ursprung der bürgerlichen Institution Kunst. Literatursoziologische Untersuchungen z. klassischen Goethe, Frankfurt/ Main 1977

Peter Bürger,
Theorie der Avantgarde, Frankfurt/ Main 1974 (edition suhrkamp 727)

Benjamins "Rettende Kritik". Vorüberlegungen zum Entwurf einer kritischen Hermeneutik, in: Germanisch--Romanische Monatsschrift N.F. 23 (1973)

Zur Methode. Notizen zu einer dialektischen Literaturwissenschaft, in: ders., Studien zur französischen Frühaufklärung, Frankfurt/ Main 1972 (edition suhrkamp 525)

Ernst Robert Curtius,
Europäische Literatur und lateinisches Mittelalter, Bern und München 1965[5]

Renate Damus,
Habermas und der 'heimliche Positivismus' bei Marx, in: hrsgg. v. Otto-Suhr-Institut, Sozialistische Politik, Heft 4, Berlin 1969

Walter Dietze,
Dramaturgische Besonderheiten des Antikriegsschauspiels "Die letzten Tage der Menschheit" von Karl Kraus, in: Philologica Pragensia 5, Heft 2, Praha 1962

Joseph Eichendorff,
Dichter und ihre Gesellen, in: Dichtung der Romantik, Bd. 5, Romane 1, Hamburg 1960

Norbert Elias,
Über dem Prozeß der Zivilisation. Soziogenetische und psychogenetische Untersuchungen, 2. Bde., Basel 1939

Friedrich Engels,
Herrn Eugen Dührings Umwälzung der Wissenschaft (Antidühring), in: Karl Marx/ Friedrich Engels Werke, Bd. 20 (MEW 20), Berlin 1968[2]

Friedrich Engels/ Karl Marx,
Die heilige Familie oder Kritik der kritischen Kritik. Gegen Bruno Bauer und Konsorten, in: MEW 2, Berlin 1974[8]

Otto Fenichel,
Perversionen, Psychosen, Charakterstörungen, Psychoanalytische spezielle Neurosenlehre, Darmstadt 1967

Ernst Fischer,
Karl Kraus, in: ders., Von Grillparzer zu Kafka. Sechs Essays, Wien 1962

Fritz Fischer,
Griff nach der Weltmacht. Die Kriegszielpolitik des kaiserlichen Deutschland 1914/18, Düsseldorf 1967 (Sonderausgabe)

Jens Malte Fischer,
Karl Kraus. Studien zum 'Theater der Dichtung' und Kulturkonservativismus, Kronberg/ Taunus 1973 (Theorie-Kritik-Geschichte 1)

Michel Foucault,
Wahnsinn und Gesellschaft. Eine Geschichte des Wahnsinns im Zeitalter der Vernunft, Frankfurt/ Main 1973 (suhrkamp taschenbuch wissenschaft 39)

Die Ordnung der Dinge, Frankfurt/ Main 1974 (suhrkamp taschenbuch wissenschaft 96)

Hans Freier,
Die Rückkehr der Götter. Von der ästhetischen Überschreitung der Wissensgrenze zur Mythologie der Moderne. Eine Untersuchung zur systematischen Rolle der Kunst in der Philosophie Kants und Schellings, Stuttgart 1976

Erich Fromm,
Sozialpsychologischer Teil, in: Max Horkheimer, Erich Fromm, Herbert Marcuse, u.s., Studien über Autorität und Familie, Paris 1936 (Forschungsberichte aus dem Institut für Sozialforschung 5)

Eckart Früh,
Das volkstümliche Wort bei Karl Kraus. Ein interpretativer und lexikalischer Beitrag zum Verständnis

des Dramas "Die letzten Tage der Menschheit", Diss. phil. (masch.), Wien 1973

Albert Fuchs,
Geistige Strömungen in Österreich 1967-1918, Wien 1949

Joseph Gabel,
Ideologie und Schizophrenie. Formen der Entfremdung, Frankfurt/ Main 1967

Hans-Georg Gadamer,
Wahrheit und Methode. Grundzüge einer philosophischen Hermeneutik, Tübingen 1965[2]

Rhetorik, Hermeneutik und Ideologiekritik. Metakritische Erörterungen zu 'Wahrheit und Methode', in: Karl-Otto Apel u.a., Hermeneutik und Ideologiekritik, Frankfurt/ Main 1975[2]

Ulrich Gaier,
Satire. Studien zu Neidhart, Wittenwiler, Brant und zur satirischen Schreibart, Tübingen 1963

Helga Gallas,
Die Linkskurve (1929-32). Ausarbeitung einer proletarisch-revolutionären Literaturtheorie in Deutschland, Phil. Diss., Berlin 1969

Hans Joachim Giegel,
Reflexion und Emanzipation, in: Karl-Otto Apel u.a., Hermeneutik und Ideologiekritik, Frankfurt/ Main 1975[2]

Johann Wolfgang Goethe,
Maximen und Reflexionen, in: ders., dtv-Gesamtausgabe, Bd. 21, München 1963

Martin Greiffenhagen,
Das Dilemma des Konservativismus in Deutschland, München 1971

Jürgen Habermas,
Zur Logik der Sozialwissenschaften, in: Philosophische Rundschau, Beiheft 5, Tübingen 1967

Erkenntnis und Interesse, Frankfurt/ Main 1968 (Theorie 2)

Der Universalitätsanspruch der Hermeneutik, in: Apel, Karl-Otto u.a., Hermeneutik und Ideologiekritik, l.c.

Technik und Wissenschaft als 'Ideologie', Frankfurt/ Main 1968 (edition suhrkamp 287)

Hans Heinz Hahnl,
Karl Kraus und das Theater, Diss. phil. (masch.),

Wien 1948

Edwin Hartl,
Verblendete Hellseher und Schwarzseher. Überlegungen zu den Gegnern von Karl Kraus, in: Literatur und Kritik, Heft 41, Salzburg 1970

Georg Wilhelm Friedrich Hegel,
Ästhetik, 2. Bde., hrsgg. v. Friedrich Bassenge, Berlin und Weimar 1965[2]

(Das älteste Systemprogramm des deutschen Idealismus), in: ders., Werke in 20 Bdn., hrsgg. v. Eva Moldenhauer u. Karl Markus Michel, Bd. 1, Frankfurt/ Main 1970 (Theorie Werkausgabe)

Der Verfassung Deutschlands, in: ibid.

Differenz des Fichteschen und Schellingschen Systems, in: l.c., Bd. 2

Glauben und Wissen oder Reflexionsphilosophie der Subjektivität in der Vollständigkeit ihrer Formen als Kantische, Jakobische und Fichtesche Philosophie, in: ibid.

Phänomenologie des Geistes, in: l.c., Bd. 3

Wissenschaft der Logik II, in: l.c., Bd. 6

Grundlinien der Philosophie des Rechts, in: l.c. Bd. 7

Enzyklopädie der philosophischen Wissenschaften III, in: l.c., Bd. 10

Vorlesungen über die Philosophie der Geschichte, in: l.c., Bd. 12

Karl Held,
Kommunikationsforschung - Wissenschaft oder Ideologie? Materialien zur Kritik einer neuen Wissenschaft, München 1973 (Reihe Hanser 121, Kommunikationsforschung)

Erich Heller,
Karl Kraus: The last days of mankind, in: The Cambridge Journal, No. 6, March 1948

Karl Kraus, in: Studien zur modernen Literatur, Frankfurt/ Main 1963 (edition suhrkamp 42)

Max Horkheimer,
Materialismus und Moral, in: ders., Kritische Theorie der Gesellschaft, Bd. 1, Frankfurt/ Main 1968 (Raubdruck; identisch mit: M. Horkheimer, Kritische Theorie, Bd. 1, hrsgg. v. Alfred Schmidt, Frankfurt/ Main 1968)

Der neueste Angriff auf die Metaphysik, in: ders., Kritische Theorie der Gesellschaft, Bd. 2, o.O. und o.J. (Raubdruck; identisch mit: M. Horkheimer, Kritische Theorie, Bd. 2, hrsgg. v. A. Schmidt, Frankfurt/ Main 1968)

Egoismus und Freiheitsbewegung, in: ibid.

Zur Kritik der instrumentellen Vernunft, in: Kritische Theorie der Gesellschaft, Bd. 3, o.O. 1968 (Raubdruck; die genannte Arbeit ist gegenüber der Originalausgabe um 105 Seiten nach oben versetzt, weil das Raubdruckkollektiv ihr andere, in der Originalausgabe nicht enthaltene Aufsätze vorangestellt hat. Originalausgabe: M. Horkheimer, Zur Kritik der instrumentellen Vernunft, Frankfurt/ Main 1967)

Max Horkheimer, Erich Fromm, Herbert Marcuse u.a.,
Studien über Autorität und Familie, Paris 1936 (Forschungsberichte aus dem Institut für Sozialforschung 5)

Max Horkheimer/ Theodor W. Adorno,
Dialektik der Aufklärung. Philosophische Fragmente, Amsterdam 1947

Wilma Abeless Iggers,
Karl Kraus. A Viennese Critic of the Twentieth Century, The Hague 1967

E. W. Iljenkow,
Die Dialektik des Abstrakten und Konkreten im 'Kapital' von Marx, in: hrsgg. v. Alfred Schmidt, Beiträge zur marxistischen Erkenntnistheorie, Frankfurt/ Main 1969 (edition suhrkamp 349)

Heinz G. Jantsch,
Studien zum Symbolischen in frühmittelhochdeutscher Literatur, Tübingen 1959

Dietrich Walter Jöns,
'Das Sinnen-Bild'. Studien zur allegorischen Bildlichkeit bei Andreas Gryphius, Stuttgart 1966 (Germanist. Abh. 13)

Immanuel Kant,
Beobachtungen über das Gefühl des Schönen und Erhabenen, in: ders., Werke in zwölf Bdn., hrsgg. v. Wilhelm Weischedel, Bd. 2, Frankfurt/ Main 1968 (Theorie Werkausgabe)

Kritik der reinen Vernunft 2, in: l.c., Bd. 4

Grundlegung zur Metaphysik der Sitten, in: l.c., Bd. 7

Kritik der praktischen Vernunft, in: ibid.

Die Metaphysik der Sitten, in: l.c., Bd. 8

Kritik der Urteilskraft, in: l.c., Bde. 9, 10

Idee zu einer allgemeinen Geschichte in weltbürgerlicher Absicht, in: l.c., Bd. 11

Robert Katzenstein,
Zur Theorie des staatsmonopolisitschen Kapitalismus, in: Probleme des Klassenkampfs, Zeitschrift für politische Ökonomie und sozialistische Politik, 3. Jhrg., Nr. 3, Heft 8/9, Erlangen 1973

Harald Kaufmann,
Über die aufgehobene Allegorie. Beobachtungen an den Werken von Nestroy und Karl Kraus, in: Gestalt und Wirklichkeit. Festgabe für F. Weinhandl, hrsgg. v. R. Mühlher u. J. Fischl, Berlin 1967

Wolfgang Kayser,
Das sprachliche Kunstwerk. Eine Einführung in die Literaturwissenschaft, Bern u. München 1961[7]

Harald Kerber,
Kritik der neueren Marx-Kritik; Sozialtechnologie - reflektierte Theorie-Praxis- Vermittlung; das Konzept des gesellschaftlichen Subjekts, in: hrsgg. v. Hans-Jürgen Bruder, Kritik der bürgerlichen Psychologie, Frankfurt/ Main 1973 (Fischer Taschenbuch 6198)

Marianne Kesting,
Das epische Theater. Zur Struktur des modernen Dramas, Stuttgart 1959[2] (Urban Bücher 36)

Fritz Klein, Willibald Gutsche, Joachim Petzold u.a. (Autorenkollektiv),
Deutschland im ersten Weltkrieg, 3 Bde., Berlin 1968-69

Leo Kofler,
Zur Theorie der modernen Literatur. Der Avantgardismus in soziologischer Sicht, Neuwied und Berlin 1962

Caroline Kohn,
Karl Kraus, Stuttgart 1966

Hans Kohn,
Karl Kraus, Artur Schnitzler, Otto Weininger. Aus dem jüdischen Wien der Jahrhundertwende, Tübingen 1962 (Schriftenreihe wissenschaftlicher Abhandlungen des Leo Baeck Institute of Jews from Germany, Bd. 6)

Karl Korsch,
Marxismus und Pjilosophie, hrsgg. v. Erich Gerlach, Frankfurt/ Main 1972[5]

Karel Košik,
Die Dialektik des Konkreten. Eine Studie zur Proble-

matik des Menschen und der Welt, Frankfurt/ Main 1970

Werner Kraft,
Karl Kraus. Beiträge zum Verständnis seines Werkes, Salzburg 1956

Kurt Krolop,
Bertolt Brecht und Karl Kraus, in: Philologica Pragensia 4, Heft 2, Praha 1961

Dichtung und Satire bei Karl Kraus, in: Karl Kraus, Ausgewählte Werke, Bd. 3, hrsgg. v. D. Simon unter Mitarbeit von K. Krolop (Kommentierung) u. R. Links (Auswahl), München 1977

Rainer Künzel,
Die Krisentendenz der auf den Wert gegründeten Produktionsweise - Versuch einer Explication des Marxschen Krisenbegriffs -, Diss. oec., Berlin 1976

Wilfried Kunstmann,
Gesellschaft - Emanzipation - Diskurs. Darstellung und Kritik der Gesellschaftstheorie von Jürgen Habermas, München 1977

Mark Lane,
Drei Köpfe rollten auf mein Bett. Amerikanische Soldaten berichten über amerikanische Kriegsverbrechen in Vietnam, in: Der Spiegel, Nr. 50, 24. Jhrg., 7. Dez. 1970

Klaus Lazarowicz,
Verkehrte Welt. Vorstudien zu einer Geschichte der deutschen Satire, Tübingen 1963

Wolf Lepenies,
Melancholie und Gesellschaft, Frankfurt/ Main 1972 (suhrkamp taschenbuch 63)

Franz Leschnitzer,
Der Fall Karl Kraus, in: Neue deutsche Literatur. Monatszeitschrift für schöne Literatur und Kritik, 4. Jhrg., Heft 11, Berlin 1956

Leopold Liegler,
Karl Kraus und sein Werk, Wien 1920

Burkhardt Lindner,
Satire und Allegorie in Jean Pauls Werk. Zur Konstitution des Allegorischen, in: hrsgg. v. K. Wölfel, Jahrbuch der Jean-Paul-Gesellschaft 5, München 1970

Aufhebung der Kunst in Lebenspraxis? Über die Aktualität der Auseinandersetzung mit den historischen Avantgardebewegungen, in: hrsgg. v. W. Martin Lüdge, 'Theorie der Avantgarde'. Antworten auf Peter Bürgers Bestimmung von Kunst und bürgerlicher Gesellschaft, Frankfurt/ Main 1976 (edition suhrkamp 825)

Leo Löwenthal,
Das Individuum in der individualistischen Gesellschaft. Bemerkungen über Ibsen, in: Zeitschrift für Sozialforschung, Jhrg. V, Paris 1936

Karl Löwith,
Von Hegel zu Nietzsche. Der revolutionäre Bruch im Denken des neunzehnten Jahrhunderts. Marx und Kierkegaard, Stuttgart 3. Aufl. 1964

Alfred Lorenzer,
Zur Begründung einer materialistischen Sozialisationstheorie, Frankfurt/ Main 1973

Über den Gegenstand der Psychoanalyse oder: Sprache und Interaktion, Frankfurt/ Main 1973 (edition suhrkamp 572)

Kritik des psychoanalytischen Symbolbegriffs, Frankfurt/ Main 1970 (edition suhrkamp 393)

Die Wahrheit der psychoanalytischen Erkenntnis. Ein historisch-materialistischer Entwurf, Frankfurt/ Main 1974

Georg Lukács,
Die Eigenart des Ästhetischen, 2. Halbband, in: ders., Werke Bd. 12, Neuwied u. Berlin 1963

Zur Ästhetik Schillers, in: ders., Beiträge zur Geschichte der Ästhetik, Berlin 1956

Schillers Theorie der modernen Literatur, in: ders., Goethe und seine Zeit, Berlin 1955

Faust-Studien, in: ibid.

'Größe und Verfall' des Expressionismus, in: ders., Probleme des Realismus, Berlin 1955

Die Theorie des Romans. Ein geschichtsphilosophischer Versuch über die Formen der großen Epik, Neuwied u. Berlin 1963

Geschichte und Klassenbewußtsein. Studien über marxistische Dialektik, Berlin-Halensee 1923

Der junge Hegel und die Probleme der kapitalistischen Gesellschaft, Berlin 1954

Die Zerstörung der Vernunft, Berlin 1954

Existentialismus oder Marxismus? Berlin 1951

Reportage oder Gestaltung? Kritische Bemerkungen anläßlich eines Romanes von Ottwald, in: ders., Literatursoziologie, hrsgg. v. Peter Ludz, Berlin u. Neuwied 2. Aufl. 1963 (Soziologische Texte 9)

Georg von Lukács,
Metaphysik der Tragödie: Paul Ernst, in: ders., Die Seele und die Formen/ Essays, Berlin 1911

Rosa Luxemburg,
Die Krise der Sozialdemokratie. (Junius Broschüre), in: dies., Ausgewählte Reden und Schriften, Bd. 1, Berlin 1955[2]

Claudio Magris,
Der habsburgische Mythos in der österreichischen Literatur, Salzburg 1966

Thomas Mann,
Doktor Faustus. Das Leben des Tonsetzers Adrian Leverkühn erzählt von einem Freunde, Berlin 1963

Herbert Marcuse,
Über den affirmativen Charakter der Kultur, in: Kultur und Gesellschaft I, Frankfurt/ Main 1965 (edition suhrkamp 101)

Triebstruktur und Gesellschaft. Ein philosophischer Beitrag zu Sigmund Freud, Frankfurt/ Main 1965 (Bibliothek Suhrkamp 158)

Ideengeschichtlicher Teil, in: Studien über Autorität und Familie, l.c.

György Márkus,
Über die erkenntnistheoretischen Ansichten des jungen Marx, in: Beiträge zur marxistischen Erkenntnistheorie, l.c.

Karl Marx,
Ökonomisch-philosophische Manuskripte aus dem Jahre 1844, in: MEW Ergänzungsband 1, Berlin 1968

Zur Kritik der Hegelschen Rechtsphilosophie. Einleitung, in: MEW 1, Berlin 7. Aufl. 1970

Zur Kritik der Hegelschen Rechtsphilosophie. Kritik des Hegelschen Staatsrechts, in: ibid.

Zur Judenfrage, in: ibid.

Thesen über Feuerbach, in: MEW 3, Berlin 1969[4]

Das Elend der Philosophie. Antwort auf Proudhons 'Philosophie des Elends', in: MEW 4, Berlin 1972[6]

Entwürfe zum 'Bürgerkrieg in Frankreich', in: MEW 17, Berlin 1973[5]

Der achtzehnte Brumaire des Louis Bonaparte, in: K. Marx/ Friedrich Engels, Ausgewählte Schriften, Bd. 1 (MEAS I), Berlin 1968[16]

Karl Marx,
Zur Kritik der Politischen Ökonomie. Vorwort, in: MEW 13, Berlin 1969[3]

Einleitung (zur Kritik der Politischen Ökonomie), in: ibid.

Zur Kritik der Politischen Ökonomie, in: ibid.

Grundrisse der Kritik der Politischen Ökonomie (Rohentwurf) 1857-58, Berlin 1953

Das Kapital. Kritik der Politischen Ökonomie, 3 Bde., Berlin (13. bzw. 16. (Kap.I) Aufl.) 1969

Ware und Geld (Das Kapital 1. Auflage 1867, 1. Buch, Kapitel 1), in: Marx-Engels Studienausgabe, Bd. 2, Politische Ökonomie, hrsgg. v. Irving Fetscher, Frankfurt/ Main 1973[8] (Fischer Bücherei 6060)

Resultate des unmittelbaren Produktionsprozesses, Frankfurt/ Main 1969 (Archiv sozialistischer Literatur 17)

Theorien über den Mehrwert, in: MEW 26.1-26.3, Berlin 1965-68

Brief an Engels vom 27. Juni 1867, Marx/ Engels, Ausgewählte Briefe, Berlin 1953

Karl Marx/ Friedrich Engels,
Die deutsche Ideologie. Kritik der neuesten deutschen Philosophie in ihren Repräsentanten Feuerbach, B. Bauer und Stirner, und des deutschen Sozialismus in seinen verschiedenen Propheten, in: MEW 3, l.c.

Manifest der Kommunistischen Partei, in: MEAS I, l.c.

Hans Mayer,
Karl Kraus, in: ders., Der Repräsentant und der Märtyrer. Konstellationen der Literatur, Frankfurt/ Main 1971 (edition suhrkamp 463)

Franz H. Mautner,
Kraus. Die letzten Tage der Menschheit, in: Das deutsche Drama, hrsgg. v. Benno von Wiese, Bd. 2, Düsseldorf 1960[2]

Gerhard Melzer,
Der Nörgler und die Anderen. Zur Anlage der Tragödie 'Die letzten Tage der Menschheit' von Karl Kraus, Phil. Diss., Berlin 1972

Gerhard Mensching,
Das Groteske im modernen Drama. Dargestellt an ausgewählten Beispielen, Diss. Phil. Bonn 1961

Thomas Metscher,
Dialektik und Formalismus. Kritik des literaturwissenschaftlichen Idealismus am Beispiel Peter Szondis, in: Das Argument. Berliner Hefte für Probleme der Gesellschaft, Nr. 49, 10. Jhrg., Heft 6, Berlin 1967

Margarethe Mitscherlich-Nielsen,
Sittlichkeit und Kriminalität. Psychoanalytische Bemerkungen zu Karl Kraus, in: Psyche. Zeitschrift für Psychoanalyse und ihre Anwendung, 29. Jhrg., Heft 2, Stuttgart 1975

Walter Muschg,
Karl Kraus: Die letzten Tage der Menschheit, in: ders., Von Trakl zu Brecht. Dichter des Expressionismus, München 1961

Michael Naumann,
Der Abbau einer verkehrten Welt. Satire und politische Wirklichkeit im Werk von Karl Kraus, München 1969

Friedrich Nietzsche,
Zur Genealogie der Moral, in: ders., Werke hrsgg. v. K. Schlechta, Bd. 3, Frankfurt/ Main, Berlin, Wien 1972 (Ullstein Taschenbuch 2909)

Novalis,
Fragmente I, in: ders., Werke, 3. Teil, hrsgg. v. H. Friedemann, Berlin usw. o.J.

H. Obergottsberger,
Der Weltuntergangsgedanke bei Karl Kraus, Phil. Diss. (masch.), Wien 1958

Willi Oelmüller,
Die unbefriedigte Aufklärung. Beiträge zu einer Theorie der Moderne von Lessing, Kant und Hegel, Frankfurt/ Main 1969

Eugen Paschukanis,
Allgemeine Rechtslehre und Marxismus, Versuch einer Kritik der juristischen Grundbegriffe, Frankfurt/Main 1969[2] (Archiv sozialistischer Literatur 3)

Eva Priester,
Kurze Geschichte Österreichs. Aufstieg und Untergang des Habsburgerreiches, 2. Bde., Wien 1949

Kosmas Psychopedis,
Die Möglichkeit der Gesellschaftstheorie bei Hegel, in: hrsgg. v. H.-G. Backhaus u.a., Gesellschaft. Beiträge z. Marxschen Theorie 5, Frankfurt/ Main 1975 (edition suhrkamp 787)

Heinrich Regius (i.e. Max Horkheimer),
Dämmerung. Notizen in Deutschland, Zürich 1934

Paul Ricoeur,
Die Interpretation. Ein Versuch über Freud, Frankfurt/ Main 1969

Roman Rosdolsky,
Zur Entstehung des Marxschen 'Kapital'. Der Rohentwurf des 'Kapital' 1857-58, 2 Bde., Frankfurt/ Main 1968

Sigurd Paul Scheichl,
Karl Kraus und die Politik (1892-1919), Diss. Phil. (masch.), 5 Bde., Innsbruck 1971

Paul Schick,
Karl Kraus in Selbstzeugnissen und Bilddokumenten, Reinbek bei Hamburg 1965 (rowohlts monographien 111)

Friedrich Schiller,
Über die ästhetische Erziehung des Menschen in einer Reihe von Briefen, in: Theoretische Schriften, 3. Teil, in: ders., dtv-Gesamtausgabe, Bd. 19, München 1966

Über naive und sentimentalische Dichtung, in: ibid.

Hannelore Schlaffer/ Heinz Schlaffer,
Studien zum ästhetischen Historismus, Frankfurt/ Main 1975 (edition suhrkamp 756)

Heinz Schlaffer,
Der Bürger als Held. Sozialgeschichtliche Auflösung literarischer Widersprüche, Frankfurt/ Main 1976[2] (edition suhrkamp 624)

Alfred Schmidt,
Der Begriff der Natur in der Lehre von Marx, Frankfurt/ Main 1967[2] (Frankfurter Beiträge zur Soziologie 11)

Herbert Schnädelbach,
Erfahrung, Begründung und Reflexion. Versuch über den Positivismus, Frankfurt/ Main 1971

Manfred Schneider,
Die Angst und das Paradies des Nörglers. Versuch über Karl Kraus, Frankfurt/ Main 1977

Albrecht Schöne,
Emblematik und Drama im Zeitalter des Barock, München 1968[2]

Joachim Schumacher,
Die Angst vor dem Chaos. Über die falsche Apokalypse des Bürgertums, Frankfurt/ Main 1972 (makol bibliothek 26)

Mary Snell,
Karl Kraus's Die letzten Tage der Menschheit. An Analysis, in: Forum for modern Language Studies, Vol. IV, No. 3, St. Andrews 1968

Alfred Sohn-Rethel,
Geistige und körperliche Arbeit. Zur Theorie der gesellschaftlichen Synthesis, Frankfurt/ Main 1970

Georgios Stamatis,
Die 'spezifisch kapitalistischen' Produktionsmethoden und der tendenzielle Fall der allgemeinen Profitrate bei Karl Marx, Berlin 1977

René Stempfer,
Les idées et la langue de Karl Kraus dans 'Les Derniers Jours de l'Humanité', Phil. Diss. (masch.), Lille 1963

Joachim Stephan,
Satire und Sprache. Zu dem Werk von Karl Kraus, München 1964

Peter Szondi,
Theorie des modernen Dramas, Frankfurt/ Main 1963 (edition suhrkamp 27)

Versuch über das Tragische, Frankfurt/ Main 1964[2]

Friedrich Tomberg,
Mimesis der Praxis und abstrakte Kunst. Ein Versuch über die Mimesistheorie, Neuwied u. Berlin 1968

Berthold Viertel,
Karl Kraus. (Ein Charakter und die Zeit), München 1956

Christian Johannes Wagenknecht,
Das Wortspiel bei Karl Kraus, Göttingen 1965 (Palaestra. Untersuchungen aus der deutschen und englischen Philologie und Literaturgeschichte 242)

Reinhard Wegener,
Jürgen Habermas und die Kritik der 'Kritik der politischen Ökonomie', in: mehrwert. beiträge zur kritik der politischen ökonomie, Heft 10, Berlin 1976

Manfred Windfuhr,
Die barocke Bildlichkeit und ihre Kritiker. Stilhaltungen in der deutschen Literatur des 17. und 18. Jahrhunderts, Stuttgart 1966 (Germanist. Abh. 15)

Margaret Wirth,
Zur Kritik der Theorie des staatsmonopolistischen Kapitalismus, in: Probleme des Klassenkampfs, l.c.

Ludwig Wittgenstein,
Tractatus logico-philosophicus. Logisch-philosophische Abhandlung, Frankfurt/ Main 1963, (edition suhrkamp 12)

Kurt Wölfel,
Epische und Satirische Welt. Zur Technik des satirischen Erzählens, in: Wirkendes Wort 10 (1960)

Walther Ch. Zimmerli,
Ist die kommunikationstheoretische Wende ein Ausweg aus dem "Hermeneutikstreit"?, in: Simon-Schaefer, Roland/ Walther Ch. Zimmerli, Theorie zwischen Kritik und Praxis. Jürgen Habermas und die Frankfurter Schule, Stuttgart, Bad Cannstadt 1975